全国ふるさと三十三所巡礼辞典

記録にみる古今・全国三十三所巡礼の集大成

北川 宗忠

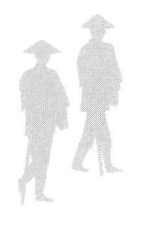

SUNRISE

まえがき

本書は「観光学」の見地に立って、周遊観光の原点ともいえる「めぐり」、特に三十三所観音巡礼の調査研究をまとめたものである。「めぐり」をするという習俗は、古今東西を問わず観光旅行の淵源といえ、観光文化の原点であると考える。

三十三所巡礼は、すでに広く知られているように『観音経』(妙法蓮華経・観世音菩薩普門品第二十五)にある観音菩薩の三十三身十九説法(三十三身応現説法)の思想により、観音菩薩を祀る寺院の中から三十三か所を選んで巡礼(「西国」の誕生)したことに始まる。これに影響を受けた三十三所巡礼は各地に広がり、多くの地方霊場が誕生していった。しかし時代の変遷の中で、かっての盛況が忘れ去られ、由緒やその札所の組み合わせ(ネットワーク)すら不明の霊場も多くなっている。私はこれらの霊場札所を追い、メモし始めたことが三十三所巡礼路調査のスタートであった。爾来40有余年、消えた「めぐり」を追い、また新しく生まれた、新しく生まれ変わった「めぐり」を訪ねて全国津々浦々を訪ねた。この「めぐり」を求めるフィルドワークはいつしかライフワークとなり、仕事の合間に全国を駆けめぐり、幸いにも後半の20年は学究生活の中での調査研究となった。

私の巡礼研究の発端は、若いころ当時最高の宗教者からの影響を受けたが、多くの宗教学者が実践する宗教(仏教)学的な見地からの巡礼研究ではなく、観光学研究者としての非日常生活圏をめぐる、わが国におけるいわゆる観光旅行の淵源としての三十三所巡礼の観光的調査研究である。私は学生時代から全国各地への旅行に徹した。これらの旅行中、国内各地に古代中国の聖地巡礼にも似た観音霊場が存在することを知ることになったのである。

これらの調査をまとめた成果は、大阪成蹊女子短期大学(現大阪成蹊短期大学)や流通科学大学の『研究紀要』、また『滋賀県地方史研究紀要』などで逐次発表、これらをまとめた形で平成7(1995)年3月に『全国「三十三所巡礼」総覧(全)～「めぐり」の旅・地域観光のルーツを求めて(付)「全国八十八所一覧」～』を刊行することになった。この著書はユニークな研究ということで評価していただき、流通科学大学からも同年度の「流通科学大学賞」を授賞することになった。このことが契機となり、多くのご教示に励まされて、さらなる調査研究に邁進することとなった。そして新たなる札所霊場の存在やその全容を明らかにすべく、また歴史上は存在したがいつしか衰退したと考えられる巡礼路の発掘、わずかな資料から追跡を行い記録に残すことが使命と考えた。調査のため全国の都道府県立図書館や主要な市町村図書館を訪ね、歴史書、近年刊行の市町村史などの多くに接した。一方関係寺院などを訪ね、また巡礼路に関係すると思われる寺院への問い合わせは１千数百件にもなった。そのほか、地域における多くの研究者の著書や資料にも目を通し参考にさせていただいた。これらのご縁に感謝の意を表したい。また、わが国の歴史上に登場した三十三所巡礼の全容を網羅するにはまだまだ未知の部分があり、本書を刊行することにより多くの方々からのご教示を受けたいと考えている。

なお、巻末に三十三所巡礼に関係する百観音(百番観音)霊場の名称を付け加えた。地域めぐりに関連する八十八所遍路については、前著『全国「三十三所巡礼」総覧(全)』の巻末に、八十八所遍路を「全国八十八所一覧」として名称のみを付け加えているので参照されたい。また関連事項として、拙著『観光・旅の文化』(ミネルヴァ書房、2002)において巻末資料として、全国の「三十三所巡礼」一覧、全国の「七福神めぐり」一覧、および全国の「名勝・富士」一覧などをまとめて掲載しているので、ご興味のある方はご参照いただきたい。

平成21年　陽春　墨庵にて

北川　宗忠

目　　次

序

はじめに：

本書でとりあげた「三十三所」巡礼は、わが国における観音信仰によるその霊場めぐりの光跡である。観音菩薩の信仰については、インドや中国はいうにおよばず、わが国でも７世紀のころには始まっていたようである。中世以降は、庶民にとっても地蔵菩薩の信仰につぎ「朝観音、夕薬師」といわれるように薬師如来の信仰とも並んで現世利益の功徳と深いつながりをもって各地に発展していった。特に、農村部においては農耕社会とも深い関係をもち、また都市部でも毎月18日を観音菩薩の縁日とした。この菩薩の人気は、その時代の人びとが救い求めるものを自由自在に変化して救済するところにあり、正姿である聖観音菩薩は、千手観音や十一面観音など三十三の姿に自由自在に変身する。この姿を三十三の霊場に写し、観音菩薩を安置した寺院を三十三所巡拝し、三十三身に基づく観音の功徳と冥福を得ようとすることから三十三所巡礼が始まった。

この三十三所巡礼の淵源といわれる「西国三十三所」巡礼は、平安時代には設定されて、１千年の歴史を有するといわれる。「三十三所」巡礼には、「西国」からはじまり、広域地域（一国巡礼・国札など）、地域巡礼（郡礼・村礼・郷礼）、一山一寺巡礼（境内巡拝など）、一所一堂巡礼（三十三観音堂・一石百観音などの参拝）など、巡礼資金や健康問題・体力を考慮したさまざまな巡礼祈願の形態が見られる。江戸後期の風俗考証書『守貞漫稿』に「西国三十三所観音に順詣するもの、その扮装、男女とも平服の表に、木綿の袖無半身の単を着す。号けて負づると云ふ。父母のあるものは左右茜染め、片親あるものは中茜染め、父母ともなきものは全く白なり、三十三所一拝ごとにその寺の印を押せり」と巡礼者の姿をあげている。巡礼者たちは、いずれの形態の霊場に参拝する場合でも、「巡礼歌」（ご詠歌）を唱え、「奉納額」や「納札」を納めて二世安楽などを祈願した。また、国巡礼や地域巡礼などにおいて巡礼者は、霊場（札所）における宗教的、信仰的な舞台から解放されると、その霊場巡りの道中の遊楽的な雰囲気が大いなる楽しみとなり、このことが現代社会における観光旅行の淵源となったことは否めない。このことが全国各地に「三十三所」巡礼の習俗を広めたと考えられる。

なぜ巡礼をするのか：

『奥相三十三所観音霊場記』に「巡礼の意義」(『観光･旅の文化』北川宗忠、ミネルヴァ書房、2002、p110)として、

①宗教的：難行苦行による修業的な体験により、故人の冥福や自己の極楽往生など現世利益を願うための観音信仰そのもの

②社会的：病気治癒、厄除け功徳、家内安全、安産などの日常生活における各種祈願や慰安、娯楽的な要素が庶民に受け入れられた

③経済的：各地の風物の見物や観光旅行のまたとない機会を利用した学習効果からみやげものの購入、各地の農業事情の視察、品種交換による作物の改良などの地域経済への波及効果、巡礼地などでの宿泊、休息などによる消費効果

とあるが、『奥熊野街道　金山の史話』の中にも「お伊勢参りの百姓たちは、伊勢街道の道すがら目にとまった田圃の稲穂をしごいて懐に入れたり、竹筒にかくしてもち帰った。是を種籾として品種改良につとめようとしたので、街道の稲穂は坊主になってしまった。ちなみに万延元年(1860)ころには、伊勢の宇治山田には種の頒布所が設けられ、新しい種籾を全国にひろめた」(前掲『観光･旅の文化』pp120－121)とある。これらに見られるように、「巡礼」という目的、風習のなかには地域社会との間でさまざまな苦楽と遊楽の姿が見える。

三十三所巡礼路：

三十三所巡礼札所は、室町期以降「西国三十三所」に準じたものが全国各地での設定へ広まり、これらは「移し(写し)霊場」、現代では「ミニ霊場(ミニ西国)」などと呼ばれている。特に江戸期は、先にあげた「一国巡り(国札)」「一郡巡り(郡札)」「一村巡り(村札)」が全国津々浦々に誕生した。どの村にも村落に一つ以上寺院があった。寺院がないところでもかって繁栄した寺院の観音堂・薬師堂などがあった。33の寺院がそろわない地域では、観音像を

祀っている辻堂（路傍の小規模の仏堂、観音堂）、浄土真宗・日蓮宗信仰の村においては一般に観音信仰は見られないが境外堂（寺院の所属となってはいるが、元々は他の廃寺などの預かり仏堂）、宮寺（神仏混交時代の神社所属の寺など）、また薬師堂・地蔵堂・阿弥陀堂など異種の堂も札所扱いにして無理して「三十三所」の巡礼路の設定をしているところも多い。また広域の巡礼路には、道中記や案内絵図などのガイドブックや納経帳が準備された。文化・文政（1804-30）期が最もにぎわった時代であったと考えられるが、明治維新期の廃仏毀釈で寺院が廃寺となった以後も観音像を祀る観音堂は地域で立派に護られているところが多い。西国巡礼に端を発し地方に広まった観音霊場は、社寺参詣の巡礼に詳しい『新稿社寺参詣の社会経済史的研究』に「中世に起源を有するものは坂東巡礼、秩父巡礼のほかに10か所ほど数えられるが、江戸時代に入ると全国的に著増し、164所に達する」とあるが、本書にあげたようにこれをはるかに超越した巡礼路が明らかになっている。

札所巡礼：

三十三所巡礼をすることを「お札ぶち」と称する地域や「かけまいり」（1か所で他の札所を遙拝する）札所の存在がある。霊場を参拝する際には、参籠して納経する。観音堂に札を納めることで参籠したことになる「納札」が始まった。永延2年（988）花山法皇（第65代天皇）が、粉河寺に参拝の折に「むかしより　風に知られぬ　燈火の　光にはるる　後の世の闇」という一首を納めたのが始まりといわれる。その後この「納札」することが流行して観音霊場が「札所」と呼ばれるようになった。「札を打つ」というのは、お参りするごとに「奉納年月日・住所・姓名」、裏には「南無大慈大悲観世音菩薩」と書いた板札を打って奉納することから始まった。札所巡りは、通常右回り（時計回り）で行い、最終の札所を留寺という。札所巡礼は庶民に受け入れられ、交通路の整備とともに、物見遊山をかねた寺社参詣も容易になり、伊勢詣でや西国三十三所巡礼などに遠隔地巡礼に出る人々も多くなった。札所巡礼は、厳しい旅行規制を強いられた江戸時代の庶民にとっては「信仰」とともに「観光」への欲求を満たす機会でもあり、近代以降の周遊観光時代の前兆となっていった。

全国ふるさと三十三所巡礼辞典

凡例

1．本書でとりあげた「三十三所」は、観音霊場のほか、若干の観音霊場以外の三十三所霊場も参考資料として掲載している。

2．札所の名称は、通称のほか、知見の資料に見られた異称もできる限り掲載した。

3．札所寺院等には、資料掲載に見られるものをできる限り忠実に掲載した。ただし、古記、旧記には手書き資料のため判読ができないもの、明らかに筆者の誤記と思われるもの、寺院名が不確実なもの（原書が平仮名書き、紙質や印刷の関係で不鮮明）が見受けられるが、これらもできる限り原文掲載した。

4．札所の所在地について

現行可能な巡礼札所の所在地は多くが明確にできるが、すでに廃絶されている札所については困難な場合が多い。

明治22年（1889）施行の「市制町村制」により7万1000余村が一挙に1万5000余市町村になり、昭和28年（1953）の「町村合併促進法」（３年間）の終了時、昭和31年には3975市町村に、またその後の法改正や「平成の大合併」（平成18年３月末）で1800余になった。これらの状況の中で旧市町村域には、できる限り最新の地域名称を付記することにした。

なお、近世の藩体制の村落や郷の名称には俗称もあり、詳細の不明な所が多い。

5．札所の存在について

札所名の標記につけた■●□○については、

■現在、案内書や納経帳などの資料があり、巡礼が可能な札所

●一般に公開していないが、現行可能な札所

□全札所寺院等が判明しているが、現行なしの札所

○記録（地方史、地誌、寺史）にある、または名称や一部の寺院の存在が確認できるが、全容または詳細が不明の札所

以上の分類については、一応の目安としたものである。

また、個々の寺院の宗派やご詠歌などは省略した。

北　海　道

北海道の概要：江戸期以降、江差・松前・箱館（函館）など南部地域の開発が進むとともに寺院の開創も進み、観音信仰も本土における状況が一般的に行われるようになった。ただし、広域地域の巡礼が見られるようになったのは明治期以降であるといえる。また本土で流行の寺院・堂めぐりよりも村むらに安置の石像めぐりが多く見られる。

■北海道三十三所　【別称】北海道新西国三十三所

大正２年（1913）、徳島県出身の善真尼（山本ラク）開創。昭和62年（1987）再興。ご詠歌あり。現行。北海道全域にわたる。

1 高野寺　2 神山教会　3 菩提院　4 金剛寺　5 本弘寺　6 仁玄寺
7 日光院　8 精周寺　9 新栄寺　10 立江寺　11 弘清寺　12 遍照寺
13 真言寺　14 丸山寺　15 春宮寺　16 金峰寺　17 弘照寺　18 富良野寺
19 松光寺　20 密厳寺　21 西端寺　22 清隆寺　23 大法寺　24 弘道寺
25 宝珠寺　26 大日寺　27 真言寺　28 弘法寺　29 龍徳寺　30 日高寺
31 円昌寺　32 亮昌寺　33 大正寺

■釧路新西国三十三所

大正13年（1924）、「１西端寺」４世近藤快心・総代細川杢蔵発願。現行。

石像（福井県三国産）めぐり。毎年春５月27日、秋10月17日に山掛け（春採湖周辺約10キロの霊場めぐり）を実施（徒歩約６時間の行程）。

1 西端寺　2 竹老園庭園　3 六角堂（竹老園庭園）　4 竹老園庭園
5 西端寺　6 春菜湖畔　7 大成寺　8 定光寺　9 ネイチャーセンター
10 チャランケチャシ　11 チャランケチャシ　12 チャランケチャシ
13 供養橋　14 紫雲台墓地　15 春菜湖畔　16 紫雲台墓地　17 春菜湖畔
18 馬頭観音堂　19 馬頭観音堂　20 チャランケチャシ　21 厳島神社
22 チャランケチャシ　23 供養橋　24 佛心寺　25 本行寺　26 法華寺
27 聞名寺　28 春菜湖畔　29 春菜湖畔　30 供養橋　31 青峰堂（西端寺）
32 本行寺　33 西端寺

○長節湖三十三所

根室市西和田の長節湖沼の周囲４～５㎞に等身大の石像を設置。

○十勝国西国三十三所

新得山（上川郡新得町）一帯に「新四国八十八所」があり、ここを「十勝国21番札所」（「十勝八十八所」の21番札所か）という。

21 新得山

○久遠から北見宗谷にいたる三十三所

万延元年（1960）、乙部村（爾志郡乙部町）長徳寺大賢発願。詳細不明。

□上川新西国三十三所

大正９年（1920）、松井真動発願。上川管内10か町村の寺院に設置。現行なし。（　）内は移動。

1 東弘寺　2 大師堂（好蔵寺）　3 東川寺　4 好蔵寺　5 極楽寺
6 春宮寺　7 神楽寺　8 観音院　9 回向院　10 立岩寺　11 真久寺
12 大休寺　13 金峰寺　14 報恩寺　15 興隆寺　16 田中寺　17 明覚寺
18 地蔵寺　19 金剛寺　20 大道寺　21 大照寺　22 真久寺　23 旭山寺
24 東川教会　25 真弘寺　26 龍華院　27 浄道寺　28 洞嶺寺　29 圓明寺
30 栄禅寺　31 龍華院　32 聞名寺　33 谷汲山観音堂

○石狩国西国三十三所

詳細不明。石像めぐり。茅部郡。

12 運海寺　27 照光寺

●洞爺湖畔三十三所　【別称】湖周三十三所

明治39年（1906）、壮瞥村（壮瞥町）有志発願。壮瞥町（有珠郡）「33 壮栄寺」に観音堂由来記。日露戦役凱旋記念。堂と石像めぐり。ご詠歌（「西国」利用）あり。現行可。三町村にわたる。

1 建部観音堂　2 壮瞥東湖畔　3－8 壮瞥温泉　9－10 洞爺湖温泉
11－13 虻田月浦　14 洞　爺　15 洞爺浮見観音　16 洞　爺　17 洞爺財田
18－19 洞爺川東　20－21 洞爺岩屋　22 洞爺義経岩屋　23 洞爺岩屋
24－25 壮瞥仲洞爺　26－29 壮瞥東湖畔　30 壮瞥中の島
31－32 壮瞥東湖畔　33 壮栄寺

◯渡島国三十三所

江戸期。江差町（檜山郡）金剛寺に「当国二十二番札所」の石標あり。

22 金剛寺

◯江差三十三所　【別称】新地寅十郎沢札所

明治13年（1880）開眼、八木小三郎発起、厳浄山正覚院から五勝手寺まで観音石像を安置。

1 正覚院　33 澄源庵

□函館山三十三所　【別称】移土観音札所

函館称名寺13世巌碩・14世実含発願、15世霊含代の天保3年（1832）起工、高田屋喜兵衛の協力により天保5年（1834）称名寺裏山に開創した。西国三十三所の土を持ち運び、石像も阿波の花崗岩を用い、石田与兵衛という識者の助言で完成したことにより「移土観音」という。明治32年（1899）、軍の要塞のため1・3・33番を残して湯川地区に移転、大正年間は要塞はずれに新三十三観音が安置、また戦後には函館山全山に移置復活したため、湯川地区と函館山に新旧二つの山掛け（巡礼）が行われるようになった。

●湯川三十三所　【別称】西国移三十三観音

明治32年（1899）、函館山全山要塞のため前記の1・3・33番以外を湯川村（函館市）に移されたもの。平成19年（2007）、湯川寺に「西国移三十三観音」として開眼法要が行われた。

巡礼閑話　函館山札所

『箱舘戦争当時の町並みと兵員配置図』（市立函館博物館蔵）には「本図は、明治2年5月11日の総攻撃に備え明治政府軍のスパイが作成したとみられる」とある。三十三番が朱書き（1番少林寺の奥～33番大三坂正面）記されてる。

東北地方

東北地方の概要：古代わが国の最果てといわれた白河の関のある福島県から、本州最北端の青森県まで「みちのく」の地である東北地方には、８世紀以降坂上田村麻呂の蝦夷征伐による伝説を伝える寺院が多く残る。田村麻呂創建で鎮護国家の道場とされた京都清水寺の千手観音菩薩に由縁する寺院が多く、都の周辺で盛行していた三十三所巡礼も古くから伝えられていたと考えられる。東北地域では、現状の寺院数は最多の福島県でも1500寺余であるが、各地に三十三所の創設が多く、地域めぐりが活発であった。

□奥羽三十三所〈奥州古札〉 【別称】奥州西国三十三所、奥羽西国三十三所、奥三十三所、奥州古三十三所

弘仁２年（811）、慈覚大師（794-864）開基。往古から「奥羽三十三所」という。ご詠歌あり。現行なし。（　）は移動。岩手・宮城・青森の各県。

1 清水寺　2 圓満寺（圓萬寺）　3 観音寺（雄山寺）　4 長谷寺
5 廣泉寺（嶋の堂）　6 三竹山（光勝寺）　7 国見山（極楽寺）　8 萬蔵寺
9 奈良山　10 観音寺（東川院）　11 観音寺　12 平澤寺（観音寺）　13 観音寺
14 泉蔵（増）寺　15 高木寺　16 観音寺（浄楽寺）　17 石崎観音堂（観音寺）
18 漆　寺（霊桃寺）　19 千養寺（黒田助観音堂）　20 青谷寺（音石神社）
21 岩神寺　22 臥牛寺　23 法華寺（勝大寺）　24 天童庵
25 金華山（黄金神社）　26 観音寺（清水寺）　27 岩　波　28 高寺山（高禅寺）
29 見入山観音堂　30 鬼伯岩屋　31 経堂寺（法眼寺）　32 御　堂
33 森ノ谷山（天台寺）

□奥州三十三所〈御府内札〉 【別称】御府内三十三所

保安４年（1123）、名取郡志賀の里の老女・旭という女性が開創。開創の後、札所番付に変更あり。ご詠歌あり。現行なし。岩手・宮城・福島の各県。

1 三熊野　2 本宮社　3 新　宮（川上観音）　4 斗　蔵　5 今熊野
6 松　島　7 富　山　8 槇木山　9 篦峰寺　10 大岳山　11 天王寺
12 満勝寺　13 大聖寺　14 大慈寺　15 華足寺　16 清水寺　17 大祥寺
18 六角堂　19 新山観音堂　20 中村寺　21 観音寺　22 勝大寺　23 長承寺
24 長谷寺　25 黒石寺　26 葉　山　27 棄馬寺　28 尾崎山　29 普門寺

30 補陀寺　31 十念観音　32 岩出山　33 天台寺

■奥州三十三所〈奥州霊仏〉 【別称】奥州霊仏三十三所

前記の再興。宝暦11年（1761）「30補陀寺」智膏ら７人により再興。最古の史料として「奥州順礼記」宝暦13年（1763）がある。ご詠歌あり。（　）は現行。岩手（12）・宮城（18）・福島（３）の３県。

1 紹楽寺　2 秀麓斎　3 新宮寺（金剛寺観音堂）　4 斗蔵寺
5 名取千手観音堂　6 三聖堂（瑞巌寺）　7 大仰寺　8 梅渓寺　9 箟峰寺
10 興福寺　11 天王寺　12 観音寺　13 大聖寺　14 大慈寺　15 華足寺
16 清水寺　17 大祥寺　18 道慶寺　19 新山観音堂（寶持院）　20 徳寿院
21 観音寺（水月堂）　22 勝大寺　23 長承寺　24 長谷寺　25 黒石寺
26 長泉寺　27 観福寺　28 大普院（蛸浦観音堂）　29 普門寺　30 補陀寺
31 聖福寺　32 正覚院　33 天台寺

■奥の細道みちのく路三十三所 【百番】奥の細道百か所札所（越後北陸路・関東路と伊勢神宮）

昭和60年（1985）開創、仏教文化振興会（仙台市）の創立５周年記念企画として選定。のちに「越後北陸路三十三所」「関東路三十三所」および、特別霊場「伊勢神宮」が加わり百か所霊場めぐりとなった。昭和63。宮城・岩手・山形・秋田・福島の５県にわたる。

1 陸奥国分寺　2 仙岳院　3 大満寺　4 瑞巌寺　5 圓通院　6 禅昌寺
7 箟峰寺　8 宝性院　9 大徳寺　10 弥勒寺　11 中尊寺　12 法蔵寺
13 養泉寺　14 荒澤寺　15 出羽三山神社（秀麓斎）　16 善寶寺　17 持地院
18 海禅寺　19 蚶満寺　20 向川寺　21 立石寺　22 善応寺　23 竹駒寺
24 繁昌院　25 妙見寺　26 観音寺　27 医王寺　28 普門院観音寺
29 文知摺観音　30 大隣寺　31 常光院岩角寺　32 石雲寺
33 光明院満願寺

■陸奥三十三所

平成発足。青森・秋田・岩手・宮城・山形・福島の６県にわたる。

1 若松寺　2 光明寺　3 金剛寺　4 円通寺　5 城山観世音（円通寺）
6 福禅寺　7 向野寺　8 観音寺　9 飯岡寺　10 興福寺　11 円通寺

12 総光寺　13 祇園寺　14 乗慶寺　15 華足寺　16 円満寺　17 東光寺
18 延命寺　19 幸徳院　20 徳寿院　21 源正寺　22 正覚寺　23 補陀寺
24 長谷寺　25 雄山寺　26 染黒寺　27 長慶寺　28 広船観世音
29 沖館観世音　30 弘安寺　31 恵隆寺　32 川原田寺　33 月蔵院

□三陸三十三所〈発足時〉

平成3年(1991)発足、仏教文化振興会(仙台市)の細田栄治発願。

1 圓通院　2 観音寺　3 功岳寺　4 観音寺　5 願成寺　6 禅昌寺
7 延命寺　8 宝性院　9 宝性院　10 長谷寺　11 津龍院　12 地福寺
13 松岩寺　14 観音寺　15 浄念寺　16 松岩寺　17 光明寺　18 長命寺
19 地福寺　20 浄土寺　21 荘厳寺　22 光勝寺　23 地福寺　24 本増寺
25 正福寺　26 長谷寺　27 長根寺　28 寶福寺　29 海蔵寺　30 長泉寺
31 東海寺　32 東長寺　33 長圓寺

■三陸三十三所〈再編成〉

平成10年(1998)、前記の再編成。現行。宮城(南三陸札所)・岩手(陸中海岸札所・北三陸札所)両県にわたる。

1 圓通院　2 天麟院　3 大仰寺　4 観音寺　5 功岳寺　6 願成寺
7 禅昌寺　8 観音寺　9 宝性院　10 長谷寺　11 大雄寺　12 津龍院
13 浄勝寺　14 観音寺　15 浄念寺　16 松岩寺　17 光明寺　18 長命寺
19 地福寺　20 浄土寺　21 荘厳寺　22 観音寺　23 地福寺　24 本増寺
25 華蔵寺　26 長谷寺　27 正寿寺　28 正福寺　29 大念寺　30 吉祥寺
31 瑞然寺　32 長根寺　33 常安寺

巡礼閑話　東北から西国巡礼

文政2年(1819)、奥州市(岩手県)からの西国巡礼記『新里村惣次郎道中記』には9月21日出立、伊勢・京都・西国・四国等を見物して所要日数105日を経て翌年正月3日故郷に帰った(『胆沢町史』昭和60)。

青森県

青森県の概要： 恐山や岩木山など古くから信仰の地があり、観音巡礼も17世紀の津軽霊場を始め多くの札所が創設された。しかし、その多くが明治の廃仏毀釈の影響を受けており、現在では全国的にみても寺院数の少ない県の１つである。この地域の代表的な観音霊場である「津軽三十三所」をみても、神仏分離でその３分の２が神社になったり、廃寺となっており、のちに再興されて往時の巡礼路が復活されたが、観音堂は神社に残されている現状はこの地域の代表的な例である。

■田名部海岸三十三所 【別称】田名部通三十三所、下北（半島）三十三所

寛政８年（1796）以前に設定。「１圓通寺」慈眼堂扁額、また札所一部には「正徳４年（1714）」の銘がある。ご詠歌（「西国」利用）。現行。（　）内は現所在。

1　圓通寺慈眼堂　2　清澤寺　3　慈眼寺（常然寺）　4　神宮寺（常楽寺）
5　延寿庵　6　旧稲荷社（桑原村観音堂）　7　池徳庵　8　宝国寺　9　大安寺
10　大行院（大畑八幡宮）　11　優婆寺　12　浄土寺　13　東伝寺　14　長寿院
15　華足寺　16　大海寺　17　心光寺　18　法林寺　19　祥海寺六角堂（長福寺）
20　清水寺（長福寺）　21　阿弥陀寺　22　長弘寺　23　大光庵　24　常念寺
25　白山神社　26　流水庵　27　仲崎観音堂　28　真如庵　29　大覚院（熊野神社）
30　脇澤寺　31　北関根観音堂　32　常楽寺　33　恐山菩提寺（圓通寺）

□津軽三十三所〈御国〉 【別称】御国三十三所

松井四郎兵衛覚書「古今御用抜書」に延宝年中～延享３年（1673-1746）と記載、このころまでに成立。津軽の最も古い組み合わせ。「御国」は「津軽」の古称、古例。「８報恩寺」の創建が明暦５年（1657）、札所開創はこれ以降。 現行なし。弘前市周辺。

1　袋宮寺　2　誓願寺　3　長勝寺　4　茂森派　5　遍照寺　6　貞昌寺
7　報恩寺　8　報恩寺　9　最勝院　10　久渡寺　11　高杉村　12　十腰内村
13　日照田村　14　追良瀬　15　深浦潤口　16　百澤寺奥院　17　清　水
18　相居野　19　飯　詰　20　相　内　21　小　泊　22　三馬屋　23　今　別
24　蟹　田　25　油　川　26　青　森　27　細越村　28　入　内　29　浪　岡
30　松　倉　31　広　舟　32　沖　舘　33　大円寺

■津軽三十三所〈Ⅰ〉

寛延4年(1751)「御国三十三所」14か寺が異動再編「津軽三十三所」に。寛延年間1748-51、前記の「津軽」の再編成。明治維新の神仏分離令で一時廃止、大正末期～昭和初期に札所再興。観音堂が神社境内地(神宮寺)にあるものが多い。ご詠歌あり。現行。(　)内は再興後の現状。弘前市周辺が減り、津軽全域に広がる。94里4丁(約900キロ)。

1 久渡寺　2 清水観音堂(多賀神社・陽光院)　3 百澤寺(求聞寺)
4 南貞院　5 巖鬼山観音堂　6 湯舟観音堂　7 北浮田弘誓閣
8 日照田観音堂　9 見入山観音堂　10 円覚寺　11 下相野観音堂
12 蓮川観音堂　13 川倉芦屋堂　14 弘誓寺　15 薄市観音堂
16 今泉観音堂　17 春日内観音堂　18 海満寺　19 義経寺
20 高野山観音堂　21 鬼泊巖屋観音堂(海雲堂釈迦堂)　22 正覚寺
23 夢宅寺　24 入内観音堂　25 松倉観音堂　26 法眼寺　27 袋観音堂
28 広船観音堂　29 沖舘観音堂　30 大光寺　31 居土普門堂(観音堂)
32 苦木長谷堂(観音堂)　33 普門院

■津軽三十三所〈Ⅱ〉【別称】津軽領三十三所

前記「津軽」の札番異種。ご詠歌あり。現行なし。深浦町(西津軽郡)中心に設定。

1 追良瀬見入山観音堂　2 深浦円覚寺　3 日照田観音堂
4 北浮田弘誓閣　5 湯船観音堂　6 巖鬼山観音堂　7 高杉南貞院
8 下相野観音堂　9 蓮川観音堂　10 川倉芦屋堂　11 尾別弘誓寺
12 薄市観音堂　13 今泉観音堂　14 春日内観音堂　15 海満寺　16 義経寺
17 高野山観音堂　18 鬼泊巖屋観音堂　19 青森正覚寺　20 細越観音堂
21 入内観音堂　22 松倉観音堂　23 法眼寺夢宅寺　24 袋観音堂
25 広松観音堂　26 沖舘観音堂　27 大光寺　28 居土普門堂
29 苦木長谷堂　30 久渡寺　31 普門院　32 清水観音堂　33 百澤寺

□禅林三十三所(参考)【別称】西茂森町三十三所

「1長勝寺」を中心とした「弘前禅林講」が組織されているが観音巡礼ではない。弘前市。

1 長勝寺　2 梅林寺　3 隣松寺　4 萬蔵寺　5 陽光院　6 福壽院

7 寶泉院　8 高徳院　9 蘭庭院　10 嶺松院　11 長徳寺　12 勝岳院
13 清安寺　14 壽昌院　15 照源寺　16 鳳松院　17 寶積院　18 京徳寺
19 海蔵寺　20 泉光院　21 藤先寺　22 月峰院　23 天津院　24 常源寺
25 恵林寺　26 永泉寺　27 盛雲院　28 川龍院　29 正傳寺　30 安盛寺
31 正光寺　32 宗徳寺　33 普門院

□糠部郡三十三所〈室町期〉【別称】奥州南部糠部三十三所、奥州糠部三十三所

永正9年(1512)、観光上人撰(納札現存)。地方的札所の古例(福島県の「仙道三十三所」の明応7年(1498)が最古)。6か所の札所が確認され、納札が4枚現存している。二戸・八戸・九戸地方。古代四門九戸の制により一戸から九戸(四戸を省き青森・岩手両県)まであった。

1 天台寺(桂泉聖観音)　2 不　明　3 岩屋寺(鳥越観音)
4 巍虜寺(朝日観音)　5 不　明　6 圓福寺(古町隅の観音)
7－12 不　明　13 長福寺(七戸見る町観音)　14－32 不　明
33 長谷寺(十一面観音)

■糠部郡三十三所〈江戸期〉【別称】奥州南部三十三所、奥州南部糠部三十三所、糠部三十三所、奥州奥通三十三所(別ご詠歌あり)、御国三十三所(別ご詠歌あり)【百番】南部百観音(糟部郡・盛岡)

寛保3年(1743)、八戸天聖寺則誉守西上人が前記を再編。江戸期の資料に多くの異名あり。青森(1～27)・岩手(28～33)の両県。ご詠歌あり。現行可。(　)は現状。

1 寺下観音(應物寺)　2 清水寺　3 籠岡田観音堂
4 高山観音(高山神社・高松寺)　5 白浜観音堂　6 清水観音堂
7 新山権現堂(別雷神社)　8 浄生寺　9 大慈寺　10 来迎寺　11 南宗寺
12 隅の観音堂　13 坂牛観音(八幡宮)　14 八幡櫛引観音堂
15 徳楽寺(普賢院)　16 斗賀観音堂　17 相内観音堂　18 外手洗観音堂
19 法光寺　20 矢立観音堂　21 野瀬観音堂　22 長谷寺(恵光院)
23 早稲田観音堂　24 圓福寺(隅ノ観音堂)　25 悟真寺
26 清水寺(真清田神社)　27 釜淵観音堂　28 岩谷観音堂
29 観音寺(鳥越観音堂)　30 朝日山観音堂　31 観音林観音堂

32 似鳥観音（實相寺）　33 天台寺桂泉観音

□御国三十三所

文化5年（1808）以前。前記を参考に設定。ご詠歌あり。現行なし。

1 寺下観音　2 清水寺　3 岡田千手観音　4 嶋守正観音
5 白浜正観音　6 白金正観音　7 岩渕正観音　8 新井田十一面観音
9 長者山正観音　10 来迎寺　11 横枕正観音　12 根城正観音
13 坂牛正観音　14 八幡三十三観音　15 七崎正観音　16 斗賀十一面観音
17 三戸相内正観音　18 八戸作和観音　19 法光寺　20 矢立十一面観音
21 三戸野瀬正観音　22 長谷寺　23 早稲田観音　24 三戸隅の観世音
25 悟真寺　26 清水寺　27 釜淵正観音　28 岩屋堂　29 戸越山正観音
30 朝日正観音　31 観音林観音堂　32 飯近山　33 桂清水正観音

□糟部郡三十三所〈明治期〉【別称】松尾頂水糟部郡三十三所、八戸在三十三所

明治18年（1885）、前記の異種、松尾頂水撰。明治16年（1883）、天狗澤村前田彦作等発願。ご詠歌あり。現行なし。

1 寺下観音　2 大慈寺岡田観音　3 新井田浄生寺　4 岩槻大泉院
5 白銀清水観音　6 是川清水寺　7 白浜観音　8 島森高山　9 大慈寺
10 来迎寺　11 南宗寺横枕　12 根城隅観音　13 坂　牛　14 八幡立畑観音
15 七崎観音　16 斗賀十一面観音　17（欠）　18 相内観音　19 法光寺
20 矢　立　21 野　世　22 長　谷　23 門前早稲田　24 隅ノ観音
25 悟真寺　26 下田子　27 釜　渕　28 福岡巌谷　29 鳥　越　30 朝　日
31 観音林　32 似　鳥　33 天台寺

□奥州奥通三十三所　【別称】南部階上郡三十三所

寛延4年（1751）。八戸岡田観音堂の巡礼札（現存）に「八戸領是川村清水寺隠士宥映法印」とある。当初は「南部階上郡三十三所」、のち「奥州奥通三十三所」に変更。前記「御国三十三所」の別称か。青森・岩手両県。

1 潮山神社（寺下観音）　2 清水寺　3 岡　田　4 島森高山（嶋守観音）
5 白　浜　6 白　銀　7 岩　渕　8 新井田　9 大慈寺　10 来迎寺
11 横　枕（南宗寺）　12 根　城　13 坂　牛　14 八　幡　15 七崎山（普賢院）

16 斗　賀　17 三戸相内(円通寺)　18 作　和　19 法光寺　20 矢　立
21 三戸野瀬　22 長　谷(恵光院)　23 早稲田　24 三戸隅　25 悟真寺
26 清水寺　27 釜　淵　28 岩谷堂　29 戸越山　30 岩谷堂　31 観音林
32 飯近山　33 桂清水(天台寺桂壽院)

□七戸南部三十三所　【別称】七戸南部三十三番補陀落所

明治28年(1895)以降の設定か(「31折茂今熊野」の扁額)。「奥州南部糟部札所(「糠部郡三十三所〈江戸期〉」)」と22か所で符号。ご詠歌あり。現行なし。(　)内は移動等。七戸町(下北郡)周辺。

1 作　田(作田親山社)　2 和　田(和田観音)　3 見　町(長福寺)
4 奥　瀬(観音堂)　5 伝宝寺(長福寺)　6 五　戸(専念寺)
7 剣　吉(了源堂)　8 相　内(観音堂)　9 名久井(法光寺)　10 野瀬観音
11 長谷寺(恵光院)　12 門　前(早稲田観音)　13 古　町(角ノ観音)
14 三　戸(悟真寺)　15 下田子(真清田神社)　16 七日市(釜淵観音)
17 稲　荷(相米稲荷)　18 杉本観音　19 浄法寺(天台寺)　20 石切観音堂
21 鳥　越　22 福　岡(岩屋観音)　23 観音林観音堂　24 星　川(清水寺)
25 島　守(高山社)　26 寺　下(応物寺)　27 南宗寺　28 坂牛観音
29 立幡観音　30 七　崎(七崎社)　31 折　茂(今熊野)　32 沼崎観音堂
33 花　松(花松神社)

□南部三十三所　【別称】上北郡三十三所

昭和6年ころ。前記の「七戸南部三十三所」を手本にした別の三十三所(上北郡内)。ご詠歌あり。現行なし。旧南部地域。

1 七戸和田観世音　2 七戸見町　3 奥瀬観音堂　4 傳法寺
5 五　戸　6 三戸太田　7 三戸斗賀　8 相　内　9 法光寺　10 野瀬観音
11 長谷寺　12 下　田　13 隅の観音　14 悟真寺　15 田　子　16 七日市
17 相　米　18 杉本観音　19 浄法寺　20 石切観音堂　21 岩　屋
22 福　岡　23 観音林観音堂　24 是　川　25 島　守　26 寺　下
27 御城裏　28 坂牛観音　29 七　崎　30 折　茂　31 沼崎観音堂
32 花　松　33 観音林

□御城下三十三所〈江戸期〉 【別称】「岩井」御城下三十三所

文化10年(1813)、岩井重良兵衛源愛秀設定。発足時の版木あり。ご詠歌あり。現行なし。「御城下」は盛岡南部の分家八戸南部藩２万石の城下の意。

1 清水寺(白銀清水観世音)　2－16 不　明　17 大慈寺　18－20 不　明
21 龍源寺　22 根城隅観音　23 八幡ノ観音　24 坂牛観音　25－27 不　明
28 清水寺　29 岡田観世音　30 松館宮内堂　31 大慈寺　32 浄生寺
33 対泉院

□御城下三十三所〈明治期〉 【別称】八戸御城下三十三所、「恭岑」御城下三十三所

明治30年(1897)、「１来迎寺」佐々木恭岑上人発願。「八戸御城下三十三所」は前記と２種あり。ただし、どちらも不明か所あり。ご詠歌あり。(　)内は、現在の所在。

1 来迎寺　2 広澤寺　3 新月庵(院)　4 長流寺　5 天聖寺　6 山　寺
7 大慈寺　8 南宗寺　9 禅源寺　10 光龍寺　11 龍源寺
12 田向村観音堂(八坂神社)　13 籠田山観世音(月山神社)14 岡田山観世音
15 傳昌寺　16 浄生寺　17 対泉院　18 長根村観世音　19 内舟渡観世音
20 八ツ手の観世音　21 矢澤田中観世音(矢澤観音神社)　22 青龍寺
23 隅の観世音　24 大日堂(善照院)　25 坂牛村観世音　26 常(浄)安寺
27 梅翁庵(常現寺)　28 十王院　29 福昌寺　30 清水寺　31 浮木院(寺)
32 大日堂(弘法大師堂)　33 二十八日町地蔵堂(来迎寺)

○三戸郡内三十三所

詳細不詳、ただし明治維新前に存在。

流音山大観寺(太田観音堂)あり

岩手県

岩手県の概要：青森県とともに「陸奥国」として両県にわたる札所巡礼が見られる。県域には、禅宗系（曹洞宗）寺院が全体の６割強を占め、観音巡礼は盛んであった。その淵源は古く、奥州三十三所の設定が広域にわたり、その影響が陸中や陸前などの海浜部や奥州街道沿いの内陸部の各地に伝えられ、農村部において農閑期などの間に非日常の三十三所巡礼を堪能する風習が広がり、多くの巡礼札所の誕生を見ることになったと考えられる。

○御国三十三所

詳細不明。花巻市周辺。

11初瀬観音

●和賀三十三所

【別称】当国三十三所、東国三十三所、和賀郡・稗貫郡・紫波郡三十三所、陸中三十三所、南部藩南三十三所【百番】南部百観音（糟部郡・盛岡）

宝暦期1751-64以前成立（「順礼拝礼記」安永７年（1778）。ご詠歌あり。現行あり。（　）は現状。花巻市・北上市、和賀・稗貫・紫波の３郡。

1 清水寺　2 圓萬寺　3 長谷寺　4 黄金堂　5 新山堂　6 鴫の堂
7 高水寺（蟠龍寺）　8 八幡寺　9 飯岡寺（久昌寺）　10 高　寺（大慈寺）
11 光西寺（大泉院）　12 山谷寺（常光寺）　13 千手堂　14 岩屋（谷）寺
15 岩上（神）寺　16 光勝寺　17 高松寺（同名２　寺）　18 千手堂　19 石鳩岡寺
20 種内寺（凌雲寺）　21 小通寺　22 臥牛寺（願行寺）　23 蒼龍寺（高木寺）
24 三竹寺（三嶽神社）　25 観音寺（雄山寺）　26 黒沢寺（染黒寺）
27 新渡戸寺　28 藤根寺　29 千手堂　30 煤孫寺（馬峰寺）　31 大手寺
32 川原田寺　33 本宮寺・和賀寺

○南部藩三十三所

記録にあるが詳細不明。旧和賀・稗貫・紫波の３郡中心。前記に同じか。

□稗貫和賀二郡三十四所

江戸期。寛政10年（1798）の御詠歌額（「32遠野袋」）がある。明治28年（1895）

「5大興寺」住職等再興。ご詠歌あり。現行なし。

1 清水寺　2 圓満寺　3 長谷寺（長谷堂）　4 白山堂　5 大興寺
6 田　中　7 光林寺　8 飛鳥田　9 西田屋　10 三嶽堂　11 久保田
12 川原田　13 到岸寺　14 桂林寺　15 小通堂　16 八木澤　17 大信田
18 小山田寺　19 廣済寺　20 蒼前堂　21 馬場田　22 光勝寺　23 高松寺
24 窓石堂　25 千手堂　26 高木寺　27 宗青寺　28 延壽寺（雄山寺）
29 雄山寺　30 三嶽観音堂　31 新山堂　32 遠野袋　33 南寺林子守堂
34 下沖田子守堂

○新三十三所

「いわてのお寺さん・花巻とその周辺」に掲載されているが不明。

□陸奥盛府三十三所

江戸期。士蒿庵照誉印施撰（「陸奥盛府三十三番御詠歌」嘉永元年（1848）。ご詠歌あり。現行なし。南部藩城下を巡る。

1 帰命寺　2 峯壽院　3 千手院　4 祇陀寺　5 長松院　6 久昌寺
7 了源寺　8 大慈寺　9 永泉寺　10 宗龍寺　11 安養院
12 八幡山新観音　13 山蔭観音　14 小山観音　15 摂取寺　16 圓光寺
17 長松寺　18 不退院　19 永祥院　20 天福院　21 正覚寺　22 教浄寺
23 龍谷寺　24 光台寺　25 吉祥寺　26 大泉寺　27 報恩寺　28 報恩寺
29 妙泉寺　30 安楽寺　31 新庄観音　32 明王院　33 菩提院

■盛岡三十三所　【百番】南部百観音（稗部郡・和賀に「北上観世音（御堂村）」を加える）

開創年等不明。前記を改編、札番の変更あり。ご詠歌あり。現行あり。（　）はのちの移動、現状。

1 峯壽院　2 久昌寺　3 長松院　4 祇陀寺　5 千手院　6 大慈寺
7 永泉寺　8 宗龍寺（祇陀寺）　9 法蔵院　10 迎接庵（久昌寺）　11 圓光寺
12 長松寺　13 不退院　14 永祥院　15 金龍山（浅草観音堂　16 天昌寺
17 明宣庵（聖寿寺）　18 正覚寺　19 教浄寺　20 源勝寺　21 龍谷寺
22 清養院　23 光台寺　24 吉祥寺　25 東顕寺　26 大泉寺　27 報恩寺
28 正傳寺　29 恩流寺　30 千手院　31 普明院（新庄観音堂）　32 三明院

33 菩提院(光台寺)

□岩手三十三所

岩手県中・南部地域(北上・花巻・盛岡・宮古・大船渡・陸前高田・江刺市、東磐井・西磐井郡、胆沢郡)。

1 極楽寺(安楽寺)　2 如意輪寺　3 安楽寺　4 不動寺　5 自性院
6 連正寺　7 金剛珠院　8 長根寺　9 圓満寺　10 長谷寺　11 八幡寺
12 光勝寺　13 長源寺　14 善性寺　15 常膳寺　16 長圓寺　17 金剛寺
18 泉増寺　19 常光寺　20 観音寺　21 圓城寺　22 観福寺　23 松壽院
24 吉川寺　25 吉祥寺　26 西光寺　27 圓融寺　28 医王寺　29 龍玉寺
30 観音寺　31 真行寺　32 多聞寺　33 興性寺

●江刺郡三十三所　【別称】江刺三十三所

享保年間1716-35開創。ご詠歌あり。現行。(　)はのちの移動。

1 極楽寺　2 萬蔵寺　3 常楽寺(伊豆堂)　4 大隣寺(大森観音堂)
5 青谷寺　6 千養寺(黒田助観音堂)　7 黒石寺　8 長谷寺
9 中袋観音堂　10 中筋根寺(羽黒堂)　11 花林院　12 板橋寺(馬頭観音堂)
13 石山大佛観音堂　14 興國寺(観音堂)　15 蔵内観音堂(馬頭観音堂)
16 圓通寺　17 自性院　18 山上寺(山上観音堂)　19 二渡寺(二渡観音堂)
20 川原寺(角川原観音堂)　21 岩山寺(岩山観音堂)　22 青谷寺(江越観音堂)
23 岡　寺(上青谷観音堂)　24 岩目寺(岩目観音堂)　25 南宮寺(南宮観音堂)
26 宮内観音堂　27 古舘寺(古舘観音堂)　28 如意輪寺　29 安楽寺
30 蔦木寺(蔦ノ木観音堂)　31 圓通院(観音寺)　32 松岩寺
33 玉泉院(玉崎観音堂)

□昭和三十三所

昭和12年(1937)ころ「33大儀寺」27世徳山京輔師創設。ご詠歌あり。現行なし。旧胆沢・江刺郡。

1 永源寺　2 愛宕原観音堂　3 鳳凰寺　4 正福寺　5 宝寿寺
6 盛興寺　7 常楽寺　8 生城寺　9 法雲寺　10 洞泉寺　11 永明寺
12 遍照寺　13 泰養寺　14 増長寺　15 大林寺　16 西念寺　17 瑞徳寺
18 圓通正法寺　19 藤春院　20 龍徳寺　21 慈眼寺　22 長泉寺　23 真城寺

24 大林寺　25 明照殿　26 正福寺　27 浄円寺　28 専念寺　29 西岩寺
30 雲際寺　31 普照殿　32 松山寺　33 大儀寺

□西岩井三十三所　【別称】西磐井（郡）三十三所、西岩井西国三十三所

元文２年（1737）「32龍沢寺」乗州・「33永泉寺」然栄等が開創。ご詠歌あり。現行なし。

1 日光院　2 円満寺　3 観音寺　4 長慶寺　5 普門寺　6 長泉寺
7 明性院（長泉寺）　8 三学院（西光寺）　9 西光寺　10 祥雲寺　11 瑞川寺
12 願成寺　13 豊谷寺　14 文殊院　15 正覚寺　16 光西寺　17 寶性院
18 常光寺　19 慈眼寺（正徳院）　20 和光院　21 般若寺　22 延命寺
23 中尊寺　24 中尊寺白山（白山神社）　25 中尊寺経堂
26 中尊寺光堂（金色堂）　27 中尊寺清水堂（観音院）　28 中尊寺（常住院）
29 峯の千手院（毛越寺）　30 達谷窟（西光寺）　31 平泉寄水堂（寶積院）
32 龍澤寺　33 永泉寺

□流三十三所

寛政５年（1793）「33寶持院」住職等が発願。地元にある「奥州札所」をもとにして創設。ご詠歌（「奥州」利用）あり。現行なし。旧流郡（一関市）。

1 多聞院　2 長安寺　3 自性院　4 金昌寺　5 教覚院　6 宝寿院
7 道慶寺　8 瑞昌寺　9 明照院　10 常性院　11 祥雲寺　12 智拳院
13 満昌寺　14 明楽院　15 大泉院　16 清水寺　17 大祥寺　18 大覚院
19 新山観音堂　20 花巌院　21 徳寿院　22 和光院　23 長禅寺　24 五福院
25 金蔵寺　26 弥勒院　27 大宝院　28 養寿寺　29 寶泉寺　30 町　舘
31 寶善坊　32 飯倉彦右衛門　33 寶持院

●気仙郡三十三所　【別称】気仙三十三所、気仙巡礼三十三所

「封内風土記」に、享保３年（1718）、高田村の佐々木三郎左衛門知則創設。ご詠歌（明治期に金剛寺上野英峻作）あり。現行可。（　）は現状。

1 泉増（蔵）寺　2 金剛寺　3 古谷堂（吉田家持仏堂）　4 要害観音堂
5 上長部観音堂　6 片寺家（駒形神社）　7 観音寺
8 延命寺（瀧山千手観音堂）　9 羽　縄（松野家）　10 正覚寺
11 常光寺（千手観音堂）　12 福寿庵（平栗観音堂）　13 向　堂（川向観音堂）

14 満蔵寺　15 中清水（長桂寺）　16 長桂寺　17 城玖庵
18 坂　本（小野愛宕社）　19 稲子澤　20 舘ノ下（鈴木家）　21 洞雲寺
22 長谷寺　23 田　傍（田端観音堂）　24 末崎熊野堂　25 小　館（泊観音堂）
26 辰金山　27 常膳寺　28 立　山（観音堂）　29 普門寺
30 大　石（矢作家観音堂）　31 氷上山本地堂　32 千福寺（坂口観音堂）
33 浄土寺

巡礼閑話　巡礼の十徳①

三十三所巡礼のガイドブックといえる『西国霊場記』に、「肩にかけし三幅のきぬは、慈悲の三体として、中は弥陀如来、両わきは観音、勢至としたるなり。始終せなかに負ひ奉り廻る事なり、されば十ケの徳あるべきことなり」とある。

巡礼の十徳には、

一には　火難、水難、横死の難、盗賊の難をのがる。
二には　悪畜どく虫、すべて獣ものにあひ死する事なし。
三には　毒薬、無実のなんをまぬがる。
四には　雷電、落馬の死をせず。
五には　厄難、ねつ病、すべて流行病をうけず。
六には　海川、船に乗って風波の難をまぬがる。
七には　寿命長久、子孫はんじょうを守り玉ふ。
八には　諸神諸仏、應護し玉ふ。
九には　諸願成就せずといふことなし。
十には　もろもろの罪障滅して極楽浄土へ向ふべしとのお誓ふなり。

右の十ケの徳、現当二世のお助けある事、うたがひ玉ふべからず『西国三十三所霊場記』享保11年（1726）とある。

宮城県

宮城県の概要：日本三景の「松島」は、古くから歌にも詠まれた名勝地で、芭蕉の「奥の細道」などの影響を受けた文人墨客が訪れる観光地であった。また県内一円に、観音信仰が浸透していた地域であったことが知られる。しかし、現在判明する巡礼路の設定は比較的新しいものが多く、これらについても札所の詳しい事情が不明のものが多い。
さらに近世の巡礼路や札所が埋もれている可能性も想像できるところである。

□加美郡三十三所　【別称】加美郡内三十三所

宝暦年中（1751-64）以前の開創。「14下野目」に昭和5年（1930）の御詠歌額。ご詠歌あり。

1　落合大乗院　2　洞雲寺（宝泉寺）　3　中山寺　4　西光寺
5　医薬神社（門　沢）　6　芋沢観音堂　7　正来寺（院）　8　宝泉院
9　皆伝院（寺）　10　長昌院　11　法昌寺　12　龍泉院　13　龍川寺
14　下野目観音堂　15　清水寺　16　慈恩院　17　慶樹寺　18　田中宮
19　西福寺　20　王城（往生）寺　21　弥勒寺　22　西昌寺　23　積雲寺
24　田中神社　25　慈恩院　26　岡町観音堂　27　城生観音堂　28　城泉院
29　白子田　30　下多田川　31　北川内仁王堂　32　柳沢長泉院
33　宮崎熊野堂

●牡鹿郡三十三所　【別称】牡鹿三十三所、石巻牡鹿三十三所

江戸中期成立。寛延4年（1751）の納札「28金蔵寺」。ご詠歌あり。平成3年（1991）「10西念寺」念仏講中復活。現行可。（　）内は現所在。石巻市周辺。

1　長禅寺（梅渓寺観音堂）　2　梅渓寺　3　法泉寺（牧山神社）　4　法山寺
5　瑞鹿庵（石川宅）　6　無量寿庵念仏堂　7　宮殿寺　8　長流寺（洞源院）
9　平形薬師堂（西念寺）　10　西念寺　11　浄蓮寺　12　長林寺　13　慈恩院
14　多福院　15　松巌寺　16　真宝寺（雲雀野濡仏堂）　17　壽福寺　18　称法寺
19　西光寺　20　海門寺（永巖寺）　21　永巖寺　22　羽黒山観音堂（永巖寺）
23　広済寺　24　禅昌寺　25　瑞松寺（禅昌寺）　26　普誓寺　27　東雲寺
28　金蔵寺　29　龍洞院　30　吉祥寺　31　龍泉寺　32　真法寺　33　長谷寺

□松島三十三所

享保年間（1716-36）、船大工利三太夫発願。現行なし。松島町（宮城郡）。

1 瑞巌寺　2 無相窟　3 千仏閣　4 陽徳院　5 花陰庵　6 天童庵
7 五大堂　8 長谷崎　9 万松庵　10 龍月庵　11 江月庵　12 護国院
13 青松庵　14 宝珠庵　15 伝曲庵　16 圓同庵　17 紹隆庵　18 大光庵
19 得住庵　20 聯芳庵　21 圓通院　22 法雲庵　23 天麟院　24 法性院
25 山王同　26 西行戻　27 五葉庵　28 海無量寺　29 把不住軒　30 見仏堂
31 一華庵　32 解脱院　33 三聖堂

○深田三十三所

「三陸三十三観音めぐり」に掲載されているが不明。

11 願成寺

●仙台三十三所　【別称】仙府三十三所、府内三十三所

元禄期(1688-1704)、4代藩主綱村の代に選定。伊達家62万石仙台城下を一巡。記録により小異あり。ご詠歌あり。現行可。(　)は移動。仙台市。

1 法楽院　2 観瀧庵　3 定光寺(資福寺)　4 永昌寺　5 昌繁寺
6 荘厳寺　7 大願寺　8 宝光院(満願寺)　9 満願寺　10 清光院(善入院)
11 佛生寺(仙岳院)　12 慈恩寺　13 金勝寺　14 大林寺　15 愚鈍院
16 成覚寺　17 阿弥陀寺　18 光壽院　19 皎林寺　20 圓福寺　21 瑞雲寺
22 保壽寺　23 遍照寺(松音寺)　24 国分尼寺　25 陸奥国分寺　26 両善院
27 満蔵寺　28 圓浄寺　29 須田玄番館(祐善寺)　30 高福院(遠藤宅観音堂)
31 大善院　32 成就院(常蔵院)　33 大蔵寺

□黒川郡三十四所　【別称】黒川三十四所、黒川三十三所

江戸末期の開創か。34所あるが「黒川三十三所」とも。ご詠歌あり。現行なし。(　)は現状。

1 吉岡熊野堂　2 吉田行澤　3 覚照寺(幻樹堂)　4 松巖寺　5 信楽寺
6 難　波　7 立　浪(輪)　8 八志田　9 桝　沢　10 竹の森　11 五輪屋敷
12 正覚寺(中興寺)　13 またらがひ　14 中興寺　15 安楽院(中興寺)
16 古　舘(中興寺)　17 昌源寺　18 雲泉寺　19 中　里　20 天皇寺
21 報恩寺　22 出張屋敷　23 観音寺　24 一ツ山　25 慈雲寺　26 玉泉寺
27 湯船寺　28 観蔵寺(湯船寺)　29 清水沢　30 長楽寺
31 竹の森(竹林観音堂落合寺)　32 黒川坂　33 檜和田観音
34 放光院(舞野観音堂)

□宮城郡三十三所　【別称】宮城三十三所

江戸後期の開創か、寛政５年（1793）の「宮城三十三番札所観世音菩薩之塔」が誓渡寺にあり。明和期1764-71ころの記録もある。ご詠歌あり。現行なし。旧柴田・名取・宮城の３郡。

１ 長谷堂　２ 天神堂　３ 塩通寺　４ 長橋観音堂　５ 国分尼寺
６ 槙島屋敷　７ 神明堂　８ 二本木山明神　９ 三井寺　10 松堂尼寺
11 安楽寺　12 川嶋明神　13 中野高見堂　14 竹内観音堂　15 中源寺
16 杉　橋（不隣寺）　17 末の松山（寶國寺）　18 安倍待橋　19 野田玉川
20 舟　塚（西園寺）　21 薬師堂　22 富岡山　23 金剛寺　24 明神堂
25 天照寺　26 松　島（三聖堂）　27 鳩の峰八幡宮　28 茂見山
29 春日明神堂　30 願成寺　31 壺　堂（落合寺）　32 千引観音堂
33 桜木観音（寶國寺）

●柴田郡三十三所

江戸期創設か。昭和５年（1930）「１東禅寺」大哲発願、同９年（1934）復活。ご詠歌あり。現行。

１ 東禅寺　２ 名川寺　３ 能化寺　４ 常光寺　５ 圓龍寺　６ 長照院
７ 大光院　８ 徳成寺　９ 大光寺　10 恵林寺　11 宝泉寺　12 繁昌院
13 最勝院　14 平の太子堂　15 香林寺　16 教性院　17 洞昌寺　18 自得寺
19 龍泉院　20 浮　島　21 龍泰寺　22 龍嶋院　23 松尾観音堂　24 松山寺
25 龍雲寺　26 高寺山　27 小沢観音堂　28 西福寺　29 前川観音堂
30 青根観音堂　31 笹谷観音堂　32 野上観音堂　33 龍雲寺

□名取郡三十三所　【別称】名取三十三所

明治期創設。現行なし。名取・岩沼両市周辺。

１ 宝泉寺釈迦観音堂（小清水観音堂）　２ 利勝観音　３－４ 不　明
５ 増田観音堂　６ 峯岸寺　７ 円通寺観音堂　８ 萩倉観音堂
９－16 不　明　17 林観音堂（弘誓寺観音堂　18 飯野坂観音堂
19－20 不　明　21 下増田（内蔵殿）観音堂　22 龍性院　23 観音寺
24－32 不　明　33 宝泉寺観音堂

■名取郡三十三所〈平成期〉

平成10年（1998）、名取講中選定。ご詠歌あり。現行。34所ある。名取市周辺。

1 今成観音堂　2 金ケ瀬観音堂　3 利勝観音（秀麗斎）　4 那智観音堂
5 紹楽寺　6 金剛寺観音堂　7 永禅寺　8 岐の観音　9 川内観音堂
10 智福院　11 蔵上観音堂　12 塩通寺　13 福寿院　14 慶雲院　16 普門寺
17 七島観音　18 耕龍寺　19 円満寺　20 豊鏡院観音　21 飯野坂観音堂
22 弘誓寺　23 真福寺　24 禅龍寺　25 成田観音　26 法華寺　27 東光寺
28 丁地観音堂　29 内蔵観音　30 経ノ塚観音堂　31 大聖寺
32 小塚原観音　33 観音寺　34 観音寺

■刈田三十三所　【別称】新西国刈田三十三所

昭和９年（1934）「33延命寺」疋田大僧正開創。ご詠歌あり。現行可。昭和59年（1984）開創50周年記念開帳。白石市、刈田郡蔵王町・七が宿町。

1 瀧観音堂　2 傑山寺　3 当信寺　4 森合観音堂　5 威徳寺
6 中目毘沙門堂　7 大儀寺　8 宝蔵寺　9 定光寺　10 観福寺
11 大高澤孝子堂　12 天桂院（地蔵院）　13 大聖寺文殊堂　14 松洞院
15 毘沙門堂　16 観音寺　17 内親熊野堂　18 小下倉薬師堂
19 菅生田薬師堂　20 鎌先薬師堂　21 瑞祥寺　22 湯口寺　23 三谷寺
24 蓮蔵寺　25 下別当薬師堂　26 矢附観音堂　27 平沢達磨堂
28 籠山観音堂　29 湯上薬師堂　30 常福院　31 清光寺　32 関泉寺
33 延命寺

□伊具郡三十三所　【別称】伊具三十三所

天保年中1830-44ころの創設、明治末期に「24西円寺」住職再興。札番をくじ引きで決定したため札番に従って巡礼できない。ご詠歌あり。現行なし。角田市、丸森町（伊具郡）。

1 福沢観音堂　2 武士沢観音堂　3 河原町観音堂　4 斗蔵山観音堂
5 千珠院　6 定迎寺　7 細内観音堂　8 西円寺　9 藤田寺
10 赤崎観音堂（片山観音堂）　11 専福寺　12 大門寺（東光院）　13 真龍院
14 桜観音堂（自照院）　15 本浄院（廃寺）　16 称名寺　17 岩花観音
18 銀杏木観音（西円寺）　19 福応寺　20 篠崎流観音　21 称念寺
22 杉下堂観音　23 仙光寺　24 西円寺　25 片山観音堂　26 水月観音堂
27 小坂観音堂　28 柳　沢（長泉寺）　29 野田観音堂　30 羽出庭観音堂
31 長泉寺　32 東禅寺　33 渓水寺

秋田県

秋田県の概要：県域の北部を岩木山・岩手山、南部を出羽三山・鳥海山などに囲まれた平野部を中心に各城下、郡内各地に巡礼路が設けられていたが、現在ではその多くが衰退している。

□鹿角郡三十三所　【別称】鹿角郡内三十三所、鹿角三十三所

明和４年(1767)ころ「１長福寺」祖峯和尚設定、「６長年寺」19世聖山大真和尚詠歌。ご詠歌あり。現行なし。(　)内はのちの移動など。鹿角市周辺。

1 長福寺　2 円徳寺　3 明蓮寺　4 本空庵　5 頓悟庵　6 長年寺
7 恩徳寺　8 大慈軒　9 法道軒薬師庵　10 観音院(圓徳寺)
11 独楽院(円通寺)　12 長泉院(寺)　13 宝珠寺　14 龍興寺　15 谷内観音堂
16 延命寺　17 大日堂(寄徳寺)　18 吉祥院　19 大徳寺　20 観音寺(住吉寺)
21 万松寺　22 清月堂　23 円福寺　24 隆昌寺　25 大円寺
26 芦名寺(芦名澤観音堂)　27 鏡徳寺　28 萬養寺　29 仁叟寺
30 広増寺(月山神社)　31 全徳寺　32 誓願寺　33 安楽院

●能代三十三所

享和年間(1801-04)、三浦七五郎(観光坊)が西国三十三所札所の尊像を刻して能代港町、近隣の村の各所に配置、観音堂が設けられた。毎年５・９月に札打ちが行われている。現行。観音堂(石像)めぐり。２日で廻る。ご詠歌あり。能代市周辺。

1 樽子山　2 幸町観音堂　3 清助町観音堂(光久寺)　4 下小路観音堂
5 畠町観音堂　6 吹越観音堂(延命寺)　7 出戸本町(善光寺観音)
8 出戸町観音堂　9 上町観音堂(長慶寺)　10 大町観音堂
11 羽立町観音堂　12 上川反町観音堂　13 向能代(徳昌寺)
14 真壁地観音堂(延命庵)　15 鍛冶町観音堂　16 富町観音堂
17 出戸本町(こども観音)　18 後町観音堂(自治会館)　19 下川反町観音
20 向能代(徳昌寺)　21 御指南町観音堂　22 下濱観音堂　23 長崎観音堂
24 藤山観音堂(明治町)　25 出戸道筋(地蔵堂)　26 坊が崎観音堂
27 清助町観音堂　28 新町観音堂　29 馬喰町観音堂　30 落　合(法輪寺)
31 榊町観音堂　32 柳町観音堂　33 富町観音堂

□秋田郡比内三十三所　【別称】比内三十三所

江戸期。宝暦13年(1763)の「秋田郡比内三十三所順禮記」あり。ご詠歌あり。現行なし。大館市・北秋田市周辺。

1 長興寺　2 真如院　3 大正院　4 圓蔵庵(院)　5 立昌寺　6 全應寺
7 宝田寺　8 正覚寺　9 寿仙寺　10 温泉寺　11 本宮寺　12 養牛寺
13 宝泉寺　14 龍泉寺　15 森昌寺　16 天昌寺　17 浄蓮寺　18 永安寺
19 宝勝寺　20 洞雲寺　21 信正寺　22 藤枝堂　23 実相寺
24 田中山観音堂(有浦堂)　25 歓喜院　26 遍照院　27 千手院　28 伝清院
29 清蓮庵　30 寶泉寺　31 一心院　32 宗福寺　33 玉林寺

□阿仁部三十三所

江戸期。現行なし。北秋田市周辺。

1 龍淵寺　2 米内澤神社(宝寿院)　3 下佛社(山崎神社)　4 常光寺
5 福昌(正)寺　6 友倉神社　7 正法院　8 浄福寺　9 新田寺
10 西根田(神明神社)　11 増　澤(神明社)　12 樹温寺　13 十三佛堂
14 太平寺　15 向本城(八幡神社)　16 源昌寺　17 御　堂　18 小　又
19 小　又　20 福壽寺　21 細超観音堂　22 菩薩堂　23 大　岱　24 福厳寺
25 湯口内　26 常覚院　27 長福院　28 善導寺　29 専念寺　30 荒瀬川
31 幸屋渡観音堂　32 比立内観音堂　33 耕田寺

□男鹿三十三所

詳細不明。真山神社を中心とする札所。

巡礼閑話　神宮寺

神社の境内などに設けられ、社僧(神社の祭祀を仏式で行う僧侶)がいた寺院。古くは社僧を別当と称したので別当寺、神宮寺という。神仏習合(混淆)思想より、多くの神宮寺の観音堂が三十三所巡礼の札所となったが、明治初年の神仏分離令により破壊、移転、またそのまま神社境内で存在する堂もある。神社に観音堂があるのはその名残りである。

□秋田三十三所〈秋田六郡〉　秋田六郡三十三所、出羽国六郡三十三所、秋田藩三十三所

長久年間(1040-44)、出羽国御嶽山満徳長者保昌坊発願、のち秋田城下の

鈴木定行・加藤政貞がこの古跡を訪ね復活、享保年間1716-36の「秋田六郡三十三観音順礼記」、「六郡順礼記」享保14年（1729）あり。ご詠歌あり。（　）内は現状。現行なし。六郡は平鹿・雄勝・仙北・河辺・秋田・山本の６郡。

1 白瀧観音　2 実入野菩薩堂（吉沢神社）　3 三井寺
4 無量壽寺千手院（澤之神社）　5 多武峰観音（沢口神社）
6 杉林寺吉祥院（久昌寺）　7 小野寺（向野寺）　8 東鳥海山神社
9 正音寺　10 上院内観音（愛宕神社）　11 大慈寺
12 朝日岡正観音（旭岡山神社）　13 祇園寺　14 本覚寺
15 森観音（旭峯神社）　16 圓満寺　17 高善寺　18 光雲寺（唐松神社）
19 千手院　20 観音院（保食神社）　21 元正寺（源正寺）
22 長命寺（藤倉神社）　23 補陀寺　24 古四王堂（古四王神社）　25 龍泉寺
26 長谷寺（星辻神社）　27 光飯寺（真山神社）　28 天龍寺（白瀑神社）
29 高岩寺（高岩神社）　30 実蔵観音（七座神社）　31 玉林寺
32 観音寺（松峰神社）　33 信正寺

●秋田三十三所〈新秋田〉【別称】穐（亀）田三十三所、新秋田三十三所

昭和59年（1984）前記を基に設定。ご詠歌あり。現行可。横手・湯沢・由利本荘・横手・大仙・秋田・男鹿・能代・大館・鹿角の各市、雄勝・仙北・河辺・山本。平鹿・南秋田の各郡。

1 正傳寺　2 光明寺　3 三井寺　4 雲岩寺　5 蔵光院　6 久昌寺
7 向野寺　8 長谷寺　9 誓願寺　10 永泉寺　11 大慈寺　12 常光院
13 祇園寺　14 本覚寺　15 永泉寺　16 圓満寺　17 大川寺　18 昌東院
19 千手院　20 龍門寺　21 源正寺　22 永源寺　23 補陀寺　24 大悲寺
25 龍泉寺　26 長楽寺　27 長慶寺　28 松源院　29 梅林寺　30 圓通寺
31 玉林寺　32 仁叟寺　33 信正寺

●秋田三十三所〈久保田〉【別称】久保田三十三所、久保田城下三十三所、秋田旧市内三十三所

天和年間1681-84、平野屋甚兵衛発願。ご詠歌（「西国」利用）あり。現行。秋田市。

1 熊野山　2 闐信寺　3 本念寺　4 長泉寺　5 長泉寺
6 満福寺　7 実袋寺　8 弘願院　9 正音寺（仰信寺）　10 玄心寺

11 応供寺　12 誓願寺　13 地蔵堂　14 大悲寺　15 妙覚寺　16 歓喜寺
17 善長寺　18 光明寺　19 実性寺　20 東正院　21 普傳寺　22 中央院
23 龍泉寺　24 光明寺　25 薬師堂　26 当福寺　27 鱗勝院　28 聲体寺
29 来迎寺　30 不動院　31 不動院　32 帰命寺　33 普門寺

□旧亀田領三十三所　【別称】亀田領三十三所

由利本荘市周辺。

1 青龍寺　2 龍水寺　3 永泉寺　4 興昌寺　5 西林寺　6 永傳寺
7 法輪寺　8 恵輪寺　9 香泉寺　10 岩蔵寺　11 歓喜院　12 光徳寺
13 薬王寺　14 正念寺　15 安勝寺　16 龍門寺　17 大平寺　18 西方寺
19 龍王寺　20 龍安寺　21 関伯寺　22 普門院　23 鷲泉寺　24 中山寺
25 正眼寺　26 満勝寺　27 珠林寺　28 善正寺　29 安楽寺　30 清光院
31 神澤寺　32 弥勒寺　33 光禅寺

□仙北西国三十三所　【別称】仙北三十三所、仙北郡三十三所【百番】仙北百番観音（仙北坂東・仙北秩父）

宝永２年（1705）ころ開創。宝永５年（1708）、湯沢城主の妻佐竹悲母院が各寺に安置。ご詠歌あり。現行なし。仙北は旧仙北３郡（仙北・平鹿・雄勝）の巡礼。仙北百番観音：正徳２年（1712）設定。

1 宗洞寺（正善院）　2 廣大寺（慈眼寺）　3 慈眼寺（良学院）
4 清厳寺（常楽院）　5 勧水寺（喜楽院）　6 長命寺（地源院）
7 白雲寺（寶生院）　8 無量寺（吉祥院）　9 持國寺（千手院）　10 福王寺
11 千手院（高禅寺）　12 圓満寺　13 曼荼羅寺（弥勒院）　14 蓮華寺（金剛院）
15 蓮住院（源東寺）　16 普門寺（蓮壽院）　17 無量壽院（千壽院）
18 大水寺（正学院）　19 観音寺　20 普門寺（廣福院）　21 観音寺（正喜院）
22 千福寺　23 安楽寺（不動院）　24 長命院（泉蔵院）　25 田澤寺（玉泉院）
26 喜見寺（明学院）　27 杉林寺（圓福院）　28 杉林寺（吉祥院）
29 久満寺（観行院）　30 大宮寺（清光院）　31 浄圓寺（忠應院）
32 普門寺（萬蔵院）　33 壽福寺（蔵光院）

□仙北坂東三十三所　【百番】仙北百番観音（仙北西国・仙北秩父）

正徳２年（1712）、杉ノ宮吉祥院第59世快雋宗憲法印が巡拝して仙北百番観音を設定。現行なし。横手・大仙市域。

1 喜宝院　2 西蔵寺　3 西水寺（喜蔵院）　4 恵林寺　5 観音寺
6 良善院（天国寺）　7 寶大寺（帰命院）　8 帰命院　9 勘庭寺
10 明　澤　11 祥力坊　12 仁　助　13 龍泉寺　14 峯境寺　15 喜楽院
16 長慶寺（大学院）　17 天宮寺（金剛院）　18 條福寺（貝蔵院）
19 七佛寺（栄松院）　20 長横寺（玉泉院）　21 福生寺　22 観音寺（泉光院）
23 野光寺（覚厳院）　24 長楽寺　25 観音寺（大宝院）　26 桂薗寺
27 相模寺（源養院）　28 長善寺　29 清原寺　30 浄土寺　31 正保寺（東光院）
32 長命寺　33 杉林寺（吉祥院）

□仙北秩父三十三所　【百番】仙北百番観音（仙北西国・仙北坂東）

正徳2年（1712）、杉ノ宮「34吉祥院」第59世快雋宗憲法印が巡拝して仙北百番観音を設定。現行なし。横手・大仙市域。

1 満福寺　2 善長坊　3 林正坊　4 正傳坊　5 清水寺　6 大澤寺
7 正平寺　8 観音寺　9 龍泉寺　10 祇園寺　11 往生院　12 龍岩寺
13 種生寺　14 忠禅寺　15 福城寺　16 不動坊　17 本誓寺　18 飯田山
19 久澤山　20 法力坊　21 大慈寺　22 溝叡山　23 蔵光院　24 東泉寺
25 蔵伝寺　26 忠應院　27 実相院　28 正福院　29 福生院　30 福生院
31 浄蓮寺　32 西法寺　33 教　外　34 吉祥院

□矢島領内三十三所　【別称】矢島領当国三十三所

江戸期。矢島領内＝生駒藩。由利郡矢島町内が主。ご詠歌（「西国」利用）あり。現行なし。現在は個人宅で祀るものが多い。由利本庄市。

1 南光院　2 龍源寺　3 福王寺　4 千手院　5 伊勢守　6 明王院
7 砂子澤（弥治右衛門）　8 岩坂村（惣右衛門）　9 木在村（六兵衛）
10 同　村（三浦六郎右衛門）　11 慈眼寺　12 高建寺　13 大吹川（九右衛門）
14 下吹川（善右衛門）　15 大琴村（覚右衛門）　16 極楽寺　17 蔵立（龍）寺
18 泉秀寺　19 金峰（御嶽）山　20 昌国寺（九郎左衛門）
21 田代御嶽（定之丞）　22 林澤寺　23 昌明院　24 重学院　25 小栗澤（助平）
26 高野村（庄右衛門）　27 合掌寺（多宝院）　28 慈音寺　29 玉宝院
30 万宝院　31 歓喜院　32 正重寺　33 明王院

□本荘領内三十三所　【別称】出羽国由利郡三十三所

天明年間1781-89ころの創設。現行なし。由利本荘市周辺。

1 宝円寺　2 日住山　3 大蔵寺　4 慶祥寺　5 蔵昌寺　6 龍洞寺
7 瑞光寺　8 快禅寺　9 長応寺　10 耕伝寺　11 蚶満寺　12 光岸寺
13 観音寺　14 天松寺　15 覚応寺　16 円通寺　17 大覚坊　18 正乗寺
19 永泉寺　20 玉泉寺　21 長松院　22 寶全寺　23 常覚寺　24 八幡寺
25 大泉寺　26 蔵堅寺　27 長安寺　28 泉流寺　29 常照寺　30 天然寺
31 極楽寺　32 東林寺　33 明王院（観正寺）

◯雄勝郡三十三所

天明５年（1785）開創。詳細不明。

巡礼閑話　参拝の規制

江戸後期になると仙北地方においても文化４年（1807）の「農村法度」に は、抜参（おかげ参り）と称して出国する者が多くなり、誠に不届きなことであるから「百姓家頭の者は五十歳以上、同家内の者は三十歳以上の者で調べた上、九十日まで出国を許可する」というお触れが出た。 そして天保頃（1830-44）には、飢饉による農作物の凶作があったにもかかわらず、民衆はますます物見遊山を兼ねた各地への、神仏詣が盛んに行われるようになったとみえて藩では天保２年（1832）百姓、町人の伊勢参宮諸仏神社参詣を男五十歳以上を省き禁じた。若い者は精を出して働けといっている訳である（『北方風土』1984）。

山形県

山形県の概要：地域別に見ると、庄内（酒田市周辺）・最上（新庄市周辺）・村山（山形市周辺）・置賜（米沢市周辺）に分かれる。全国的に見ても曹洞宗寺院が多く、特に庄内地方は曹洞宗が圧倒的に多い。内陸の盆地には早くから観音菩薩を祀る寺院や観音堂があり、寺院の僧侶・修験者たちが札所を設け、また地域の支配者たちが支援した。この現象は、まず庄内・最上・置賜といった広域の三十三所札所が設定され、めぐりが盛んになるにつれ新庄地廻、小国三十三所などが誕生、さらに地域的なめぐりへと発展していった。

■庄内三十三所〈江戸期〉【別称】二郡三十三所、当国三十三所【百番】、出羽百観音（最上・置賜）

正徳4年（1714）、羽黒山空照院胤慶・宝蔵院明慶・鶴岡福泉院羽黒山荒沢寺（首番札所）経堂院大恵東水が自ら西国霊場を巡って、翌年鶴岡・藤島周辺に霊場を定め詠歌した。ご詠歌あり。現行なし。

1 羽黒山　2 荒沢寺　3 祓川観音　4 中禅寺　5 添川観音
6 添津観音　7 東興屋観音　8 荒鍋新田観音　9 古関観音
10 南野観音　11 廻館観音　12 吉岡観音　13 山寺観音　14 土淵観音
15 茗荷沢観音　16 引地観音　17 飛鳥観音　18 生石観音　19 蕨岡観音
20 亀ヶ崎観音　21 局円王山　22 猪子観音　23 播磨観音　24 松倉山観音
25 加茂観音　26 柳福寺　27 田川観音　28 井岡寺　29 龍覚寺　30 照光寺
31 坂井川観音　32 大網観音　33 金峰観音

■庄内三十三所〈昭和期〉【別称】新庄内三十三所

昭和25年（1950）「17東光寺」源宗和尚・「30照高寺」専明和尚の発願で前記札所の再編成があり新三十三札所に首番「荒沢寺」と番外「観音寺」が加えられた35霊場で新庄内観音霊場が結成された。ご詠歌あり。現行可。

1 正善院　2 金剛樹院　3 善光寺　4 長現寺　5 永鷲寺　6 光星寺
7 法光院　8 地蔵院　9 大日坊　10 持地院　11 圓通寺　12 総光寺
13 宝蔵寺　14 乗慶寺　15 龍沢寺　16 海禅寺　17 東光寺　18 延命寺
19 龍頭寺　20 光国寺　21 松葉寺　22 洞泉寺　23 勝伝寺　24 冷岩寺
25 龍宮寺　26 長福寺　27 井岡寺　28 龍覚寺　29 南岳寺　30 照光寺

31 注連寺　32 吉祥寺　33 青龍寺

□庄内平和観音三十三所　【別称】庄内平和三十三所

「平和観音霊場ご詠歌」(「31法眼寺」編集発行) あり。

1 善宝院　2 正常院　3 乗慶院　4 正法寺　5 東源寺　6 了願寺
7 長徳寺　8 養源寺　9 洞春院　10 保春寺　11 常念寺　12 般若寺
13 高見寺　14 本明寺　15 大日坊　16 長厳寺　17 玉川寺　18 正善寺
19 永慶寺　20 見龍寺　21 宝護寺　22 慶全寺　23 長慶寺　24 普門院
25 帝立寺　26 安養寺　27 永泉寺　28 梵照寺　29 海晏寺　30 浄徳寺
31 春陽院　32 長雲寺　33 法眼寺

□鶴岡三十三所

資料に掲載も詳細不明。現行なし。

□新庄地廻三十三所　【別称】新庄三十三所、最上地廻三十三所

享保年中1716-36の開創。文化11年 (1814) 刊行の「観音新庄地廻巡礼記」ご詠歌あり。現行なし。最上地方。

1 神宮寺　2 庭月寺 (月蔵院)　3 福昌寺　4 瑞雲院　5 会林寺
6 松巖寺　7 長泉寺　8 接引寺　9 清　水　10 南　山 (沼の台)
11 角　川 (本　郷)　12 皿　島　13 濁　沢 (加性院)　14 濁　沢 (加性院)
15 末　坂 (成就院)　16 向　居　17 上大淵　18 曲　川　19 中ノ瀬
20 大　沢　21 指首鍋 (龍応寺)　22 平　岡　23 持　越　24 小栗山
25 荒　屋　26 朴　山　27 菅　越　28 下谷口　29 在　屋　30 萩　野
31 芳　沢　32 絵馬川　33 西　山 (桂嶽寺)

□小国三十三所〈最上〉　【別称】小国西国三十三所、小国郷三十三所

嘉永2年 (1849)、向町五十嵐平次郎発願石像観音像を祀る。小国郷は戸沢藩10か村で構成。県北東部。

1 旧熊野神社別当一条院 (天徳院)　2 愛宕神社別当月蔵院 (天徳寺)
3 天徳寺　4 黒沢神社　5 若松観音 (初ケ沢観音堂)　6 伊豆神社正応院
7 昌泉寺　8 中西観音堂　9 珠徳寺　10 横川観音堂　11 上鵜地蔵堂
12 亀割観音堂　13 戦沢聖観音堂　14 大　堀　15 大　堀

16 太郎田観音堂　17 若宮三所権現　18 徳応寺
19 月楯山大明神（月楯弁天）　20 道祖神　21 松の地蔵堂　22 忽村観音堂
23 薬師神社　24 新屋観音堂　25 笹森観音堂　26 八幡神社
27 笹森観音堂　28 松林寺　29 富山観音堂　30 松林寺　31 見性寺
32 杵築神社　33 十日町地蔵堂

■最上三十三所　【別称】羽州最上巡礼、出羽国最上郡中順礼【百番】山形百観音（山形・東山）、出羽百観音（庄内・置賜）

大永６年（1526）「１若松観音」の納札（この札所の最古記録）に「出羽州最上郡三十三度順礼」とある。札所の形を成したのは天正末年（1590）ころ最上義光がこの地方を統一した時代、庶民が霊場巡りを行うのは江戸期になってから。「最上三十三所観音霊験記」（安政３年（1856）によると、伝説では「応永年間1394-1428、羽州国司斯波氏第五代の孫最上頼宗の娘光姫伝説をもとにして巡礼が始まった」と記載、その子若松にちなんだ若松観音を１番とする。ご詠歌あり。現行。昭和62年（1987）、札所創設555年の記念開帳が行われた。（　）は寺院名。村山郡～最上郡。

1 若松観音（若松寺）　2 山　寺（千手院）　3 千手堂（吉祥院）　4 圓應寺
5 唐松観音（護国寺）　6 平清水観音（耕龍寺）　7 岩波観音（石行寺）
8 六椹観音（宗福院）　9 松尾山観音（松尾寺）　10 上ノ山観音（観音寺）
11 高松観音（光明院）　12 長谷堂観音（長光寺）　13 三河観音（常福寺）
14 岡観音（正法寺）　15 落裳観音（観音寺）　16 長岡観音（長念寺）
17 長登観音（長登寺）　18 岩木観音（慈眼院）　19 黒鳥観音（秀重院）
20 小松沢観音（清浄院）　21 五十沢観音（喜覚寺）　22 延沢観音（龍護寺）
23 六沢観音（円照寺）　24 上ノ畑観音（薬師寺）　25 尾花沢観音（養泉寺）
26 川前観音堂　27 深堀観音（清源院）　28 塩ノ沢観音（曹源院）
29 大石田観音（西光寺）　30 丹生観音（般若院）　31 富沢観音（東善院）
32 太郎田観音（明学院）　33 庭月観音（月蔵院）

□最上三十四所

前記に「34澤渡観音」を加える。明和９年（1772）、自牧寺９世石泉和尚が幕府に請うて、秩父三十四所最上札所として加えられた。なお、元禄２

年(1689)の「出羽国最上郡中順礼次第」にはすでに、34澤　渡、35湯野沢、36　楯岡竹観音がある。1－33は最上三十三所と同じ。他の札所にも存在する番外札所の意味かと考えられる。現行なし。

34 澤渡観音

■最上新西国三十三所

明和9年(1772)「3梵行寺」史料。ご詠歌(西国利用)あり。現行。山形・天童・東根市周辺。

1 宗福院　2 光善寺　3 梵行寺　4 実相寺　5 常念寺　6 光明寺
7 来迎寺　8 西念寺　9 極楽寺　10 天然寺　11 柏山寺　12 浄行寺
13 龍門寺　14 円応寺　15 迎接寺　16 吉祥院　17 浄土院(受楽寺)
18 三宝寺　19 仏向寺　20 常安寺　21 観音堂(東陽寺)　22 開建堂
23 光台寺　24 観音堂(秀重院)　25 秀重院　26 薬師寺　27 西興寺(西光寺)
28 田松寺(浄国寺)　29 観音堂　30 浄雲寺　31 本覚寺　32 清浄院
33 観音堂(清浄院)

□谷地三十三所〈江戸期〉【別称】谷地三十四所、谷地郷三十三所

江戸末期創設。文化12年(1815)開創。ご詠歌あり。現行なし。西村山郡。

1 大町観音堂　2 長延寺　3 慈眼寺　4 長谷寺　5 誓願寺
6 智光院・善住院　7 圓福院　8 稲荷堂　9 三社宮　10 長慶寺
11 定林寺　12 宿用院　13 東林寺　14 西蔵寺　15 東町地蔵堂
16 荒町不動堂　17 永照院　18 高林寺　19 高福寺　20 南泉寺　21 龍洞寺
22 長泉寺　23 慈恩寺　24 天神宮　25 永昌寺　26 権現堂　27 七観音
28 真光寺　29 根際観音堂　30 金谷庵　31 弥勒寺　32 清龍寺　33 岩松院
34 岩木観音堂

□谷地三十三所〈昭和期〉【別称】谷地郷三十三所

前記の昭和初期再興。34所あり。ご詠歌あり。現行なし。西村山郡。

1 大町観音堂　2 長延寺　3 慈眼寺　4 桜西地蔵堂　5 長谷寺
6 内城庵　7 誓願寺　8 袖屋敷地蔵堂　9 西小路薬師堂
10 下小路地蔵堂　11 北口地蔵堂　12 勝木沢地蔵堂　13 宇佐美小路大日堂
14 西小路地蔵堂　15 内楯三社宮　16 中楯二十三夜堂　17 定林寺

18 宿用院　19 東林寺　20 西蔵寺　21 東町地蔵堂　22 荒町不動堂
23 高林寺　24 永昌寺　25 清水寺　26 慈恩寺弥勒堂　27 慈恩寺地蔵堂
28 信（真）光寺　29 根際観音堂　30 澤畑観音堂　31 金谷庵
32 弥勒寺弥勒院　33 岩木観音堂　34 岩松院

□富並三十三所

江戸期。ご詠歌あり。現行なし。村山市富並地区。

1 愛宕様　2 楯稲荷　3 うらじく地蔵　4 仁王堂　5 道田地蔵堂
6 白山堂　7 平林大明神　8 平林地蔵堂　9 とはなさん
10 新宿若宮様　11 虚空蔵堂　12 宮の前にはたり　13 深沢地蔵堂
14 深沢寺山地蔵森　15 熊の山　16 楯山山王堂　17 鷲野倉　18 杉の沢
19 早房山ノ神　20 平林といろ仏　21 小滝地蔵堂　22 小滝不動尊
23 小滝いがつつど　24 境ノ目地蔵堂　25 十二堂　26 森観音
27 里おくまん堂　28 里稲荷堂　29 里地蔵堂　30 下中原西海淵
31 上中原六地蔵　32 中山かのいだん　33 外宿八幡宮

■尾花沢・大石田新西国三十三所　【別称】地廻り三十三所、尾花沢三十三所

明治26年（1893）開創（復興）といわれる。ご詠歌（「西国」利用）。現行。平成元年（1989）再興、平成５年（1993）開創100周年記念連合開帳。尾花沢周辺。

1 向川寺　2 里観音堂　3 高松院　4 曹源院　5 乗船寺　6 西光寺
7 龍昌寺　8 尾花沢薬師堂　9 知教寺　10 正厳観音堂　11 巣林寺
12 宝鏡院　13 岩松院　14 普門寺　15 延命寺　16 地福寺　17 種林寺
18 長泉寺　19 東光寺　20 水月庵　21 押切観音堂　22 清印寺　23 東照寺
24 金堯院　25 樹泉寺　26 実相院　27 円照寺　28 龍泉寺　29 金城寺
30 龍護寺　31 尾花沢地蔵堂　32 延命寺　33 薬師寺

□北通り三十三所　【別称】北部三十三所、北郡三十三所

明治26年（1893）開創。ご詠歌あり。現行なし。村山市。

1 塩常寺　2 南河島観音堂　3 宝鏡寺　4 下釜観音堂　5 福昌寺
6 長松院　7 萬松寺　8 林昌寺　9 耕福寺　10 松念寺　11 長学院
12 西念寺　13 向陽寺　14 森観音堂　15 境目観音堂　16 高松院　17 善翁寺

18 渓水寺　19 赤石観音堂　20 清　水（羽黒神社）　21 中　原　22 大　淀
23 浮沼観音堂　24 蓮花寺　25 蓮花寺　26 壽光寺　27 林堤寺　28 阿弥陀堂
29 新山観音堂　30 祥雲寺　31 隣正寺　32 清浄院　33 得性寺

■中通り三十三所　【別称】新西国中通り三十三所、新西国村山三十三所

明治25年（1892）、「1今町寺」13世広運道明、「22清龍寺」等が創設。当初は「新西国村山三十三所」と呼ばれたが、村山地方の各地にも観音霊場が誕生し、のち「中通り」となった。中通りとは羽州街道の「最上三十三所」と須川西部の「河西札所」の間という意味。ご詠歌（「西国」利用）。現行。天童・山形・東根の各市。平成3年（2001）、霊場開創百周年記念開帳。

1 今町寺　2 徳昌寺　3 誓願寺　4 見性寺　5 普門寺　6 法体寺
7 保福寺　8 正光寺　9 白川寺　10 成安寺　11 雲祥院　12 高源寺
13 長泉寺　14 真福寺　15 安楽寺　16 石仏寺　17 永源寺　18 正法寺
19 常福寺　20 泉福寺　21 性源寺　22 清龍寺　23 東昌寺　24 本源寺
25 林松寺　26 安養寺　27 養運寺　28 常光寺　29 天崇寺　30 守源寺
31 大昌寺　32 長源寺　33 禅会寺

●東通り三十三所〈東〉　【別称】東三十三所

明治27年（1894）「13常楽寺」など5か寺の住職が発願。羽州街道東側に創設。前記「中通り三十三所」と対になる。ご詠歌（「西国」利用）。現行。平成6年（1994）に開創100年記念開帳。

1 養源寺　2 浄国寺　3 秀重院（萬善寺）　4 自牧寺　5 龍昌寺
6 龍泉寺　7 石崎観音堂　8 お里べ観音堂（西原観音堂）　9 養泉寺
10 仲直観音堂　11 泉龍寺　12 小原寺　13 常楽寺　14 荒井原観音堂
15 揚泉寺　16 村山家観音堂　17 龍源寺　18 来運寺　19 原崎地蔵堂
20 新源寺　21 泰亮庵　22 常安寺（青柳観音堂）　23 佛向寺　24 三宝寺
25 陽運（雲）寺　26 長龍寺　27 龍岩寺　28 智鏡寺　29 萬徳寺　30 風立寺
31 立石寺中性院　32 聴流寺　33 若松寺如法堂

□東通り三十三所〈西〉　【別称】西三十三所

1 若松寺　2 常安寺　3 佛向寺　4 三寶寺　5 陽雲寺　6 清本寺
7 遍照寺　8 浄土院　9 吉祥院千手堂　10 称念寺　11 圓應寺

12 龍門寺　13 長源寺　14 法祥寺　15 光明寺　16 常念寺　17 實相寺
18 光禅寺　19 六　椹　20 柏山寺薬師堂　21 無量庵寺　22 金勝寺
23 長松寺　24 龍泰寺　25 泉福寺　26 高禅院　27 知鏡寺　28 龍岩寺
29 萬徳寺　30 風立寺　31 立石寺　32 千住院　33 長龍寺

□天童三十三所

嘉永3年(1850)、佐藤伊兵衛・伊藤屋善五郎・山口屋五兵衛・井桁屋作治・山口屋平蔵・山口屋久四良ほか発願、昭和40年代以降自然廃絶。ご詠歌あり。現行なし。(　)内は、別記録札所。当時の札所は多くが不明。

1 陽雲寺(愛宕山)　2 天童神社(一日町不動堂)　3 大輪寺(一日町不動堂)
4 糸引観音堂　5 三寶寺　6 和光院　7 和光院　8 喜太郎稲荷神社
9 三宝寺　10 薬師神社　11 陽雲寺　12 陽雲寺　13 三寶寺
14 糸引観音堂　15 三宝寺　16 糸引観音堂　17 仏向寺　18 小路大日堂
19 小路大日堂　20 糸引観音堂　21 身替地蔵堂　22 小林稲荷神社
23 和光院　24 和光院　25 阪口地蔵堂　26 喜太郎稲荷神社
27 青柳家仏間(多聞寺)　28 福田稲荷神社観音堂　29 加茂神社　30 館水家
31 常安寺　32 熊野神社観音堂　33 久野本十一面観音堂(山口街道観音堂)

○川東三十三所

明治期か。詳細不明。

19 六湛宗福寺

□川西三十三所　【別称】山形川西三十三所、小鶴庄三十三所

文政6年(1823)開創。ご詠歌あり。現行なし。「川西」とは、須川・最上川の西岸、流域の村々で、この札所は山辺・中山町(東村山郡)周辺。

1 岡千手観音堂　2 玉昌寺　3 満願寺　4 柳沼寺(円同寺)　5 円同寺
6 正法寺　7 天性寺　8 昌常寺(新田町観音堂)　9 達磨寺
10 向新田観音堂　11 馬頭観音堂　12 龍徳寺　13 吉祥天(天満神社)
14 寶寿院(地蔵院)　15 勢至堂　16 白長寺(白鳥寺)　17 浄土寺　18 常福寺
19 反田観音堂　20 威徳寺　21 五宮観音堂　22 少林寺
23 白山寺(白山神社)　24 普広寺　25 常照寺　26 安国寺　27 澤端観音堂

28 北垣薬師堂　29 正福寺　30 熊沢千手堂（和光院）
31 金沢白山堂（白山神社）　32 柳沢寺　33 岩谷十八夜観音堂

●寒河江三十三所　【別称】寒河江近郷十箇寺観音（戦後廃寺多く縮小）

江戸中期ころ。文政５年（1822）大沼五郎兵衛発願、「８二渡観音」別当三蔵院充昌詠歌による。神社の神宮寺や廃堂も多く、現在では10か所に縮小した巡礼になっている。ご詠歌あり。現行。西村山郡、西置賜郡。

1 長念寺　2 駒形堂　3 惣持寺　4 竹木坊　5 施無畏
6 圓　通（大木山舟着観音堂）　7 小月山　8 二渡観音堂　9 光徳寺
10 鹿　島　11 白　山　12 毘沙門天　13 弁　天　14 極楽寺　15 熊　野
16 天　神　17 新屋敷　18 白　山　19 羽　黒　20 泉蓮寺　21 小　森
22 御　嶽　23 観音寺　24 瀧田門　25 壽福寺　26 宿龍寺　27 法泉寺
28 梅龍寺　29 金峯山　30 観世音　31 三　島　32 弁　天　33 八　幡

●寒河江西根長岡三十三所　【別称】長岡三十三所

近世の創始。ご詠歌あり。現行可。旧長岡郷。

1 常林寺　2 旧光宅寺　3 神宮寺　4 西運自　5 龍泉寺
6 石持観音堂　7 二渡観音堂　8 光徳寺　9 石川寺　10 長松寺
11 現福寺　12 舟着観音　13 観音堂　14 地蔵堂　15 祐林寺　16 長念寺
17 駒形堂　18 虚空蔵堂　19 阿弥陀堂　20 高林寺　21 佐藤源吉宅
22 大日堂　23 乗圓寺　24 観音寺　25 寿福寺　26 以速寺　27 宿龍院
28 正覚寺　29 陽春院　30 福泉寺　31 徳蔵院　32 澄江寺　33 法泉寺

■山形三十三所　【別称】山形城下町三十三所。山形城下三十三所【百番】山形百観音（最上・東山）

明和四年（1767）ころ。江戸中期。明和年間1764-72のご詠歌記録がある。ご詠歌あり。（　）内は現行。

1 宗福院　2 蔵龍院　3 勝因寺　4 来迎寺（勇大庵）　5 法恩寺
6 法（寶）光院　7 正徳寺　8 静松寺　9 文性寺（般若院）
10 正明寺（実相寺）　11 実相寺（正明寺）　12 三蔵院（聖徳寺）
13 帰命院（子安堂）　14 法昌院　15 常林寺　16 常念寺　17 龍福寺（誓願寺）
18 専念寺　19 地蔵院　20 来迎寺　21 法祥寺　22 建昌寺　23 大龍寺

24 長源寺　25 念仏寺（極楽寺）　26 行蔵院（大林院）　27 普門寺（浄光寺）
28 林昌寺（松岩寺）　29 大乗院　30 清浄院　31 傳昌院　32 龍門寺
33 圓応寺

□大郷三十三所

嘉永元年（1848）雲祥祖門・阿部友益創設、大正２年（1913）再興。ご詠歌あり。山形市大郷地区。

1 中野観音堂　2 中野木下　3 子守堂　4 持福院　5 太子堂
6 七日市場　7 入ぐら　8 八幡堂　9 月山堂　10 高源寺　11 六社明神
12 長泉寺　13 揚柳庵　14 新井田観世音　15 新山堂　16 薬師堂
17 八幡堂　18 成安寺　19 金剛院　20 十八夜　21 三王堂　22 八王司
23 八幡堂　24 大日堂　25 貴船明神　26 船町観世音　27 向谷寺
28 長谷寺　29 山の神　30 地蔵堂　31 泉蔵院　32 弁財天　33 雲祥院

□東山三十三所〈江戸期〉【別称】高瀬三十三所

江戸期、山形丹波屋木村久兵衛（初代）発願。観音・地蔵・薬師の拝所もある。ご詠歌あり。現行なし。東山村→高瀬村（明治22）→山形市高瀬地区。

1 三宝岡　2 地蔵堂　3 疱瘡神　4 風立寺　5 水神堂　6 龍岩寺
7 白山堂　8 太子堂　9 権現堂　10 智鏡寺　11 八幡堂　12 明神堂
13 道陸神　14 金神堂　15 伊豆権現　16 太神宮　17 熊野山　18 鶏権現
19 姥　神　20 薬師堂　21 平石水村　22 高野薬師如来　23 清雲寺
24 神　明　25 見瀧寺　26 権現堂　27 石地蔵　28 大日堂　29 観音堂
30 八幡堂　31 万年堂　32 さいとう地蔵　33 万徳寺

○東山三十三所〈昭和期〉

昭和52年（1977）開設。詳細不明。新庄市郊外。

□東山三十四所　【別称】東澤三十四所【百番】山形百観音（最上・山形）

安永８年（1779）、山形丹波屋初代木村久兵衛発願、２代久兵衛がこの年に完成。観音・地蔵・薬師の拝所もある。前記とは別。ご詠歌あり。現行なし。（　）は現状。東澤は合併前の村名（山形市内）。

1 新白雲寺（西光寺）　2 釈迦堂（唐松観音堂）　3 白髭大明神（禅昌寺）

4 禅昌寺　5 三沢山　6 延福寺　7 薬師山（延福寺）　8 養福寺
9 藤太寺（養福寺）　10 藤太寺観音堂（養福寺）　11 大日堂　12 熊野堂
13 毘沙門堂　14 妙泉寺　15 雷神堂　16 三条院　17 宝蔵院　18 虚空蔵堂
19 法来寺　20 釈迦堂（法来寺）　21 妙観院（万松寺）　22 妙見寺
23 禅流庵（養千寺）　24 妙見堂　25 養千寺　26 熊野山（万松寺）　27 万松寺
28 大日堂（平泉寺）　29 清水堂（清水観音堂）　30 地性院　31 耕龍寺
32 平泉寺　33 白山権現堂（平泉寺客殿）　34 耕龍寺

□五百川三十三所

江戸期。現行なし。西村山郡（朝日町）。
1 水　口　2 長松院　3 松程馬頭堂　4 杉　山　5 針　生　6 宇津野
7 祥光院　8 太郎南　9 立　木　10 白　倉　11 勝　生　12 大　沼
13 浮　島　14 萬福寺　15 馬　神　16 大　谷　17 大澤寺　18 富　澤
19 法界寺　20 樋ケ澤　21 大　巻　22 宗覚院　23 送　橋　24 前田沢
25 東水寺　26 小塩山　27 八ツ沼　28 能　中　29 川　通　30 夏　草　草
31 中　澤　32 雪　谷　33 福昌寺

●上ノ山三十三所　【別称】上ノ山領内三十三所、お家三十三観音

享保18年（1733）「33称念寺」9世良雲上人発願、詠歌は山形光明寺32世如海上人。ご詠歌あり。現行可。上山藩領内。
1 湯の上観音寺　2 長清水　3 高　松　4 石曽根　5 若　松
6 岩　屋　7 小　穴　8 細　谷　9 下関根　10 中曽根　11 上曽根
12 経　塚（皆　塚）　13 楢　下　14 小豆森　15 大　門　16 菖蒲沢
17 菅ケ平　18 大久保　19 小　笹　20 牧　野　21 上生居
22 中生居（広　野）　23 下生居松葉　24 下生居峯岸　25 宮ノ脇
26 宮ノ脇竹下　27 金　沢（高　岡）　28 長野堀切　29 小　倉　30 権現堂
31 芦（足）ノ口　32 金　谷　33 北　町（称念寺）

■置賜三十三所　【別称】置賜三郡三十三所【百番】山形百観音、出羽百観音（庄内・最上）

江戸初期、直江兼続の室お千の方創始。ご詠歌あり。現行。（　）内は現況。
1 千手院（金松寺）　2 禅定院（源居寺）　3 黒沢吉祥寺（高傳寺）
4 天養寺　5 観音寺　6 正法寺　7 圓福寺　8 深山寺（観音寺）

9 真言院（東漸寺） 10 宮の寺（遍照寺） 11 大行院（瑞雲寺）
12 蓮性寺（東正寺） 13 十王開寺（円光寺） 14 おいため（大行院）
15 羽黒堂奥の宮（弥勒院） 16 鮎　貝（泉蔵院） 17 圓照寺（雲洞庵）
18 新山寺（珍蔵寺） 19 笹　野（幸徳院） 20 佛坂寺（十王院）
21 千手院（宝珠寺） 22 山上羽黒堂（真言院） 23 川　井（桃源院）
24 行蔵院（普門院） 25 赤　柴（龍性院） 26 西明寺 27 池　黒（相応院）
28 宮　崎（綱正寺） 29 熊野堂（岡応寺） 30 長谷寺（宝積坊）
31 五十川（正寿院） 32 遍照寺（真光寺） 33 浅　川（泉養院）

○置賜東三十三所

記録にあるが詳細不詳。東置賜郡。

32 亀岡寺

□米沢三十三所 【別称】羽州米沢三十三所、出羽国米沢三十三所

江戸初期上杉景勝の執事直江山城守重光の後室於千の方創始。大正14年(1925)「18高国寺」「20成就院」が「置賜札所」再興を意図。現行なし。

1 幸徳院 2 常安寺 3 弥勒院 4 照陽寺 5 昌伝庵 6 大町庚申堂
7 輪王寺 8 高岩寺 9 真福寺 10 龍泉寺 11 茂林寺 12 極楽寺
13 今町観世音 14 正円寺 15 観音寺 16 大正寺 17 常信庵 18 高国寺
19 海応院 20 成就院 21 透林寺 22 西蓮寺 23 開興庵 24 正福寺
25 宝幢院 26 天正寺 27 禅透院 28 転輪寺 29 龍言寺
30 昌願寺（北野庵） 31 松原寺 32 法泉寺 33 大町熊野堂

□屋代三十三所 【別称】屋代郷三十三所、当国三十三所

江戸期。寛延3年（1750）の詠歌本あり。東置賜郡。

1 盛興院 2 福泉寺 3 笹原観音堂 4 慈光寺 5 千手院
6 稲荷神社 7 天正寺 8 玉龍院 9 芦垣馬頭観音堂 10 和光院
11 堂田観音堂 12 馬頭観音堂 13 常信庵 14 萬徳院 15 長手寺
16 千眼寺 17 田中観音堂 18 普光寺 19 法光院 20 羽黒山石堂
21 清林寺 22 観音寺 23 佛性寺 24 観照寺 25 東光寺 26 千手院
27 観音寺 28 鹿子寺 29 金屋寺 30 下駄子町寺 31 馬頭観音堂
32 善行寺 33 泉養院

□小国三十三所〈小国〉【別称】当国三十三所

江戸期。西置賜郡小国町内の寺院。前記最上の「小国」札所とは別。

1 光岳寺　2 慶昌寺　3 飯綱寺　4 瑞楽寺　5 光岳寺　6 慈恩寺
7 光岳寺　8 宝性院（八幡神社）　9 愛宕神社　10 県　社　11 大龍寺
12 古四王神社　13 薬師堂　14 龍正寺　15 遍照寺　16 圓長寺　17 洞源寺
18 町原金比羅　19 岩井沢虚空蔵　20 諏訪神社（別当林蔵坊）　21 町岩地蔵
22 町岩地蔵　23 慈恩寺　24 北薬師　25 盤昌寺　26 早船寺　27 吉祥寺
28 大日寺　29 洞泉寺　30 松圓寺　31 日光寺　32 長福寺　33 光岳寺

巡礼閑話　札所の誕生①

地域における巡礼札所の誕生を山形県に見ると「西国三十三観音の存在は、江戸時代に入ると地域毎の霊場設定に影響を及ぼし、県内でも最上三十三観音、庄内三十三観音、置賜三十三観音などの出現を見ている。村々には観音講が組織され、江戸も中期から後期にかけては、札所設定に出る者が年々多くなった。最上、庄内、置賜といった比較的身近に巡礼できる札所には、江戸の中期から女達でさえぼつぼつと出かけていることが、各地に残る手控えなどから判る。のちには、五・六カ村または一村限りの札所も各地に設けられ、女講中の巡礼が盛んになったといわれる（『村山市史近世編』平成6）」。

福島県

福島県の概要：県の中央部にあたる「中通り（古くは川道・山道・山東）」にあたる福島市・郡山市・白河市など、「浜通り（古くは陸前浜街道・海道）」とも呼ばれた、いわき市・原町市・相馬市など、および「会津（会津若松市・喜多方市など）」に地域分けできる。特に会津地域では、古く南都（奈良）仏教に関する中国伝来の法相宗が伝えられ、信仰の盛んな地域があった。

しかし、江戸時代の寛文６年（1666）の会津藩、および明治初期の相馬藩が廃仏毀釈に逢ったが、その他の地域では廃仏毀釈の影響は少なかった。県内には、東北で最も古い三十三所巡礼といわれる「仙道三十三所」（明応７年（1498）創始）を始め、各々の地域に多くの札所が設けられてきた。また古来より観音菩薩のほかに小手地蔵詣三十三所・岩瀬郡地蔵尊二十四所・みちのく福島百八地蔵尊札所など地蔵尊札所や薬師如来などのめぐりも多い。この地方に地域巡礼が多いのは、県内からの伊勢参宮などが多いことから、多額の出費をして他国へ出かけることよりも手軽に地域を巡ることが札所設定につながっていると考えられる。また、信達地方には伊達氏ゆかりの札所が多い。

●小手三十三所　【別称】小手庄三十三所、伊達郡小手庄三十三所、小手郷三十三所、達南小手三十三所

江戸期開創。正徳年間（1711-16）、義縁法師の詠歌あり。ご詠歌あり。（　）内は現在の所在。福島市・伊達郡。

1 峯観音（頭陀寺）　2 常光庵（常泉寺）　3 久遠院（大乗寺）
4 戸ノ内観音堂（大円寺）　5 北見観音堂（東圓寺）　6 千手観音堂（大円寺）
7 北野観音堂（大円寺）　8 梨ケ作観音堂（大円寺）　9 永田観音堂（大円寺）
10 金松寺　11 大桂寺　12 慈眼寺（大桂寺）　13 観音寺　14 東光寺
15 立子山観音堂（薬師寺）　16 竹の内観音堂（五大院）
17 糟内観音堂（圓照寺）　18 紙鹿内観音堂（東福寺）　19 泉福寺
20 高屋敷観音堂（正覚寺）　21 水口観音堂（小国寺）
22 国木町観音堂（成願寺）　23 堂の前観音堂（龍徳寺）
24 御幸山観音堂（法常院）　25 竹の内観音堂（茂林寺）　26 清浄庵（茂林寺）
27 糟田上ノ坊観音堂（茂林寺）　28 耕雲寺　29 するすの田観音堂（耕雲寺）
30 松山観音堂（梅松寺）　31 神宮寺（大円寺）　32 桜川観音堂（頭陀寺）
33 東雲寺（頭陀寺）

□小手地蔵詣三十三所（参考）

宝暦11年（1761）「1耕雲寺」淵丈和尚創始。現行なし。

1 耕雲寺　2 天平寺　3 入山寺　4 千体仏堂　5 竹の内　6 犬　飼
7 八ツ根入　8 破連堂　9 山の神　10 古　堂　11 新　井　12 谷之丞
13 観音寺　14 大機寺　15 赤　坂　16 中ノ内　17 荒屋敷　18 杉ノ内
19 苗　代　20 立　石　21 栄　田　22 屈　め　23 堀　田　24 南
25 上ノ台　26 賤の田　27 飯　坂　28 冷ケ作　29 甚四郎　30 濁　沢
31 館　石　32 番匠内　33 するすの田

○信夫・安達三十三所

安政年間（1854-60）。詳細不明。

□信夫三十三所〈江戸期〉【別称】信夫郡西国三十三所

近代以前の創設。ご詠歌あり。現行なし。「信夫郡」は現福島市。

1 観音寺（嶋観音堂）　2 貝沼観音堂（長秀院）　3 瑞龍寺
4 山口観音堂（地蔵院）　5 常圓寺　6 馬頭観音堂　7 圓満寺
8 西養山観音堂（正眼寺）　9 久盛院　10 寶勝寺　11 櫻本寺　12 茶前堂
13 大林寺　14 石田観音堂　15 佛母寺　16 藪屋敷観音堂
17 井ノ面観音堂　18 原町観音堂　19 大和田庵　20 川寒観音堂（金福寺）
21 冨塚観音堂　22 壁谷澤観音堂　23 原田観音堂　24 金毘羅堂
25 地蔵庵　26 菅原観音堂　27 山本観音堂　28 高梨観音堂　29 香積寺
30 中村観音堂　31 金剛寺　32 医王寺　33 八幡寺圓蔵院

●信夫三十三所〈昭和期〉【別称】新信夫三十三所、信夫准西国三十三所

昭和4年（1929）、後藤要七が前記の再興。ご詠歌あり。現行可。福島市。

1 常光寺　2 真浄院　3 誓願寺　4 東安寺　5 大圓寺　6 到岸寺
7 龍鳳寺　8 寶積寺　9 長楽寺　10 寶林寺　11 常徳寺　12 永京寺
13 満願寺　14 長秀院　15 仲興寺　16 常光院　17 浅川観音堂　18 永仁寺
19 原観音堂（常圓寺）　20 常圓寺　21 西光寺　22 関谷前越観音堂（盛林寺）
23 陽泰寺　24 永井川観音堂　25 陽林寺　26 好国寺　27 陽泉寺
28 成川仲ノ内観音堂　29 正眼寺　30 圓光寺　31 佛母寺　32 光徳寺
33 八幡寺

○信夫準坂東三十三所

詳細不明。ご詠歌あり。現行なし。

15 法輪寺

■信達準西国三十三所〈Ⅰ〉【別称】信達三十三所、信達郡三十三所、信夫伊達三十三所、信夫伊達両郡三十三所、信達新西国三十三所、信達西国三十三所、信達新準西国三十三所【百番】信達百観音（信達坂東・信達　秩父）

延元２年（1337）北畠顕家創始「此の君始めて信達両郡の大悲三十三所を撰」という（「小野氏写本」文久２年（1862）。ただしこれ以外の古記には北畠説は登場しない。元禄14年（1701）の信達三十三所御詠歌の板木（「１大蔵寺」所蔵）があり、このころ創設か。（　）内は現行納経所。ご詠歌あり。現行。信達は信夫・伊達の両郡。福島市・桑折町・伊達市。

★　信達百観音は「信達百番巡禮簿全」文化４年（1807）に岡部村片平嘉左衛門敬重・大笹生村藤原金重郎貞儀が、従来からある「信達三十三所」の外に「坂東移信達三十三所」「秩父移信達三十六所」を設定、３札所合計102札所を「信達百番巡礼」と制定。

１ 小倉寺観音（大蔵寺）　２ 文知摺観音（安洞院）　３ 羽黒山観音（薬王寺）
４ 圓通寺　５ 城山観音（圓通寺）　６ 慈徳寺　７ 白津山観音（東源寺）
８ 清水寺観音　９ 鯉返り観音（大福寺）　10 宿縁寺（安楽寺）　11 天王寺
12 無能寺（満願寺）　13 世光寺（龍源寺）　14 宝寿寺　15 明智寺（福源寺）
16 法明寺（松原寺）　17 大沢寺（松原寺）　18 慈運寺（松原寺）　19 観音寺
20 松蔵寺　21 地蔵庵（福源寺）　22 常西寺（大聖寺）　23 平　寺（光台寺）
24 広智寺（長谷寺）　25 野崎寺（長谷寺）　26 専旦寺（高福寺）
27 寿福寺（明福院）　28 千尋寺（三乗院）　29 霊山寺　30 利生寺（称名寺）
31 長谷寺（龍宝寺）　32 清水寺（龍澤寺）　33 亀岡寺（龍宝寺）

□信達準西国三十三所〈Ⅱ〉

詳細不明。現行なし。

１ 慈恩寺　２ 室　石　３ 見　瀧　４ 岩の湯山　５ 薬洗場　６ 常源寺
７ 胸　掛　８ 長泉寺　９ 正法寺　10 大善院　11 積善寺　12 安養寺
13 満福寺　14 猫　川　15 仙林寺　16 胎教寺　17 泉福寺　18 茶臼山
19 石橋成合　20 田　中　21 御戸内　22 普光寺　23 中　山　24 福源寺
25 奥　村　26 大安寺　27 中屋敷　28 円通寺　29 半　沢　30 広　瀬
31 田　中　32 新　開　33 不動寺

■信達準坂東三十三所　【別称】信達坂東三十三所、信達新準坂東三十三所、坂東移信達三十三所【百番】信達百観音（信達・信達秩父）

江戸期。ご詠歌あり。現行。

1 慈恩寺　2 観音寺　3 観音寺　4 正福寺　5 大覚院　6 鎌秀院
7 養福院　8 鎌秀院　9 金源寺　10 泉性院　11 法伝寺　12 法道院
13 教法院　14 金剛院　15 東禅寺　16 大福寺　17 清水寺　18 東泉寺
19 覚寿院　20 長勝寺　21 和正院　22 観音寺　23 大林寺　24 桜本寺
25 桜本寺　26 定龍寺　27 泉秀寺　28 泉秀寺　29 長泉寺　30 龍沢寺
31 久昌寺　32 慶福寺　33 常泉寺

□信達準秩父三十六所　【別称】信達秩父三十六所、秩父移信達三十六所【百番】信達百観音（信達・信達坂東）

「信達百番巡禮簿全」（文化４年（1817）撰）に、岡部村片平嘉左衛門敬重と大笹生村藍原金重郎貞義が従来からある「信達三十三所」の外に、「秩父移信達三十六所」と「坂東移信達三十三所」を制定し、３札所合計102札所を「信達百番巡礼」と称した。以下は別当寺。

1 安洞院　2 慈恩寺　3 観音寺　4 清水堂明寶院　5 常圓寺
6 圓満寺　7 圓満寺　8 圓満寺　9 真浄院　10 龍鳳寺　11 大善院
12 正福寺　13 大圓寺　14 常徳寺　15 満願寺　16 明寶院　17 明寶院
18 明寶院　19 西光寺　20 常念寺　21 常圓寺　22 盛林寺　23 仲興寺
24 八大院　25 観音寺　26 法龍寺　27 吾妻院　28 吾妻院　29 本明院
30 明正院　31 泉覚院　32 浪岡邸　33 圓光寺　34 光徳寺　35 教徳院
36 慶福寺「信達百番」100 正善院

■伊達秩父三十四所　【別称】新伊達郡三十四所、伊達準秩父三十四所

明治12年（1879）「１興国寺」の新井如禅が制定。如禅作「新伊達郡三十四所御詠歌」明治12年（1879）あり。ご詠歌あり。現行。

1 興国寺　2 萬休院　3 昌福寺　4 長光寺　5 東楊寺　6 洞雲寺
7 細谷寺　8 不動ケ瀧観音（昌源寺）　9 堂の前観音　10 北向観音
11 小手観音　12 よけ石観音　13 志水観音　14 大小久保観音　15 龍澤寺
16 三常院　17 扶桑庵　18 古内正観音　19 笠石観音　20 楊柳石観音
21 薬師ケ岡観音　22 草分馬頭観音　23 小畑下観音　24 龍泉寺
25 北沢観世音　26 大林寺　27 北の坊観音　28 北沢馬頭観音　29 金剛寺
30 観音寺　31 神前正観音（最禅寺）　32 西松寺　33 仲興寺　34 三乗院

□伊達三十三所

昭和12年(1937)、「2興隆寺」榎本源徹・落合亀治設定。ご詠歌あり。現行なし。旧伊達郡。

1 玉泉寺　2 興隆寺　3 岩阿久(興隆寺)　4 梅松寺　5 真徳寺
6 晋光寺　7 御堂内　8 石　橋　9 田　中　10 一枚田(称名寺)
11 観喜寺　12 桑折寺　13 宝積寺　14 不動寺　15 福厳寺　16 岩　屋
17 三尊堂(高福寺)　18 仙林寺　19 胎教寺　20 猫　川　21 積善寺
22 東光寺　23 茶臼山　24 夫婦清水　25 大木山(龍徳寺)
26 原　(大林寺)　27 天正寺　28 御守山　29 茶　畑　30 五大院
31 古屋戸　32 赤　岩　33 大円寺

□安達三十三所　【別称】安達郡三十三所

江戸期開創。文政9年(1826)の「御詠歌帳」。ご詠歌あり。現行なし。

1 治陸寺　2 善導寺　3 最勝寺　4 愛蔵寺　5 永昌(正)寺　6 長泉寺
7 福田寺　8 息王寺　9 観音寺(東禅寺内)　10 西念寺　11 東禅寺
12 梅木寺　13 観音寺　14 観世寺　15 圓東寺　16 長谷寺　17 遍照尊寺
18 圓通寺(鏡石寺)　19 光現寺　20 称念寺　21 塩沢寺(宝泉院)
22 龍泉寺　23 松岡寺　24 法輪寺　25 珊瑚寺(龍泉寺)　26 光恩寺
27 薬師寺(龍泉寺)　28 相応寺　29 常圓寺　30 日輪寺
31 観音寺(高松山観音堂)　32 金礼寺　33 岩角寺

□安積三十三所

昭和初期、郡山仏教会が創設。ご詠歌あり。現行なし。郡山市。

1 如宝(法)寺　2 善導寺　3 大慈寺　4 圓壽寺　5 延命寺　6 小原寺
7 高照庵　8 天性寺　9 宝光寺　10 徳成寺　11 広安寺　12 光傳寺
13 普賢寺　14 護国寺　15 西光寺　16 宗福寺　17 正法寺　18 勝音寺
19 長泉寺　20 善昌寺　21 廣修寺　22 岩蔵寺　23 常居寺　24 慈恩寺
25 龍角寺　26 西泉寺　27 福田寺　28 西方寺　29 保福寺　30 本栖寺
31 金剛寺　32 西光寺　33 阿弥陀寺

■相馬三十三所　【別称】相馬領内三十三所、奥相(奥州相馬)三十三所、封内三十三所、御国三十三所

元禄14年(1701)、相馬藩21藩主昌胤公が領内に選定、詠歌は正徳5年(1715)、藩の和歌師範藻虫庵雲泉作。ご詠歌あり。(　)は現状。現行可。相馬市周辺。

1 摂取院（新沼観音堂） 2 普明院（興仁寺） 3 浄閑庵（慶徳寺）
4 観音院（歓喜寺） 5 真光寺（圓應寺） 6 金蔵院（下の堂）
7 長命院八幡寺（長命寺） 8 摂取院 9 観音寺 10 東光寺
11 観音寺（医徳寺） 12 如意輪寺 13 洞雲寺 14 増福寺 15 地蔵院観音寺
16 大聖寺 17 安楽寺 18 来福寺（大聖寺） 19 極楽寺（自性院）
20 光福寺（自性院） 21 羽鳥観音堂（自性院） 22 寺沢観音堂（仲禅寺）
23 清水寺 24 自在院 25 華光院（仲禅寺） 26 観音寺 27 慈徳寺
28 光明寺 29 西福寺（泉龍寺） 30 新祥寺 31 普門寺（安養寺） 32 慈眼寺
33 観音寺

●宇多郷三十三所

前記「相馬」寺院9か寺を元に設定されている。ご詠歌あり。廃寺が改められ、現行なし。相馬市。

1 夕顔観音堂（松川寺） 2 船越観音堂（長福寺） 3 大津観音堂（見立寺）
4 自在院 5 道光寺（普明院） 6 圓照寺（壽牲寺） 7 浄閑庵（不乱院）
8 阿弥陀院（寛徳寺） 9 慶徳寺 10 慶徳寺（不乱院） 11 大徳院（歓喜寺）
12 聖憧寺（歓喜寺） 13 観音院（歓喜寺） 14 密徳院（根渡大明神）
15 専蔵寺（興仁寺） 16 専明院（興仁寺） 17 圓福寺（興仁寺）
18 玉寶院（蒼龍寺） 19 真光寺（圓應寺） 20 護国院（圓應寺） 21 金蔵院
22 金蔵院上之堂 23 長谷寺（洞雲寺） 24 廣福院
25 長命院八幡寺（長命寺） 26 蓮明院（不動堂） 27 証覚院（不動堂）
28 明光院（善光院） 29 善明院（蒼龍寺） 30 明光院（蒼龍寺） 31 摂取院
32 福壽院 33 白壽下観音堂（長徳寺）

□田村三十三所〈田村円通〉

元禄5年（1692）、三春「33雪村庵」琢道創始、素白・宗得・如水・権右衛門の5人で札所を巡礼、ご詠歌を奉献した。。ご詠歌あり。現行なし。昭和初年ころまで盛ん。石像めぐり。（ ）は移動、管掌寺等。旧田村郡周辺。

1 清水寺観音堂 2 福聚寺 3 華正院 4 霊光庵 5 満願寺（日渡神社）
6 来光寺（東鳥堂） 7 薬師院 8 真善寺（長法寺） 9 照光寺 10 絵松寺
11 長岩寺 12 長岩寺 13 圓寿寺 14 観照寺 15 入水寺 16 海禅院
17 龍蔵寺 18 海禅院（貝谷観音堂） 19 永泉寺 20 飛龍寺 21 龍泉寺
22 不動院（見清寺） 23 大昌寺 24 常林寺 25 観音寺 26 金剛院

27 蓮蔵寺　28 滝ノ作観音堂（閑道院）　29 東光寺　30 龍光寺
31 福聚（寿）寺　32 善應寺　33 雪村庵（福聚寺）

□田村三十三所〈田村姓司〉

享保10年（1725）の巡礼札所。前記と重複多い。ご詠歌あり。現行なし。
1 慈心院（普門寺）　2 興國禅寺　3 圓壽寺　4 長岩寺　5 長岩寺
6 南作観音堂　7 言神観音堂　8 大槻観音堂　9 丸木観音堂
10 笊内観音堂（絵松神社）　11 遊船観音堂　12 真善寺（長法寺）
13 満願寺（東鳥堂）　14 満願寺（日渡神社）　15 照光　16 観音寺　17 清水寺
18 福聚寺　19 華正院　20 霊光庵　21 雪村庵（福聚寺）　22 善應寺
23 龍光寺　24 蓮蔵寺　25 金剛院　26 常林寺　27 飛龍寺　28 永泉寺
29 龍蔵寺　30 貝谷観音堂　31 入水寺　32 山崎寶堂　33 観照寺

■磐城三十三所　【別称】石城三十三所、岩城三十三所、海道三十三所

永正15年（1518）、中世成立の古い観音巡礼。佐渡の僧宗永が関東巡礼中の夢告があり発願。岩城とは、旧菊多・磐前・磐城・楢葉の４郡をいう。いわき市周辺。ご詠歌あり。現行。（　）は別当寺等。

1 北　目（普門寺）　2 天　津（医王寺）　3 童　堂（成就院）
4 吊しの（願成寺）　5 湯の嶽（法海寺）　6 高　倉（高蔵寺）
7 法　田（法田寺）　8 富　澤（長楽寺）　9 佛護山（徳巖寺）
10 出　蔵（出蔵寺）　11 関　田（松山寺）　12 鮫　川（真福寺）
13 下　川（天狗堂）　14 笛が森（梵音寺）　15 柳　澤（禅福寺）
16 久保中山（金光寺）　17 高　照（東泉寺）　18 沼之内（賢沼寺）
19 下大越（安祥院）　20 龍　澤（増福寺）　21 日　吉（大運寺）
22 朝　日（照明院）　23 石　森（忠教寺）　24 堂の作（片寄堂）
25 青　瀧（青瀧寺）　26 高野坂（照林寺）　27 苗　取（荒林寺）
28 満福寺（恵日寺）　29 小寺山（如来寺）　30 小　久（宝林寺）
31 観音寺（成徳寺）　32 浅見川（修行院）　33 岩井戸（保応寺）

□郡山三十三所

郡山・方圓堂が納めた印章観音が祀られている。現行なし。郡山市。
1 如宝寺　2 大慈寺　3 阿弥陀寺　4 金剛寺　5 西方寺　6 廣度寺
7 真福寺　8 玉雲寺　9 閑送院　10 行合寺　11 金剛寺　12 大善寺

13 金福寺　14 圓通寺　15 長命寺　16 高安寺　17 天性寺　18 寶光寺
19 徳成寺　20 護国寺　21 西光寺　22 勝音寺　23 長泉寺　24 大宥寺
25 西光寺　26 岩蔵寺　27 善昌寺　28 慈恩寺　29 常圓寺　30 観音寺
31 龍角寺　32 福田寺　33 小田寺

□仙東三十三所

宝暦12年(1762)。ご詠歌あり。白河市。

20鹿島神社神宮寺　21神宮寺(20、21は同じでどちらかがまちがい)

●仙道郡三十三所　【別称】仙道三十三所、陸奥国東山道三十三所

明応7年(1498)の巡礼札(「7常山寺(堂山王子神社)」)に「奥州千堂(千道)三十三度順礼結願」とあり、明応以前の開設。東北で最古の札所といわれる。また正徳5年(1715)、良悦法印創始(再興)とも。正徳6年(1716)「陸奥国東山道三十三所順礼案内」がある。中通り(県南)周辺。ご詠歌あり。現行可。(　)内は現所在。岩瀬郡・石川郡・安達郡・田村郡など。

1 泰平寺　2 七日堂(如宝寺)　3 妙音寺　4 日輪寺
5 杉田観音堂(光恩寺)　6 東鳥堂(満願寺)　7 常山寺　8 入水寺
9 満(萬)福寺　10 甘露寺　11 妙福寺(大慈寺)　12 白山寺　13 岩法(峰)寺
14 圓通寺　15 正福寺　16 西福寺　17 法蔵寺(乗蓮寺)　18 龍澤寺
19 正法(福)寺(竹林寺)　20 彦根寺　21 萬福寺　22 誓願寺(観音寺)
23 如意輪寺　24 日輪寺　25 普門寺　26 満願寺　27 最勝寺
28 本沼観音堂(龍善寺)　29 善能寺　3 小栗山観音堂(高福寺)
31 長命寺(竹林寺)　32 上寺観音堂(真福寺)　33 羽黒山観音堂(神宮寺)

●猪苗代三十三所

江戸期か。明治19年(1886)再興。ご詠歌あり。現行可。

1 観音寺　2 安穏寺　3 西勝寺　4 沼ノ倉阿弥陀堂　5 今泉観音堂
6 堀切太子堂　7 天徳寺　8 荻窪地蔵堂　9 内野観音堂
10 下舘観音堂　11 優婆夷堂　12 大法院　13 宝性寺　14 小平潟観音堂
15 中ノ目愛宕神社　16 入江比丘尼堂　17 蜂屋敷観音堂　18 相名目地蔵堂
19 安養寺　20 百目貫地蔵堂　21 島田地蔵堂　22 釜井の行屋　23 常光院
24 東真行の行屋　25 大在家の行屋　26 西真行の行屋　27 新在家観音堂

28 五十軒観音堂　29 行津大悲堂　30 戸ノ口観音堂　31 蟹沢観音堂
32 地蔵大菩薩堂　33 長照寺

□郷邑三十三所

大同３年（808）、耶麻郡大木村より始めるという伝承がある。次記「会津三十三所」の古例という。耶麻郡・河沼郡・会津郡・大沼郡。

1 浄安寺　2 千光寺　3 金泉寺　4 徳性寺　5 示現寺　6 勝福寺
7 光明寺　8 観音寺　9 大光寺　10 勝常寺　11 満蔵寺　12 法田寺
13 観音寺　14 蓮華寺　15 福昌寺　16 国照寺　17 密蔵院　18 瀧澤寺
19 蓮台寺　20 照谷寺　21 観音寺　22 自徳寺　23 高倉寺　24 日輪寺
25 常楽寺　26 徳勝寺　27 延命寺　28 天王寺　29 法用寺　30 弘安寺
31 恵隆寺　32 浄泉寺　33 慈眼庵

■会津三十三所　【別称】郷邑三十三所

寛永20年（1643）、会津藩祖保科正之が33才で領主になったころ撰。古くから村の女性たちが集まって一団をつくり白装束で数日間をかけて巡礼する習わしがあった。「巡礼設定に当たっては、九品浄土をかたどって耶麻郡に９か所、河沼郡には五智如来をあらわすために５か所、三業を払う意味から北会津郡西部に３か所、北部に六道教化を念ずるところから６か所、十善戒を保持する意味から大沼郡に10か所を設けた」といわれる。ご詠歌あり。現行。古記と（　）は現状寺院。

1 大　木（常安寺）　2 松　野（良縁寺）　3 綾　金（金泉寺）
4 高　吉（徳勝寺）　5 熱　塩（示現寺）　6 勝　（勝福寺）
7 熊　倉（光明寺）　8 竹　屋（観音寺）　9 遠　田（大光寺）
10 勝　常（勝常寺）　11 東　原（満蔵寺）　12 田村山（養泉院法田寺）
13 舘　（観音寺）　14 下荒井（蓮華寺）　15 高　瀬（福昌寺）
16 平　沢（国姓寺）　17 中ノ明（密蔵院）　18 瀧　澤（瀧澤寺）
19 石　塚（蓮台寺）　20 御　山（照谷寺）　21 左下り（観音寺）
22 相　川（自福寺）　23 高　倉（法蓮寺）　24 関　山（日輪寺）
25 領　家（常楽寺）　26 富　岡（福生寺）　27 大　岩（仁王寺）
28 高　田（天王寺）　29 雀　林（法用寺）　30 中　田（弘安寺）
31 塔　寺（恵隆寺）　32 青　津（浄泉寺）　33 御　池（西光寺）

■若松城下西国三十三所　【別称】御府内三十三所、町廻り三十三所

元禄末～宝永期1700－11、自在院一桂院住持創設。享保２年（1717）創始。ご詠歌あり。（　）内は現行。札番は巡礼路ではなくクジで決めた。

1　静松寺（興徳寺）　2　一乗寺（松栄寺）　3　玉泉寺　4　長源寺（融通寺）
5　円満寺（金剛寺）　6　宝積寺　7　観音寺　8　実相寺　9　浄圓寺（融通寺）
10　馬場名子屋町観音堂　11　文明寺（観音寺）　12　融通寺　13　東明寺
14　秀長寺（東明寺）　15　持宝院（自在院）　16　称明寺（高巌寺）　17　見性寺
18　誓願寺（弥勒寺）　19　自在院（弥勒寺）　20　長楽寺（融通寺）　21　弘長寺
22　妙音寺（常光寺）　23　城安寺（融通寺）　24　阿弥陀寺　25　長福寺
26　安養院（弥勒寺）　27　弘真院　28　法林寺（高巌寺）　29　高巌寺　30　千手院
31　紫雲寺　32　常光寺　33　一桂院（桂松院）

■御蔵入三十三所　【別称】会津御蔵入三十三所、南山御蔵入三十三所、奥会津三十三所、奥州会津郡　御料三十三所、西福島三十三所

元禄11年（1698）、下山村法印鏡渭を導師に仲山玄智・五十嵐仁右衛門らが発願。「御蔵入」とは、藩政時代幕府直轄地として年貢米を当時の浅草にあった幕府米蔵に直接納入していたことから。ご詠歌あり。現行可。（　）内は現所在。南会津郡・大沼郡。

1　成法寺　2　八乙女堂（妙雲寺）　3　新福寺　4　龍泉寺　5　楢戸堂
6　浮嶋堂（龍泉寺）　7　観音寺　8　東尾岐観音堂（長泉寺）　9　長福寺
10　小野観音堂（万願寺）　11　中ノ澤観音堂（旭田寺）　12　長福寺（旭田寺）
13　嶽観音堂（学圓寺）　14　薬師寺　15　徳昌寺　16　慈忍寺（慈恩寺）
17　馬頭観音堂（薬師寺）　18　帯澤観音堂（常楽院）　19　南泉寺
20　岩戸堂（南照寺）　21　龍福寺　22　泉光寺　23　小塩寺（小塩観音堂）
24　栄輝堂（善導寺）　25　照国寺　26　青柳寺（青柳観音堂）　27　大橋清水堂
28　山口山崎堂（安照寺）　29　松譽堂　30　岩戸堂　31　富山堂（不動寺）
32　下山観音堂（観音寺）　33　泉光堂（泉光寺）

○西会津三十三所

東蒲原郡（西会津）は、明治19年（1886）、新潟県へ。「小川庄三十三所」（新潟県）と関連するか。

関東地方

関東地方の概要：近世以降、江戸を中心に観音霊場、大師霊場、七福神めぐりなど数多くの地域めぐりが発展した地域である。背景には密教系（真言宗・天台宗）、禅宗系寺院が全寺院の３分の２以上あること、また埼玉県、千葉県など江戸幕府領内地が多く、札所創設の制約が緩やかで札所設置が容易あったこともその要因であろう。一方近代以降は、東京を中心にわが国の都市機能がもっとも広域に発展した地域で、廃仏毀釈や関東大震災、第二次大戦などによる寺院経営が受けた影響も大きく、廃寺や移転も多く、巡礼路の形跡を訪ねるには所在不明や詳細な記録などがわからない札所も多い。ただ不確実ながらも多くの三十三所巡礼の名称が見受けられる背景には、坂東三十三所、秩父三十四所の普及、にぎわいの影響があると考えられる。

■坂東三十三所

鎌倉初期創設。文暦元年（1234）以前に成立していたと伝えられ、15世紀に入り「坂東」を冠されたと考えられる。山岳寺院が多く、なかでも「21日輪寺」は坂東三十三所で最も山深い八溝山地の主峰（八溝山1022メートル）８合目にあり参拝が大変なため、山麓から遙拝だけですませる「八溝知らずの偽《にせ》坂東」といわれた巡礼者も多くいた。ご詠歌あり。現行。神奈川・東京・埼玉・群馬・栃木・茨城・千葉の各都県。

1 杉本寺　2 巌殿寺　3 安養院　4 長谷寺　5 勝福寺　6 長谷寺
7 光明寺　8 星谷寺　9 慈光寺　10 正法寺　11 安楽寺　12 慈恩寺
13 浅草寺　14 弘明寺　15 長谷寺　16 水沢寺　17 満願寺　18 中禅寺
19 大谷寺　20 西明寺　21 日輪寺　22 佐竹寺　23 観世音寺　24 楽法寺
25 大御堂　26 清滝寺　27 圓福寺　28 龍正院　29 千葉寺　30 高蔵寺
31 笠森寺　32 清水寺　33 那古寺

□三国坂東三十三所

正徳６年（1716）開創。栃木（11－12）・群馬（13、18-28、32-33）・埼玉（29-31）各県。ご詠歌あり。現行なし。（　）は現状。三国は上野（群馬県）・下野（栃木県）・武蔵（東京都・埼玉県と神奈川県）３国。

1-10 不　明　11 千手院　12 法雲寺　13 福地宅　14-17 不　明

18 弘法大師(子の神社)　19 宗　心(観音堂)　20 龍積寺　21 真龍寺(真観寺)
22 松林寺(明王院)　23 熊野新田(熊野公民館)　24 宝珠寺
25 観音寺(教学院)　26 宝寿寺　27 観音堂　28 大徳院　29 正音寺
30 真光寺(観音堂)　31 真光寺(観音堂)　32 花蔵院　33 南光院

○三国秩父三十四所

近世中期。詳細不明。現行なし。三国は上野・下野・武蔵をいう。

■ぼけ封じ関東三十三所　【別称】関東三十三観音

平成元年(1989)創設。ご詠歌あり。現行。千葉・東京・埼玉・群馬・栃木・茨城各都県。

1 潮音寺　2 延壽院　3 八街不動院　4 最上寺　5 威徳院　6 壽量院
7 長泉寺　8 福性寺　9 寶蔵寺　10 玉真密院　11 静簡院　12 長善寺
13 寶積寺　14 文殊寺　15 龍泉寺　16 歓喜院　17 東福寺　18 蓮花院
19 全性寺　20 高平寺　21 光照寺　22 圓満寺　23 光明寺　24 龍泉寺
25 宗源寺　26 如意輪寺　27 観音寺　28 常光院　29 龍泉寺　30 立岩寺
31 養福院　32 如意輪寺　33 逢善寺

■奥の細道・関東路三十三所　【百番】奥の細道百か所札所(みちのく・越後北陸路と伊勢神宮)

昭和63年(1988)開創。仏教文化振興会(仙台市)の創立5周年記念企画として「奥の細道・みちのく三十三所」を選定。のちに「越後北陸路三十三所」「関東路三十三所」および、特別霊場「伊勢神宮」が加わり百か所霊場めぐりとなった。現行。東京・埼玉・栃木の3都県。

1 深川不動堂　2 龍眼寺　3 延命院　4 不　明　5 寶光寺　6 金蔵寺
7 永昌院　8 泉蔵院　9 薬師寺　10 真蔵院　11 光明寺　12 大光寺
13 弥勒密寺　14 満蔵寺　15 寶性寺　16 定福院　17 興法寺　18 満福寺
19 興生寺　20 雲龍寺　21 不動寺　22 泉福寺　23 観音寺　24 輪王寺
25 東照宮　26 観音寺　27 観音寺　28 龍泉寺　29 大雄寺　30 常念寺
31 明王寺　32 高福寺　33 三光寺

茨城県

茨城県の概要：平安時代初期、坂上田村麻呂の蝦夷征伐の伝説は東北地方に広く分布する。田村麻呂に関係する観音信仰は、本県北部山岳地帯にも影響を与え、広まっていた。現在でも県内寺院の３分の１は真言宗寺院である。しかし江戸期にいたり、この県北部に位置する水戸藩ではほとんど霊場巡礼が存在しなかった。これは水戸藩の寛文期（1661～73）における宗教政策によるもので半数の寺院が処分されたことにあると考えられる。また、徳川斉昭の代になってからも、路傍の石仏を建立することすらも禁じ、さらに諸国から受けてくる社寺の勧進札もやめさせたほどであった。このような状況のなかでは、数か村にわたる地域巡礼札所を設定することすら不可能な状況があったといえる。県南西部（旧下総国域）では大師札所の発展したが、小林一茶（1763～1827）は「下総の四国廻りや閑古鳥」と詠んでいた。従ってこの地域の三十三所巡礼の発展は不明の所が多い。現在伝えられているところでは、全体として札所観音堂が信仰深い地域や領主などの民家に創設されているもの、また石像めぐりが多く見られる。

○寄神三十三所

寛政６年（1794）の石塔あり。ご詠歌あり。現行なし。石像めぐり。３か所以外不明。太子町（久慈郡）周辺。

12 箕輪観音堂　16 正覚寺　26 大雲寺

□常陸西国三十三所

宝暦10年（1760）の札あり。ご詠歌あり。現行なし。（　）は現状。42里の行程。常陸は茨城県のほぼ全域。

1 無量院（宮山観音堂）　2 雲井宮郷造神社（倉持観音堂）　3 宝蔵寺
4 大慈山（池田観音堂）　5 薬師寺（千光寺）　6 東西寺（一乗院）
7 日輪寺（朝日観音堂）　8 千手院　9 善応寺　10 南圓寺　11 南圓寺
12 海原寺　13 妙香寺　14 神宮寺　15 観音寺（満願寺）　16 逢善寺
17 観音寺　18 慈眼院　19 千手院　20 守徳寺　21 実成寺　22 大楽寺
23 観明院　24 中山寺　25 金寿院（五宝寺）　26 大宝寺　27 如意寺
28 清滝寺　29 観音寺　30 示現寺（福聚寺）　31 宮本山（小栗神明社）
32 東光寺（妙法寺）　33 逢善寺

□水戸三十三所　【別称】水戸藩（領）三十三所、東国三十三所、常陸国三十三所、常陸三十三所、常陽三十三所

延享４年（1747）「３観音寺」の開板。同年の札所番付とご詠歌の刷り物あり。「常陸国三十三所」ともいうが前記とは別。ご詠歌あり（浅田三右衛門）。多くが廃寺。現行なし。（　）は現況。水戸藩領。一部福島・栃木県。

1　神崎寺　2　光明寺　3　観音寺（吉沼観音堂）　4　清巌寺（釣谷観音）
5　普岸寺（成田山不動尊）　6　如意輪寺（観音堂）　7　神宮寺（正法寺）
8　観音寺　9　観音寺（光明寺）　10　如意輪寺　11　佐竹寺　12　長谷寺
13　清水寺（観音堂）　14　玉簾寺　15　観音院　16　宝憧寺　17　大高寺
18　能仁寺　19　医光寺（長福寺）　20　西明寺（長福寺）　21　大山寺（松岩寺）
22　地蔵寺（観音堂）　23　大御堂　24　長福寺　25　光明寺（永源寺）
26　南辺寺（性徳寺）　27　観音寺　28　慶福寺（性徳寺）　29　帝釈院（乾徳寺）
30　馬頭院（十輪寺）　31　浄土寺　32　慈眼寺　33　岩谷山（仏国寺）

□西茨城郡新西国三十三所　【別称】新西国三十三所、岩瀬新西国三十三所、新羽黒西国三十三所【百番】西茨城郡新百観音（新坂東・新秩父）

江戸期。明治17年（1884）再興。ご詠歌（「西国」利用）あり。現行なし。西茨城郡岩瀬町（桜川市）周辺。

1　小山寺　2　長福寺　3　源慶院　4　天辻御堂　5　中　山　6　城宝院
7　入江御堂　8　中内観音堂　9　神宮寺　10　普門院（峰観音堂）　11　医王院
12　無常院　13　常福寺　14　荒牧馬頭観音堂　15　阿弥陀堂　16　圓明寺
17　法善院　18　正泉院　19　石守寺朝日堂　20　月山寺　21　神宮寺
22　内御堂　23　法蔵院　24　文殊院　25　中泉観音堂　26　妙法寺　27　金性寺
28　常徳院　29　済雲寺　30　観音寺　31　中山寺　32　内御堂観音堂
33　福聚院

□西茨城郡新坂東三十三所　【別称】新坂東三十三所、新佐白坂東三十三所【百番】西茨城郡新百観音（新西国・新秩父）

天明期1781-89創始。明治18年（1885）再興。ご詠歌（「坂東」利用）あり。現行なし。（　）はのちの移動、別称。２か所のところがある。笠間市周辺。

1　玄勝院　2　盛岸院　3　東性寺　4　船橋堂（御嶽山）
5　青木内御堂（青教堂）　6　朝日堂　7　岩谷寺　8　住之内観音堂

9 飯山寺　10 桜井堂　11 覚性院（大郷戸観音堂）　12 楞厳寺　13 大月堂
14 山下山　15 薬王院（三村堂）・朝日山猪野堂　16 村崎観音堂（紫堂）
17 金剛寺　18 西福院（寺）　19 正覚院　20 養福寺　21 長福寺・鈴木堂
22 徳蔵寺　23 天真山観音堂　24 森　堂・東野堂　25 了性院（山口不動堂）
26 智光院（福崎観音堂）　27 光明寺（塙台観音堂）　28 如意輪寺
29 才木（瘡）観音堂　30 月崇院　31 西光院（広業堂）　32 朝日堂　33 鳳台院

□西茨城郡新秩父三十四所　【別称】新秩父三十四所、岩間新秩父三十四所、新宍戸秩父三十四所【百番】西茨城郡新百観音（新西国・新秩父）

天明期1781-89創始。２か所ある札所が多い。不明寺院が多く現行なし。ご詠歌（「秩父」利用）あり。現行なし。

1 養福寺　2 高寅寺　3 圓通寺　4 完全寺　5 光明寺　6 吉祥院
7 成覚院　8 広慶院　9 宝蔵院・六角堂　10 薬王院　11 地蔵院
12 江川観音堂　13 持福院　14 徳蔵院・正法寺　15 福寿院（五平観音堂）
16 千手院　17 教住寺・観音寺　18 満徳寺（桜井堂）　19 南蔵院　20 妙行院
21 法来寺　22 宝性院　23 泉清滝寺　24 龍泉院　25 常善院　26 普賢院
27 泉蔵院・安国寺　28 丸山寺　29 大日堂（上加賀田観音堂）
30 観音寺（吉原観音堂）　31 浄（正）座院・下町観音堂　32 法（宝）浄院
33 慈眼院・龍穏院　34 清水寺

□真壁郡新西国三十三所　【別称】真壁郡西国三十三所【百番】真壁郡百観音（新坂東・新秩父）

明治初期開創。「報恩講碑」明治23年（1890）あり「33極楽寺」39世観無澄道碑陰。２か所あるところが多い。記録の中には、新西国・新坂東の札所が混同しているものがある。ご詠歌あり。現行なし。石像めぐり。下館市（筑西市）中心。

1 観音寺　2 稲野辺・灰　塚（岡　芹）　3 観音院　4 定林寺　5 石　塔
6 林村観音堂　7 折本観音堂　8 国府田観音堂　9 下高田観音堂
10 八　田　11 小栗宮本観音堂　12 徳聖寺　13 藤長寺　14 西光寺
15 井　出　16 門　井　17 久地楽（２か所）　18 金　敷　19 大国王
20 高　久　21 上谷貝・桐ケ瀬　22 下星谷・上星谷　23 谷長嶋・知　行
24 細　田（梶内観音）　25 蓮　沼（川　島）　26 横　塚　27 村　田

28 福蔵院　29 西　方（2か所）　30 蔵福寺　31 石原田・玉　戸
32 下館元城内　33 極楽寺

□真壁郡新坂東三十三所　【別称】真壁郡坂東三十三所、筑波加波新坂東三十三所【百番】真壁郡百観音（新西国・新秩父）

「報恩講碑」明治23年（1890）あり「33極楽寺」39世観無澄道碑陰。ご詠歌あり。現行なし。石像めぐり。筑西市周辺。

1 常永寺　2 下宿観音堂　3 亀熊観音堂　4 阿部田観音堂
5 羽田観音堂　6 青　木（白山祠堂）　7 大曽根観音堂
8 東飯田観音堂　9 上小幡観音堂　10 下小幡観音堂　11 長岡観音堂
12 白　井（清浄院）　13 桜井観音堂　14 山尾観音堂　15 田村観音堂
16 伊佐観音堂　17 羽鳥観音堂　18 飯塚観音堂　19 東山田（蓮上院）
20 推尾観音院　21 南推尾観音堂　22 推尾子安観音堂　23 酒寄観音堂
24 有田観音堂　25 中根観音堂　26 東石田（長光寺）　27 松原観音堂
28 東松原観音堂　29 田　宿（龍雲寺）　30 海老島観音堂
31 押　尾（宮山観音堂）　32 塙世観音堂　33 最勝王寺

□真壁郡新秩父三十四所　【別称】真壁郡秩父三十四所、近辺観音札所三十四所【百番】真壁郡百観音（新西国・新坂東）

「報恩講碑」明治23年（1890）あり「33極楽寺」39世観無澄道碑陰。ご詠歌あり。現行なし。石像めぐり。（　）は別記。筑西市・桜川市周辺。

1 東榎生　2 下岡崎　3 下中山（多良棒）　4 神宮寺　5 谷貝北岡
6 下谷貝（峰　山）　7 下谷貝　8 宮　後　9 内　淀　10 村田北台
11 海老江　12 下館蕨　13 稲　荷　14 木　戸　15 大　木　16 関　館
17 辻　18 西保未　19 古　内　20 赤法花　21 藤ヶ谷・下妻三道地
22 藤　玉・新　地　23 長　塚（木　戸）　24 上　野　25 関本下町（万年寺）
26 関本中町観音　27 一基寺　28 布　川　29 布房山観音
30 神　分（上野殿）　31 下野殿　32 井　上　33 養徳（雲）院　34 千妙寺

□下妻西国三十三所　【別称】下妻新西国三十三所【百番】常総百観音（下妻坂東・下妻秩父）

明治26年（1893）多宝院寛禅。ご詠歌あり。現行なし。石像めぐり。

1 一条院　2 樋　橋　3 原　堂　4 砂子堂　5 篠ノ山観音堂　6 鯨
7 永傳寺　8 新宗道　9 薬王寺　10 法光寺　11 観音寺　12 堀籠観音堂
13 谷田部　14 西光院　15 高道祖　16 洞　下　17 吉　沼　18 前原観音堂
19 観明院　20 宗徳院　21 原　22 福　二　23 随翁院　24 上　蛇
25 天満宮　26 十　家　27 五　箇　28 山戸内　29 大園木観音堂30 新石下
31 光明院　32 原　宿　33 若宮戸観音堂

□下妻坂東三十三所 【別称】下妻新坂東三十三所【百番】常総百観音（下妻西国・下妻秩父）

享保17年（1732）の碑（多宝院地内）に「観音菩薩下順禮所」とあり。また寛政年間（1789-1801）設定とも。明治初年廃絶状態、明治26年（1893）「6多宝院」寛禅再興、同時に西国･秩父の順番も定めて開始、明治29年（1896）完成記念に「百観音供養塔」建立。廃堂後、個人宅や公民館などで祀られている（坂東・秩父も）。ご詠歌あり。現行なし。石像めぐり。

1 小島観音堂　2 普門寺　3 金林寺　4 土器地蔵堂
5 百観音堂（長春院）　6 多宝院　7 若宮戸　8 新福寺　9 小ノ子観音堂
10 雲充寺　11 法泉寺　12 山尻堂　13 西照院　14 東光寺　15 地蔵院
16 大日堂・金剛院　17 羽根子観音堂　18 西原観音堂　19 明戸観音堂
20 長楽寺　21 本豊田　22 福聚院　23 法性寺　24 佛性寺　25 三坂堂
26 正法寺　27 千手院　28 萬年寺　29 江観音堂　30 千妙寺
31 筑波島観音堂　32 大　宝　33 大宝観音堂

□下妻秩父三十四所 【別称】下妻新秩父三十四所【百番】常総百観音（下妻西国・下妻坂東）

明治26年（1893）多宝院寛禅。ご詠歌あり。現行なし。石像めぐり。

1 下栗観音堂　2 今泉不動堂　3 長昌院　4 文殊院　5 桐ケ瀬観音堂
6 横　町　7 西福寺　8 下木戸　9 大木観音堂　10 五宝寺　11 沖三坂
12 山口観音堂　13 東源寺　14 本石下　15 横　根　16 本石下　17 古　沢
18 西原観音堂　19 厳島神社　20 樋　橋　21 覚心寺　22 吉　沼
23 西高野　24 西高野　25 真徳寺　26 西照寺　27 長高野　28 篠　崎
29 高　野　30 百　家　31 遍照院　32 今ケ島　33 今ケ島観音堂
34 今ケ島

□結城三十三所　【別称】結城新坂東三十三所、新坂東三十三所

江戸期開創。ご詠歌あり。現行なし。結城市・栃木県下野市も範囲内。

1　人手観音堂（大輪寺）　2　常光寺　3　寶光院　4　大輪寺　5　弘教（経）寺
6　向野千手院　7　観音寺　8　寶徳寺　9　寶徳院　10　圓明寺
11　舟戸白草堂　12　千興寺　13　請地十一面観音堂　14　中福良千手観音堂
15　新城寺　16　休堂十一面観音堂　17　じけん寺　18　慈眼院　19　満蔵院
20　安楽院普門寺　21　中村聖観音堂　22　関本十一面観音堂　23　萬年寺
24　千手院　25　観音院　26　林　堂　27　光明寺　28　金光寺
29　土塔いんつう山　30　小山きれん寺　31　小山てんのう院　32　天翁院
33　慈眼寺

■葛飾坂東三十四所　【別称】新坂東三十三所、下総坂東三十三所、葛飾三十四所、葛飾郡北部三十四所、下総三十四所

正徳4年（1714）、「14実性院」秀傳が下総國葛飾郡一円に呼びかけ開創。のち寛延2年（1749）、恩名村の塚原庄左衛門が自分の在所の養性寺を34番に入れて改版したため、坂東写であるが34所ある。当初寺院（34か寺）の廃寺多く番外を入れると現行39札所。ご詠歌あり。現行あり。午歳の開帳。猿島郡と栃木県の一部。関宿藩領。

1　実相院　2　観音寺　3　天福寺　4　正徳寺　5　勝光院　6　浄雲寺
7　萬福寺　8　東光寺　9　金蔵院　10　金乗院　11　浄林院　12　吉祥寺
13　高野観音堂　14　寶性院　15　真如院　16　龍蔵院　17　華蔵院　18　久昌院
19　万福寺　20　観行院　21　遍照院　22　宝蔵寺　23　長性寺　24　圓能寺
25　大善寺　26　一乗院　27　真浄院　28　福智院　29　千手堂　30　普門院
31　観音寺　32　如意輪堂　33　圓満寺　34　養生（性）寺

□猿島坂東三十三所　【別称】猿島郡三十三所、新坂東三十三所、下総国猿島坂東三十三所、猿島三十三所

正徳5年（1716）開帳（ご詠歌の板木刻印「12宝蔵院」）。また享保10年（1725）「17万蔵院」雄弁上人発願・詠歌、昭和52年（1977）再編。巳年の開帳。ご詠歌あり。現行なし。（　）は現状。茨城県西部の坂東市・堺町（猿島郡）・古河市、および千葉県野田市。

1　福壽院　2　大悲院（大龍寺）　3　道全院（吉祥院）　4　香取院　5　善福院

6 妙法院　7 般若院　8 東漸寺仲山観音堂(妙音寺)　9 久昌院(龍泉寺)
10 遍照寺　11 常繁寺　12 宝蔵院(廃寺)　13 福乗院(千手観音堂)
14 慈眼院　15 宝来寺(大照院)　16 観行院(東光寺・金剛院　2 寺あり)
17 万蔵院　18 伝授院　19 東光院(千手観音堂)　20 福寿院(十一面観音堂)
21 声明寺(廃寺)　22 正光院　23 万福寺(観音堂)　24 浄泉寺　25 延命寺
26 自性院　27 歓喜寺　28 延命院　29 泉福寺　30 大安寺　31 観音寺
32 地蔵院　33 長谷寺

□新治郡三十三所　【別称】常陸国新治郡庄内三十三所

文化4年(1807)のご詠歌帳面。ご詠歌あり。廃寺多く現行なし。(　)は現所在。新治郡・石岡市・小美玉市・千代田村・かすみがうら市・土浦市。

1 光明寺　2 照光寺　3 成就院　4 西光院(朝日観音堂)　5 花蔵院
6 金剛院　7 長法寺　8 弥勒院　9 観音院　10 密蔵院　11 宍倉堂山
12 福蔵寺　13 修福院　14 長善寺　15 神宮寺　16 龍福寺　17 宝昌寺
18 龍光院　19 宮下順礼堂　20 不動院　21 法蔵寺　22 立木山　23 仏前寺
24 地蔵院　25 文殊院　26 岑の堂　27 神国寺　28 薬王院　29 観音寺
30 宝積寺　31 千手院　32 神龍寺　33 善應寺

□行方坂東三十四所

江戸期。「行方坂東順拝記」慶應4年(1868)あり。多くが廃寺。現行なし。行方市周辺。

1 杉本坊(西蓮寺)　2 宝憧院　3 圓通寺　4 薬師山(圓長寺)
5 長野江観音堂　6 地蔵院　7 高田観音寺　8 成田観音堂
9 鶴ケ井観音寺　10 円満寺　11 圓満寺　12 五社宮　13 正福寺
14 小幡観音寺　15 天掛観音寺　16 普門寺　17 小牧中台　18 大円寺
19 圓通寺　20 千手院　21 文殊院　22 吉祥院　23 水原観音寺　24 西照院
25 慈心院　26 嶋並観音堂　27 南観音堂　28 神宮寺　29 於下観音堂
30 五丁田観音寺　31 藤尺坊　32 井上観音堂　33 一持坊　34 平伝寺

□鹿島郡西国三十三所　【百番】茨城鹿島百観音(鹿島郡坂東・鹿島郡秩父)

享保年間(1716-36)開設。現行なし。

1 華徳院　2 最勝院　3 中道院　4 宝蔵院　5 正智院　6 宝持院
7 観照院　8 広徳寺　9 普済寺　10 常福院　11 弥勒院　12 最勝院

13 極楽寺　14 東光院　15 東新寺　16 広福寺　17 成就院　18 星福院
19 地福院　20 華養院　21 大教院　22 三光院　23 宝寿院　24 寿徳院
25 広福寺　26 安福寺　27 来光院　28 永福寺　29 洞傳寺　30 良福寺
31 広憧院　32 常福院　33 不動院

□鹿島郡坂東三十三所　【百番】茨城鹿島百観音（鹿島郡西国・鹿島郡秩父）

現行なし。

1 花光院　2 海蔵院　3 西光院　4 平光寺　5 清光寺　6 海徳寺
7 観光寺　8 定額院　9 長命寺　10 松福寺　11 清光寺　12 誓願寺
13 金乗院　14 慈眼寺　15 花光院　16 正福寺　17 花光院　18 浄蓮院
19 大儀寺　20 常福寺　21 蓮蔵院　22 蓮蔵院　23 福寿院　24 浄眼院
25 威徳院　26 悉地院　27 慈眼寺　28 養細院　29 観音院　30 安養院
31 宝光院　32 観音寺　33 蓮蔵院

□鹿島郡秩父三十四所　【百番】茨城鹿島百観音（鹿島郡西国・鹿島郡坂東）

現行なし。

1 神宮寺　2 正等寺　3 花蔵院　4 神向寺　5 龍蔵院　6 不　明
7 慈眼寺　8 遍照院　9 福相院　10 東福寺　11 如意輪寺　12 千牛院
13 智徳院　14 安性寺　15 観音寺　16 安楽寺　17 妙覚院　18 福泉寺
19 観妙院　20 安楽寺　21 大福寺　22 瑞雲寺　23 長吉寺　24 長徳寺
25 根本寺　26 金剛寺　27 一心院　28 実相院　29 遍照院　30 般若寺
31 善性院　32 知足院　33 神善寺　34 霜水寺

○下総相馬三十三所

文化２年（1805）、布佐の小山又左衛門発願。現行なし。詳細不明。北相馬郡地域：守谷市・取手市・利根町（北相馬郡）。

1 福寿院

○相馬新西国三十三所

記録にあるが詳細不明。現行なし。

栃木県

栃木県の概要：みちのくにつながる地域として、また日光社参の道中がにぎわったこの地方は、関東地方では、地域の人々が自ら巡礼を楽しむというよりも、各地からの来訪者を迎え入れる地域であったようである。関東地方の中では、最も寺院数の少ない県であり、個々の地域めぐり、村々のミニ霊場の存在も少ない地域である。現在記録に残る札所めぐりを見ると、西国坂東秩父のいわゆる「百観音」の札所巡礼として設定のものが多く、盛んであったことが伺える。

□陸奥下野西三十三所　【別称】西三十三観音、馬頭町西三十三所【百番】陸奥下野百観音・重貞百観音・百寺堂霊場（陸奥下野南・陸奥下野東）

天和２年（1682）、那須郡の大金久左衛門重定・藤田孫右衛門安定・伊藤勘三郎が帝釈山に参籠して、巡礼を始め、また詠歌作成。ご詠歌あり。現行なし。廃寺不明寺院多く小堂もあり。（　）は現状。県北東部。

1 続屋山神　2 昌雲寺　3 そり畠観音　4 赤　芝　5 梶内観音堂
6 大平寺　7 観音寺　8 井野上　9 木沢観音堂　10 医王寺
11 鹿子畑観音堂　12 龍光寺　13 岡村観音（観音閣）　14 木幡下の堂
15 根小屋　16 二つ堂　17 長井村　18 観音寺　19 田野村　20 圓福寺
21 長慶院　22 長慶院　23 観音寺　24 宝徳院　25 滝沢村　26 輪久勢至堂
27 八木沢　28 沼　袋（荒町観音堂）　29 不退寺　30 法釈院（妙徳寺）
31 吉原観音堂　32 大野内　33 畑観音堂

□陸奥下野南三十三所　【別称】南三十三観音、馬頭町南三十三所【百番】陸奥下野百観音・重貞百観音・百寺堂霊場（陸奥下野西・陸奥下野東）

天和２年（1682）、那須郡の大金久左衛門重定・須藤清兵衛儀隆設定、詠歌作成。ご詠歌あり。現行なし。（　）は現状。廃寺寺院多い。18里19町。

1 上　郷　2 同　所　3 浄蔵寺　4 吉田村　5 戸田観音堂
6 片平観音堂　7 荻の内観音　8 上大樋　9 下大樋　10 観音寺（養山寺）
11 上境観音堂　12 座流内　13 下　境　14 宝蔵寺　15 小　山　16 宝蔵院
17 瑞岩寺　18 苗の嶽　19 洞観音堂　20 黒田地蔵堂　21 羽仏観音堂
22 赤石観音堂　23 田向観音（長安寺）　24 昌泉寺　25 駒籠村（長山宅）
26 永徳寺（寿命院）　27 村　上（石碑のみ）　28 法構観音堂　29 野内観音堂

30 吉住観音堂　31 威光院　32 杉山観音堂　33 続屋鬼討観音堂

□陸奥下野東三十四所　【別称】東三十四観音、馬頭町東三十四所【百番】陸奥下野百観音・重貞百観音・百寺堂霊場(陸奥下野西・陸奥下野南)

天和2年(1682)、那須郡の大金久左衛門重定・藤田孫右衛門安定・小林稲幡家昌設定、詠歌作成。ご詠歌あり。一部札所は福島県。(　)は別記。現行なし。廃寺不明寺院多い。

1 帝釈寺　2 東光寺　3 山野観音堂　4 雲岩寺　5 寶泉院　6 萬性院
7 吉祥院(堂坂観音堂)　8 伊王野観音堂　9 西光院　10 岩崎観音堂
11 圓養寺　12 永蔵寺　13 小峰寺　14 照明院　15 与楽寺　16 巌屋観音
17 那須湯本(最勝院)　18 鍋　掛(湯本観音堂)　19 稲　沢(鍋　掛)
20 寒井観音堂　21 桧木沢観音堂　22 蓮徳寺　23 上の房(蓮徳寺)
24 明王院　25 善行院　26 上瀧村　27 下滝村　28 森の内観音堂
29 朝日観音堂　30 下山田観音堂　31 矢倉村観音堂　32 馬頭院
33 聖観音堂(馬頭院)　34 健武細田観音堂

巡礼閑話　三十三観音とは

三十三所巡礼の「三十三」という数は、観音の経典『法華経』観世音菩薩普門品第二十五(通称『観音経』)にある仏の化身三十三応現説に基づくという。人びとの求めに応じて三十三もの姿を変える観音菩薩は、

1 楊柳観音　2 龍頭観音　3 持経観音　4 円光観音　5 遊戯観音
6 白衣観音　7 蓮臥観音　8 滝見観音　9 施薬観音　10 魚藍観音
11 徳王観音　12 水月観音　13 一葉観音　14 青頸観音　15 威徳観音
16 延命観音　17 衆宝観音　18 岩戸観音　19 能静観音　20 阿耨観音
21 阿摩堤観音　22 葉衣観音　23 瑠璃観音　24 多羅尊観音
25 蛤蜊観音　26 六時観音　27 普悲観音　28 馬郎婦観音　29 合掌観音
30 一如観音　31 不二観音　32 持蓮観音　33 灑水観音

であるという。「三十三観音」とともに「六観音」の信仰も各地に見られる。六道(地獄・餓鬼・畜生・修羅・人・天)の衆生を済度する「六観音」とは、千手観音・聖観音・馬頭観音・十一面観音・准胝観音(不空羂索観音)・如意輪観音をいう。「三十三所巡礼」の本尊にも多い。

□那須三十三所〈江戸期〉　【別称】那須中三十三所、旧那須順礼三十三所

元禄16年(1703)、瀧田左次兵衛(夢心)・吉田甚兵衛発願。前記陸奥下野東・南・西霊場の主な寺堂を合わせて選定。多くが廃寺。ご詠歌あり。現行なし。

1 天性寺　2 天性寺　3 天性寺　4 泉渓寺　5 千寿(手)院　6 養山寺
7 正眼寺　8 一乗院　9 天性寺　10 天性寺　11 三省庵　12 金寿院
13 善念寺　14 慶光院　15 正徳寺　16 能泉寺　17 長渓寺　18 極楽寺
19 宝照寺　20 照光(明)院　21 善性寺　22 三(山)光院　23 成就院(観音寺)
24 光照寺　25 文殊院　26 善行院　27 久昌寺　28 黒羽田町地蔵堂
29 天性寺　30 返(遍)照寺　31 延命院　32 観音寺　33 月光寺

■那須三十三所〈昭和期〉

昭和62年(1987)「1明王寺・2不動院・8三光寺・22極楽寺・23法輪寺・33光照寺」が発起結成。前記の那須中三十三所と陸奥下野百観音および新規賛同寺院で再興。ご詠歌あり。現行。那須塩原市・大田原市・那須烏山市・那須町・那賀川町(以上那須郡)。総行程約240㌔。

1 明王寺　2 不動院　3 光厳寺　4 養福院　5 正福寺　6 会三寺
7 最勝院　8 三光寺　9 揚源寺　10 与楽寺　11 長久寺　12 長楽寺
13 薬王寺　14 慶乗院　15 宗源寺　16 雲照寺　17 長泉寺　18 実相院
19 金剛寿院　20 宝寿院　21 頂蓮寺　22 極楽寺　23 法輪寺　24 宝蔵院
25 長泉寺　26 養山寺　27 安楽寺　28 天性寺　29 宝蔵寺　30 馬頭院
31 総徳寺　32 松慶寺　33 光照寺

□都賀三十三所〈観音〉　【別称】都賀郡三十三所

ご詠歌あり。現行なし。34番がある。県南部地域。

1 近龍寺　2 定願寺　3 東泉寺　4 流本寺(松寿院)　5 泉光寺
6 千手院　7 吉祥院　8 大慈寺　9 常光寺　10 宝積院　11 実相院
12 成就院　13 自性院　14 高勝寺　15 大蔵院　16 東光寺　17 宝泉寺
18 如意輪寺　19 清水寺　20 観音寺　21 観正寺　22 観音寺　23 慈眼寺
24 萬福寺　25 称念寺　26 成就院　27 持源院　28 善応(願)寺　29 善光寺
30 華厳寺　31 光永寺　32 東安寺　33 長徳寺　34 千手院満願寺

□都賀三十三所〈薬師〉(参考)　【別称】都賀三十三所薬師霊場

宝暦・明和期1751-72ころ成立か。現行なし。旧下都賀郡・上都賀郡。

1 威徳院　2 普門院　3 善入坊　4 平等院　5 専福寺　6 龍善寺
7 恵性院　8 蓮池院　9 圓通寺　10 持主院　11 牛来寺　12 等覚院
13 薬王院　14 長栄寺　15 長福寺　16 西入坊　17 重兵衛薬師
18 六郎兵衛薬師　19 無量寿院　20 国分寺　21 州崎山　22 薬王院
23 神宮寺　24 龍光寺（院）　25 医王寺　26 薬王寺　27 尊照院　28 光明寺
29 宝蔵院　30 興生寺　31 長福寺　32 圓満寺　33 柏倉市兵衛薬師堂

□粕尾三十三所

天文22年（1553）創設（西国写の観音像を3体ずつ1堂に祀る）、のち宝永7年（1710）に入沢八右衛門が旧粕尾村（鹿沼市）全村に祠堂札所を設けた。ご詠歌あり。現行なし。上都賀郡粟野町（鹿沼市）周辺。

1 録事堂（常楽寺）　2 自性院　3 古　内　4 龍沢寺　5 東　上
6 常楽寺　7 西　上　8 上井戸　9 上の内　10 大　沢　11 龍栄寺
12 東福寺　13 宇都野　14 上の道　15 極楽寺　16 堀之内　17 遠　木
18 中禅寺　19 宿世木　20 小川入　21 細　尾　22 上ノ堂　23 馬　置
24 二ツ堂　25 下ノ道　26 慈眼寺　27 茂　手　28 東光寺　29 正蔵院
30 栃　原　31 塩　沢　32 松ノ木　33 芝原堂

□石裂坂東三十三所

宝暦5年（1755）、「10寶蔵院」12世雷山和尚創設。寺堂が廃れ個人宅に安置するものが多い。ご詠歌あり。現行なし。鹿沼市周辺。

1 圓明寺　2 丸山堂　3 太子堂　4 子安堂　5 延命寺　6 興源寺
7 十王堂　8 とうおん寺　9 水越路観音　10 宝蔵院　11 生子渕
12 桑原堂　13 観音寺　14 神光寺　15 待　居　16 岩　淵　17 普門寺
18 やつ堂　19 澤観音堂　20 常真寺　21 中の内　22 富沢ぢふく寺
23 豊後堂　24 梅澤観音堂　25 大街道正泉寺　26 わだうち　27 中の内
28 坂　本　29 馬　返　30 石裂新太夫　31 権太夫　32 靭　負　33 石　裂

●鹿沼三十三所

平成6年（1994）、前記をもとに鹿沼市内域から塩入安三郎が創設。ご詠歌あり。現行可。鹿沼市。

1 千手院　2 城宝寺　3 白澤観音堂　4 沙汰野目堂　5 観音寺
6 上野馬頭観音堂　7 龍蟠寺　8 お藤観音堂　9 永林寺

10 市田観音堂　11 龍光寺　12 廣済寺　13 随雲寺(成就院)　14 圓明院
15 勝願寺　16 宝城寺　17 廣巌寺　18 坂本観音堂　19 正泉寺
20 わだうち堂　21 梅澤観音堂　22 常真寺　23 普門寺　24 観音寺
25 興源寺　26 丸山観音堂　27 松楽寺　28 こびの木観音堂　29 長昌寺
30 長安寺　31 満照寺　32 清水寺　33 雄山寺

□芳賀西国三十三所　【百番】芳賀百観音(芳賀坂東・芳賀秩父)

(　)は別記。ご詠歌あり。現行なし。県南東部地域。
1 海潮寺　2 渋川観音堂　3 長峰観音堂　4 観音寺　5 沖渋川観音堂
6 胎蔵寺　7 馬頭尊　8 慈恩(眼)寺　9 吉成寺(崇殊院)
10 永徳寺(観音寺)　11 観光院　12 妙連寺(法眼寺)　13 観音寺
14 政成寺　15 瑞岩寺(瑞光寺)　16 新　田　17 地蔵寺(重宗寺)　18 延命寺
19 かんこく寺　20 玉蔵院　21 能仁寺観音堂　22 柳久保観音堂
23 森の木観音堂　24 須窯下観音堂　25 千手院　26 観音寺　27 霊光庵
28 藤　田　29 下　原　30 観音寺　31 千手院　32 圓龍院(圓林院)
33 梅松院

□芳賀坂東三十三所　【百番】芳賀百観音(芳賀西国・芳賀秩父)

(　)は別記。ご詠歌あり。現行なし。
1 西明寺　2 阿弥陀寺・西　根(地蔵院観音堂)　3 正覚寺
4 西光寺・観音院　5 圓通寺　6 観音院　7 観音寺　8 圓通殿(西光寺)
9 永徳寺　10 観音寺(聖徳寺)　11 持宝院(光厳寺)
12 観音寺(天子観音堂)　13 安善寺　14 小山観音堂・車　堂　15 慈眼寺
16 松源寺　17 安楽寺(成徳院)　18 瑞岩寺　19 安養寺　20 覚正寺(覚成院)
21 西光寺(院)　22 向井内(秀蔵院)　23 持宝院　24 飯観音堂　25 大楽寺
26 京ノ内　27 安養寺　28 小貫朝日堂　29 小貫夕日堂(円満寺)　30 西光寺
31 宝堂寺(法幢寺)　32 真養寺　33 慶応(翁)寺

□芳賀秩父三十四所　【百番】芳賀百観音(芳賀坂東・芳賀西国)

同番が2か寺存在する札所が14か所ある。ご詠歌あり。現行なし。
1 崇(宗)真寺　2 来迎寺　3 高祖寺・高宗寺　4 東傳寺　5 城興寺
6 瀧ノ原　7 台ノ宿　8 北ノ島　9 石法寺・宝泉寺　10 和　泉

11 東漸寺　12 常珍寺・医王寺　13 観音寺　14 石　堀　15 尼寺天王寺
16 羽口堂　17 長明(命)寺　18 般若寺　19 護会堂　20 稲毛田観音堂
21 観音寺(昌雲寺)　22 観音寺　23 観音寺　24 羽佛観音堂　25 長安寺
26 所ノ草(放光寺)　27 密蔵院　28 昌泉院(寺)　29 駒　込　30 慈眼寺
31 前　窪(長成山観音堂)　32 文谷観音堂　33 前ノ内(観音堂)　34 桂蔵寺

□足利坂東三十三所〈江戸期〉

宝永6年(1709)、法印勧証・禅宗粗閑長老発願。宝暦4年(1754)の御詠歌集あり。ご詠歌あり。現行なし。

1 浄因寺　2 長泉寺　3 慈眼寺　4 光明寺　5 普門寺　6 養源寺
7 普門寺　8 不動院　9 臥龍院　10 吉祥寺　11 観音寺　12 長林寺
13 龍光寺　14 慈眼寺　15 龍泉寺　16 圓照寺　17 龍江寺　18 観音寺
19 寶蔵寺　20 恵命寺　21 観音寺　22 自性寺　23 普門寺　24 遍照寺
25 圓通寺　26 地蔵院　27 覚本寺　28 萬法院　29 神宮寺　30 小林庵
31 福厳寺　32 鑁阿寺　33 寛宥寺

●足利坂東三十三所〈昭和期〉

昭和12年(1937)、前記の再編。ご詠歌あり。現行可。足利郡の札所。足利市、一部群馬県。

1 浄因寺　2 定年寺　3 龍泉寺　4 法楽寺　5 瑞泉寺(院)　6 養源寺
7 鶏足寺　8 普門院(寺)　9 臥龍院　10 吉祥寺　11 東光寺　12 清源寺
13 観音寺　14 長林寺　15 雲龍寺　16 圓照寺　17 龍江院　18 長福寺
19 寶蔵寺　20 本源寺　21 寶性寺　22 龍泉寺　23 普門寺　24 遍照寺
25 覚性院　26 地蔵院　27 覚本院　28 観音堂　29 禅定院　30 長林寺
31 福巌寺　32 善徳寺　33 鑁阿寺(大日堂)

●佐野西国三十三所　【百番】佐野百観音(佐野坂東・佐野秩父)

宝永〜正徳1704-16ころ創設。安永3年(1774)「3宝光院」行意発願。ご詠歌あり。現行可。

1 熊野堂　2 天王寺　3 一音寺　4 宝幢院　5 東光寺　6 玉林寺
7 秋光庵　8 願成寺　9 宝光院　10 常楽寺　11 福寿院　12 長慶寺
13 洞雲寺　14 奥聖寺　15 西光院　16 金胎寺　17 密蔵院　18 観音寺

19 聖天庵　20 水月院　21 千手院　22 報恩寺　23 常住院　24 周宗寺
25 安楽寺　26 蓮乗院　27 普賢院　28 慈眼寺　29 種徳院　30 普門院
31 大聖院　32 長福寺　33 光生院

●佐野坂東三十三所　【百番】佐野百観音（佐野西国・佐野秩父）

元禄11年（1698）、「18東明庵」開山大関雲国法師創始初巡礼。現在の順路は雲国の設定とは異なる（焼失・廃寺・廃仏毀釈などによる変更）。ご詠歌あり。現行可。（　）は現状。

★「坂東」が先に誕生、のち「西国」「秩父」が加わり、宝永・正徳（1704-16）のころ百番となった。『佐野百番順礼堂記』天保15年（1844）あり。

1 日向寺　2 真光寺　3 観音院　4 萬宝院　5 東光院　6 清水寺
7 浄光寺　8 正覚寺　9 不動院　10 長光寺　11 長法寺　12 観音寺
13 東光寺　14 宝龍寺　15 龍真寺　16 南方寺　17 真勝院　18 東明庵
19 能満寺　20 泉龍寺　21 正泉寺（種徳院）　22 渕龍寺　23 善龍院
24 正光寺　25 東泉寺　26 心宗寺　27 宝蔵院　28 総持院　29 照明寺
30 龍覚庵　31 蓮乗院　32 光照寺　33 千手院

●佐野秩父三十四所　【百番】佐野百観音（佐野西国・佐野秩父）

宝永～正徳（1704-16）ころ創設。ご詠歌あり。現行可。

1 開蔵院　2 秀林寺　3 明光寺　4 宝勝院　5 船槍山　6 常光院
7 南光寺　8 玉蔵院　9 成就坊　10 禅増寺　11 観照院　12 安養院
13 満福寺　14 千覚坊　15 灯養寺　16 明蔵院　17 喜法院　18 西林寺
19 本光寺　20 千手院　21 西光院　22 聖徳寺　23 西光寺　24 崇禅寺
25 真如院　26 普門寺　27 東慶院　28 如意輪寺　29 慶蔵院　30 常龍院
31 惣持院　32 来迎寺　33 成就院　34 金蔵院

□下野西国三十三所　【百番】下野百観音・下野一国百観音（下野坂東・下野秩父）

宝永期（1704-11）以降の創設。「31観音寺」資料。元文5年（1740）上根村（市貝町）石川八郎右衛門が百番制定。ご詠歌あり。現行なし。

1 日光山　2 玄寿院　3 宝徳院　4 長泉寺　5 最勝院　6 千手寺
7 慈眼寺　8 馬頭院　9 善念寺　10 龍光院　11 鏡山寺　12 真諦寺

13 神照寺　14 大安寺　15 観音寺　16 安養寺　17 円満寺　18 地蔵院
19 圓通寺　20 金蓮寺　21 長栄寺　22 観音寺　23 慈眼寺　24 光蔵院
25 持宝院　26 雄山寺　27 自在寺　28 観音寺　29 慈光寺　30 能延寺
31 観音寺　32 高宗寺　33 西光寺

●下野坂東三十三所　【別称】下野三十三所、下野一国三十三所【百番】下野百観音・下野一国百観音（下野西国・下野秩父）

宝永４年（1707）開創。また宝永５年（1708）、新星村（宇都宮市）高橋善左衛門吉勝が創始とも。ご詠歌あり。（　）内現行（納経所を含む）。

1 圓通寺（清滝寺）　2 瀧ノ尾（観音寺）　3 四本瀧寺（三佛堂）　4 如来寺
5 慈眼寺（東海寺）　6 円満寺（観音寺）　7 寺山観音寺　8 沢観音寺
9 慈眼寺（龍泉寺）　10 長泉寺（岩谷観音堂）　11 太平寺　12 永徳寺
13 西明寺　14 慈眼寺　15 長命寺　16 常珍寺　17 善願寺
18 千手院（能延寺）　19 西照寺（光明寺）　20 普門寺（茂原観音堂）
21 興生寺　22 華厳寺（玉塔院）　23 善応寺（伊吹山観音堂）　24 金（近）龍寺
25 如意輪寺　26 清水寺　27 日向寺（観音堂）　28 寛宥寺（鑁阿寺）
29 満願寺　30 満照寺（薬王寺）　31 千手院（宝蔵寺）　32 大谷寺　33 蓮華寺

□下野秩父三十四所　【百番】下野百観音・下野一国百観音（下野西国・下野坂東）

寛延年間（1748-50）、東水沼村の岡田某の選定。ご詠歌あり。現行なし。

1 観音寺　2 宝珠院　3 歓喜院　4 圓応寺　5 最勝院　6 雲光寺
7 松城山　8 慈恩寺　9 大乗寺　10 円満寺　11 観音寺　12 歓喜寺
13 密乗院　14 長興寺　15 千性（手）寺　16 徳性寺　17 松倉山　18 慈眼寺
19 観音院　20 南泉寺　21 長久寺　22 観音寺　23 能仁寺　24 浄蓮寺
25 石法寺　26 福壽寺　27 千手院　28 観音寺　29 清水寺　30 正観寺
31 報恩寺　32 光琳寺　33 宝蔵寺　34 東漸寺

□新下野三十三所〈明治期〉

明治期創設。前記の下野百観音の寺院を中心とし、後記の「芳賀坂東」「都賀札所」「佐野坂東」「足利坂東」などより33か寺を選ぶ。現行なし。

1 福壽寺（大関観音堂）　2 廣琳寺　3 観音寺　4 不　明　5 高宗寺

6 昌雲寺　7 龍光寺　8 長興寺　9 不退寺　10 大雄寺　11 帰一寺
12 馬頭院　13 善念寺　14 吉祥寺　15 能持院　16 安養寺　17 観音寺
18 圓通寺　19 無量寺　20 無量壽寺　21 普門寺　22 慈眼寺　23 光明寺
24 大山寺　25 定願寺　26 寶蓮寺　27 医王寺　28 永林寺　29 清水寺
30 正観寺　31 成就院　32 桂林寺　33 報恩寺

■新下野三十三所〈昭和期〉

昭和40年(1965)頃、宇都宮市の釜井宗一が前記「新下野三十三所」を改定した。現行。

1 成願寺　2 同慶寺　3 観音寺　4 高宗(崇)寺　5 龍光寺　6 不退寺
7 大雄寺　8 馬頭院　9 天性寺　10 能持院　11 安養寺　12 観音寺
13 圓通寺　14 萬福寺　15 無量壽寺　16 普門寺　17 慈眼寺　18 光明寺
19 恵生院　20 台元寺　21 浄蓮寺　22 龍泉寺　23 龍泉寺　24 善徳寺
25 宝性寺　26 西林寺　27 大山寺　28 定願寺　29 医王寺　30 永林寺
31 清水寺　32 正観寺　33 桂林寺

巡礼閑話　女巡礼と禁令

江戸期の地域巡礼の発展に伴う女性巡礼風俗については【京都：洛陽観音めぐり】の項にも紹介しているが、庶民の巡礼の中核であった農民像と女房像については、江戸初期『慶安の御触書』慶安２年(1649)に見られる。「一、男ハ作をかせぎ、女房ハおはたをかせき、夕なへを仕、夫婦ともにかせき可申、然ハみめかたちよき女房成共、夫の事おろかに存大茶をのみ物まいり遊山すきする女房を離別すべし、云々」と。

その後、巡礼の取締りはその風俗が根強かったせいか女巡礼に関してであった。宝永元年(1704)、女巡礼の町中徘徊を禁じたのが発端で、以後 も宝永6、７両年にも女巡礼の町々勧進を禁止している。

しかし、これ以降は巡礼を対象とした禁令は見られなくなり、『廻国修行六部順礼』天保14年(1843)に「是迄村役人並菩提所寺院より勝手ニ 往来手形差出候得共、以来村役人より御代官領主地頭江相願、期日を以て承届許状相渡す」ように令するまでは、村役人か菩提寺発行の往来手形で自由に旅行できた(『日本民家教育史研究』1978)。

群馬県

群馬県の概要：古くから草津温泉など名湯が多く、湯治場に多くの人々が訪れた地域。県内には、三十三所巡礼の成立に重要な密教系（天台宗・真言宗）寺院が全寺院の半数あり、曹洞宗の３割を加えると８割になる。このことから上州路には山野をめぐる巡礼路が多く、北上州（北毛）をめぐる札所は小さな観音堂などをめぐるものが多い。また同じ地域で複雑に絡み合って巡礼路が多いことも特徴といえる。西上州（西毛）、東上州（東毛）、南上州（南毛）それぞれの地域に多くの巡礼路が設けられていたにもかかわらず時代の寺院変遷の中で全容をとらえることが困難なものも多く、これらの移動や廃寺の影響で忘れ去られているものが多いのもこの地域の特徴といえる。

□吾妻三十三所〈室町期〉　【別称】上州吾妻郡三十三所、中世吾妻三十三所

仮説では、永延２年(988)、花山法皇ほか11名がこの地を訪れ札所をつくり、その後変転を繰り返す。榛名山大房行雲法蔵坊、林左馬之助義秀、宰相坊僧都が発願再興(「上州吾妻順礼縁起」永禄７年(1564)。天文期(1532-55)ころ廃絶。大永７年(1527)の刻銘石(「27海蔵寺」)、同年の額文(「11行沢観音堂」)。中世吾妻郡の東半分。現行なし。西半分が「三原郷三十四所」か。吾妻郡東部。

1　妙法寺(伊久保観音堂)　2　岩間寺(岩井堂)　3　御園観音
4－10 不　明　11 行沢観音堂　12－26 不　明　27 海蔵寺
28－33 不　明

●吾妻三十三所〈江戸期〉　【別称】吾妻東郡三十三所、吾妻順礼、吾妻東部三十三所

元禄３年(1690)、前記を再興。現行可(28か所)。ご詠歌あり。(　)は現況。東吾妻町・中之条町(吾妻郡)周辺。

1　植栗田長堂　2　桜　堂(正泉寺)　3　御園観音堂(観音寺)
4　くぬぎ観音堂(正光寺)　5　糀屋観音堂(泉澤寺)　6　長福寺
7　新井堂(浄慶寺)　8　仙人窟(福聚寺)　9　馬頭観音堂(長命寺)
10 大御堂(浄清寺)　11 行澤寺　12 海蔵寺(生馬観音堂)
13 光原寺(顕徳寺)　14 奥　堂(一心寺)　15 車　堂(善福寺)
16 光圓寺(善福寺)　17 石水寺(林昌寺)　18 西禅寺

19 玉淵観音堂（釈浄寺） 20 貫湯平観音堂（嶋山寺）
21 寺社平観音堂（萬福寺） 22 馬滑観音堂（徳蔵寺） 23 和利堂（西念寺）
24 法花寺（林昌寺） 25 折田観音堂（貞光寺） 26 宝満寺（林昌寺）
27 海蔵寺（林昌寺） 28 圓通寺 29 東向寺（林昌院） 30 東楽寺（林昌院）
31 小池観音（蓮華寺） 32 塩平観音堂（塩平寺） 33 大塚観音堂（菩提寺）

□三原郷三十四所 【別称】西吾妻三十四所、三原三十四所

戦国末期創設か。宝永５年（1776）のご詠歌「１作道観音堂」の灯籠。成立当初の寺院は、天明３年（1783）の浅間山の噴火泥流により全く残っていない。ご詠歌あり。現行なし。（ ）は現状。三原郷は中世の長野原・嬬恋村周辺、長野原町・草津町・六合村（以上吾妻郡）周辺。

1 作道観音堂（雲林寺） 2 萩原観音堂 3 与喜屋本村観音堂
4 熊川岩谷堂 5 小宿寺観音堂 6 穴谷観音堂（常林寺）
7 芦生田観音堂 8 鎌原観音堂 9 千俣円通堂 10 門貝観音堂
11 大笹寺（無量院） 12 岩井堂（三原阿弥陀堂） 13 袋倉観音堂
14 冨蔵山今宮堂（今井観音堂） 15 寺沢観音堂 16 草木原堂
17 立石観音堂 18 桑井矢場堂 19 洞口観音堂 20 御座湯観音堂（光泉寺）
21 日影あふみ堂（廃 寺） 22 日影桑園堂 23 小雨寺 24 小雨金蔵堂
25 沼尾寺 26 赤岩観音堂 27 貝瀬岩穴堂（つかま堂） 28 横壁小倉堂
29 横壁観音堂 30 湯原堂 31 川原畑三ツ堂（花敷温泉薬師堂） 32 林 寺
33 下田観音堂 34 滝沢寺観音堂

■新上州三十三所

平成11年（1999）開創、萩原好之介発願。ご詠歌あり。現行あり。群馬県全域。

1 光栄寺 2 医光寺 3 崇禅寺 4 聖眼寺 5 観音院 6 南光寺
7 曹源寺 8 常楽寺 9 観性寺 10 明言寺 11 教王寺 12 万徳寺
13 蓮花院 14 天増寺 15 退魔性寺 16 観音寺 17 光明寺 18 仁叟寺
19 宝積寺 20 永心寺 21 不動寺 22 金剛寺 23 北野寺 24 法峰寺
25 柳沢寺 26 清見寺 27 嶽林寺 28 三光院 29 吉祥寺 30 神宮寺
31 長松寺 32 正円寺 33 慈眼寺

◯群馬坂東三十三所

文化７年（1810）。後記の「群馬郡坂東」とは別。詳細不明。現行なし。利根郡（県北部域）。

□利根準坂東三十三所 【別称】利根郡内新坂東三十三所、坂内坂東三十三所、坂内準坂東三十三所

享和元年(1801)開設、利根村(沼田市)・片品村(利根郡)を区域とする狭い地域。現行なし。利根郡。

1 昌龍寺　2 大原田向　3 井戸神　4 かじや　5 かるはた坂
6 穴　原　7 老　神　8 大　平　9 大　楊　10 高戸屋　11 大　楊
12 追　貝　13 浮　島　14 千　鳥　15 平　川　16 中　村　17 上エ田
18 原　19 西　原　20 山　崎　21 善福寺　22 花　咲
23 田久保(永福寺)　24 臥龍庵　25 築　地　26 小　川　27 圓通庵
28 大御堂　29 音昌寺　30 慈眼庵　31 水月庵　32 圓通庵　33 大圓寺

●沼田横道三十三所 【別称】沼田横堂三十三所、利根郡三十三所、利根三十三所、当国三十三所

正慶元年(1332)の伝説、大永2年(1522)の納札の記録(上州では最も古い)、元和元年(1615)の縁起、布施中興良正法印発願。ご詠歌あり。現行可。( )は現状。沼田市、新治村・みなかみ町、片品村など利根郡周辺。

1 用楽寺(千手院)　2 岩渕辻堂　3 奥平観音堂　4 金泉寺(奥田観音堂)
5 駒形山観音堂　6 大羽山観音堂　7 体楽寺(池野原観音堂)
8 但馬院　9 観音寺　10 橋壁観音堂(嶽林寺)　11 森原観音堂
12 湯原寺(建明寺)　13 寿明院(嶽林寺)　14 穴観音(明徳寺)
15 清水寺(正行院)　16 安養寺(荒井堂)　17 岩屋観音堂　18 観音寺
19 岡谷観音堂(大雲寺)　20 町田観音堂　21 三光院　22 岩井堂
23 松尾山観音堂　24 池野入観音堂　25 雲谷寺　26 辻堂観音寺
27 昌龍寺　28 浮島観音堂　29 永福寺(御座入観音堂)　30 善福寺
31 小川大御堂　32 音昌寺　33 大円寺

□沼田坂東三十三所

明和4年(1767)、僧恵満開創。ご詠歌あり。廃寺多く現行なし。( )現所在。沼田市などの利根地区。

1 弥勒寺　2 久保堂　3 慶福寺　4 永徳寺　5 天照寺
6 湯之上堂(観音寺)　7 大雲寺　8 奈良観音堂　9 生品観音堂(延命寺)
10 天神組観音堂　11 吉祥寺　12 胸札堂(別所厄除観音堂)　13 湯原寺
14 中野観音堂　15 吹上堂　16 実相院　17 峯之堂禅定院　18 正眼寺
19 孝養寺　20 下久屋観音堂　21 上沼須観音堂　22 寿量院

23 金蔵寺（成孝寺） 24 戸鹿野観音堂 25 正覚寺 26 常楽寺（院）
27 白岩観音堂 28 孝成寺（成孝寺） 29 大源寺（成孝寺） 30 眞庭観音堂
31 師観音堂 32 桜井堂 33 長広寺

□勢多郡西部三十三所 【別称】西勢多三十三所、勢多郡三十三所

江戸期。ご詠歌あり。廃寺多く現行なし。赤城村・北橘村（以上渋川市）・富士見村（勢多郡）・前橋市の赤木山の北麓域。

1 日輪寺 2 金剛寺 3 塩原堂 4 今井堂 5 寄居堂 6 千城寺
7 上野田堂 8 別所堂 9 田山堂 10 宿の堂 11 八ツ沢堂（正念寺）
12 田中堂 13 南 堂 14 宗伯寺 15 南光院 16 仲居堂 17 星ケ谷戸堂
18 高野堂 19 観音堂 20 椿ノ森 21 西ノ堂 22 下の堂 23 上の堂
24 森の堂 25 旭ケ丘 26 市ノ木場 27 七橋堂 28 長桂寺 29 照明院
30 養田堂 31 田村堂 32 田野堂 33 荒井堂

○勢多郡東部三十三所

江戸期。詳細不明。現行なし。勢多郡。

■新撰高崎三十三所 【別称】高崎三十三所

昭和55年（1980）開創。現行。

1 慈眼院（福寿院） 2 光音堂 3 山徳園 4 清水寺 5 観音山馬頭観音
6 清水寝観音 7 半田十一面観音 8 永福寺 9 根小屋正観音
10 宝性寺 11 木部正観音 12 観音寺 13 岩鼻子育観音 14 円福寺
15 八幡原観音塚 16 大井田堂 17 慈眼寺 18 慈眼寺観音堂
19 島野北向堂 20 慈願寺 21 柳原観音 22 白衣観音
23 芝崎十一面観音 24 泉蔵寺 25 倉賀野正六観音 26 下之城厄除観音
27 正観寺 28 岩押競馬場 29 赤坂十一面観音 30 恵徳寺 31 光明寺
32 二十二夜堂 33 荘厳寺

□群馬郡三十三所 【別称】群馬三十三所【百番】西上州百観音（上野三郡坂東・上野）

天明3年（1783）以前。ご詠歌あり。現行なし。旧群馬郡内、渋川市・前橋市・高崎市など群馬県中部広域。

1 宇輪寺　2 柳澤寺　3 水澤寺　4 医王寺　5 榛名山　6 宗光寺
7 息耕庵　8 金蔵寺　9 金龍寺（旭観音堂）　10 真光寺　11 渋川観音堂
12 細田観音堂　13 手川観音堂　14 石原寺（近江堂）　15 峻嶺庵　16 日輪寺
17 神宮寺　18 長原寺　19 龍傳寺　20 長松寺　21 観音寺　22 光厳寺
23 妙見寺　24 徳蔵寺　25 妙典寺　26 明王寺　27 善光寺
28 和田山（恵徳寺）　29 天龍護国寺　30 本楽寺　31 長谷寺　32 法峰寺
33 石上寺

□上野三郡坂東三十三所　【別称】上野三郡三十三所、三郡坂東三十三所、多胡郡内三十三所【百番】西上州百観音（群馬郡・上野）

明和元年（1764）開創。明和 6 年（1769）「12千手寺」の詠歌額。明和 6 年（1769）願主吉田広斉、澄月詠歌。ご詠歌あり。現行なし。三郡とは、緑野・多胡・北甘楽の旧 3 郡。甘楽郡・多胡郡・高崎市。

1 延命寺　2 般若寺　3 龍泉寺　4 宝積寺窟堂　5 辻之堂　6 光明寺
7 西宝院　8 浄雲寺　9 源水寺　10 一行寺動堂　11 源性寺　12 千手寺
13 西福寺　14 光厳寺　15 万重山山之堂　16 演福寺　17 前原堂
18 陽果庵　19 金高堂　20 久命寺　21 清滝寺　22 松田寺　23 天沢堂
24 専念寺　25 八束山　26 二井屋堂　27 地引山下平堂　28 袂　堂
29 二ツ御堂　30 光源寺　31 玄太寺　32 朝日堂　33 光心院

□上野三十四所　【別称】上野國三十四所、西上州三十四所、両毛三十四所【百番】西上州百観音（群馬郡・上野三郡坂東）

長和 3 年（1014）・文暦元年（1234）の縁起。ご詠歌あり。現行なし。（　）は後世の移動。32里 8 町（約127キロ）高崎市・安中・富岡各市周辺。

1 七日市観音堂（永心寺）　2 小舟観音堂（寿福寺）　3 光厳寺
4 一之宮上の町観音堂（神宮寺）　5 岩崎寺（施無畏寺）　6 慈悲寺（西林寺）
7 山口観音堂　8 南蛇井観音堂　9 富士見山観音堂
10 中之岳観音堂（厳高寺）　11 妙義山観音堂　12 金剛寺　13 不動寺
14 崇徳寺　15 西見寺　16 天祐寺（小日向観音堂）　17 三木観音堂
18 北野寺　19 岩戸観音堂　20 三の倉観音堂　21 榛名山観音堂
22 室田岩井堂　23 礼応寺　24 正観寺　25 正龍寺　26 窪庭寺（妙光院）
27 梁瀬日向堂　28 普門寺　29 五賀観音堂　30 藤木寺　31 蓮華寺
32 板鼻寺（称名寺）　33 恵徳寺　34 清水寺

■多野藤岡三十三所　【別称】南毛霊場三十三所

昭和57年（1982）開創。「山中領」「三郡坂東（多胡郡内）」を参考に誕生。ご詠歌あり。35か所ある。現行。藤岡市、吉井町（多野郡）、万場町・中里村（多野郡神流町）、上野村（多野郡）周辺。

1 観音寺　2 光明寺　3 浄雲寺　4 助給庵　5 一行寺　6 源性寺
7 千手寺　8 大雲寺　9 龍泉寺　10 般若寺　11 延命寺　12 光心寺
13 真光寺　14 宝珠院　15 弥勒寺　16 玄太寺　17 法林寺　18 仁叟寺
19 天久澤観音堂　20 普賢寺　21 示春院　22 千手院　23 円満寺
24 前原堂　25 浄法寺　26 大林寺　27 千手寺　28 光明寺　29 徳昌寺
30 東福寺　31 吉祥寺　32 宝蔵寺　33 光徳寺　34 宝勝寺　35 龍松寺

□山中領西国三十三所

元禄期1688-1704開創、昭和５年（1930）高橋清作・丸山森作再興。ご詠歌（「西国」利用）あり。現行なし。南毛一帯上野村（多野郡）、神流町周辺。

1 三ツ叉　2 速旭嶺山祠　3 白　井　4 白　井　5 白　井　6 白　井
7 中正寺　8 泉龍寺　9 金刀比羅神宮　10 巻岩山　11 神　寄
12 吉祥寺　13 圓通寺　14 観音寺　15 新　羽　16 宝蔵寺　17 野栗沢
18 胡桃平　19 山　室　20 尾　附　21 延命寺　22 東福寺　23 間　物
24 魚尾横井戸　25 魚尾かぢや渕　26 高山木　27 岩つぼ　28 善福寺
29 高命寺　30 聖澤寺　31 千手寺　32 龍松寺　33 中　島

●両野三十三所　【別称】新西国三十三所、西国移両野三十三所

宝暦４年（1754）、「１慶性寺」重範法印・修験養法院開創、山本義成詠歌。ご詠歌あり。現行可。東毛地区、上野（群馬県）・下野（栃木県）の札所。足利市、邑楽町（邑楽郡）、太田市、大泉町（邑楽郡）。

1 慶性寺　2 北条庵　3 下野戸　4 堂　山（永宝寺）　5 医王寺
6 明言寺　7 篠　塚　8 成就院　9 正龍寺　10 正雲寺　11 実相寺
12 隻円寺　13 宝性寺　14 覚本寺　15 円性寺　16 光林寺　17 浄徳寺
18 勝光寺　19 円成院　20 厳勝寺　21 龍泉寺　22 華厳寺　23 医王寺
24 吉祥寺　25 善徳寺　26 定年寺　27 高庵寺　28 徳蔵寺　29 長福寺
30 崇聖寺　31 瑞雲寺　32 本源寺　33 長昌寺

●**東三十三所**　【別称】渡良瀬三十三所

享保20年（1735）、また元文元年（1736）「８医光寺」覚雄和尚等設定。ご詠歌あり。廃寺多いが現行可。（　）は現状。桐生・みどり各市などあかがね街道周辺。

1 常鑑寺　2 医光寺　3 洞源寺　4 源正寺　5 吉祥寺　6 長円寺
7 文殊院　8 医光寺　9 光栄寺　10 龍禅寺　11 日輪寺　12 延寿寺
13 大沢寺　14 龍真寺　15 世音寺　16 清水寺　17 昌福寺（祥禅寺）
18 長福寺　19 普門寺　20 観音寺　21 禅桂寺　22 正福寺　23 長清寺
24 善雄寺　25 清水寺　26 宝蔵院　27 高岸寺　28 宝泉寺　29 南光寺
30 棟禅寺（高常寺）　31 広福寺　32 長寿寺　33 松源寺

□**東上州三郡三十三所**　【別称】新田・山田準西国三十三所、新田・山田・邑楽準西国三十三所

宝暦４年（1754）、荒山半治郎願主、詠歌は西上州板鼻町長伝寺閑居得岩和尚「１金龍寺」高峰日記の「新田・山田・邑楽準西国開帳記事」。ご詠歌あり。現行なし（明治３年の開帳が最後か）。東毛地区、新田・山田・邑楽の３郡、太田市を中心に大泉町（邑楽郡）・足利市の東毛地区。

1 金龍寺　2 東光寺　3 受楽寺　4 立木堂（大吉庵）　5 正覚寺
6 恵林寺　7 徳正（性）寺　8 松岩寺（正願寺）　9 江徳寺　10 大月（槻）堂
11 蓮光寺　12 国定（貞）寺　13 真光寺　14 仙（専）光寺　15 観正寺
16 円用（養）寺　17 霊雲寺　18 重（十）輪寺　19 真光院　20 田中堂
21 法（宝）持院　22 円満寺　23 宝蔵寺　24 実相院　25 福蔵院　26 医王寺
27 来蔵院（雷像院）　28 宗桂（慶）寺　29 泉蔵寺　30 福蔵寺　31 西蔵寺
32 薬王寺　33 水月堂

●**東上州三十三所**　【別称】東坂東三十三所

宝永５年（1708）、崇禅寺堯観道心発願。その後、寛延２年（1749）・明治37年（1904）と２度再興されている。寛延２年（1749）、「29最勝寺」「30浄雲寺」の住職が総開帳、明治37年（1904）再興。ご詠歌あり。現行可。（　）は現状。東毛地区では一番良く残っている。旧山田・邑楽・新田の３郡域。

1 宝福寺　2 円満寺　3 花蔵院　4 明善寺　5 善導寺　6 観音院
7 蓮葉院　8 宝生寺　9 谷中観音堂　10 正眼寺　11 浄光寺　12 清水寺

13 観音寺　14 救世山（観音山）　15 松島観音堂　16 徳性寺　17 儀源寺
18 円福寺　19 正法寺　20 徳寿院（四軒在家観音堂）　21 医王寺　22 聖応寺
23 慈眼院　24 慈眼寺　25 法楽寺　26 大雄院　27 古庭観音堂
28 中島観音堂（福寿堂）　29 最勝寺　30 浄雲寺　31 妙音寺　32 光明寺
33 東禅寺（小倉峠観音堂）

□東上州新田秩父三十四所　【別称】新田秩父三十四所

宝暦3年（1753）、「1瑞光寺」薫動の設定。以上で「東上州百観音」の設定があったか。ご詠歌あり。現行なし。太田市周辺。

1 瑞光寺　2 慈眼寺　3 慈眼堂　4 慈眼寺　5 永昌寺　6 聖応寺
7 浄蓮寺　8 東光寺　9 妙英寺　10 福寿堂　11 慶雲寺　12 長谷寺
13 清水寺　14 長年寺　15 瑞光庵　16 無量堂　17 長運（雲）寺　18 明光寺
19 長浜寺　20 新井堂　21 大慈堂　22 南光寺　23 玉岩寺　24 曹源寺
25 普門堂　26 実相院　27 焔魔堂　28 圓通堂　29 善宗寺　30 東沢寺
31 焔魔堂　32 薗田堂　33 清光寺　34 瑞岩寺

●上毛佐波郡三十四所　【別称】佐波三十三所、伊勢崎佐波三十三所

明和3年（1766）、「1延命寺」住僧開創、明治29年（1896）、同寺蓮見慶秀再興・詠歌復刻。明和3年（1766）説の裏付けはない、当時佐波郡はない、佐位郡・那波郡合併→佐波郡は明治29年、この年延命寺蓮見慶秀により「上毛佐波郡三十四箇所観音霊場詠歌記」刊行、両郡合併記念にこの年に創設か。平成10年（1988）、復活「伊勢崎佐波観音霊場めぐり」1988。ご詠歌あり。現行。（　）は現状。東毛地区、伊勢崎市・太田市周辺。

1 延命寺　2 地蔵寺（延命寺）　3 東林寺（延命寺）　4 観音寺　5 円福寺
6 東光寺　7 自性庵　8 昌雲寺　9 満善寺　10 来福寺　11 泉龍寺
12 真光寺　13 西光寺　14 竹芳寺　15 宝幢院　16 本光寺　17 同聚院
18 華蔵寺　19 天増寺　20 桂林寺　21 法長寺　22 蓮台寺（退魔寺）
23 退魔寺　24 龍昌院　25 円勝寺　26 妙真寺　27 浄蓮寺　28 圓福寺
29 真福寺　30 法養寺　31 愛染院　32 長光寺　33 観音寺（福寿院）
34 福寿院

埼玉県

埼玉県の概要：東京都や神奈川県域も含む武蔵国には、わが国の観音霊場を代表する坂東三十三所や秩父三十四所の札所があり、この影響を受けて地域間交流の札所が各地で結成され、また秩父の影響を受けてか百番観音の設定が多い。その背景には、埼玉県における寺院構成にその影響を見ることができる。本県では密教系、特に真言系寺院が半数近くを占め、天台系を含めると6割近くを占める。これに禅宗系（曹洞宗・臨済宗）寺院を加えるとこれらの寺院で8割を越える。江戸期は幕府天領が多く、それぞれの領内巡礼が非常に発展していたことが記録からも伺える。現状では寺院の衰退や首都圏の都市化の影響などで寺院の推移は激しいが、活動している札所も多い。

関東地方

□忍秩父三十四所　【別称】忍三十四所、忍新三十三所、忍坂東三十四所（なぜ坂東か）【百番】忍領百観音（埼玉郡新西国・足立坂東）

元禄期（1688-1704）、正能の龍花院観照設定。また正徳4年（1714）の創設とも。元文期（1736）、天保9年（1838）の創設とも。ご詠歌あり。現行なし。（　）は移動・現状管理。旧埼玉郡（熊谷市・行田市・深谷市）周辺。

1 龍昌寺　2 松岩寺　3 石上寺　4 東竹寺院　5 源宗寺　6 観音寺
7 普門寺（宝蔵寺）　8 龍淵寺　9 安養院　10 観音寺　11 観音寺
12 利永寺　13 集福寺　14 慈眼寺　15 大龍寺　16 玉洞院　17 長井寺
18 観音寺　19 観音寺　20 長福寺（増田山観音堂）　21 清龍寺（安楽寺）
22 安楽寺　23 勝楽寺（香林寺）　24 妙音寺　25 長慶寺　26 観音寺
27 大正寺　28 狗門寺（大正寺）　29 龍泉寺　30 応正寺　31 十輪寺
32 明導寺　33 吉祥寺　34 福正寺

巡礼閑話　地域巡礼

この地方の巡礼はおいづる（白衣）に笠をかぶり、鐘を持って旧3月4日に出発して六日間歩く。行く先々で世話人がいて泊る心配をしてくれる。宿舎につくと次のようなご詠歌を唱える。「日はくれる　雨降る野の　道すがら　かかる旅路を　たのむかさなり」、翌朝立つ時には「火伏せ」のご詠歌として「しもばしら　氷のはりに　雪のけた　雨のたるきに　露のふきぐさ」を唱える。昭和20年ころまでやっていた（「上野村誌」）。また札所に関係する人達は、茶菓の接待や時には宿を提供したが、そのお礼のご詠歌に「ありがたや　いちやの宿を　いただいて　あさたつときの　うれしわれらは」（「観音霊場巡り」などと唱和して出立した。

●児玉三十三所　【別称】児玉郡三十三所

天明３年（1788）の浅間山の大噴火をきっかけに開創、明治10年（1877）、昭和６年（1931）、同45年（1970）と３度復興。昭和５年（1930）、児玉町宮崎政次郎復興。現行可（当初は観音霊場であったが焼失や廃寺のため観音像以外の札所もある）。本庄市、美里町・上里町・神川町（児玉郡）域。

1　成身院　2　普明寺　3　法養寺　4　玉蔵寺　5　実相寺　6　浄眼寺
7　天龍寺　8　長谷観音堂（淵龍寺別院）　9　圓通寺　10　真正寺　11　本覚院
12　大興寺　13　常福寺　14　智徳寺　15　永明寺　16　宗清寺　17　光厳寺
18　光勝寺　19　宥勝寺　20　正観寺　21　西福寺　22　陽運寺　23　福昌寺
24　吉祥院　25　上松寺　26　真東寺　27　龍清寺　28　光明寺　29　光福寺
30　淵龍寺　31　長泉寺　32　光福寺　33　大光普照寺

□秩父三十三所

文暦元年（1234）創設といわれるが、記録が残る「長享２年（1488）秩父札所番付」ころの開設か。現行なし。

1　定林寺　2　蔵福寺　3　今宮坊　4　壇之下　5　野坂堂　6　岩井堂
7　大圓堂　8　橋立寺　9　篠　戸　10　深谷寺　11　岩屋堂　12　白山別所
13　西光寺　14　小鹿坂　15　般若岩殿　16　鷲岩殿　17　小坂下　18　童部堂
19　谷之堂　20　岩　上　21　瀧石寺　22　神　門　23　岩　本　24　四万部
25　荒　本　26　五閣堂　27　大慈寺　28　坂　部　29　明　地　30　萩　堂
31　西禅寺　32　牛　伏　33　水　込

■秩父三十四所　【百番】百観音（西国三十三所・坂東三十三所）、武蔵一国百番（新西国三十三所・足立坂東三十三所）、武蔵野国百観音（狭山三十三所、武蔵野三十三所）

ご詠歌あり。現行札所。午歳開帳、子歳半開帳、50年毎総開帳。（　）は通称、別称。「秩父」が34番になった最古の巡礼納札は天文５年（1536）のものである（「30法雲寺」所蔵）。

1　四萬部寺（妙音寺）　2　真福寺　3　常泉寺（岩本寺）　4　金昌寺（新木寺）
5　語歌堂（長興寺）　6　卜雲寺（荻野堂）　7　法長寺（牛伏堂）　8　西善寺
9　明智寺　10　大慈寺　11　常楽寺　12　野坂寺　13　慈眼寺（旗下寺）
14　今宮坊　15　少林寺　16　西光寺　17　定林寺（林　寺）　18　神門寺
19　龍石寺　20　岩之上堂　21　観音寺（矢元堂）　22　童子堂（栄福寺）

23 音楽寺　24 法泉寺　25 久昌寺（御手判寺）　26 圓融寺（岩井堂）
27 大淵寺（月影堂）　28 橋立寺（堂）　29 長泉院（石札堂）　30 法雲寺
31 観音院　32 法性寺（お船の観音）　33 菊水寺　34 水潜寺

巡礼閑話　札所の宣伝

「日本百観音」（西国・坂東・秩父）のうち「秩父三十四所」は、他の札所と違い、秩父郡内だけの札所であった。しかし多くの地域の郡内札所とは異なりたぐいまれな努力があった。「江戸時代に入り、巡礼が盛んになると、『秩父三十四所観音霊験円通伝』や『秩父独案内』という縁起解説ものや絵地図の出版がなされ、又江戸から通行手形を要せずに巡礼が可能という地の利もあり、多くの巡礼者を集めました。一方、札所側も巡礼者を待つだけではなく、江戸の護国寺などで本尊を公開する出開帳を積極的に行い、庶民の他に将軍家や大名・武家にも信者を広げ多くの寄進を集めることが可能となりました。出開帳の最初は、二十番の岩之上観音に始まり、個別に寺社奉行の許可によって行われ、札所連合での出開帳は明和元年（1764）の護国寺でのものです（『埼玉のお寺』2001）」。「百観音」成立のため、単に三十三所を三十四所にした数あわせだけではなかった。

□足立埼玉新西国三十三所

元禄3年（1690）、正能村龍花院法印観照開創。現行なし。
5 相頓寺　10 中ノ目観音堂　12 戸崎観音堂　21 観蔵院

□埼玉郡新西国三十三所　【別称】新西国三十三所、忍領三十三所、忍領西国三十三所、忍新西国三十三所、武蔵西国三十三所、足立埼玉西国三十三所【百番】武州埼玉郡百観音（埼玉郡新坂東・埼玉郡新秩父）。忍領百観音（足立坂東・忍秩父）、武蔵一国百番（足立坂東三十三所・秩父三十四所）、足立百番（足立坂東三十三所・足立新秩父三十四所）

元禄2年（1689）、または元禄3年（1690）、正能の龍花院観照設定。ご詠歌あり。現行なし。（　）は「忍領新西国」改正時。埼玉郡。騎西領（県北東部）。
1 真観寺　2 林正寺（正覚寺）　3 観音寺　4 安楽寺　5 観音寺
6 観音寺　7 平等院　8 観音寺　9 馬頭寺（大慈庵）　10 円通閣
11 善勝寺　12 忍性寺（正玄寺）　13 福寿庵（長松寺）　14 宝蔵寺　15 増田庵
16 観音寺　17 金蔵院　18 南蔵院　19 永昌寺　20 慈眼院（吉祥院）

21 久井寺（観音寺） 22 観音院 23 妙智庵（吉祥寺） 24 源光寺（玄光寺）
25 普門寺 26 大乗院（圓満寺） 27 盛蔵院（宝幢院） 28 自性寺（龍宮寺）
29 大光寺 30 自性院（寿徳寺） 31 遍照院 32 妙智寺（高輪寺）
33 密蔵院（蓮華院）

□**埼玉郡新坂東三十三所** 【別称】新坂東三十三所【百番】武州埼玉郡百観音（埼玉郡新西国・埼玉郡新秩父）

元禄3年（1690）、正能の龍花院観照設定。（　）は別資料、およびのちの改正。ご詠歌あり。現行なし。かつては午歳開帳であった。埼玉郡。騎西領中心。

1 慶雲院 2 瀧光寺（龍宮寺） 3 花蔵院 4 地福院 5 密乗院
6 安楽寺 7 蓮花院 8 忍性寺（宝性寺） 9 香林寺 10 地福院
11 南学（蔵）院 12 延命堂（法壽庵） 13 観音堂（本了院）
14 加性院（迦葉院） 15 宝性院 16 観音院（西蔵院） 17 灯明院（光明寺）
18 藤原（念仏）堂 19 普門院 20 観福寺 21 寶蔵寺 22 長龍寺
23 延命院 24 普門寺（医王寺） 25 安養院 26 慈真院 27 光西寺（橋本堂）
28 大慈庵 29 経　堂（唯栄堂） 30 金勝寺 31 大通庵 32 願正寺（長澤堂）
33 万善寺（大乗院）

□**埼玉郡新秩父三十四所** 【別称】新秩父三十四所【百番】武州埼玉郡百観音（埼玉郡新西国・埼玉郡新坂東）

元禄3年（1690）、正能の龍花院観照設定。（　）は別資料、およびのちの改正。ご詠歌あり。現行なし。埼玉郡。騎西領中心。

1 満善寺 2 慈玄（眼）庵 3 巻之堂 4 法泉寺 5 子安堂 6 田嶋堂
7 東福寺 8 岡之堂 9 観音寺 10 善浄寺（千手院） 11 龍福寺
12 法輪寺 13 八幡社地 14 観音寺 15 宝泉寺 16 龍木坊（林休庵）
17 観音寺（八甫本郷） 18 良学院 19 灯明院（惣持院） 20 清浄院
21 小河原堂 22 東雲院（国通庵） 23 普門院 24 観音寺 25 堀之内観音堂
26 医王寺 27 真如庵（観音堂） 28 薬師寺（青蓮寺） 29 全久院
30 光西寺（香最寺） 31 太芳寺 32 清福寺 33 勝明院 34 善入庵

□**足立坂東三十三所** 【別称】上足立坂東三十三所、足立三十三所、武蔵坂東三十三所（当初の名称）、武蔵足立三十三所【百番】忍領百観音（埼玉郡新西国・忍秩父）、武蔵一国百番（新西国三十三所・秩父三十四所）、足立百番（新

西国三十三所・足立新秩父三十四所）

元禄10年（1697）、「１知足院」盛典法印創設。ご詠歌あり（　）内はのちの所在。明治初期「33如意輪寺（観音寺）」が廃寺となり観音は満福寺へ。この寺を第１番として次項の足立坂東が整備された。足立郡大宮宿以北、中世の上足立三十三郷の域内。ご詠歌あり。現行なし。廃寺後の民間所有多い。桶川市・上尾市・さいたま市など。

1 知足院　2 興楽寺（大雲寺）　3 龍眼院（龍山院）　4 松福寺　5 清光寺
6 観音寺　7 薬師寺（三佛堂）　8 正法院　9 文殊院　10 東光院（観音堂）
11 観音寺　12 常楽寺（如意寺）　13 寿命院　14 深井寺　15 智徳院（妙楽寺）
16 妙音寺　17 雙徳寺　18 普門寺　19 無量院　20 密厳院　21 弥勒院
22 西光寺（新御堂）　23 樋詰寺（観音院）　24 照明院　25 大悲庵　26 皆應寺
27 泉光寺（大谷観音堂）　28 馬蹄寺（普賢寺）　29 観音寺　30 清河寺
31 日光寺（妙光寺）　32 慈眼寺　33 如意輪寺（満福寺）

■足立坂東三十三所　【別称】下足立坂東三十三所、北足立坂東三十三所

宝永２年（1705）、高橋源太郎休山発願。天保５年（1834）再編成された。前記の〈足立坂東〉とは別札所。前記〈足立坂東〉の「33満福寺」が明治維新の神仏分離の際、氷川神社に札所を移し、新しくこの〈足立坂東〉の１番札所となった。（　）は現行。ご詠歌あり。足立郡大宮宿以南、中世の下足立三十三郷の域内。

1 観音寺（満福寺）　2 観音寺（郭信寺）　3 瑞岸寺　4 普門寺
5 三室観音堂　6 清泰寺　7 観音院　8 観音堂（福聚院）　9 二ツ堂
10 宝性寺　11 白幡観音堂　12 広田寺　13 如意輪寺　14 観音寺（堂）
15 普門寺　16 徳祥寺　17 平等寺　18 観音寺　19 海禅寺　20 三学院
21 三蔵院　22 常福寺　23 観音寺　24 善光寺　25 最勝院　26 並木堂
27 良光院　28 千手院　29 観音寺（地蔵院）　30 真乗院　31 木曽呂堂
32 観量寺（観福寺）　33 定正寺

○東足立坂東三十三所

宝永２年（1705）。詳細不明。現行なし。

○足立三十三所

明応７年（1498）の札が存在。詳細不明。現行なし。

□足立新秩父三十四所

【別称】足立新秩父三十三所、新秩父三十四所【百番】足立百番（新西国三十三所・足立坂東三十三所）

享保８年（1723）、井上五郎右衛門尉倫貞発願。宝永期（1704-11）ころ発起、享保８年（1723）成立。ご詠歌あり。廃寺多く現行なし。旧北足立郡内には「新秩父」札所が２つ現存する。

1 昌福寺　2 東陽寺　3 薬王寺　4 寶蔵寺　5 日乗院
6 慈眼寺（遍照院）　7 持明院　8 光照院　9 浄念寺　10 南蔵院
11 龍山院　12 少林寺　13 観蔵院　14 西光寺　15 梅松院　16 華蔵院
17 妙厳寺　18 観音寺（宝蔵寺）　19 宝性寺　20 満宮寺　21 金剛院
22 大乗院　23 永泉寺　24 長伝寺　25 観音寺　26 東光院　27 高城寺
28 明眼寺　29 福壽庵　30 清真寺　31 善福寺　32 正覚寺　33 大悲庵
34 東栄寺

■（足立）新秩父三十四所

寛文６年（1666）開帳。天明６年（1786）創設か。現行。前記の同名の「新秩父」とは別札所。ご詠歌あり。現行。午歳の開帳。（　）は現状。足立郡の南部領・木崎領・見沼領大宮領。

1 笹丸観音堂　2 光徳寺　3 圓徳寺　4 大興寺　5 惣持寺（総持院）
6 染谷観音堂　7 堂　山　8 見沼堂　9 宝蔵院　10 中原堂
11 前窪観音堂　12 東泉寺　13 吉祥寺　14 十一面中尾堂　15 桑原堂
16 中尾翠島観音堂（萬蔵寺）　17 長覚院　18 相之谷堂　19 正福寺
20 本地堂　21 萬日堂（東光寺）　22 大乗院（天沼子安観音堂）　23 圓蔵院
24 宝乗院（圓蔵院）　25 宝生院　26 正福寺　27 大島堂　28 覚蔵院
29 宝積寺（観音寺）　30 慈福寺（慈眼寺）　31 宮ケ谷塔観音堂
32 新堤観音堂　33 陽光殿（大圓寺）　34 天神山（大圓寺）

□川越新西国三十三所

【別称】川越近辺新西国三十三所【百番】川越領百観音（川越新坂東・川越　新秩父）。旧川越領南部。狭山市含む。ご詠歌（「西

国」利用）あり。現行なし

1－16 不　明　17 長谷寺　18－21 不　明　22 善仲寺　23－27 不　明
28 吹上観音堂　29－33 不　明

□川越新坂東三十三所　【百番】川越領百観音（川越新西国・川越新秩父）

旧川越領南部。ご詠歌あり。現行なし。富士見市含む。

1－12 不　明　13 渋井観音堂　14 不　明　15 観音寺　16 下南畑観音堂
17－33 不　明

□川越新秩父三十四所　【別称】川越領秩父三十四所【百番】川越領百観音（川越新西国・川越新坂東）

詠歌額：最初享保８年（1723）掲額、２度目明和３年（1766）掲額、３度目文化12年（1829）「24上寺山観音堂」掲額、これにより創設は享保８年か。ご詠歌あり。現行なし。

1－12 不　明　3 北田島観音堂　4 不　明　5 鴨田村（西門）観音堂
6 鴨田村（市場）観音堂　7 不　明　8 古谷観音堂　9－12 不　明
13 渋井観音堂　14 不　明　15 木目観音堂　16－23 不　明
24 上寺山観音堂　25－33 不　明　34 観音寺

□高麗三十三所　【別称】高麗坂東三十三所

享保期1716-36創始、安永３年（1774）石標を作り順番を入れ設定。ご詠歌あり。現行なし。（　）は現札所。高麗郡内。飯能市・日高市。

1 千日堂（智観寺）　2 寶蔵寺　3 圓泉寺　4 普門寺　5 寶蔵寺
6 常圓寺　7 長徳寺　8 秀常寺　9 本明院（浄心寺）　10 観音寺
11 善道寺（圓照寺）　12 西伝寺（能仁寺）　13 能仁寺　14 萬福寺
15 廣渡寺　16 長泉寺　17 宝泉寺　18 岩下堂　19 西光寺
20 原市場辻堂（金錫寺）　21 医王寺　22 寶性寺　23 日影辻堂
24 長福寺　25 圓通寺（金錫寺）　26 野口辻堂　27 長念寺　28 瀧泉寺
29 長壽寺　30 勝音寺　31 勝音寺（如意輪堂）　32 法恩寺　33 正福寺

□庄内領新坂東三十三所

ご詠歌あり。現行なし。春日部市域。

1-14 不　明　15 清岸寺　16 花（華）光院　17-22 不　明　23 観音寺
24 落合庵　25or26 観音院　27 東光院　28-33 不　明

□武州葛飾西国三十三所 【別称】新西国三十三所、庄内領新西国三十三所【百番】武州葛飾郡百観音・新西国坂東秩父百ケ所札所（武州葛飾坂東・武州葛飾秩父）

明和５年（1868）の「新西国坂東秩父百ケ所札所」一覧記録あり。ご詠歌あり。現行なし。

1 日照山観音堂　2 無量院　3 南蔵院　4 松田寺　5 西方院
6 大徳寺　7 延命院　8 西光院　9 観音寺　10 東陽寺　11 真蔵院
12 金剛寺　13 観音寺　14 心鏡院　15 宝蔵寺　16 正智院　17 蓮花院
18 満蔵寺　19 地蔵院　20 薬王院　21 正福院　22 目沼堂　23 清岸寺
24 花蔵院　25 花輪堂　26 観音院　27 東光院　28 天神堂　29 仲蔵院
30 東陽寺　31 妙楽院　32 真蔵院　33 最勝院

□武州葛飾坂東三十三所 【別称】新坂東三十三所【百番】武州葛飾郡百観音・新西国坂東秩父百ケ所札所（武州葛飾西国・武州葛飾秩父）

明和５年（1868）の「新西国坂東秩父百ケ所札所」一覧記録あり。ご詠歌あり。現行なし。最初に坂東が創設、のち西国・秩父ができたという。幸手・春日部各市周辺。

1 聖福寺　2 宝持寺　3 満福寺　4 成就院　5 遍照院　6 顕正寺
7 浄心（信）寺　8 泉福寺　9 東福寺（高秀寺）　10 金剛院（光厳寺）
11 圓明院　12 祥安寺　13 菩提院　14 観蔵院　15 揚柳寺　16 永福寺
17 全長寺　18 善徳寺　19 来迎院　20 馬頭院　21 浄春院　22 観音院
23 延命院　24 長命寺　25 道心庵（蓮沼観音堂）　26 蓮花院（広戸沼千手堂）
27 南蔵院　28 観音院　29 大黒院　30 観音寺　31 正明院　32 満願寺
33 宝聖寺

□武州葛飾秩父三十四所 【別称】新秩父三十四所【百番】武州葛飾郡

百観音・新西国坂東秩父百ケ所札所（武州葛飾西国・武州葛飾坂東）

明和５年（1868）の「新西国坂東秩父百ケ所札所」一覧記録あり。ご詠歌あり。現行なし。

1 延命院　2 阿弥陀寺　3 道心寮　4 松源寺　5 天然寺　6 観音寺
7 諏訪院　8 東光院　9 能満寺　10 千日堂　11 地福院　12 清音寺
13 香取坊　14 木野川観音堂　15 永福寺　16 観音寺　17 念相院
18 蓮花院　19 無量院　20 東国寺　21 正法院　22 大聖寺　23 観音寺
24 徳蔵寺　25 花（華）光院　26 慈眼寺　27 林西寺　28 称名寺　29 歓喜院
30 光明寺　31 成就院　32 大光寺　33 浄山寺　34 金剛寺（院）

○荒綾三十三所

明治40年（1907）創設。詳細不明。現行なし。

○旧八木郷邑三十三所（仮称）

記録にあるが詳細不明。現行なし。

□比企西国三十三所

享保８年（1723）の詠歌。ご詠歌あり。現行なし。（　）は現所在、別当など。比企郡東部を巡る。15里８丁半７間。東松山・吉見・川島・嵐山・滑川。

1 観蔵寺（城恩寺）　2 浄福寺　3 岩室観音堂（龍性院）
4 慈雲寺（等覚院）　5 普門寺　6 超福寺　7 潮音寺　8 延命寺
9 能性寺　10 正泉寺　11 淵泉寺　12 蓮花院　13 金乗院
14 観音院（金乗院）　15 観音寺　16 宝蔵寺　17 世明壽寺　18 東光院
19 泉蔵寺　20 千住寺（浄光寺）　21 長慶寺　22 羽尾寺（興長禅寺）
23 福正寺　24 法善寺　25 御堂山　26 多田堂（東昌寺）　27 千手院
28 菩薩堂　29 圓通寺　30 観音寺　31 吉田三角堂　32 谷津堂
33 菅谷堂（宗悟寺）

■入比坂東三十三所　【別称】入間比企三十三所

享保年中（1716-36）開創。ご詠歌あり。現行可。入間・比企２郡（西部を巡る）。19里15丁。

1 都幾山女人堂　2 小幡堂　3 皎圓寺　4 弘法山佛堂　5 圓正寺

6 祇園堂　7 観音寺　8 都地波堂　9 真光寺　10 圓通寺　11 龍宝寺
12 慈眼寺　13 坪木堂　14 花月堂　15 龍蔵寺　16 東光寺　17 法泉寺
18 金澤寺　19 密蔵院　20 福寿寺　21 妙見寺　22 見正寺　23 長徳寺
24 正法寺　25 桜　堂　26 高蔵寺　27 最勝寺　28 常願寺　29 上野峯堂
30 普門寺　31 慈眼坊　32 大宮堂　33 正法寺

□入間秩父三十四所

享保８年（1723）。現行なし。「比企西国」「入比坂東」とともに百番があったか。

1－4 不　明　5 観明院　6 鴨田観音堂　7－33 不　明

□狭山三十三所　【別称】武蔵郡狭山三十三所、武蔵野狭山三十三所

【百番】武蔵野国百観音（武蔵野三十三所・秩父三十四所）

天明８年（1788）「１金乗院」亮盛和尚創設。寛政10年（1798）成立。（　）は別記。ご詠歌あり。現行なし。狭山丘陵周辺。

1 金乗院（放光寺）　2 仏蔵院（勝楽寺）　3 六斎堂　4 正智庵
5 慈眼庵（勝光寺）　6 瑞巌寺　7 普門院（無量寺）　8 新光寺（観音院）
9 梅巌寺（神照寺）　10 瀧谷寺　11 徳蔵寺　12 永春庵　13 正福寺（松林寺）
14 寶珠寺（心月庵）　15 清水観音堂　16 三光院（常楽院）　17 霊性庵（寺）
18 雲性寺（庵）　19 林　堂　20 真福寺　21 原山観音堂　22 吉祥院
23 慈眼寺　24 岸観音堂（禅昌寺）　25 福正寺　26 山際観音堂
27 寿性（昌）寺　28 圓通庵　29 西勝院観音堂　30 松林寺
31 長昌軒（聴松軒）　32 慈眼庵　33 妙善院

■武蔵野三十三所　【別称】武蔵野新三十三所【百番】武蔵野国百観音（狭山三十三所・秩父三十四所）

昭和15年（1940）、考古学者柴田常恵師中心に創設。「高麗」「狭山」札所などを参考にした。ご詠歌あり。現行。東京都・埼玉県。

1 長命寺　2 道場寺　3 三寶寺　4 如意輪寺　5 多聞寺　6 金龍寺
7 徳蔵寺　8 圓乗寺　9 実蔵院　10 新光寺　11 普門院　12 全徳寺
13 金乗院　14 妙善院　15 松林寺　16 慈眼寺　17 徳林寺　18 蓮花院

19 東光寺　20 龍圓寺　21 高正寺　22 圓照寺　23 浄心寺　24 観音寺
25 圓泉寺　26 聖天院　27 勝音寺　28 瀧泉寺　29 長念寺　30 福徳寺
31 法光寺　32 天龍寺　33 八王寺

■武蔵国三十三所　【別称】新武州三十三所、東武蔵三十三所、武蔵三十三所、武蔵西国三十三所、東武三十三所、武蔵新西国三十三所、新武蔵三十三所、武蔵新坂東三十三所（埼玉郡新西国三十三所の【別称】武蔵西国三十三所とは別）

元禄10年（1697）、篠田太郎兵衛・田村門三郎開基。ご詠歌あり。現行あり。（　）は現行。午歳開帳。埼玉・葛飾・足立３郡。

1 観音寺（延命寺）　2 智勝（性）院　3 普門院　4 東岸（眼）寺　5 萬福寺
6 定勝寺　7 普門寺（密厳院）　8 龍善寺（観龍院）　9 観音寺
10 実相院（薬師堂）　11 長（兵）左衛門屋敷（観音堂）　12 西福寺（円明院）
13 迎接院　14 常楽寺　15 和同寺（遍照院）　16 長十郎屋敷（安福寺）
17 太郎兵衛屋敷（上大瀬観音堂）　18 仁兵衛屋敷（中山家観音堂）
19 普門寺　20 宝幢寺　21 西（最、清）勝院（新田観音堂）　22 蓮台寺
23 実相院　24 普門寺　25 圓（延）通寺　26 西福寺　27 天嶽（岳）寺
28 五郎兵衛屋敷（観音堂）　29 観音寺　30 観音寺（宝正院）　31 林泉寺
32 観音寺　33 正浄寺（東泉寺）

巡礼閑話　札所の廃絶

札所の衰退の原因：廃寺・廃札所：地方霊場の退廃についてその原因を考えてみると、
①江戸期・明治期の廃仏毀釈によるもの
②火災・天災・戦乱・戦災によるもの
③浄土真宗や新宗教の普及・発展によるもの
④前記による住民の転宗・寺院の廃寺統合によるもの
⑤人口の減少や無信仰者の増加などによるもの
⑥密教や古寺院の無檀家などによるもの
⑦廃寺後の堂（観音堂など）の維持困難によるもの

千葉県

千葉県の概要：江戸に近く、江戸市民の三社詣で（息栖・鹿島・香取の各社）や成田山などでにぎわった北部地域、温暖な房総半島地域があることから、経済的に伊勢参宮や西国めぐりができない人たちの巡礼が盛んになった地域とも考えられる。三社詣では、伊勢参宮に行けない人達が「下参宮」と称して参拝、また三社詣でを行ってから伊勢参宮に出かける「東参宮」や、伊勢参宮より帰国してから三社詣でに出かける「裏参り」でにぎわった。

現代においても千葉県は東京都とともに関東地方では最も寺院数が多く、特に真言系寺院が半数を占める。この影響から地域札所巡礼としては、江戸に近い下総でミニ四国の八十八所遍路が大変盛んな地域である。現状を見ても東葛飾・印旛地域では大師めぐりに押され、三十三所巡礼はあまり発展していない。一方、非常に発展している地域は下総・安房で、特に下総では寺院数も多く、縁起の上では古いものもあるが、多くは江戸中期以降で、三十三所巡礼が盛んな地域であったといえる。また、この地域には住職を先導にした観音講の人たちが村々をめぐる風習を「背負い観音」といい、現在も行われている。

○布佐村三十三所　**【別称】**布佐三十三所

文化２年(1805)、小山又左衛門隠居願主。11基の標石が残る。ご詠歌あり。現行なし。我孫子市周辺。

31　網代場観音堂

■行徳三十三所　**【別称】**行徳領内三十三所、行徳・浦安三十三所

元禄10年（1697)、「１徳願寺」３代貞牛覚譽和尚創設。明治18年（1885）再興も衰退。昭和59年（1984）復活した。この札所を３度廻り番外札所の藤原台観音堂を参拝して百番の結願所とした。ご詠歌は２種ある。現行。（　）は現況。市川・浦安各市周辺。行徳は塩浜26村の総称。天領。

1　徳願寺　2　金剛院（福泉寺）　3　長松寺　4　自性院　5　大徳寺
6　浄林寺　7　正源寺　8　養福院　9　龍厳寺（雙輪寺）　10　福王寺（雙輪寺）
11　了極寺　12　安養寺　13　法泉寺　14　法善寺　15　浄閑寺
16　信楽寺（教信寺）　17　教善寺（教信寺）　18　宝性寺（徳蔵寺）　19　徳蔵寺
20　清岸寺　21　光林寺　22　法伝寺　23　圓明院　24　善照寺　25　源心寺

26 了善寺　27 新井寺　28 延命寺　29 善福寺　30 華（花）蔵院　31 東学院
32 宝城院　33 大蓮寺

○松戸東三十三所

記録にあるが詳細不明。現行なし。

□上総三十四所　【別称】上総國札、國順礼、上総國三十四所【百番】房総百観音（下総・安房）。東葛飾百観音（新坂東・新秩父）明治以降

文治年間1185-90、上総介広常頃の創設「上総三十三所」。当初は三十三か所であった。「上総巡礼記」享保16年（1731）、前記に当初はなかった「6観音寺」が入り、7番以降が1番ずつ順礼札が下がった。享保19年（1734）成立。ご詠歌あり。現行なし。上総一国。

1 笠森寺　2 法（寶）泉寺　3 圓輪寺（松栗寺）　4 大蔵院（歓喜寺）
5 観明寺　6 観音寺　7 清水寺　8 清水寺奥院　9 観音寺　10 観音寺
11 最明寺　12 長谷寺　13 西光寺　14 岩崎寺　15 延命寺下之坊
16 慈眼寺　17 間暗寺　18 高蔵寺　19 大正寺（高山寺）　20 長谷寺
21 東田寺　22 岩富寺　23 東福寺　24 金勝寺　25 正福寺　26 日光寺
27 蓮蔵院　28 円満寺　29 圓明院　30 萬蔵寺　31 満徳寺　32 長谷寺
33 福楽寺　34 普門寺（院）

□新上総西国三十三所　【別称】新上総国三十三所

平成9年（1997）、前記の復興を願い発足。ご詠歌あり。現行。柏市・流山市・松戸市・船橋市・佐原市周辺。

1 高蔵寺　2 善雄寺　3 圓明院　4 長福寿寺　5 歓喜寺　6 玉泉寺
7 最明寺　8 圓如寺　9 圓明院　10 長泉寺　11 久原寺　12 興源寺
13 華蔵院　14 不動院　15 圓鏡寺　16 像法寺　17 寶龍寺　18 岩富寺
19 最勝福寺　20 正法院　21 萬福寺　22 医光寺　23 東福寺　24 自在寺
25 成田山不動堂　26 金勝寺　27 飯富寺　28 遍照院　29 長谷寺
30 信隆寺　31 釈蔵院　32 不動院　33 観音教寺

□下総新西国三十三所　【別称】下総三十三所、下総国札【百番】房総百

観音（上総・安房）、葛飾百観音（新坂東・新秩父）

明和４年（1767）ころ行者遊仙開創。「国札」とあるが本来地域霊場の１つと見られている。現行なし。手賀沼・印旛沼周辺（船橋・流山・佐倉・成田・松戸・市川・我孫子・柏各市、白井・沼南町）。

１ 長福寺　２ 東福寺　３ 春山寺　４ 千手院　５ 圓徳寺（長福寺）
６ 福壽院　７ 東光院　８ 興福院　９ 東漸寺　10 長養寺　11 清瀧院
12 廣壽寺　13 如意寺　14 福蔵寺　15 常行院　16 大勝院　17 浄栄寺
18 竺園寺（国分寺）　19 善照寺　20 無量寺（西圓寺）　21 長福寺（光明院）
22 長福寺　23 観音寺　24 善龍寺　25 福壽院　26 浄光寺（法林寺）
27 持法院　28 観音寺　29 長覚寺　30 寶壽院　31 圓福寺（田中観音堂）
32 山高野観音堂　33 弘誓寺

巡礼閑話　「坂東」に遅れた弘誓寺

「33弘誓寺」の逸話として「昔坂東三十三観音の決定会の際は到着が遅れて選にもれたといわれるが、下総三十三観音の霊場としては権威 ある第三十三番の札所とされている」（「沼波町史・第一巻」）。

□新坂東三十三所　【百番】葛飾百観音（下総新西国・新秩父）、東葛飾百観音（上総西国・新秩父）

安永４年（1775）の標石が２基あり、のち衰退、昭和10年代に「新坂東三十三所」として再興。ご詠歌あり。現行なし。流山市・野田市・柏市周辺。

１ 慈眼院　２ 普門寺　３ 圓福寺　４ 医王寺　５ 吉祥寺（大室観音堂）
６ 木ノ下庵　７ 長泉寺　８ 長覚寺　９ 聖徳寺　10 浄善寺
11 覚王寺（恵日院）　12 普門院　13 東海寺　14 長光院　15 観音寺
16 観音院　17 長光院（最勝院）　18 延壽院　19 長全寺　20 観音寺（西栄寺）
21 西福寺（西栄寺）　22 西善院　23 久木観音堂　24 新田観音堂　25 福性寺
26 古谷観音堂　27 圓通寺（海福寺）　28 中ノ台観音堂　29 真福寺
30 西光院　31 観音院　32 観正寺　33 遍照院

□新秩父三十四所　【百番】東葛飾百観音（上総新西国・新坂東）

文政６年（1823）の標石あり。三ツ堀村の友木伝右衛門開創。明治初年以前の開創（「４松風庵」は明治初年に廃寺）。（　）内はのちの移動。現行なし。

流山市・野田市・松戸市周辺。葛飾・相馬２郡。

1 圓福寺　2 扇田庵　3 浄法寺　4 松風庵　5 瀬戸薬師堂　6 寶蔵院
7 東漸寺　8 福昌寺　9 正福寺　10 長流寺　11 浄観寺　12 了智坊
13 士見寺　14 今上観音堂　15 琵琶山観音堂　16 慈光山（金乗院）
17 慈光山（金乗院）　18 林　堂　19 吉春堂（山崎家）　20 谷津観音堂
21 慶徳院　22 真光寺　23 光明寺　24 永徳寺　25 福壽院
26 圓福寺（清泰寺）　27 新宿観音堂　28 寶蔵寺　29 西岸寺　30 寶光院
31 観音寺　32 観音院（上目吹観音堂）　33 恵空寺　34 花光院

○西上総三十三所

江戸末期創設、戦後復興。詳細不明。木更津市。
30 自在院
他に、丸山観音堂

□印西三十三所

元禄４年（1691）、長楽寺則弁法印創設。ご詠歌あり。現行なし。印西市。
25 嶺雲院

□新西国三十三所

昭和11年（1936）、「33見徳寺」青木栄俊発願。ご詠歌あり。現行なし。石像めぐり。匝瑳市・旭市・横芝光町。

1 福善寺　2 東栄寺　3 吉祥院　4 真福寺　5 幸勝寺　6 幸蔵寺
7 新川観音堂　8 延寿寺　9 長福寺　10 安養寺　11 如来寺　12 龍蔵院
13 圓長寺　14 長徳寺　15 薬師寺　16 徳寿院　17 新隆寺　18 宝満寺
19 隆原寺　20 浄善寺　21 宝蔵院　22 東町観音堂　23 上宿観音堂
24 石合山　25 海老川観音堂　26 西蓮寺　27 広済寺　28 隆台寺
29 宝光寺　30 千手院　31 等明寺　32 西光寺　33 見徳寺

○海上郡三十三所

明和３年（1766）。詳細不明。現行なし。銚子・旭市周辺。

○佐原三十三所

江戸期末。詳細不明。現行なし。

●市原郡三十三所　【別称】市原郡賀茂村三十三所、養老川三十三所

江戸期。丑・牛歳開帳。西国写。ご詠歌（「西国」利用）あり。現行あり。市原市養老川上流周辺。

1 栗　又　2 小沢又（長栄寺）　3 面　白　4 伊保田
5 吉　沢（鳳来寺観音堂）　6 平　蔵　7 小田代　8 大田代　9 朝生原
10 小草畑（金光禅寺）　11 夕　木　12 戸　面　13 黒　川　14 月　崎
15 田　渕（耕畾寺）　16 国　本　17 葛　藤　18 板　谷（東福寺）　19 大久保
20 芋　原　21 根向　22 古敷谷（湯原観音）　23 川　崎　24 柳　川
25 石　塚　26 柿木台　27 月　出（東漸寺）　28 石　神　29 折　津
30 日　竹　31 東飯給　32 東飯給　33 徳　氏

□周准西国三十三所

天保13年（1842）の「四国西国霊場南総周准郡中江移図」に西国写の札所あり。ご詠歌あり。現行なし。「周准秩父三十四所」と「1 青蓮寺」～「32円通寺」まで同じ。

1 青蓮寺　2 笹塚観音堂　3 浄信寺　4 東福寺　5 芋茅寺　6 万福寺
7 興楽寺　8 大雲寺　9 子安観音堂　10 貞元観音堂　11 正福寺
12 岩富寺　13 杉田堂　14 遍照寺　15 如意寺　16 密蔵寺　17 中嶋観音堂
18 日輪寺　19 長泉寺　20 長福寺　21 圓明院　22 順礼堂
23 法木観音堂　24 万福寺　25 神宮寺　26 金岡観音堂　27 横手観音堂
28 東田寺　29 常福院　30 宝性寺　31 普門寺　32 円通寺
33 鹿野山観音堂

□周准秩父三十四所　【別称】小糸作札観音札所

寛政5年（1793）の札所標石「18日輪寺」あり。百観音となる「周准坂東」はなかったようである。当初は34番で、35番以下はのちの加入と見られる。ご詠歌あり。現行あり。

1 青蓮寺　2 笹塚観音堂　3 浄信寺　4 東福寺　5 芋茅寺
6 万福寺（小香観音堂）　7 興楽寺　8 大雲寺　9 子安観音堂

10 貞元観音堂　11 正福寺　12 岩富寺　13 杉田堂　14 遍照寺　15 如意寺
16 密蔵寺　17 中島観音堂　18 日輪寺　19 長泉寺　20 長福寺　21 圓明院
22 長石（坂本）順礼堂　23 法木観音堂　24 萬福寺　25 神宮寺
26 金岡観音堂　27 横手観音堂　28 東田寺　29 常福院　30 寶性寺
31 普門寺　32 圓通寺　33 高石（宕）観音堂　34 神野寺　35 下飯野観音堂
36 萬福寺　37 長福寺　38 川名山王堂　39 大蓮寺　40 附属寺　41 西光寺
42 三経寺　43 渡根弥陀堂　44 上湯江観音堂　45 明澄寺　46 最勝福寺
47 延命寺

○匝瑳郡三十三所

昭和11年（1936）、「33見徳寺」住職発願。

1 福善寺　33 見徳寺

□天羽作札三十三所〈Ⅰ〉　【別称】天羽作札観音霊場

安永元年（1772）の御詠歌額（「23楠根塚観音堂」）。ご詠歌あり。丑歳・午歳の開扉。当初は33所、のちの加入があり現在46番まである。現行。平成２年の開扉時の寺院。「天羽作札三十三所」は２種ある。（　）内は移動など。富津市。

1 見性寺　2 正法寺　3 高野山　4 岩見堂　5 妙蔵寺　6 梨沢観音堂
7 法眼寺　8 君ケ谷　9 大さく　10 川間堂　11 延命寺
12 金堂寺（金花山）　13 吹上堂　14 華蔵院　15 大圓寺　16 長崎観音堂）
17 福田寺　18 稲子沢観音堂　19 志駒観音堂　20 岩本下ノ堂　21 正覚寺
22 普門寺　23 楠根塚観音堂　24 小倉観音堂　25 志組堂　26 十方堂
27 高宕山　28 興源寺　29 西ノ崎観音堂　30 興源寺　31 桜井観音堂
32 福聚院　33 望井観音堂　34 岩谷堂　35 薬王寺　36 報恩寺　37 東明寺
38 海龍寺　39 長浜観音堂　40 虚空蔵堂　41 圓正寺　42 山王堂
43 弥陀堂　44 善福寺　45 湊済寺　46 松翁院

□天羽作札三十三所〈Ⅱ〉　【別称】天羽作札参拾参ケ所観音

丑歳・午歳の開扉。ご詠歌あり。当初は33所、のちの加入があり現在37番まである。現行。富津市。

1 岩富寺　2 正覚院　3 道場寺　4 岩ノ上観音堂　5 光厳寺

6 天祐寺　7 清光寺　8 能満寺　9 宮作堂　10 佛ケ谷堂　11 補陀寺
12 吾妻山　13 阿弥陀堂　14 正法院　15 寶幢寺　16 最上寺　17 岩屋堂
18 真福寺　19 観蔵寺　20 磯　寺　21 笹毛不動堂　22 慈眼寺
23 笹毛観音堂　24 像法寺　25 芝ケ谷堂　26 光明寺　27 源忠寺
28 安国寺　29 放光寺　30 天祐寺　31 山王堂　32 寶龍寺　33 来光寺
34 鹿野山　35 浄光寺　36 浜の清水堂　37 圓鏡寺

□伊南三十三所　【別称】伊南荘三十三所

建仁３年（1203）の創設伝承があるが、これはあくまで縁起。実際の開創は享保期1716-36以降。ご詠歌あり。現行なし。いすみ市地域。

1 清水寺奥ノ院　2 観音寺　3 潮音寺　4 西善寺　5 満徳寺
6 三門行人塚　7 日在寺　8 圓通寺　9 東泉寺　10 四門堂
11 観音寺（坂水寺）　12 浄福寺（坂水寺）　13 長栄寺　14 正福寺（坂水寺）
15 龍光寺　16 立原寺（大光寺と合併、大原寺）　17 大光寺（前記に同じ）
18 東陽寺（廃寺となり同地の能満寺が名称を改めて東陽寺となる）
19 慈眼寺　20 清光寺　21 真常寺　22 東斬寺　23 瀧泉寺　24 泉福寺
25 星応寺　26 天徳寺　27 観音寺　28 長瀧寺（長瀧公会堂）
29 誓深寺（佐藤宅）　30 坂水寺　31 福聚寺　32 東福寺　33 善応寺

●東望陀郡西国三十三所

開帳は丑・午歳、最近1997年。

1 湯ケ岳　2 見星院　3 三佛堂　4 圓盛院　5 圓明堂　6 福野観音堂
7 大休院　8 岩田寺　9 宝蔵寺　10 吉祥寺　11 平山堂　12 弥陀堂
13 蔵福寺　14 瀧泉寺　15 宇坪お堂　16 地蔵堂　17 幸田寺　18 大日堂
19 朝柄観音堂　20 南光坊　21 加名盛観音堂　22 名殿観音堂　23 利根堂
24 中山観音堂　25 みだ堂　26 高木不動堂　27 川俣地蔵堂　28 圓蔵寺
29 明覚院　30 柳城お堂　31 大竹堂　32 折木沢観音堂泉瀧寺　33 泉瀧寺

□西望陀三十三所

文化９年（1812）、富田村大隅八十右衛門等の板木。各所に石柱が残る。ご詠歌あり。現行なし。木更津・袖ヶ浦各市域。「望陀」は小櫃川流域にあった郡。

1 安養寺　2 善照寺　3 長福寺　4 金蔵寺　5 神納観音堂（応善寺）

6 応善寺　7 神宮寺（飯富観音堂）　8 久保田観音堂（正福寺）　9 蓮花寺
10 永地観音堂　11 高蔵寺　12 小　路（横田観音堂）　13 長楽寺　14 観正寺
15 慈照（眼）寺　16 観蔵院　17 間暗寺　18 中尾観音堂（正願寺）　19 自在寺
20 長谷寺（長楽寺）　21 光福寺　22 貝渕観音堂　23 泉蔵寺　24 おんれん寺
25 長壽院　26 善光寺　27 広済寺　28 福壽寺　29 観蔵寺　30 金勝寺
31 能延寺（観音寺）　32 海蔵院　33 満蔵寺

□小櫃三十五所　【別称】小櫃作札観音札所

文化２年（1805）設定、大隅八十右衛門願主、35番まである理由は不明。文化９年（1812）の御詠歌帳。ご詠歌あり。現行なし。小櫃川流域を巡る。君津・木更津・袖ヶ浦各市域。

1 三ツ石（観音寺）　2 折木澤　3 坂　畑　4 臺六中山　5 利根堂
6 名殿堂　7 関の堂　8 網　場　9 大休院　10 浦田大門
11 迎　合（観音寺）　12 岩富寺（川岸観音堂）　13 時　竹（安養院）
14 圓覚寺　15 青　柳　16 俵　田　17 三ツ塚（萬福寺）　18 永林寺（萬福寺）
19 川久保　20 圓明院（圓能寺）　21 長泉寺　22 大谷日出澤　23 重　城
24 三田堂　25 観性寺　26 山木万代観音堂　27 日光寺（善雄寺）
28 二階堂（金剛院）　29 茅　野（正覚院から善雄寺）　30 真　里
31 真　里　32 観音寺　33 高谷下之坊（延命寺）　34 長照寺
35 岩崎寺（光福寺）

□木更津三十三所　【別称】木更津四十所、小櫃作札三十三所（前記とは別）

文化９年（1812）、富田村大隅八十右衛門・能富弥次右衛門開帳。札番・詠歌は40番まであるがその経緯は不明。ご詠歌あり。現行なし。（　）は別記。木更津市・袖ヶ浦市・君津市周辺。

「小櫃三十五所」「西望陀三十三所」「木更津四十所」の３札所は、いずれも富田村大隅八十右衛門が発願して「作札御詠歌」（文化９年（1812）108所を設けたものであるが、その実行は疑わしいという。

1 十三仏堂（安養寺）　2 圓盛院　3 福野観音堂　4 高水不動堂
5 笹村観音堂　6 細野堂　7 はすみ堂　8 岩田寺　9 光明寺
10 坂　中　11 幸田寺　12 鳥居だいの堂　13 宇坪の堂　14 平山堂
15 芋窪堂　16 向井堂　17 南蔵院　18 幸福院　19 岩　室　20 しよどう
21 七観音　22 寺澤の堂　23 岩出堂　24 西光寺　25 永福院　26 正蔵院

27 大もり堂　28 来福寺　29 浄蓮院　30 不動堂　31 能延寺（圓能寺）
32 蓮華寺　33 きうも堂（満蔵寺）　34 西光寺　35 東善寺　36 能満寺
37 選択寺　38 照光寺　39 正行寺　40 川尻村観音堂

●亀丘久西国三十三所　【別称】亀丘久観音霊場

小櫃の観音札所（小櫃三十五所・木更津四十所）を改め再編成された。ご詠歌（西国利用）あり。現行。午歳および丑歳の開帳。（　）は管掌寺。君津市周辺。

1 應瀧房　2 見星院　3 三佛堂　4 圓盛院　5 圓明堂
6 福野観音堂（真勝寺）　7 大休院　8 岩田寺　9 寶蔵寺　10 吉祥寺
11 平山堂　12 清水弥陀堂　13 三石堂　14 瀧泉寺　15 宇坪観音堂
16 十王堂　17 幸田寺　18 三本松大日堂　19 朝柄観音堂　20 南光坊
21 加名盛観音堂　22 名殿観音堂　23 利根観音堂　24 中山堂　25 弥陀堂
26 高水不動堂　27 川俣地蔵堂　28 圓蔵院　29 明覚院　30 柳城大日堂
31 坂畑大日堂　32 折木澤堂　33 泉瀧寺

●長狭三十三所

江戸初期。享保16年（1731）の奉納額（「21金堀観音」の御詠歌額）。丑歳の開帳。ご詠歌あり。現行可。（　）はのちの移動・管掌寺（無住寺院多く集落管理多い）。鴨川市域。長狭郡は明治30年（1897）安房郡に編入。

1 立岩観音　2 薬王院　3 慈恩寺　4 藤井堂　5 龍性院
6 福性院（龍性院）　7 観蔵院（龍性院）　8 吉祥院（海福寺）　9 観音寺
10 善能院　11 金剛院（大見堂）　12 寶泉寺　13 古式観音塚　14 山居堂
15 東勝寺　16 満光院　17 泉福寺　18 真福寺　19 正因寺
20 光善寺（相川堂）　21 金剛堂　22 白石観音堂（柳生堂）　23 玉川観音堂
24 等覚院（林蔵院）　25 道種院　26 長安寺　27 松尾寺　28 安国寺
29 常秀院　30 原中観音　31 真福寺（龍江寺）　32 西禅寺（天竺堂）
33 常福院

巡礼閑話　番外となった東光寺

昔、長狭三十三番を決めるときに札所に予定されていた東光寺の住職が遅刻して、すでに札番が決まってしまい、そこでやむなし番外として34番になったという。

■安房三十四所　【別称】安房国三十四所、房州三十四所、安房国札、房州国札【百番】房総百観音（上総・下総）

貞永元年（1232）創始（「房州順礼縁起」延宝４年（1676）とあるが、これは縁起であって、実際は天和～元禄の創始と見られる。ご詠歌あり。当初は「33観音院」で打ち止めであったが、のちに34番が加わった。（　）は現行（平成９年開帳時および納経所）。

1 那古寺　2 秀満院（新御堂）　3 崖観音（大福寺）　4 真勝寺　5 興禅寺
6 法福寺（長谷寺）　7 天寧寺　8 日本寺　9 真（信）福寺（存林寺）
10 密厳院（往生寺）　11 金銅寺　12 福満寺　13 長谷寺　14 泉龍寺（神照寺）
15 椙福寺（高照寺）　16 石間寺　17 清澄寺　18 石見堂（金剛院）
19 正文寺（普門寺）　20 石堂寺　21 智光寺　22 勧修院　23 寶珠院
24 延命寺　25 真野寺　26 小松寺　27 住吉寺　28 松野尾寺　29 金蓮院
30 観音寺（養老寺）　31 長福寺　32 小網寺　33 観音院
34 長徳院（大山寺瀧本堂）

■安房郡三十三所　【別称】安房郡札

江戸初期、清澄寺中興頼勢上人が晩年忠音坊において開創。昭和51年（1976）復活。ご詠歌あり。現行。旧安房郡内の札所。辰歳秋の開帳。館山市周辺。

1 総持院　2 長福寺　3 湊観音堂　4 池之内観音堂　5 観音寺
6 横枕観音堂　7 千手院　8 紫雲寺　9 圓通寺　10 延命院
11 龍渕寺（金銅寺）　12 源慶院　13 観音寺　14 泉福寺　15 福楽寺
16 長光寺　17 真倉観音堂　18 薬王院　19 千龍寺　20 海福寺　21 来福寺
22 大神宮観音堂　23 藤栄寺　24 寶安寺　25 真浄院　26 持明院
27 波左間観音堂　28 早物観音堂　29 高性寺　30 善栄寺　31 金剛寺
32 頼忠寺　33 安楽寺

●朝夷郡西国三十三所　【百番】朝夷郡百観音（朝夷郡坂東・朝夷郡秩父）

寛政期（1789-1801）、朝夷郡出身の３人の行者が西国・坂東・秩父の百観音霊場を巡礼して帰国、郡内100か所に霊場を写して開創。卯年・酉年に行者が先達となり村人を巡拝させた。（　）内は現状。現行可。ご詠歌（「西国」利用）あり。南房総市周辺。朝夷郡は明治30年（1897）安房郡に編入。

★　百番設定のため札所の重複がある。

1　威徳院　2　東の堂　3　小戸堂　4　赤坂堂（沼蓮寺）　5　沼蓮寺
6　松田観音堂　7　阿弥陀堂（自性院）　8　中（仲）の堂　9　慶崇院
10　金仙寺　11　牧田地蔵堂　12　阿弥陀堂　13　圓蔵院　14　大講堂
15　飛塚堂　16　徳蔵院　17　東仙寺　18　川口観音堂　19　川口地蔵堂
20　観養院　21　西の堂　22　照明院　23　東漸寺　24　白間津薬師堂
25　乙浜観音堂　26　阿弥陀堂　27　名蔵地蔵堂　28　原の堂　29　小戸堂
30　虚空蔵堂　31　大日堂（石戸寺）　32　十王堂　33　青木観音堂

●朝夷郡坂東三十三所　【百番】朝夷郡百観音（朝夷郡西国・朝夷郡秩父）

寛政期（1789-1801）。（　）内は現状。現行可。ご詠歌（「坂東」利用）。南房総市周辺。

1　松田観音堂　2　海雲寺　3　小浦観音堂　4　西福院　5　正雲寺
6　和田観音堂　7　金仙堂（閼伽井堂）　8　出口堂　9　福性院
10　准胝堂（福性院）　11　三島堂　12　青龍寺　13　金剛院　14　峯の堂
15　東光寺　16　長井堂　17　十王堂　18　永崎堂　19　観音寺　20　川戸観音堂
21　西養寺　22　揚島堂　23　閼伽井堂（金澤堂）　24　高徳院　25　慈眼寺
26　海雲寺　27　新　堂（大日堂）　28　長福寺　29　観乗院　30　紫雲寺
31　石戸寺　32　紫雲寺　33　中嶋寺（住吉寺）

●朝夷郡秩父三十四所　【百番】朝夷郡百観音（朝夷郡西国・朝夷郡坂東）

寛政期（1789-1801）。（　）内は現状。現行可。ご詠歌（「秩父」利用）。南房総市周辺。

1　能蔵院　2　地蔵院　3　永崎堂　4　平館地蔵堂　5　芝の堂
6　毘沙門堂　7　正福寺　8　芝の堂　9　牧田地蔵堂
10　牧田薬師堂（牧田地蔵堂）　11　蓮台枝堂　12　長性寺　13　圓乗院
14　白間津観音堂　15　金福寺（院）　16　松田観音堂　17　西の堂　18　圓明院
19　建福寺　20　能蔵院　21　原の堂　22　小戸堂（大原堂）　23　寶泉寺
24　正栄寺　25　名倉地蔵堂　26　虚空蔵堂　27　東の堂　28　大聖院
29　切通堂（観音堂）　30　大原堂（阿弥陀堂）　31　圓正寺
32　阿弥陀堂（般若堂）　33　般若堂（能蔵院）　34　忽戸薬師堂

東京都

東京都の概要：東京で「観音」といえば、浅草観音で知られた浅草寺が有名で、わずか1寸5分ながらその知名度は全国区である。「小兵でも坂東一の菩薩なり」と川柳にも詠まれたこの浅草観音は、江戸期の「東都歳事記」正月十七日の条にも「(毎月)観音参り廿三日迄(七観音という)浅草寺十七日には夜中まで参詣ありて賑わし。当寺は四時参詣絶えず。門前植木の市立てり」とある。同書など江戸期の記録には、この浅草寺や清水寺(寛永寺清水堂)を組み合わせた札所めぐりは10数コースあり、また「江戸八百八講」といわれた「冨士講」や江戸っ子が下町界隈を巡る「地蔵詣」、「大師講(八十八所遍路)、「七福神詣で」など多くのめぐりが創設されていた。なかでも「坂東三十三所」や「百観音」の広域巡礼の大きな発展に魅せられて非日常の世界をめぐる地域の三十三所めぐりは抜きんでて人気があった。しかし、明治期の廃仏毀釈や、関東大震災、第二次世界大戦のため多くの寺院が衰退し、隆盛を見た札所めぐりもの多くもまた消滅したが、現状都内寺院2900か寺のうち、密教系(真言宗・天台宗)25%、禅宗系(曹洞宗・臨済宗など)20%の存在があることからも、往時の巡礼の盛況が浮かんでくる。また、近年にいたり再結成されるものも現れている。

□秋川三十四所

安政2年(1855)、「2光厳寺」戒厳住職設定。現行なし。あきるの市周辺。
1 徳倉不動尊　2 光厳寺　3 長福院(寺)　4 西蓮寺　5 玉林寺
6 廣徳寺　7 地蔵院　8 大光寺　9 成就院　10 普門寺　11 明光寺(院)
12 瑞雲寺　13 真城寺　14 長泉寺　15 大行寺　16 華蔵院　17 慈勝寺
18 寶蔵寺　19 寶光寺　20 松岩寺　21(大)悲願寺　22 五日市観音堂
23 開光院　24 楞厳寺　25 安養寺　26 普光寺　27 養澤寺　28 常香寺
29 天狗岩　30 妙光庵　31 徳雲院(庵)　32 東渓院　33 龍珠院
34 吉祥院(寺)

■八王子三十三所

明和元年(1764)神戸村の内田某が発願。宝暦4年(1754)開創。明治廃仏毀釈で(　)内に異動(管理寺院)。ご詠歌あり。現行なし。廃寺合併が多い。
1 宗関寺　2 観栖寺　3 心源院　4 浄福寺　5 宝生寺(明福寺)
6 乾晨寺　7 明福寺　8 戸沢観音堂(三光院)　9 鳥栖観音堂(長福寺)

10 安養寺　11 喜福寺　12 久保寺（東福寺）　13 龍泉寺　14 洞生寺（東照寺）
15 金谷寺（西蓮寺）　16 圓乗院（諏訪下町会館）　17 無量院（法泉寺）
18 報恩寺　19 高乗寺　20 大戸観音堂（祐照庵）　21 泰良観音堂（恵日堂）
22 真覚寺　23 興福寺　24 帰命院（蓮生院）　25 直入院　26 大善寺
27 福全院　28 禅東院　29 大義寺　30 福伝寺　31 金剛院　32 萬福寺
33 光厳寺（梅洞寺）

○深川三十三所

「東都歳事記・付録」記載。現行なし。江東区。

○浅草三十三所

「東都歳事記・付録」記載あるも詳細不明。現行なし。

巡礼閑話　巡礼の十徳②

『西国順礼細見記』（寛政３年（1791）に、次のような巡礼の十徳があげられている。それは、

一つには三悪道に迷はず。
二つには臨終正念なるべし。
三つには順礼する人の家には諸仏影向あるべし。
四つには六観音の梵字ひたいにすはるべし。
五つには福智円満なるべし。
六つには子孫はんじょうすべし。
七つには一生のあいだ僧供養にあたるなり。
八つには補陀落世界に生ず。
九つには必ず浄土に往生す。
十には諸願成就するなり。

という。

□葛西三十三所〈江戸期〉

元禄期（1688-1704）、浄清沙門発起。天保年間（1830-44）再興。ご詠歌あり。現行なし。

1 成就寺　2 如意輪寺　3 延命寺　4 南蔵院　5 栄泉寺　6 法正寺
7 東昌寺　8 東漸寺　9 萬福寺　10 光福寺　11 浄光寺　12 法花寺
13 西光寺　14 観正寺　15 善福院　16 多門寺　17 蓮花寺　18 木母寺
19 西蔵院　20 常光寺　21 正観寺　22 長命寺　23 最勝寺　24 霊光寺
25 東江寺　26 普賢寺　27 清光寺　28 泉龍寺　29 長建寺　30 霊照院
31 真盛寺　32 浄心寺　33 常照寺

□葛西三十三所〈明治期〉　【別称】新葛西三十三所

前記を明治維新後、廃寺無住廃絶を改め再編開創した。ご詠歌あり。現行なし。

1 成就寺　2 如意輪寺　3 延命寺　4 南蔵院　5 出山寺　6 龍眼寺
7 東昌寺　8 東漸寺　9 萬福寺　10 浄光寺　11 浄光寺　12 法花寺
13 光明寺　14 西光寺　15 善福院　16 多聞寺　17 圓徳寺　18 正福寺
19 蓮花寺　20 正観寺　21 徳正寺　22 長命寺　23 最勝寺　24 霊光寺
25 東江寺　26 普賢寺　27 清光寺　28 泉龍寺　29 長建寺　30 霊照院
31 真盛寺　32 常光寺　33 浄心寺

巡礼閑話　花街の巡礼

江戸期、観音菩薩と色まち遊女の俗称から、これらを結びた三十三所の裏番付の形で庶民に受けた。「廓情三十三番無陀所」（安永９年板（1780）や「色里三十三所息子巡礼」（文化文政（1804-30）以前刊）などの刷り物に人気があり、庶民たちは三十三所巡礼をなぞれて作られた番付をみて楽しんでいた。それぞれにご詠歌が作られているところも面白い。ここでは「色里三十三所息子巡礼」をあげると以下の通り。

1 おいらん寺　2 小塚原てら　3 千住寺　4 萬福寺　5 □□院
6 いろはてら　7 根津でら　8 中山堂　9 音羽でら　10 □□てら
11 新宿寺　12 □□てら　13 田町てら　14 麻布てら　15 薮下てら
16 海側てら　17 南の院　18 庚申堂　19 三角寺　20 七建長寺
21 代地院　22 結浄院　23 新地院　24 石場の神社　25 海てら
26 □□てら　27 □□てら　28 やくらの神社　29 □□てら
30 安宅の□　31 お旅てら　32 地獄寺　33 吉田の社　（□□は不読）

□江戸三十三所〈古来の札所〉 【別称】坂東写江戸三十三所、江都三十三所、新撰江戸三十三所

寛文８年（1668）の開創。「新撰江戸三十三所」は昭和15年（1940）ころの呼称。「古来の札所」という。坂東写。ご詠歌あり。現行なし。

1　浅草寺　2　駒形堂　3　三十三間堂　4　清水寺　5　安楽寺　6　清水堂
7　湯島天神喜見院　8　清林寺　9　定泉寺　10　正念寺　11　圓乗寺
12　傳通院（寿経寺）　13　無量寺　14　成就院　15　行元寺　16　東圓寺
17　浄雲寺　18　真成院　19　清厳寺　20　天徳寺　21　増上寺　22　願了寺
23　称念寺　24　龍翔（生）寺　25　浄閑（魚籃）寺　26　済海寺　27　道往寺
28　道往寺一聲剣　29　引接院　30　如来寺　31　黄梅院　32　光雲寺
33　瀧泉寺

巡礼閑話　江戸三十三所のにぎわい

江戸三十三所〈古来の札所〉が選定された年、このにぎわいを記した記録がある。「玉路叢」（原本延宝期刊）の巻二十四に「（寛文８年（1668）「武州江戸にて三十三番の観音の札所始まりて右往左往に男女歩行す。然れども後には此儀御禁制なり」と。また元禄期（1688-1704）の江戸市中の巡礼のにぎわいは、柳亭種彦（1783-1842））の雑書に「富家の婦女、又茶屋物、風呂屋物などとなへし売女の類、衣装に伊達を尽くし、笈摺胸札をかけて、実の巡礼の如くいでたち、もうづる」、また「寛文の頃女順礼と号し、笈摺をかけて江戸中の観音へ参詣せし事はやりしとかや」（『増補昔々物語』）ということで、宝永元年（1704）江戸市中の女巡礼・念仏講の禁令が出た。

■江戸三十三所〈昭和新撰〉 【別称】昭和新撰江戸三十三所

昭和51年（1976）発足、前記「江戸三十三所」に新たに19寺を加え再興。東京23区内寺院で構成。ご詠歌あり。現行あり。

1　浅草寺　2　清水寺　3　大観音　4　回向院　5　大安楽寺
6　清水観音堂　7　光源寺　8　清林寺　9　定泉寺　10　浄心寺
11　圓乗寺　12　傳通院　13　護国寺　14　金乗院　15　放生寺　16　安養寺
17　宝福寺　18　真成院　19　東圓寺　20　天徳寺　21　増上寺　22　長谷寺
23　大圓寺　24　梅窓院　25　魚籃寺　26　済海寺　27　道往寺　28　金地院
29　高野山東京別院　30　海晏寺　31　品川寺　32　観音寺　33　瀧泉寺

□江戸三十三所〈近　世〉【別称】近世江戸三十三所、西国写江戸三十三所

「江戸砂子拾遺」享保20年(1735)に掲載。現行なし。

1 浅草寺　2 妙音(明王)院　3 本龍院　4 駒形堂　5 龍寶寺
6 日輪寺　7 清水寺　8 安楽寺　9 清水堂　10 養福寺　11 清林寺
12 正念寺　13 護国寺　14 金乗院　15 観音寺　16 新長国寺　17 千手院
18 高徳院　19 真輪院　20 聖輪寺　21 教学院　22 東福寺　23 長谷寺
24 浄閑寺　25 正源寺　26 三十三間堂　27 回向院　28 霊山寺　29 善龍寺
30 普門院　31 龍眼寺　32 徳正寺　33 金性寺

□江戸三十三所〈浅草辺〉【別称】西国写江戸三十三所、近世江戸三十三所、江戸三十三所(浅草辺)、下谷浅草三十三所

明和8年中(1771)、神田佐柄木町酒屋山川重右衛門の祖発願。曹洞宗寺院のみ。標石が2か所に残るという。現行なし。

1 崇福寺　2 大松寺　3 心月院　4 松応寺　5 真正寺　6 東岳寺
7 松吟庵　8 安昌寺　9 法清寺　10 出山寺　11 東国寺　12 慶養寺
13 本然寺　14 正覚寺　15 天龍寺　16 法福寺　17 曹源寺　18 圓通寺
19 東禅寺　20 理昌院　21 萬隆寺　22 高岩寺　23 永見寺　24 妙亀庵
25 玉林寺　26 宗慶寺　27 松源寺　28 福寿院　29 龍谷寺　30 慶安寺
31 永久寺　32 白泉寺　33 三島明神

□江戸三十三所〈観音参〉【別称】坂東写江戸三十三所

宝永7年(1710)開創。下町めぐり。現行なし。

1 圓満寺　2 喜見院　3 圓乗寺　4 称(正)念寺　5 長専寺　6 清林寺
7 光源寺　8 世尊寺(院)　9 養福寺　10 清水堂　11 忍岡稲荷(観音堂)
12 不忍弁天　13 上野清水堂　14 正法院　15 新光明寺　16 正樹院
17 清水寺　18 天嶽院　19 日輪寺　20 九品院(誓願寺)　21 金蔵院
22 浅草寺　23 自性院　24 泉龍院　25 駒形堂　26 回向院　27 西光寺
28 本誓寺　29 霊岸寺　30 正覚寺　31 深川八幡社(観音堂)　32 増林寺
33 三十三間堂(正覚寺)

□江戸三十三所〈弁財天〉(参考)【別称】江戸三十三所弁財天

「弁財天霊蹟誌」安永9年(1780)に記載。江ノ島辨天に参詣できない人の

ため府中の有名な辨天を回った。現行なし。

1 不忍弁天　2 喜見院　3 円光寺　4 栄寿院　5 大聖院　6 延命院
7 日輪寺　8 圓乗院　9 松寿院　10 弁天山　11 明王院　12 本龍院
13 福寿院　14 即現寺　15 慈光院　16 般若軒　17 回向院　18 杉山神社
19 玄信寺　20 吉祥寺　21 覚真寺　22 龍泉寺　23 明王院　24 安養寺
25 珠寶寺　26 宗参寺　27 南蔵院　28 金剛寺　29 妙亀庵　30 西福寺
31 天龍寺　32 妙林寺　33 根津権現

巡礼閑話　江戸庶民の寺社めぐりと観光・行楽

江戸期、庶民にとっては、行楽は信仰と結びついて大いなる楽しみで あった。「台東区史通史編Ⅱ」には次の観光・行楽が記載されている。①年中行事：祭礼・市・縁日、②講中：伊勢講・富士講・大山講など、③開帳・出開帳、 ④札所めぐり、⑤六阿弥陀仏詣で・七福神もうで

□江戸北方三十三所　【別称】江戸西国三十三所（上野より王子駒込辺）、上野より王子駒込辺西国写三十三所

安永年間（1772-81）の撰。現在19本の標石が残る。現行なし。

1 池上坊（金輪寺）　2 大運寺　3 無量寺　4 松寿院　5 昌林寺
6 平塚明神観音堂（城官寺）　7 西光寺　8 光源寺　9 圓暁院　10 仲台寺
11 西行庵　12 寿徳寺　13 穴稲荷内　14 護国院　15 清林寺　16 清水堂
17 西念寺　18 常楽院　19 定泉寺　20 光明院　21 興楽寺　22 長安寺
23 不動院　24 大保福寺　25 根津権現　26 世尊院　27 養福寺　28 圓通寺
29 等覚寺　30 不忍弁天　31 金嶺寺　32 観音寺　33 法住寺

□東方三十三所〈西国写〉　【別称】江戸東方三十三所、浅草辺西国写三十三所

明和～安永（1764-81）の撰。明和７年（1770）の標石あり。現行なし。

1 浅草寺　2 駒形堂　3 日音院　4 観智院　5 金蔵院　6 宝蔵院
7 自性院　8 覚善院　9 妙音院　10 九品寺　11 泉隆院　12 本龍院
13 道林寺　14 専念寺　15 良宝院　16 砂利場　17 九品院　18 安養寺
19 日輪寺　20 天嶽院　21 清水寺　22 龍寶寺　23 寿松院　24 成就院
25 光明寺　26 源空寺　27 隆（龍）寶寺（永昌寺）　28 正洞院　29 千手院

30 安楽寺　31 圓通寺　32 忍岡稲荷　33 清水堂

□東方三十三所〈新坂東〉　【別称】新坂東三十三所、府内東方三十三所

明治14年（1881）改正、願主小栗兆叟・島田俊祥。明治41年（1908）再編。本項は再編期のもの。現行なし。

1 喜福壽寺　2 法眞寺　3 源覚寺　4 圓乗寺　5 正念寺　6 定泉寺
7 圓通寺　8 清林寺　9 光源寺　10 法受寺　11 南泉寺　12 養福寺
13 観音寺　14 長安寺　15 養寿院　16 護国院　17 清水堂　18 常楽院
19 龍寶寺　20 清水寺　21 天嶽院　22 日輪寺　23 自性院　24 浅草寺
25 駒形堂　26 回向院　27 本誓寺　28 済生院　29 正覚寺　30 正覚寺
31 増林寺　32 萬徳院　33 大観音堂

□山之手三十三所〈江戸期〉　【別称】江戸山之手三十三所、府内東方三十三所

享保18年（1733）選定、「江戸砂子拾遺」享保20年（1735）に掲載。ご詠歌あり。現行なし。

1 行元寺　2 松源寺　3 無量寺　4 西岸寺　5 光岳寺　6 大慈寺
7 護国寺　8 養国寺　9 新長谷寺　10 長寿院　11 宗源寺　12 宗清寺
13 東福院　14 観音寺　15 龍泉寺　16 放生寺　17 西方寺　18 来迎寺
19 清源寺　20 千手院　21 寶龍寺　22 光徳院　23 浄運寺　24 延寿院
25 安禅寺　26 顕性寺　27 真成院　28 一行院　29 龍泉寺　30 清巌寺
31 浄土寺　32 心法寺　33 東圓寺

○山之手三十三所〈明治期〉　【別称】府内山之手三十三所、府内東方三十三所

明治期に前記を改編したもの。現行なし。

1 行元寺　33 誓閑寺

□山ノ手三十四所〈秩父写〉　【別称】秩父写山ノ手三十四所

天保期（1830-44）ころか。明治37年（1904）「15日輪寺」住職土蔵宥法師発。現行なし。

1 霊雲寺　2 慶安寺　3 臨江寺　4 総禅寺　5 心行寺　6 永久寺

7 海蔵寺　8 祥雲寺　9 栄松院　10 慈照院　11 龍閑寺　12 正行寺
13 道栄寺　14 徳雲寺　15 日輪寺　16 洞泉寺　17 光徳院　18 深光院
19 昌林院　20 桂林寺　21 宗源寺　22 建勝寺　23 永泉寺　24 田中寺
25 清巌寺　26 多聞院　27 智願寺　28 清久寺　29 松雲寺　30 京恩寺
31 安養寺　32 道林寺　33 東福寺　34 永昌寺

□北豊島三十三所

明治43年(1910)以降の成立、坂東写。現行なし。机上の札所か。

1 東福寺　2 金輪寺　3 地福寺　4 静勝寺　5 大満寺　6 大満寺
7 満蔵院　8 普門院　9 真頂院　10 雪峰庵　11 鳳生寺　12 宝幢院
13 正光寺　14 長徳寺　15 智清寺　16 真光寺　17 日曜寺　18 文殊院
19 昌林寺　20 真性寺　21 乗蓮寺　22 東光寺　23 正受院　24 延命寺
25 常楽院　26 観明寺　27 専修院　28 本智院　29 不動院　30 西音寺
31 金剛寺　32 寿(専)徳寺　33 遍照寺(旭不動堂)

□西方三十三所〈江戸期〉【別称】江戸西方三十三所

享保末1725-35ころ創設「東都歳事記」二月の項「彼岸中参詣多し」とある。元文5年(1740)ころ成立とも。現行なし。港区。

1 順了寺　2 考寿院　3 寿慶院　4 長久寺　5 天徳寺　6 陽泉寺
7 永昌寺　8 大泉寺　9 崇巌寺　10 光専寺　11 深広寺　12 臺雲寺
13 法音寺　14 春林寺　15 済海寺　16 玉鳳寺　17 貞林寺　18 林泉寺
19 大信寺　20 浄閑寺　21 一聲剣　22 道往寺　23 引接院　24 黄梅院
25 興雲院　26 西照寺　27 正源寺　28 専心寺　29 称念寺　30 遍照寺
31 圓福寺　32 専称寺　33 長国寺

○西方三十三所〈明治期〉【別称】府内西方三十三所

明治期に前記を改正したもの。現行なし。

1 大眼院　33 長谷寺

□東都北部三十三所

明治40年ころの創始。現行なし。

1 公春院　2 源長寺　3 光照院　4 正定寺　5 回向院　6 誓願寺

7 長光寺　8 得生院　9 浄閑寺　10 勝専寺　11 誓願寺　12 専念寺

13 仁寿院　14 安楽寺　15 不動院　16 西福寺　17 永久寺　18 満徳寺

19 薬王寺　20 清水寺　21 良蔵寺　22 栄蔵寺　23 長松寺　24 欣浄寺

25 龍泉寺　26 源空寺　27 英信寺　28 大眼院　29 寿永寺　30 了源院

31 新勝院　32 月洲寺　33 慈願寺

□東京市内三十三所　【別称】坂東写東都三十三所、東京坂東三十三所

明治40年ころの創始。ご詠歌あり。現行なし。

1 大師堂（大安楽寺）　2 大観音堂　3 称往院　4 大音寺　5 霊山寺

6 西方寺　7 大徳院　8 念仏院　9 徳上院　10 正覚寺　11 大雲寺

12 西楼院　13 浅草寺　14 不動院　15 本智院　16 源良院　17 了源院

18 仰願寺　19 本誓寺　20 蓮華院　21 萬徳寺　22 林照院　23 安楽寺

24 龍寶寺　25 増林寺　26 安民寺　27 不　明　28 法乗院　29 寶照院

30 回向院　31 済生院　32 観音堂　33 萬徳院

□東京三十三所

昭和初期開創化。関東大震災慰霊目的で被被災寺院で構成。現行なし。

1 海晏寺　2 観音寺　3 瀧泉寺　4 魚籃寺　5 金地院　6 長谷寺

7 梅窓院　8 東福寺　9 長泉寺　10 教学院　11 豪徳寺　12 雲照寺

13 聖輪寺　14 一行院　15 心法寺　16 長善寺　17 天龍寺　18 成願寺

19 松源寺　20 明治寺　21 南蔵院　22 放生寺　23 新長谷寺　24 護国寺

25 傳通院　26 大圓寺　27 光源寺　28 養福寺　29 養寿院　30 清水堂

31 浅草寺　32 長命寺　33 万骨観音堂

□玉川西組三十三所　【百番】玉川百観音（玉川東組・玉川北組）

文政期（1818-30）創設、西国写。発願主は西組「10慶元寺」・東組「31大吉寺」・荒井勧五郎・歌岸臼右衛門。現行なし。小田急・京王沿線。

1 玉泉寺　2 行寶院　3 泉龍寺　4 小川庵　5 圓住院　6 明静院

7 慶岸寺　8 門姓坊　9 祷善寺　10 慶元寺　11 光傳寺　12 知行院

13 観音寺　14 吉祥院　15 永安寺　16 久成院　17 実相院　18 浄光寺

19 仙蔵院　20 勝光院　21 善徳院　22 観音堂　23 宝性寺　24 東覚院

25 観音堂　26 密蔵院　27 西福寺　28 常徳院　29 福昌寺　30 豪徳寺

31 善性寺　32 焔魔堂　33 円成院

□玉川東組三十三所　【百番】玉川百観音（玉川西組・玉川北組）

文政期（1818-30）創設、坂東写。現行なし。

1 行善寺　2 法徳寺　3 慈眼寺　4 長円寺　5 無量寺　6 大日堂
7 真福寺　8 善養院　9 医王寺　10 金剛寺　11 覚願寺　12 西光寺
13 満願寺　14 念仏院　15 善養寺　16 傳乗寺　17 照善寺　18 観音堂
19 大音寺　20 清光寺（東光寺）　21 金蔵院　22 東光寺　23 宗円寺
24 龍雲寺　25 西澄寺　26 多聞寺　27 円泉寺　28 森厳寺　29 地蔵堂
30 大乗院　31 大吉寺　32 円光院　33 勝国寺

□玉川北組三十四所　【百番】玉川百観音（玉川西組・玉川東）

文政期（1818-30）創設、秩父写。現行なし。

1 観音寺　2 本願寺　3 薬師堂　4 西光寺　5 源正寺　6 常演寺
7 不動院　8 永法寺（大正寺）　9 池上院　10 深大寺　11 多門院
12 祇園寺　13 常性寺　14 宝性寺　15 光照寺　16 清教寺　17 千手院
18 金龍寺　19 明照寺　20 遍照院　21 阿弥陀堂　22 観音堂　23 昌翁寺
24 普門院　25 念仏堂　26 長泉寺　27 医王寺　28 安楽寺　29 永泉寺
30 永福寺　31 龍光寺　32 大宮寺　33 念仏堂　34 久法院

□世田谷三十三所　【別称】世田谷区内三十三所

「三十三所観世音霊場巡拝宝典」昭和９年。ご詠歌あり。現行なし。

1 豪徳寺　2 勝國寺　3 圓光寺　4 大吉寺　5 浄光寺　6 實相院
7 勝光院　8 常徳院　9 福昌寺　10 密蔵院　11 西福寺　12 圓乗院
13 森厳寺　14 圓泉寺　15 教学院　16 西澄寺　17 龍雲寺　18 宗圓寺
19 医王寺　20 善養院　21 真福寺　22 無量寺　23 大空閣　24 慈眼寺
25 玉真院　26 行善寺　27 覚願寺　28 金剛寺　29 満願寺　30 善養寺
31 傳乗寺　32 大音寺　33 浄真寺

□東三十三所〈京成沿線〉

昭和10年（1935）、東京～千葉間、京成電車と沿線「33安養院」住職等企画。ご詠歌あり。現行なし。東京都17、千葉県16所。

1 清水堂（寛永寺）　2 護国院　3 正王寺　4 寶性寺　5 極楽寺

6　崇福寺　7　観蔵寺　8　極楽寺　9　真勝院　10　医王寺　11　金蓮院
12　寶光院　13　善照寺　14　泉養寺　15　回向院別院　16　西棲院　17　総寧寺
18　根本寺　19　極楽寺　20　観音寺　21　不動院　22　正延寺　23　浄勝寺
24　不動院　25　覚王寺　26　西福寺　27　東光寺　28　寶林寺　29　善養寺
30　西圓寺　31　西光寺　32　高野山　33　安養院別院

□東三十三所〈京王沿線〉　【別称】京王三十三所

昭和10年（1935）ころ開創、京王電車沿線の乗客誘致策とした。現行なし。
1　天龍寺　2　清岸寺　3　永昌寺　4　西福寺　5　密蔵院　6　宗源寺
7　長泉寺　8　称住寺　9　永隆寺　10　昌翁寺　11　明照院　12　常楽院
13　金龍寺　14　蓮慶寺　15　大正寺　16　源正寺　17　西光寺　18　本願寺
19　妙光院　20　安養寺　21　長福寺　22　称名寺　23　観音寺　24　清鏡寺
25　永林寺　26　梅洞寺　27　天龍寺　28　禅東院（大義寺）　29　極楽寺
30　金剛院（禅東院）　31　直入院（金剛院）　32　真覚寺　33　慈眼寺

巡礼閑話　東武糸桜三十四所

江戸期の話。江戸っ子は「巡礼」を行楽になぞらえて、東武地域で名高い糸桜の名所を選定して大いに楽しんだ。その様子は「遊歴雑記初編之中第拾」（文化10年（1813）に「近頃は東武に名高き糸桜ばかりを見めぐりつゝ甲乙を次第し、秩父・坂東などの巡拝の例に習ひて、名樹の糸ざくらを三十四番とし、しるす事左の如し、但し、糸桜は彼岸桜に類して、開花より盛みじかければ、その最寄々々を逆に遊歴して、一両日の間に見尽くべし、嗚呼、隠居の身も春秋はこゝろいそがしきものにぞ」と、以下を掲げている。
1　浄円寺　2　長谷寺　3　伝通院　4　護持院　5　海蔵寺　6　蓮花寺
7　御廐谷　8　延命院　9　天眼寺　10　五智堂　11　保善寺　12　養福寺
13　牛天神　14　祐天寺　15　穴八幡　16　経王寺　17　慈眼堂　18　領王院
19　等覚院　20　梅窓寺　21　護国院　22　仙寿院　23　最勝寺　24　光照寺
25　寒松院　26　東叡山内清水　27　吉祥寺　28　道栄寺　29　滝之川弁財天
30　雉子堂八幡　31　与楽寺　32　根津権現宮　33　鱗松院　34　光輪寺

神奈川県

神奈川県の概要： 江戸（東京）に近く、また坂東三十三所の発祥地として鎌倉をはじめとして県域全般に札所めぐりが存在しているが、東京都と同じく大都市圏の発展がもたらした後遺症というべき地域の古い札所めぐりの多くが忘れ去られている地域でもある。例えば三浦半島地域のめぐりを記した『三浦郡諸佛寺院回詣記　全』には、三浦観音札所三十三寺・阿弥陀佛札所四十八院・地蔵菩薩札所二十八院・薬師如来札所十二院・不動明王札所十六院・毘沙門天札所七ケ院・聖徳太子札所六ケ院が挙げられている。近年の記録にも三浦半島三十三番札所・地蔵尊三浦札所三十七所・三浦郡内不動明王霊場二十八所があり、この地域の巡りの活況が伝わる。天台・真言系、曹洞宗、日蓮宗、浄土宗が多い神奈川県の寺院構成であるが、三浦半島地域（196寺院）では、浄土宗（57）、日蓮宗（28）、浄土真宗（28）、曹洞宗（16）、高野山真言宗（13）、臨済宗建長寺派（10）などが現状の主要な寺院構成である。地域めぐりの現状と寺院の状況をあげておこう。しかし旧相模国西南部地域や小田原方面では、宝永４年（1707）の富士山の爆発や江戸期７～８回発生した地震などの影響か、存在が確認されている札所においても全容把握が困難であるものが多い。

■多摩川三十三所

昭和８年（1933）「16常楽寺」の観音講が主となって開創。現行なし。ご詠歌あり。現行あり。多摩川領域・川崎市、府中市。

1 寿福寺　2 長松寺　3 西光寺　4 慶元寺　5 安養寺　6 観音寺
7 常照寺　8 大正寺　9 善立寺　10 清鏡寺　11 真照寺　12 観音寺
13 福昌寺　14 龍安寺　15 龍厳寺　16 常楽寺　17 常演寺　18 宝蔵院
19 玉泉寺　20 地蔵堂　21 観音院　22 妙覚寺　23 光明院　24 宝音寺
25 法泉寺　26 正光院　27 威光寺　28 円照寺　29 玉林寺　30 妙見寺
31 高勝寺　32 源正寺　33 高安寺

■多摩川三十四所

前記に「34千手院」を加える。ご詠歌あり。現行。

1 寿福寺　2 長松寺　3 西光寺　4 慶元寺　5 安養寺　6 観音寺
7 常照寺　8 大正寺　9 善立寺　10 清鏡寺　11 真照寺　12 観音寺
13 福昌寺　14 龍安寺　15 龍厳寺　16 常楽寺　17 常演寺　18 明照院

19 玉泉寺　20 小島町地蔵堂　21 観音院　22 妙覚寺　23 医王寺
24 法音寺　25 法泉寺　26 正光院　27 慶性寺　28 円照寺　29 玉林寺
30 妙見寺　31 高勝寺　32 源正寺　33 高安寺　34 千手院

□玉川南北三十三所

文政期1818-30の刊行本に見られる。現行なし。玉川の南北（川崎側・東京側）で構成か。

1－19 不　明　20 宗三寺　21－22 不　明　23 大師河原石観音
24－32 不　明　33 羽田地蔵堂

□東海三十三所

大正3年（1914）、紫雲会当舎宝仁等発願創設。ご詠歌（「西国」利用）あり。現行なし。東海地方の「東海三十三所」とは別。現行なし。品川～横浜。

1　総持寺　2　来福寺　3　遍照寺　4　真観寺　5　成就院　6　圓能寺
7　石観音　8　龍泉寺　9　金剛寺　10　蓮花寺　11　金剛院　12　大楽寺
13　専念寺　14　東福寺　15　千光院　16　大福生寺　17　寶幢院　18　東陽院
19　安養寺　20　泉蔵院　21　品川寺　22　薬王寺　23　寶泉寺　24　明長寺
25　自性院　26　正蔵院　27　寶珠院　28　龍王院（常楽寺）　29　観蔵院
30　海晏寺　31　法禅寺　32　安泰寺　33　平間寺

■武相三十三所〈新西国〉　【別称】新西国武相三十三所、小田急沿線武相三十三所

宝暦9年（1759）、卯歳開帳の新西国三十三所として武蔵・相模両国に新設宝暦3年（1753）開創。開創当時は33所。卯蔵開帳、1987年開扉は50か所、1999年開扉（21回目）は48か所（当初の33か所に番外札所にも札番設定）。ご詠歌あり。（　）は現行。東京都・神奈川県。

1　観音寺　2　随流院　3　松岳院　4　観性寺　5　養運寺
6　普門寺（千手院）　7　観音寺　8　真照寺　9　松蓮寺　10　清鏡寺
11　大泉寺　12　保井寺　13　玉泉寺　14　永泉寺　15　福傳寺　16　金剛院
17　不断寺（泉龍寺）　18　不断寺（高乗寺）　19　福昌寺　20　喜福寺
21　長安寺　22　真覚寺　23　興福寺　24　祐照庵（大戸観音堂）　25　普門寺

26 長徳寺　27 清水寺　28 観音寺（福生寺）　29 福生寺　30 高厳寺
31 観心寺　32 清水寺　33 住善寺（覚圓坊）　34 泉蔵寺　35 上柚木観音堂
36 圓通庵　37 祥雲寺　38 慈眼寺　39 宗保寺　40 永昌院　41 永林寺
42 慈眼寺　43 信松院　44 宗印寺　45 観泉寺　46 吉祥院　47 定方寺
48 龍像寺

□武相三十三所〈小田急沿線〉　【別称】小田急沿線武相三十三所

昭和11年（1936）小田急電鉄が乗客誘致の一環として開創。新宿～鎌倉市腰越までの小田急沿線。ご詠歌あり。現行なし。

1 天龍寺　2 福泉寺　3 森厳寺　4 福昌寺　5 密蔵院　6 慶元寺
7 廣福寺　8 観音寺　9 東光院　10 千手院　11 宗保院　12 星谷寺
13 清水寺　14 総持院　15 長福寺　16 長谷寺　17 圓光院　18 大福寺
19 天徳寺　20 光明寺　21 寿徳寺　22 延命寺　23 西念寺　24 玉寶寺
25 勝福寺　26 無量寺　27 真福寺　28 観音寺　29 永明寺　30 運昌寺
31 常光寺　32 寶善院　33 満福寺

■旧小机領三十三所

享保期1716-36選定、宝暦６年（1756）開扉。享保17年（1732）、または宝暦６年（1756）の開創。平成８年（1996）子歳の本尊開帳で復興された。ご詠歌あり。現行あり。（　）は現行。子年開帳。横浜市・川崎市・町田市。

1 泉谷寺　2 三会寺　3 最勝寺　4 専称寺　5 正観寺　6 随流院
7 本覚寺　8 宗興寺　9 浦島寺（慶運寺）　10 東福寺　11 慈眼堂（松蔭寺）
12 歓成院　13 円応寺　14 正福寺　15 西方寺　16 専念寺　17 龍雲寺
18 観音寺　19 寿福寺　20 真福寺　21 薬王寺　22 王禅寺
23 万年寺（徳恩寺）　24 福聚院　25 世尊院　26 観護寺　27 長源寺
28 三仏寺　29 慈眼寺　30 長泉寺　31 宝塔院　32 東観寺　33 法昌寺

■準西国稲毛三十三所　【別称】西国稲毛領三十三所、武蔵稲毛三十三所

宝暦４年（175）、西国巡礼から帰国した山田平七が発願、宝暦14年（1764）開創。「32」は２か寺あり、薬王寺は山田平七の供養塔。ご詠歌あり。現行。（　）は現行。午歳開帳。川崎市。

1 広福寺　2 観音寺　3 香林寺　4 寿福寺　5 妙覚寺　6 観音寺

7 常照寺　8 龍厳寺　9 安立寺　10 盛源寺　11 秋月院　12 福王寺
13 観音寺　14 蓮花寺　15 蓮乗院　16 能満寺　17 泉澤寺　18 西明寺
19 正福寺　20 明王院　21 養周院　22 大蓮寺　23 増福寺　24 養福寺
25 千手堂（泉福寺）　26 泉福寺　27 延命寺　28 神木堂　29 千手堂（妙楽寺）
30 土橋観音堂　31 圓福寺　32 薬王院・西蔵寺　33 東泉寺

□横浜（市内）三十三所　【別称】新坂東札所

大正4年（1921）開創。ご詠歌あり。現行なし。

1 大聖院　2 東福寺　3 普門院　4 薬王院（寺）　5 蓮花院　6 大光寺
7 東光寺　8 宗泉寺　9 新善光寺　10 光明寺　11 圓福寺　12 願成寺
13 洪福寺　14 本覚寺　15 宗興寺　16 増徳寺　17 天徳寺　18 多聞院
19 千蔵寺　20 東福院　21 大聖院　22 金蔵院　23 真照寺　24 密蔵院
25 海照寺　26 寶積寺　27 東漸寺　28 西有寺　29 玉泉寺　30 弘誓院
31 寶生寺　32 無量寺　33 弘明寺

●准秩父三十四所　【別称】秩父新札所

昭和5年（1920）、金子隆英が再編成。秩父の写し。現行あり。午歳開帳。。ご詠歌あり。（　）は現状。

1 子生山（真福寺）　2 双松庵（真福寺）　3 金蔵寺　4 西量寺（西量庵）
5 全龍寺　6 又玄寺　7 古柳庵　8 安楽寺　9 大乗院　10 東福寺
11 大楽寺（大楽院）　12 観音寺　13 岩屋堂　14 寿福寺　15 無量院
16 良忠寺　17 真福寺　18 寶泉寺　19 専念寺　20 宗三寺　21 幸福寺
22 医王寺　23 石観音　24 大聖院　25 陽林寺（観音堂）　26 浄流寺
27 興禅寺　28 塩谷寺　29 観音寺（塩谷寺）　30 三宝寺（長泉寺）　31 長泉寺
32 大善寺　33 龍福寺　34 清林寺

○橘樹都築三十三所

「四神社記」に市場観音専心寺（橘樹都築二郡順礼第19番）、末吉不動真福寺（17番目）とある。

1－16 不　明　17 真福寺　18 不　明　19 専心寺　20－33 不　明

□金澤三十四所〈江戸期〉 【百番】鎌倉百観音（三浦郡・鎌倉郡）

宝暦5年（1755）の巡礼塔（「14千光寺」）にあり。現行なし。

1 海岸寺　2 慈眼寺　3 大寶院　4 永泉寺　5 圓通庵
6 地蔵院（能見堂）　7 花蔵院　8 善應寺　9 室木庵（天然寺）　10 太寧寺
11 金龍院　12 泥牛庵　13 嶺松寺　14 千光寺　15 常福寺　16 東光寺
17 本留寺　18 般若寺　19 正法院　20 氷取沢観音堂　21 阿弥陀寺
22 金山寺　23 村松山（金仙寺）　24 満蔵寺　25 正福寺　26 正覚寺
27 福聚院　28 如意輪堂　29 泉蔵院　30 東漸寺　31 多福院　32 慶珊寺
33 持明院　34 持明院

●金澤三十四所〈昭和期〉 【別称】（武州）金沢三十四所、湘南札所三十三所

昭和6年（1931）ころ前記を改編。ご詠歌あり。現行可。

1 称名寺　2 称名寺　3 称名寺　4 薬王寺（院）　5 天然寺　6 龍華寺
7 龍華寺　8 染王寺　9 室木庵　10 光傳寺　11 金龍院　12 泥牛庵
13 太寧寺　14 千光寺　15 寶樹院　16 東光寺　17 禅林寺　18 満蔵院
19 正法院　20 寶勝寺　21 阿弥陀寺　22 来光寺　23 安養寺　24 徳恩寺
25 光明寺　26 正覚寺　27 福聚院　28 東樹院　29 篁修院　30 東漸寺
31 林香庵　32 慶珊寺　33 持明院　34 金蔵寺（院）

●金沢八景三十三所

「かなざわの霊場めぐり」昭和62。「かなざわの霊場めぐり」平成6。現行可。

1 長昌寺　2 慶柵寺　3 宝珠院　4 持明寺　5 悟心寺　6 太寧寺
7 正法寺　8 金蔵院　9 満蔵院　10 禅林寺　11 自性院　12 東光禅寺
13 長生寺　14 千光寺　15 光伝寺　16 宝樹院　17 泥牛庵　18 金龍禅院
19 染王寺　20 龍華寺　21 安立寺　22 天然寺　23 伝心寺　24 薬王寺
25 宝蔵院　26 称名寺　27 三宝寺（光明院）　28 三宝寺　29 篁修院
30 東漸寺　31 林香庵　32 慶珊寺　33 持明院　34 金蔵寺（院）

◯愛甲郡三十三所（仮）

記録にあるが詳細不明。現行なし。

■三浦郡三十三所　【別称】三浦三十三所、三浦観音三十三所、三浦札

【百番】鎌倉百観音（鎌倉郡・金沢）

宝永２年（1705）「年輪」昭和48。12年毎の開帳。ご詠歌あり。（　）は現行。午歳開帳、丑歳半開帳。横須賀市・逗子市・三浦市。

1 音岸寺　2 能救寺（見桃寺）　3 連乗軒（原観音堂）　4 大椿寺
5 海応寺　6 観圓寺　7 福寿寺　8 清伝寺　9 法昌寺　10 三樹院
11 称名寺　12 伝福寺　13 東福寺　14 観音寺　15 真福寺
16 千手院（等覚寺）　17 慈眼院（寺）　18 満願寺　19 圓通寺（清雲寺）
20 龍本寺（浄土寺）　21 景徳寺　22 観音寺　23 観蔵院　24 海宝寺
25 玉蔵院　26 観正寺（院）　27 円乗院　28 専福寺　29 無量寺　30 正住寺
31 長慶寺　32 海蔵寺　33 心光寺

○三浦郡三十四所

文化11年（1814）の記録あり。現行なし。

11能永寺

□新三浦三十三所　【別称】三浦半島三十三所、三浦新観音三十三所

大正12年（1923）、関東大震災慰霊発願。ご詠歌あり。現行なし。

1 延命寺　2 清浄寺　3 相福寺　4 光徳寺　5 万福寺　6 明王院
7 正行院　8 浄楽寺　9 南光院　10 満宗寺　11 不断寺　12 長井寺
13 福泉寺　14 霊川寺　15 光照寺　16 永昌寺　17 真光寺　18 光念寺
19 本瑞寺　20 慈雲寺　21 法蔵院　22 最宝寺　23 長安寺　24 正業寺
25 宗円寺　26 常福寺　27 寿光院　28 西徳寺　29 大泉寺　30 覚栄寺
31 浄林寺　32 信楽寺　33 了正寺

□鎌倉郡三十三所　【別称】旧鎌倉三十三所、相州鎌倉郡三十三所

【百番】鎌倉番観音（三浦郡・金沢）

元禄８年（1695）の創設か。宝暦10年（1760）「24大石寺（大石田観音堂）」の標石あり。ご詠歌あり。現行なし（明治維新で廃寺・移転多く）。横浜市域まで含む。（　）は別記、また現所在。

1 新清水寺（杉本寺）　2 花光院（新清水寺）　3 松岸寺（華光院）
4 向陽庵（松岩寺）　5 正覚寺（向陽庵）　6 報身院（正覚寺）

7 香蔵寺（小坪寺）　8 法花（華）堂（来迎寺）　9 飛石堂（建長寺）
10 千手堂（建長寺）　11 松岡山（東慶寺）　12 仏日庵（円覚寺）　13 亀井堂
14 岡の堂（多聞院）　15 法安寺　16 駒形堂（永林寺）　17 坂中寺（光明寺）
18 浄念寺　19 桜　堂（長福寺）　20 圓福寺　21 誘引堂（蔵田寺）
22 朝日堂（清源院）　23 観音寺　24 大石寺　25 正法寺　26 稲葉堂（中田寺）
27 蓮花（華）寺　28 浅間堂　29 玉（五）泉寺　30 大雲庵　31 正福寺
32 仁伝寺　33 慈眼寺

■鎌倉三十三所　【別称】鎌倉観音三十三所。

明治43年（1910）江ノ電開通以後。大正末～昭和初年設定。前記を大正末～昭和にかけて再編成。ご詠歌あり。現行。鎌倉市内。

1 杉本寺　2 宝戒寺　3 安養院　4 長谷寺　5 来迎寺　6 瑞泉寺
7 光触寺　8 明王院　9 浄妙寺　10 報国寺　11 延命寺　12 報恩寺
13 別願寺　14 来迎寺　15 向福寺　16 九品寺　17 補陀洛寺　18 光明寺
19 蓮乗院　20 千手院　21 成就院　22 極楽寺　23 高徳院　24 寿福寺
25 浄光明寺　26 海蔵寺　27 妙高院　28 建長寺　29 龍峰院　30 明月院
31 浄智寺　32 東慶寺　33 円覚寺仏日庵

■津久井三十三所　【別称】当国新札所、津久井観音霊場（平成２年改正）

宝暦期1751-63「１雲居寺」大雲禅無和尚（建長寺第202世）が開創。牛歳に本開帳、その中間に中開帳を行う。平成２年（1990）より番外を含めたため（34～43番）呼称も「津久井観音霊場」と改正。ご詠歌あり。現行。（　）は現状。牛歳本開帳、子蔵中開帳、旧津久井郡周辺。

1 雲居寺　2 春日堂（三明院）　3 化現坊　4 小倉今浜堂（湘南寺）
5 桂昌寺（久保沢観音堂）　6 宝泉寺　7 三井寺　8 友林寺　9 観音寺
10 円蔵寺（東林寺）　11 長成寺　12 祥泉寺　13 宝珠庵（正覚寺）
14 西福寺（顕鏡寺）　15 正覚寺　16 宝福寺　17 大通寺　18 善勝寺
19 祥雲寺（長福寺）　20 慈眼寺　21 観福寺　22 宝蔵寺（藤野観音堂）
23 福正寺　24 浄禅寺　25 法勝寺（増珠寺）　26 青蓮寺　27 向龍寺
28 蓮乗院　29 長昌寺　30 井原寺　31 安養寺　32 光明寺　33 来迎寺
34 長竹観音堂　35 実相院　36 龍泉寺　37 日応寺　38 東陽寺　39 東林寺
40 清真寺　41 大蔵寺　42 東光寺　43 福寿院

□高座郡三十三所 【別称】高座郡南部観音三十三所

曹洞宗寺院中心。ご詠歌あり。現行なし。藤澤・茅ヶ崎市周辺。

1 常光寺 2-4 不 明 5 城光寺 6 西光寺 7 神保寺（千手院）
8 円蔵院 9 西運寺（福泉寺） 10 満福寺 11 景観寺 12 等覚寺
13 福泉寺 14 普門寺（宝泉寺） 15 法泉寺 16 観音寺 17-32 不 明
33 雲昌寺（観音寺）
他に、観世音寺

○伊勢原三十四所 【別称】伊勢原秩父三十四所

享保16年（1731）の札所塔。現行なし

1 東円寺 2－30 不 明 31 大宝寺 32－33 不 明 34 寿経寺

□足柄郡三十三所 【別称】足柄三十三所

浄土宗寺院で構成。現行なし。小田原市周辺。

1 西念寺 2 専称寺 3 陽雲寺 4 蓮乗寺 5 光明寺 6 浄蓮寺
7 城前寺 8 安養寺 9 圓宗寺 10 春光寺 11 光照寺 12 常念寺
13 三宝寺 14 長楽寺 15 大見寺 16 大経寺 17 心光寺 18 宗福寺
19 誓願寺 20 善光寺 21 安楽寺 22 新光明寺 23 城源寺 24 本誓寺
25 伝肇寺 26 栄善寺 27 常光寺 28 阿弥陀寺 29 西念寺 30 発心寺
31 報身寺 32 大蓮寺 33 無量寺

□楽寿観音富士見三十三所

神奈川・静岡両県にわたる。将来三十三所霊場の創設を目指すが未完成。現在10か寺。現行。

1 妙音寺 2 龍華寺 3 林光寺 4 福泉寺 5 寶蔵寺 6 清蓮寺
7 清徳寺 8 峰本寺 9 清水寺 10 蓮花院別院島田教会 11-33 未設定

○小磯付近三十三所

享保元年（1716）（「改元紀行」）。詳細不明。

○相模国三十三所

明和５年（1768）の西国坂東秩父相模133所巡拝の記念碑があり、創設はこ

れ以前か。７札所判明。

1 東圓寺　2－7 不　明　8 長楽寺　9－24 不　明　25 長谷観音

26－29 不　明　30 普済寺（浄心寺）　31 大宝寺

32 常蘇寺　33 西念寺

●相模三十三所　【別称】旧中郡三十三所、相模西国三十三所、相模新西国三十三所、相模国新札、相模中郡三十三所

延享元年（1745）、深慶・空念を願主として巡礼開始、牛歳毎に春の彼岸より30日間開帳する。ご詠歌あり。廃寺多いが現行可。（　）は現所在。旧中郡域内（二宮町・大磯町・平塚市＝中心・秦野市域）。全行程33～34キロ。丑年ご開帳。

1 藤巻寺　2 神宮寺（成就院）　3 小沢寺　4 正福寺（浜の堂）

5 神宮寺（蓮花院）　6 東昌寺　7 観音寺　8 普門寺　9 迎接院

10 真勝寺　11 地蔵寺（西長院）　12 金龍寺　13 教善寺　14 松風庵

15 晴雲寺　16 海宝寺　17 乗蓮寺　18 蓮光寺　19 観音寺（大松寺）

20 明王院　21 宝積院　22 東光寺　23 観音寺（宝珠院）　24 青柳院

25 延命寺　26 妙覚寺　27 龍雲寺　28 正蔵院　29 持宝院（大乗院）

30 光西寺　31 観音堂（龍門寺）　32 千手院（大岳院）　33 光明寺（大岳院）

巡礼閑話　六観音・七観音

六道の衆生を済度する六体の観世音菩薩をいう。「六道」とは、三悪道（地獄道・餓鬼道・畜生道）・三善道（修羅道・人間道・天道）をいいこの六つの世界から人びとを救ってくれる観音を「六観音」という。この観音を聖観音（地獄）・千手観音（餓鬼）・馬頭観音（畜生）・十一面観音（修羅）・准胝観音（人間）・如意輪観音（天）の六観音をいう。これにすべてをもれなく救ってくれる不空羂索観音を加え「七観音」という。

甲信越地方

甲信越地方の概要：甲信越をめぐるような広域な地方巡礼路はない。

山梨県

山梨県の概要 ▶ 甲斐の国は、天正17年（1589）以降「九筋二領」の呼称が使用され、通常の県にある「郡」のほかに「筋（北山・万力・栗原・大石和・小石和・中郡・逸見・武川・西郡）」「領（河内・郡内）」という表現で地域が呼ばれることがある。それぞれの地域に三十三所の札所が設けられていたようで、江戸期の創設と思われるものが多い。時代の変遷の中で古い記録なども少なく、全容調査が非常に難しい地域の一つでもある。禅宗系（臨済宗・曹洞宗）寺院が半数、日蓮宗系寺院3分の1を占める特殊な寺院構成の県である。

□武川筋三十三所 【百番】北巨摩郡百観音（逸見筋・塩川筋）

天保5年(1834開創。ご詠歌あり。現行なし。北杜・韮崎各市周辺。

1 教慶寺　2 来福寺　3 福昌寺　4 福昌寺内　5 長光寺　6 正福院
7 自元寺　8 蓮照寺　9 貞安寺　10 龍福寺　11 安福寺　12 萬休院
13 延宝院　14 円通院　15 龍珠院　16 法雲寺　17 普門寺（常光寺）
18 大慈寺　19 岩根山観音堂　20 新光寺　21 観音寺　22 大公寺
23 善養院　24 光応寺　25 光通院　26 清龍寺　27 福昌寺　28 大聖寺
29 宗源院　30 宝珠院　31 主福寺　32 正福寺　33 願成寺

□逸見筋三十三所 【別称】辺見三十三所【百番】北巨摩郡百観音（武川筋・塩川筋）

ご詠歌あり。現行なし。北杜市周辺。

1 清泰寺　2 養光庵（葉紅庵）　3 長泉寺　4 円浄寺　5 清光寺
6 普門軒　7 妙林寺　8 養福寺　9 大蔵寺　10 長昌院　11 浄光寺
12 喜翁院　13 顕光寺　14 観音寺　15 普門院　16 慈眼院　17 円通軒（院）
18 全福寺　19 法善寺　20 妙喜院　21 正行寺　22 正覚寺　23 見明寺
24 東泉寺　25 泉龍寺（千龍寺）　26 声聞寺　27 馬頭堂　28 龍沢寺
29 円通院　30 長清院　31 龍岸寺　32 道喜院　33 三井堂

□塩川筋三十四所　【別称】塩川通三十三所【百番】北巨摩郡百観音（武川筋・逸見筋）

延享元年（1744）「11信光寺」玉厳和尚提唱、札所・詠歌を定めた。ご詠歌あり。現行なし。（　）内は後の所在。北杜・韮崎各市周辺。

1　正覚寺　2　和田堂（常福寺）　3　神田堂（三角神戸堂）　4　如意寺
5　徳泉寺　6　龍泉寺　7　見性寺　8　馬頭堂（勝永寺）　9　光厳寺
10　明学院（法道寺）　11　信光寺　12　勝永寺　13　大福寺　14　浄居寺
15　長龍寺（龍珠院）　16　長念寺（法雲寺）　17　公案寺（普門寺）
18　原芝堂（大慈寺）　19　浄林寺　20　観音寺　21　東泉寺　22　東雲寺
23　源昌寺　24　慈眼院　25　福泉寺　26　長養寺（城源院）　27　忠孝寺（昌福寺）
28　松雲寺　29　光明寺　30　慈法院　31　養仙（泉）寺　32　福昌院　33　慈照院
34　岩屋観音（雲岸寺）

○東山梨郡三十三所　【別称】山梨郡三十三所

各種記録にあるが詳細不明。現行なし。

8　宝積寺（旧大泉庵）

□南都留郡内三十三所〈Ⅰ〉　【別称】郡内三十三所、甲斐国都留郡三十三所、西国写郡内三十三所

正徳4年（1714）「2長安寺」の両上人等が巡礼を始める。「郡内巡礼」は2順路ある。ご詠歌あり。現行なし。（　）は移動。南都留郡。

1　普門寺　2　長安寺　3　西涼寺　4　円通院　5　真福寺　6　泉福院
7　万年寺　8　西方寺　9　承天寺　10　寿徳寺　11　山中観音堂
12　潮音寺（新屋観音堂）　13　西念寺　14　載運寺（京泉寺）　15　品台寺
16　観音寺　17　無量寺（福源院）　18　法雲寺　19　敬泉堂（西方寺）
20　円通寺（真蔵院）　21　真福寺（福泉寺）　22　円福寺　23　無量寺
24　大椚観音堂・長善寺（2か寺）　25　悉聖寺（志正寺）
26　全昌寺（福寿庵観音堂）　27　福泉寺　28　阿弥陀寺　29　来迎寺（瑞雲寺）
30　金山堂（冨春寺）　31　岩田堂（念崇寺）　32　清泉寺
33　御嶽山筬堂（西涼寺）

□南都留郡内三十三所〈Ⅱ〉　【別称】甲斐国都留郡三十三所、郡内

三十三所

正徳4年(1714)、前記の別順路。ご詠歌あり。現行なし。

1 桂久寺　2 善應寺　3 圓通寺　4 かくや堂　5 月光寺　6 善道寺
7 福昌寺　8 正観寺　9 無量寺　10 長泉寺　11 誓願寺　12 徳年寺
13 善福寺　14 無辺寺　15 浅利観音堂　16 福昌寺　17 善福寺　18 長応寺
19 沢井観音堂　20 光照寺　21 法憧寺　22 法善寺　23 志んてき寺
24 小俣堂　25 福泉寺　26 法泉寺　27 日蔭堂　28 吉祥寺　29 東照寺
30 普門寺　31 法寿院　32 東陽院　33 長安寺

□甲斐三十三所〈江戸期〉【別称】甲斐国三十三所、當国三十三所

文明年中(1469-87)開創。宝暦4年(1754作のご詠歌あり。現行なし。

1 大真寺　2 普明寺　3 光勝寺　4 長谷寺　5 興蔵寺　6 瑞岩寺
7 慈眼院　8 瑞祥寺　9 大光寺　10 勝善寺　11 大福寺　12 金剛寺
13 海岸寺　14 長谷寺　15 観音寺　16 雲峰寺　17 瑞岩寺　18 延命院
19 清水寺　20 健長寺　21 光福寺上の堂　22 光福寺下の堂　23 常楽寺
24 神宮寺　25 大蔵経寺　26 光善寺　27 方外院　28 建忠寺　29 高前寺
30 円通寺　31 長福寺　32 正林寺　33 青松院

●甲斐三十三所〈明治期〉【別称】甲州三十三所

明治期、前記の再結成。ご詠歌あり。3分の1以上移動しているが現行可。

1 薬王寺　2 永源寺　3 光勝寺　4 長谷寺　5 興蔵寺
6 深草岩屋観音堂(安楽寺)　7 福寿院　8 法泉寺　9 長禅安国寺
10 福王寺　11 大福寺　12 金剛寺　13 海岸寺　14 長谷寺　15 観音寺
16 雲峰寺　17 瑞岩寺　18 清水寺　19 清水寺　20 光雲寺
21 光福寺上の堂　22 光福寺下の堂　23 常楽寺　24 清光院　25 安楽寺
26 心月院　27 方外院　28 本郷寺　29 高前寺　30 真蔵院　31 西光寺
32 徳岩院　33 青松院

■甲斐横道三十三所【別称】万力筋三十三所、西国三十三所、東八代郡内三十三所【百番】甲斐百観音(甲斐府内・甲斐北山筋)

享保9年(1724)小宮山木工之進代官制定。文化年間(1804-1818)「1吉祥寺」が本郡別に観音巡礼の式を定めた。臨済宗23、曹洞宗9、時宗1で構成。午歳開帳。ご詠歌あり。現行あり。(　)は現状。

1 吉祥寺　2 光躰寺(仏陀寺)　3 泉龍寺　4 少林寺 5 洞光院(仏陀寺)
6 定明院(仏陀寺)　7 龍松寺　8 長泉庵　9 清水寺　10 吉祥寺
11 法性院(見性院)　12 宝福院　13 慈泉院　14 普門寺(竜安寺)　15 宝珠院
16 見性院　17 長全寺　18 仏陀寺　19 元正院　20 雲善寺　21 大応寺
22 心月院　23 自性寺　24 長泉寺　25 端心院(長泉寺)　26 極楽寺(自性寺)
27 吉祥院　28 清道院　29 正法寺　30 実相寺　31 福泉庵(聖応寺)
32 慈雲寺　33 真乗寺

□甲斐北山筋三十三所　【別称】北山筋三十三所【百番】甲斐百観音(甲斐横道・甲斐府内)

宝暦年中(1751)開創。多くが廃寺現行なし。石塔・石像めぐり。
1 松元寺　2 塩沢寺　3 すりばち山(松元寺)　4 龍源寺　5 明王院
6 常光寺　7 福寿院　8 神宮寺　9 随岸寺　10－12 不　明　13 福寿院
14－17 不　明　18 隆興院　19－20 不　明　21 福泉寺　22－23 不　明
24 慈徳院　25－26 不　明　27 龍蔵院　28 龍泉院　29 攀桂寺
30 大慈院　31 光蔵寺　32 長泉寺　33 称念寺
不明札所に、清沢寺、長昌院、慈眼院。

□甲斐府内三十四所　【別称】府内三十四所、甲陽三十三所【百番】甲斐百観音(甲斐横道・甲斐北山筋)

元禄期の開創か、元禄8年(1695)の御詠歌あり。現行なし。甲府市。
1 千松院　2 円成寺(圓城寺)　3 芳春院　4 心月院　5 伊勢庵(慈光院)
6 善照寺　7 浄智院(善光寺)　8 帰命院　9 長禅寺(二尊院)　10 廣厳寺
11 龍花(華)院　12 旭栖院　13 久昌院　14 慶長院　15 東明院
16 桃岳(嶽)院　17 法光庵(寺)　18 東漸院　19 東照(勝)院　20 味雲寺
21 福壽院　22 正念寺　23 六角堂(西昌院)　24 大翁院　25 東(来)福寺
26 寳珠院　27 普済寺　28 清泉寺　29 永明院　30 東昌院　31 長谷寺
32 瑞岩院　33 観音寺　34 清徳院

○巨摩郡三十四所

詳細不明。ご詠歌あり。現行なし。
1－16 不　明　17 長泉寺　18－33 不　明　34 永岳寺

○清川三十三所

記録にあるが詳細不明。現行なし。

○中部三十三所　【別称】府内三十三所

詳細不明。現行なし。中巨摩郡。

22 隆法寺。

○中郡筋三十三所

宝暦10年(1760)の標石(「12福泉寺」)あるが詳細不明。

12 福泉寺

□西郡三十三所

ご詠歌あり。廃寺多く現行なし。中巨摩郡(南アルプス市)周辺。

1 六角堂　2 隆厳院　3 来光寺　4 善徳院　5 竹隠寺　6 慶昌院
7 千手院　8 圓通寺　9 無量寺　10 蔵珠院　11 圓通院　12 隆昌院
13 興隆院　14 傳嗣院　15 雲耕院　16 普仙院　17 普春院　18 耕雲寺
19 大城寺　20 寶憧院　21 阿弥陀寺　22 龍澤寺　23 源空寺　24 光昌寺
25 廣誓院　26 真豊院　27 金剛院　28 龍泉院　29 久圓寺　30 蓮法院
31 田頭観音　32 養春院　33 文殊寺

○東河内三十四所　【別称】東河内領三十四所、八代郡東河内三十四所

ご詠歌あり。現行なし。富士川を境にして東(西八代郡)を東河内、西(南巨摩郡)を西河内という。東西併せて「河内領」という。前記に同じか。

1－15 不　明　16 慈観寺　17 不　明　18 西方寺　19－33 不　明

□西河内三十三所　【別称】巨摩郡西河内三十三領所、郷地三十三所、南巨摩郡三十三所

江戸期。ご詠歌あり。現行なし。南巨摩郡。

1 西光寺　2 永明寺　3 前山堂　4 法永寺　5 大塩寺　6 久真院
7 西方寺　8 大抱院　9 抱明院　10 寶龍寺　11 朝晨(長真)庵
12 寶憧庵　13 東陽寺　14 圓通院　15 宗傳寺　16 常昌院　17 宮本院

18 西光寺　19 雲外寺　20 普明寺　21 常嶽寺　22 日輪寺　23 慈眼寺
24 千光庵　25 薬王寺　26 寶珠院　27 福壽院　28 實積寺　29 寶泉寺
30 大聖寺　31 栄寶寺　32 廣禅院　33 西光寺

□河内筋三十四所　【別称】河内領三十四所、河内三十四所

江戸期。34番まである。「河内三十四所順禮帖」宝暦2年（1752）下部村依田藤右衛門書写あり。ご詠歌あり。現行なし。南巨摩郡域。

1 岩戸山観音堂（本郷寺）　2 圓蔵院　3 大壽（慈）院　4 慈眼寺
5 松岳（嶽）院　6 長谷寺　7 龍雲寺　8 長泉寺　9 天倫（輪）寺
10 青原院　11 妙現寺　12 善應寺　13 藤居（尾）寺　14 昌壽院　15 高前寺
16 慈観寺　17 方外院　18 圓通寺　19 常幸院　20 慈照院　21 静仙院
22 接心庵　23 常安寺　24 法雲寺　25 長光院　26 観音寺　27 慈雲寺
28 法雲寺　29 玉泉寺　30 龍徳寺　31 紀伊寺（庵）　32 光雲寺　33 正法寺
34 観智院

□秩父横道三十四所　【別称】秩父三十四所

正徳4年（1714）開創（縁起あり）、当秩父札所は老人・女性には困難なため創設された。東山梨郡・東八代郡。ご詠歌あり。現行なし。

1 宝積寺　2－6 不　明　7 慶雲寺　9 円福寺　10 不　明　11 善養寺
12 通宝寺　13－14 不　明　15 圓福寺　16 不　明　17 大中院
18 不　明　19 長源寺　20 醍醐院（龍泉寺）　21－26 不　明　27 妙音寺
28 不　明　29 慈念庵　30 不　明　31 観音寺　32 不　明　33 雲光寺
34 不　明

○郡内三十三所

記録にあるが詳細不明。現行なし。南都留郡。

12 普門堂

○観音三十三所

記録にあるが詳細不明。　ご詠歌あり。現行なし。南都留郡。

27 法久寺

長野県

長野県の概要：日本の屋根、長野県。その間隙をぬって五街道の主要路中山道が通り、この山間地にあって「一生に一度は善光寺参り」信州信濃の善光寺や戸隠、諏訪大社などの社寺信仰が発展して、域外からも多くの人々の崇敬を集めている地域である。長野県の三十三所巡礼は、現在でも密教系・禅宗系寺院が３分の２占めることから山間盆地（平）を利用して実に多くの巡礼路が開かれてきた。すでに廃絶のところも多くあるが、まだ未発見の地域内小規模巡礼路の存在が発見される可能性あるように思われる。また札所が地域内で交錯しており、組み合わせを複雑にさせている。

□信濃（撰）三十三所〈旧札所〉

【別称】信前三十三所、信濃国三十三所、当国三十三所、信州三十三所、科野三十三所、当所三十三所

【百番】信濃百観音（信濃（悟）・信濃（府））

江戸初期「16清水寺」「33高山寺」の和尚が創設。寛文12年（1672）の奉納額（仲仙寺）があり、これ以前の開設、西国写。天和２年（1682）の奉納額（牛伏寺）もあり。ご詠歌あり。現行なし。善光寺平周辺。

1 岩井堂（長安寺）　2 今見堂（関昌寺）　3 岩殿山（岩殿寺）　4 宗善寺
5 法善寺　6 岩谷堂　7 桑台院（開眼寺）　8 姥捨山（長楽寺）
9 初瀬寺（長谷寺）　10 中御堂（無常院）　11 犀口寺（西明寺）
12 正寶寺（正法寺）　13 高福寺（廣福寺）　14 高山寺　15 鍔峯寺（西照寺）
16 小菅寺（菩提院）　17 簑無堂（蓑　堂）　18 高見寺（高顕寺）　19 清水寺
20 清瀧堂（清滝観音堂）　21 虫尾田（桑台院）　22 清野堂（風雲庵）
23 倉品寺（妙音寺）　24 森村寺（観瀧寺）　25 布引寺（釈尊寺）
26 岩谷堂（寶蔵寺）　27 龍福寺　28 唐澤堂（阿弥陀寺）　29 羽廣山（仲仙寺）
30 常光寺　31 牛伏観音堂（牛伏寺）　32 若澤寺（盛泉寺）　33 満願寺

■信濃（撰）三十三所〈新札所〉

前記の現行。ご詠歌あり。長野県北部周辺。

1 法善寺　2 宗善寺　3 岩井堂　4 清野寺（風雲庵）　5 福昌寺（妙音寺）
6 森村堂（観瀧寺）　7 桑台院　8 西明寺　9 蓑　堂　10 高顕寺
11 清滝観音堂（明真寺）　12 無常院　13 開眼寺　14 長楽寺　15 岩殿寺
16 清水寺　17 関昌寺　18 長谷寺　19 小菅寺（菩提院）　20 長安寺
21 常光寺　22 仲仙寺　23 寶蔵寺　24 阿弥陀寺　25 盛泉寺　26 満願寺
27 牛伏寺　28 龍福寺　29 釈尊寺　30 正法寺　31 広福寺　32 西照寺
33 高山寺

□信濃（悟）三十三所　【別称】信後三十三所【百番】信濃百観音（信濃（撰）・信濃（府））

元禄16年（1703）の記がありこれ以前の開創。ご詠歌あり。現行なし。

1 千手堂　2 白岩堂（寺）　3 小角寺（小泉山観音堂）　4 龍光院（観音院）
5 小野千手堂　6 恵光院　7 養福院　8 智音寺（慈恩寺）　9 善龍寺
10 泉龍寺　11 新念寺（心念堂）　12 観音寺　13 惣林寺
14 下諏訪千手堂（照光寺）　15 清源寺（青原寺）　16 保福寺　17 岩殿山
18 法國寺　19 観音寺　20 観音寺　21 岩上堂（正福寺）　22 盛蓮寺
23 境ノ堂　24 六角堂（長性院）　25 若王寺（若一王子神社観音堂）
26 覚恩寺　27 弾誓寺　28 恵日堂（反田堂）　29 西光寺　30 本院堂
31 清水寺（清水観音堂）　32 普門院（観音寺）　33 良性院（玉性院）

□信濃（府）三十四所　【百番】信濃百観音（信濃（撰）・信濃（悟））

元禄16年（1703）の記がありこれ以前の開創。現行なし。松本・安曇野周辺。

★　「信濃百観音」：「塩尻組神社仏閣帳」にこれらを合わせたものがあり、正徳3年（1713）以前に成立。

1 安楽寺　2 放光寺　3 兎川寺　4 保福寺　5 法船寺　6 永福寺
7 興龍寺　8 長谷寺（光明寺）　9 二尊院　10 音聲寺　11 真光寺
12 荻野堂　13 泉光寺（浄心寺）　14 真珠院（金龍寺）　15 長徳寺　16 平福寺
17 佛法寺　18 龍門院（寺）　19 矢本堂　20 岩谷堂　21 乳橋堂　22 藤池堂
23 岩尾堂・真観寺　24 海福寺　25 海岸寺　26 弥陀橋堂・洞水寺
27 中之堂　28 郷福寺　29 古川寺　30 今村堂（圓智堂）　31 慈眼堂（寺）
32 松山寺　33 百瀬観音堂（正念寺）　34 長福寺（観光寺）

□信濃（駒込）西国三十三所〉　【百番】信濃（駒込）百番（信濃（駒込）坂東・信濃（駒込）秩父）

文政5年（1822）開創に着手、文政10年（1827）夏成就「信濃（駒込）百番」。欠番・2か所ある札所あり。県北部地域。現行なし。

1 不　明　2 法蔵禅寺　3 古山薬師堂　4 不動院　5 虚空蔵堂
6 松原地蔵堂　7 小鬼無里観音堂　8 戸隠奥院観音堂
9 不　明　10 清水観音堂　11 岩井堂　12 高福寺　13 花尾和田薬師堂
14 宝善寺　15 正覚院　16 観聖寺　17 善導寺　18 蓮生寺　19 寿泉院
20 東勝寺　21 禅福寺・高善寺　22 永代寺　23 大信寺　24 義宝院
25 高円寺　26 極楽寺　27 妙寿院　28 常光寺　29 密蔵寺　30 教覚院

31 高峰寺・妙笑寺　32 高巌寺　33 駒込堂

□信濃（駒込）坂東三十三所〉【百番】信濃（駒込）百番（信濃（駒込）西国・信濃（駒込）秩父）

文政5年（1822）開創に着手、文政10年（1827）夏成就「信濃（駒込）百番」。欠番・2か所ある札所あり。県北部地域。

1 不　明　2 盛蓮寺・禅林寺　3 世尊庵　4 中牧池田百観音・福正寺
5 正満寺・蓮乗寺　6 大悲庵　7 陽原寺　8 不　明　9 虎竹庵
10 東宝院　11 不　明　12 照明寺　13 清浄庵　14 不　明
15 七瀬村観音堂　16 地蔵庵　17-18 不　明　19 常恩寺
20-21 不　明　22 慶法院・観音寺　23 不　明　24 常泉寺　25 法蔵寺
26 蓮光寺　27 満照寺・蓮章堂　28 聖寿院　29 不　明　30 松巌寺
31 宝界寺　32-33 不　明

□信濃（駒込）秩父三十四所〉【百番】信濃（駒込）百番（信濃（込）西国・信濃（駒込）坂東）

文政5年（1822）開創に着手、文政10年（1827）夏成就「信濃（駒込）百番」。欠番・2か所ある札所あり。県北部地域。

1-2 不　明　3 堂慶寺　4 大岡平村薬師堂　5 太田和村薬師堂
6 不　明　7 常福寺　8 大姨堂　9 不　明　10 日影薬師堂　11 妙智庵
12-14 不　明　15 地蔵庵　16 坂額村観音堂　17 弥陀堂　18 毘沙門堂
19-22 不　明　23 庚申堂　24 青木嶋観音堂　25-27 不　明
28 盛学院・善福寺　29 不　明　30 上風間村薬師堂　31 祥月庵
32 十王堂　33 吉田村観音堂　34 正行寺

□松本三十三所〈旧札所〉【別称】信州松本三十三所、松本領三十三所、信府三十三所【百番】信府（安筑）百観音（仁科・川西）

延享4年（1747）天野一遊居士発願、常光寺懸額。（　）は再編後の新札、移動。ご詠歌あり。現行なし。松本城下中心・塩尻市、南安曇・東筑摩各郡。

1 安楽寺　2 恵光院　3 正念寺　4 寶泉院　5 長松院　6 瑞松寺
7 尼　寺　8 正福寺　9 大慈堂　10 生蓮寺　11 正念寺　12 念称寺
13 松岳寺　14 観光寺　15 松山寺　16 二尊院　17 観音寺　18 真光寺
19 專称寺　20 宗輪寺　21 常徳寺　22 浄林寺　23 蟻ケ崎観音堂

24 正麟寺　25 放光寺　26 海福寺　27 普門院　28 常光寺　29 大音寺
30 真観寺　31 玄向寺　32 慈眼寺　33 兎川寺

■松本三十三所〈新札所〉

前記再編後の札所。現行可。

1 安楽寺　2 恵光院　3 西善寺　4 自性院　5 廣澤寺　6 全久院
7 広正寺　8 正福寺　9 大慈堂　10 生蓮寺　11 正念寺　12 忠全寺
13 松岳寺　14 観光寺　15 水月院　16 二尊院　17 観音寺　18 真光寺
19 専称寺　20 宗輪寺　21 常徳寺　22 浄林寺　23 正行寺　24 正麟寺
25 放光寺　26 海福寺　27 普門院　28 常光寺　29 宝輪寺　30 正覚寺
31 玄向寺　32 無極寺　33 兎川寺

□川西三十四所

【別称】河西三十四所。信濃川西三十三所【百番】信府(安筑)百観音(松本・仁科)

天保15年(1844)詠歌集あり、これ以前の成立。ご詠歌あり。現行なし(廃寺多い)。松本藩。高瀬川の川西。南安曇郡内。

1 満願寺　2 真福寺　3 青原寺　4 岩上観音堂　5 正真院　6 真龍院
7 宗徳寺　8 東龍寺(東光寺)　9 泉竜庵　10 正覚院　11 法蔵寺
12 観音寺　13 仏法寺　14 松林庵　15 立石堂　16 真珠院(金竜寺)
17 日光寺　18 法国寺　19 荻野堂　20 観音堂　21 恩浄寺(音声寺)
22 長松寺　23 金井堂　24 十輪寺　25 滝見堂　26 真光寺　27 金松寺
28 前山寺(金松寺)　29 泉光寺　30 観音寺　31 安楽寺　32 狐薬師
33 竜眼寺(金井堂)　34 平福寺

□金熊三十三所

文政９年(1826)創設「１遍照庵」大応庵主・庄屋丸山所左衛門・栗林五郎　右衛門忠庸ら発願。寺は覚音寺だけ、あとは集落の観音堂となっている。観音像だけでは間に合わず毘沙門天・薬師如来・地蔵菩薩・大日如来・弘法大師・聖徳太子・阿弥陀如来・勢至菩薩なども。ご詠歌あり。現行なし。(　)はのちの所在。南安曇郡八坂村の山方を総称する金熊郷。北安曇郡内。諏訪高島藩。

1 遍照庵　2 阿弥陀堂(常蓮庵)　3 善亭(庭)庵　4 北条観音堂
5 毘沙門堂　6 小菅観音堂　7 一之瀬薬師堂(庚申堂)

8 笹尾薬師堂（大日堂） 9 小松尾観音堂 10 小松尾薬師堂

11 大滝弘法堂 12 十石薬師堂 13 満仲地蔵堂 14 竹篦太子堂

15 菅之久保大日堂 16 一翁庵 17 相川観音堂 18 切久保地蔵堂

19 横瀬阿弥陀堂 20 横瀬地蔵堂 21 塩の貝阿弥陀堂 22 切久保薬師堂

23 太平地蔵堂 24 宮の尾勢至堂 25 曽山阿弥陀堂 26 矢田川薬師堂

27 小田谷薬師堂 28 桑梨薬師堂 29 檜平観音堂 30 荻観音堂

31 梨川阿弥陀堂 32 地石（志）原観音堂 33 覚音寺

■仁科三十三所 【別称】大町三十三所【百番】信府（安筑）百観音（松本・川西）

宝暦７年（1757）帰命山「２弾誓寺」十世覚阿上人発願「仁科三十三番詠歌」麻屋政忠板。ご詠歌あり。現行可。大町市、北安曇郡周辺。

1 王子観音堂 2 弾誓寺 3 妙喜庵 4 西岸寺 5 大年寺 6 青柳寺

7 天正院（四辻堂） 8 了瑞庵 9 東陽庵（院） 10 三川堂 11 大沢寺

12 海岳院 13 三橋堂 14 福聚堂 15 堂崎観音堂 16 海口庵 17 夕陽庵

18 霊松寺 19 薬師寺 20 浄福寺（弾誓寺） 21 滝見観世音 22 覚音寺

23 成就院 24 神宮寺 25 盛蓮寺 26 浄念寺 27 林泉寺 28 堺 堂

29 蓮盛寺 30 勧勝院 31 清水寺 32 観音寺 33 南原六角堂（長性院）

巡礼閑話 札所の誕生②

地域巡礼の誕生のいきさつを『仁科三十三番詠歌』宝暦７年（1757）にみると「（西国・坂東・秩父の札所があるが）しかりといへども、老人婦女の輩は、玉鉾の道の遠きをおそれ、足びきの山のけはしきをくるしみて、いたるものまれなり。此ゆへにちかきわたりの霊佛古跡を尋て、仁科三十三所の札所と名づく。此外にも霊地浄刹ありぬべけれど、遠路をはゞかりてもらしぬ。云々」。地域札所の誕生は、各地ほぼ同じような理由で、遠隔地巡礼に出かけられない人びとに対応されて設置された。

□諏訪東三十三所 【百番】諏訪百観音（諏訪中・諏訪西）

天保６年（1835）、３代藩主忠晴の時制定。ご詠歌あり。現行なし。（ ）は異動など。諏訪・茅野各市内。

1 寶勝寺 2 塩沢寺 3 往来寺 4 功徳寺 5 恭謙寺（泉渋寺）

6 正光寺 7 薬師堂（公民館） 8 観音堂 9 西光寺 10 重国庵

11 常勝院　12 真竜院　13 長圓寺　14 長泉庵（臥龍堂）　15 深叢寺
16 観音堂　17 高栄寺　18 長泉寺　19 薬王寺　20 法隆寺　21 真立寺
22 高森観音堂　23 安楽院　24 常昌寺　25 地明院　26 三光寺　27 観音堂
28 西照寺　29 観音堂　30 観音堂　31 阿弥陀堂　32 風月寺観音堂
33 瑞雲寺

□諏訪中三十四所　【百番】諏訪百観音（諏訪東・諏訪西）

ご詠歌あり。現行なし。諏訪・茅野各市内。
1 理昌院　2 西方堂　3 極楽寺　4 総持院　5 福寿院　6 紫雲寺
7 月見山　8 虚空蔵寺　9 真徳寺　10 小泉山（栗沢観音堂）　11 昌林寺
12 西福寺　13 薬師堂　14 社宮寺　15 地蔵寺　16 泉長寺　17 阿弥陀堂
18 宗湖寺　19 安国寺　20 阿弥陀堂　21 観音坊　22 法華寺
23 神宮寺千躰閣　24 小泉寺　25 永久寺　26 極楽堂　27 薬師寺
28 薬師堂　29 称故院　30 教念寺　31 岩窪観音　32 仏法紹隆寺
33 地蔵堂　34 頼重院

□諏訪西三十三所　【百番】諏訪百観音（諏訪東・諏訪中）

ご詠歌あり。現行なし。諏訪・茅野各市内。
1 南大熊観音堂　2 善光寺　3 龍雲寺　4 北真志野観音坊（堂）
5 江音寺　6 観音院　7 阿弥陀堂　8 昌福寺　9 新倉観音堂
10 真福寺　11 照光寺　12 小口薬師堂　13 十王堂　14 広円寺　15 平福寺
16 永弘寺（今井観音）　17 真秀寺　18 常福院　19 法泉院　20 観照寺
21 慈雲寺　22 来迎寺　23 三精寺　24 神宮寺（照光寺）　25 薬師堂
26 寿量院　27 温泉寺　28 阿弥陀寺　29 地蔵寺　30 法光寺　31 正願寺
32 月仙寺（貞松院）　33 甲立寺

□諏訪三十三所

前記「諏訪東」「諏訪中」「諏訪西」に廃寺等が多いためこれらを中心に新たに結成。時期は不明。現行なし。
1 三光寺　2 瑞雲寺　3 泉長寺　4 宗湖寺　5 長円寺　6 真徳寺
7 泉渋寺　8 聖光寺　9 功徳寺　10 宝勝寺　11 紫雲寺　12 福寿院
13 総持院　14 頼岳寺　15 頼重院　16 地蔵院　17 仏法紹隆寺　18 称故院
19 法華寺　20 龍雲寺　21 極楽寺　22 甲立寺　23 地蔵寺　24 温泉寺
25 来迎寺　26 法泉寺　27 常福寺　28 平福寺　29 久保寺　30 観音院

31 照光寺　32 真福寺　33 昌福寺

○信濃小県郡三十三所

永禄頃(1558-70)成立。詳細不明。現行なし。

■佐久三十三所　【別称】信州佐久郡三十三所

安永3年(1774)刊の巡礼歌あり。現行可。旧佐久郡一郡の札所。

1 釈尊寺　2 東漸寺　3 西光寺(成就寺)　4 真楽寺　5 長泉寺(神宮寺)
6 安養寺　7 明泉寺　8 小倉堂(法禅寺)　9 大林寺　10 大昌寺
11 観音院(薬師寺)　12 上宮寺(薬師寺)　13 岩崎堂(遍照寺)　14 千手院
15 妙音寺(遍照寺)　16 宮ノ平(大龍寺)　17 経の岩観音堂(大龍寺)
18 熊野宮観音堂(松源寺)　19 神光寺(医王院)　20 弥勒寺(長慶寺)
21 熊野山本学寺　22 籠ノ宮(匡王寺)　23 布杭岩　24 往生院(正縁寺)
25 岩屋堂(桂霄寺)　26 日影堂(医王寺)　27 普門寺(宝蔵寺)
28 日向寺(多福寺)　29 沓沢日影堂(大徳寺)　30 康国寺　31 蓮華寺
32 福王寺　33 津金寺

■伊那西国三十三所(飯伊・龍西)　【別称】伊那郡三十三所、下伊那三十三所【百番】下伊那郡百観音(伊那坂東・伊那秩父)、飯伊百観音・伊那百観音(伊那坂東・伊那秩父)

延宝4年(1676)、網野四郎左衛門開創。一斉開帳は宝永元年(1704)、代官網野四郎左衛門の子藤七が「伊那順礼」と名付けて始める、(　)内は昭和54年(1979)、飯伊百観音開帳時の移動「飯伊百観音」昭和54。ご詠歌あり。現行。飯田市、下伊那郡。

★　下伊那地方の観音巡礼：この地方には、「伊那西国」は1組であるが、「伊那坂東」「伊那秩父」は2組ずつある。

1 立石寺　2 普門院　3 衆生院　4 中御堂　5 北御堂　6 観音寺
7 観音寺(大峰山観音堂)　8 興徳寺　9 藤居寺　10 中山寺
11 羽入野観音堂(小竹観音堂)　12 観音寺(大瀬木観音堂)　13 真慶寺
14 運松寺　15 長石寺　16 清見寺　17 旭松庵　18 阿弥陀寺　19 来迎寺
20 正永寺　21 光福寺　22 雲彩寺　23 鶏足院　24 宗安院(耕雲寺)
25 水月庵　26 清水庵　27 上市田観音堂(慈眼庵)　28 光専寺
29 小沼観音堂(佛手庵)　30 一心庵　31 光明寺　32 隣政寺　33 瑠璃寺

■伊那坂東三十三所（飯伊）　【百番】飯伊百観音・伊那百観音（伊那西国・伊那秩父）

延宝８年（1681）開創、明治34年（1901）開帳時の組合せ。（　）内は昭和54年（1979）飯伊百観音開帳時の現況。ご詠歌あり。現行。飯田市、下伊那郡。

1　龍嶽寺　2　長松院　3　慈光堂　4　藤本院　5　吉岡堂円通軒
6　郷之本観音　7　妙光庵　8　隆興寺　9　北又堂　10　遊林寺　11　栗生堂
12　松源寺　13　大松寺（親田太子堂）　14　相田堂　15　光明院（廣拯院）
16　常念寺　17　無量寺　18　長岳寺　19　浄久寺　20　清坂堂　21　隆芳寺
22　光明寺　23　長清寺　24　正清寺　25　開善寺　26　円通寺　27　龍翔寺
28　專照寺　29　長久寺　30　大雄寺　31　願王寺　32　龍門寺　33　照月寺

□伊那坂東三十三所（龍西）　【別称】下伊那坂東三十三所、北回りの伊那坂東霊場【百番】下伊那郡百観音（伊那西国・伊那秩父）

元禄年間（1688-1704）成立。北回りの伊那坂東霊場といわれている。ご詠歌あり。現行なし。上伊那・下伊那郡周辺。

1　瑞応寺　2　実相院（瑞応寺）　3　寶際寺　4　浄蓮寺　5　勝善寺（常泉寺）
6　観音寺（観音堂）　7　東福寺　8　妙福寺（洲福寺）　9　観音堂　10　福泉寺
11　観領庵（観音堂）　12　三十三所堂　13　塩泉院　14　寶久寺
15　観音堂（観音寺）　16　福壽庵　17　観音堂　18　香林寺　19　茶屋堂
20　宗久寺　21　福徳寺　22　大龍寺　23　三十三所堂　24　福寿院
25　明（妙）清庵　26　観音堂（大悲庵）　27　金剛庵　28　観音堂（観樹庵）
29　礼覚寺（嶺岳寺）　30　観音堂（円満坊）　31　道智庵　32　泉龍院　33　領法寺

□伊那秩父三十四所（龍西）　【別称】伊那河西秩父三十四所、【百番】下伊那郡百観音（伊那西国・伊那坂東）

嘉永４年（1851）の記録あり。ご詠歌あり。現行なし。

1　宗圓寺　2　八幡院　3　松栄堂　4　金勝堂　5　射矢堂　6　大鹿堂
7　安楽堂　8　清明堂　9　観楽寺　10　満願寺　11　観照寺　12　浄玄寺
13　西林寺　14　大御堂　15　御堂庵　16　極楽庵　17　南面堂　18　久米寺
19　宗（惣）教寺　20　薬師庵　21　増泉寺　22　本泉堂　23　願王寺　24　薬師庵
25　法蔵寺　26　峯高寺　27　十王堂　28　柏心寺　29　白山寺　30　慶長庵
31　十王庵　32　太念寺　33　正命庵　34　西教寺

□伊那秩父三十四所（飯伊）〈江戸期〉

【別称】伊那秩父龍東三十四所、龍東秩父三十四所、伊那川東三十三所【百番】伊那百観音（伊那西国・伊那坂東）

慶長・元和（1596-1624）のころ開創か、元禄５年（1692）再興。一斉開帳は宝永元年（1704）、御国代官網野四郎左衛門の子藤七「伊那順礼」と名付けて始める、（　）内に表記。旧神峰城主知久氏の旧所領地内。現行なし。表記は宝暦年間（1751-64）「英俊開版」による。飯田市、下伊那郡。

1　文永寺　2　知久平観音堂　3　虎岩観音堂　4　千手寺　5　法運寺
6　無量庵　7　塩浦山（医泉寺）　8　観音寺　9　般若山（向西寺）
10　市場観音（天徳庵）　11　城ノ観音（補陀庵）　12　陳ノ坂観音堂
13　笹久保（水月庵）　14　観　音（臨泉庵）　15　梅春庵　16　誓音（元）庵
17　永泉寺　18　笹尾観音堂　19　小野寺　20　落倉観音堂（緑覚庵）
21　蛇澤観音堂　22　松壽庵（常住庵）　23　野池観音堂（光岳庵）
24　荻ノ坪　25　米川石観音　26　福壽院　27　田野口観音　28　西慶寺
29　林昌寺　30　八之倉観音堂　31　今田堀廻観音　32　紅雲寺　33　保壽寺
34　定継寺

巡礼閑話　下伊那郡の百観音

『下伊那案内道中記』嘉永４年（1851）刊による百観音。当時は、さらに「伊那四国八十八所」と「十二薬師」を加えて200か所の札所巡拝の道順を詳細に案内している。「伊那百観音」は江戸期から実施、飯伊百観音は昭和54年から実施されている。

■伊那秩父三十四所（飯伊）〈昭和期〉

【別称】伊那河東秩父三十四所、伊那秩父龍東三十四所、龍東秩父三十四所【百番】飯伊百観音・伊那百観音（伊那西国・伊那坂東）

平成８年（2006）河東秩父観音霊場御開帳時の現況を表示、この開帳から旧記に従い「河東秩父三十四所」の名称を使用。「伊那西国」と同時開帳。ご詠歌あり。現行。2006年の札所整備による。飯田市、下伊那郡。

1　文永寺　2　三石山観音堂　3　龍澤寺　4　千手寺　5　法運寺
6　無量庵　7　医泉寺　8　渕静寺　9　慈恩院　10　洞岩寺　11　安養寺
12　陳ノ坂観音堂　13　泉龍院　14　臨泉庵　15　梅春庵　16　真浄寺
17　永泉寺　18　普門寺　19　玉川寺　20　落倉観音堂　21　妙壽庵　22　松壽庵
23　野池観音堂　24　荻坪観音堂　25　米川石観音　26　福壽院　27　観音寺
28　西慶寺　29　林昌寺　30　観音寺　31　黒石山観音堂　32　紅雲寺

33 保壽寺　34 定継寺

○四郡三十三所

元禄９年（1696）、または宝永年間1704-11開創。長野県北部の水内・高井・更級・埴科の４郡。現行なし。

平林村観音堂（大仙院）、明徳禅寺、浮雲寺観音堂、無里村観音堂、
群神山観音あり

○筑摩三十三所　【別称】筑摩郡三十三所

元禄11年（1698）開創。詳細不明。現行なし。

■信州筑摩三十三所　平成３年（1991）、前記再興。ご詠歌あり。現行あり。

1 廣澤寺　2 兎川寺　3 徳雲寺　4 洞水寺　5 海岸寺　6 西大寺
7 保福寺　8 円城寺　9 牛伏寺　10 王徳寺　11 柳昌寺　12 法船寺
13 常楽寺　14 弘長寺　15 常光寺　16 松林寺　17 永福寺　18 常光寺
19 慈光寺　20 西福寺　21 泉龍寺　22 養龍寺　23 光明寺　24 慈恩寺
25 養福院　26 郷福寺　27 心念堂　28 古川寺　29 興龍寺　30 盛泉寺
31 今村観音堂（正道庵）　32 小俣観音堂（千手山観音寺）　33 長興寺

○東筑摩郡三十三所

前記か。現行なし。

□木曽西国三十三所　【別称】木曽三十三所

文政年間（1818-30）、「28光徳寺」13世万元開創。ご詠歌（「西国」利用）あり。現行なし。

1 観音寺　2 大宝寺　3 極楽寺　4 林照禅寺　5 田の上観音
6 長谷観音　7 極楽寺別当　8 徳音寺　9 林昌寺　10 井戸観音堂
11 興禅寺　12 東山観音堂　13 瑞松庵　14 源流庵　15 大泉庵　16 鳳泉庵
17 普門院　18 長福寺　19 玉林院　20 大悲殿　21 定勝寺　22 天長院
23 池口寺　24 妙覚寺　25 阿弥陀堂　26 柿其村観音堂　27 等覚寺観音堂
28 光徳寺　29 蘭村観音堂　30 禅東院　31 光西寺　32 永昌寺
33 天徳禅寺

新潟県

新潟県の概要：「越後札所」はこの地方最古の札所である。現状は「1岩屋堂(名立寺)」であるが、越後のもう1つの古札所「越後横道三十三所」の「1雲台寺」にも「越後札所」の「1雲台寺」の伝えがある。
岩谷堂(名立寺)略縁起(抄)：第42代文武天皇大宝2年(702)、大徳泰澄大師が聖観音の尊像を彫刻、弘仁2年(811)弘法大師が北国行脚の際この岩屋に篭もったと伝わる。また永禄年中(1558-70)ころには上杉氏の崇拝あり領地18石が寄進され、以降貴賎上下の参詣が多い。名立寺はこの岩谷堂観音堂の別当寺である。
雲台寺略縁起(抄)：第37代孝徳天皇の勅願による日本国中50伽藍創建の時、法道仙人が紫雲たなびく駒ヶ岳法窟を霊地と感じ十一面観音を刻し開創。のち大徳泰澄大師、行基菩薩などが留錫。弘長2年(1262)北条時頼が参籠して越後国第1番の道場と選定されるが、天正年中(1573-92)廃亡。明治13年(1880)再興。
　按ずるに「越後札所」は13世紀中頃、北条時頼の時代に設定されたが衰退、天正2年(1574)真言宗僧番玄により再興、第1番札所も衰退した雲台寺から岩屋堂(名立寺)に移動したのではないか。また江戸後期、地域の観音巡礼の発展により、越後横道札所が設立されたのではないか。
　一方佐渡島では、明治元年(1868)の廃仏で539寺院が80か寺に減った。この結果、江戸期に発展していた巡礼の札所は大混乱となった。

■越後三十三所　【別称】越後国三十三所

　寛元年間(1243-46)、最明寺入道北条時頼が越後地方来訪の際に開創したという伝説があるが、天正2年(1574)真言宗僧番玄設定。ご詠歌あり。現行。
★　順礼をはじめる前に旅立ちとして能生の白山神社に参詣したという。
1 岩屋堂(名立寺)　2 摩尼王寺　3 大泉寺　4 妙智寺　5 寶蔵寺
6 常楽寺　7 摩尼珠院　8 不動院　9 廣済寺　10 長徳寺　11 大福寺
12 天昌寺　13 弘誓寺　14 眞福寺　15 千蔵院　16 椿澤寺　17 不動院
18 根立寺　19 光照寺　20 照明寺　21 吉田寺　22 國上寺　23 観音寺
24 景清寺　25 眞城院　26 乙寶寺　27 光浄寺　28 岩井堂(白蓮寺)
29 宝積院　30 普談寺　31 正圓寺　32 寶塔院　33 最明寺

□越後横道三十三所　【別称】越後国横道三十三所、頚城三十三所、裏越後三十三所

弘長2年(1262)、北条5代最明寺入道時頼が設定というが、天正年間(1573-92)、または寛延3年(1750)の開創とも。ご詠歌あり。現行なし。(　)内は「高志路」誌掲載のもの。

1 雲台寺　2 南水寺　3 谷根窟堂　4 日光寺　5 真木観音堂
6 舟原山　7 出生寺　8 中山寺　9 補陀落寺　10 国分寺　11 長坂寺
12 観音寺　13 見日寺　14 大泉寺　15 音智寺　16 米山寺
17 米山寺(屋井寺)　18 屋上寺　19 観音寺　20 長命寺　21 屋井寺(長徳寺)
22 伝光寺(不動院)　23 真光寺(伝光寺)　24 普台寺(真光寺)　25 普台寺
26 松雲寺　27 菊園寺　28 長照寺　29 法蔵寺　30 花蔵院　31 奥正寺
32 吉田寺　33 乙宝寺(国常寺)

□松之山郷三十三所

嘉永元年(1848)、願主小川亮純・同仲右衛門。ご詠歌あり。現行なし。多くの堂宇が廃堂となり移動。十日町市周辺。

1 林蔵寺　2 芋嶋阿弥陀堂　3 孟地観音堂　4 管刈釈迦堂
5 田沢観音堂　6 小荒戸地蔵堂　7 池之畑十王堂　8 下山観音堂
9 海老大日堂　10 坪野十王堂　11 五十子平阿弥陀堂　12 中尾観音堂
13 正法寺　14 天　水　15 湯本薬師堂　16 松陰寺　17 松之山(陽広寺)
18 新山阿弥陀堂　19 観音寺　20 橋詰地蔵堂　21 松口十王堂
22 大荒戸地蔵堂　23 小谷大日堂　24 黒倉十王堂　25 西沢観音堂
26 福島観音堂　27 洞泉寺　28 松泉寺　29 千　年(普門院)　30 長命寺
31 少林寺　32 廣徳寺　33 会澤五葉院

●蒲原三十三所　【別称】越後蒲原三十三所

大永期(1521-28)開創の伝承があるが、宝永5年(1708)または享保15年(1730)、「33長楽寺」17世道実開創。ご詠歌あり。現行可。(　)は現況。新発田・新潟各市、中蒲原・北蒲原各郡。

1 福隆寺　2 観音寺　3 切畑観音堂　4 東光院　5 永谷寺　6 正円寺
7 興泉寺　8 延命寺　9 普談寺　10 観音寺　11 満願寺　12 大永(榮)寺
13 法幢寺　14 東陽寺　15 長安寺　16 養広寺　17 西福寺　18 百津観音堂

19 鑑洞寺　20 華報寺　21 釈尊寺(天樹寺普門院)　22 女堂観音堂
23 千光寺　24 白蓮寺　25 相円寺　26 興善寺　27 観音寺(宝積院)
28 鷹尾山観音堂　29 見龍寺　30 徳昌寺　31 東陽寺　32 大雲寺
33 長楽寺

○当国三十三所

慈眼寺観音堂に表示というが詳細不明。現行なし。

11 水月庵　18 慈眼寺

○菅名三十三所　【別称】菅名荘三十三所

元禄(1688-1704)ころ創設。菅名荘(戦国期の名称)内。現行なし。中蒲原郡。村松藩。

善明寺・龍耕寺・長寿院・自性院、29宝興院(？)あり

□小川庄三十三所

江戸中期。ご詠歌あり。現行なし。新発田市、阿賀町、一部福島県耶麻郡。磐越西線の沿線。

1 護徳寺　2 東善寺　3 明法院　4 角島堂　5 正谷寺　6 不動寺
7 観音寺　8 定福院　9 白崎堂　10 胎蔵院　11 嶺寒寺　12 西方(法)寺
13 龍泉寺　14 萬法院　15 鹿瀬堂・龍蔵寺　16 長福寺　17 龍泉寺
18 地蔵院　19 八田蟹堂　20 山渓寺・寶光院　21 密蔵院　22 松壽寺
23 安養寺　24 中山堂　25 東雲寺　26 日光寺　27 多寶寺　28 観音寺
29 大牧堂　30 黒谷堂　31 新谷寺　32 取上観音堂　33 正法寺

□小国三十三所　【別称】小国谷三十三所

天保期(1830-44)開創。嘉永元年(1848)「25桐盛院」盧山恵林和尚創始。半数以上が廃寺・廃堂で現行なし。(　)は「24桐盛院」資料。ご詠歌あり。現行なし。小国町。

1 上谷内観音堂　2 相の原田中堂　3 新町観音堂　4 楢沢地蔵堂
5 上岩田阿弥陀堂(真福寺)　6 小国沢大日堂　7 法末観音堂　8 真福寺
9 太郎丸中嶋観音堂(真福寺)　10 長福寺(真福寺)　11 原の観音堂(真福寺)

12 苔野島十王堂　13 真光寺　14 小栗山薬師堂　15 猿橋観音堂
16 山横澤地蔵堂　17 箕の輪阿弥陀堂　18 金澤三尊堂　19 横沢観音堂
20 横沢永見観音堂（端音院）　21 押切観音堂　22 武石観音堂（桐盛院）
23 法坂観音堂　24 桐盛院　25 荒砥観音（桐盛院）　26 小坂地蔵堂（三桶）
27 上栗観音堂（金剛院）　28 下新田薬師堂　29 原小屋観音堂
30 千谷沢観音堂（龍光院）　31 鷺野島観音堂　32 寶珠庵　33 小坂百観音堂

○坂井三十三所

明治39年開設。詳細不明。現行なし。

●上田三十三所　【別称】上田札、雲洞札【NET】南魚沼郡三札の一（寺尾札・思川札）

3代将軍家光のころ始まるという。湯沢・塩沢・六日町。ご詠歌あり。現行可。幕府領。

1 雲洞庵　2 紫雲軒（雲洞庵）　3 下大月（関勘左衛門家）
4 泉　田（養智院）　5 長　崎（槻岡寺）　6 滝　谷（西光寺）
7 木　六（龍泉院）　8 徳田観音堂　9 仙石観音堂　10 舞子観音堂
11 関　山（雲洞庵）　12 神　立（寶珠庵）　13 中　里（瑞祥庵）
14 八木沢観音堂　15 三俣観音堂　16 滝澤観音堂　17 湯澤薬師堂
18 君澤沢観音堂（東之木観音堂）　19 大澤沢観音堂　20 田中観音堂
21 中　村（中御堂）　22 泉乗寺（泉盛寺）　23 塩　沢（徳昌寺）
24 島　渡（島新田観音堂）　25 竹之俣（福昌寺）　26 笛木家
27 思　川（天昌寺）　28 君　帰（観音寺）　29 欠之上（永福庵）
30 金屋（谷）観音堂　31 畔地観音堂　32 山　谷（福利家）
33 岩　崎（萬松寺）

□寺尾三十三所　【別称】寺尾札【NET】南魚沼郡三札の一（上田札・思川札）

元文4年（1739）、正眼寺和尚創設。ご詠歌あり。現行なし。

1 寺尾観音　2 正眼寺　3 阿弥陀堂　4 福厳寺　5 洞源寺　6 善応寺
7 圓通寺　8 市之上地蔵堂　9 普光寺　10 海士ケ島　11 柳古新田
12 竜谷寺　13 直浄寺　14 善照庵　15 篠の泉　16 山　口　17 長福寺
18 蟹　沢　19 山のうち（亀福寺）　20 法音寺　21 畔　地　22 小　川

23 野　中　24 山　谷　25 岩　崎　26 堺　27 二日町　28 余　川
29 観音寺(金屋観音)　30 欠之上　31 晃西寺　32 宗龍寺　33 奥　村

巡礼閑話　札所とご詠歌

複数の札所にそれぞれ選ばれた霊場札所において、札所ごとに異種のご詠歌があることは珍しいことではない。地方色のある例をあげておこう。

「金屋観音堂」:
雲洞札30番:天照らす　月の光の　影うつる　金屋の水は　鏡とぞなる
寺尾札29番:はるばると　心余川に　参りきて　深き願いを　祈るこのたび
思川札28番:光明や　朝日にうつる　水鏡　佛をたのむ　ありがたきかな

「(君帰)観音寺」:
上田札28番:君帰　流れも清き　月影を　無説不現の　姿ならまで
寺尾札29番:変わらじと　二世の言の葉　年毎に　君帰りなば　誰か助けん
塩澤札31番:このしろに　まします君の　昔より　大慈大悲の　深き谷川

□思川三十三所

【別称】塩澤三十三所、思川札【NET】南魚沼郡三札の一(上田札・寺尾札)

江戸期、徳昌寺和尚創設。ご詠歌あり。現行なし。南魚沼市。

1 徳昌寺　2 上十日町　3 川ばた　4 中　村　5 田　中　6 東之木
7 下一日市　8 上一日市　9 小　苅　10 関　11 せき山(雲洞庵)
12 岩　山(大儀寺)　13 関興寺　14 宮の下　15 君　沢　16 宮在家
17 大　澤　18 かばの澤　19 清長寺　20 泉盛寺　21 吉　里　22 竹俣新田
23 福昌寺　24 島新田　25 養智院　26 萬蔵寺　27 伊勢町
28 美佐島(金屋観音堂)　29 余　川(金屋観音堂)　30 欠之上
31 君　帰　32 小栗山　33 天昌寺

●魚沼三十三所

昭和46年(1971)、角谷氏(県会議長)が創設。現行可。中・北・南魚沼郡。

1 越後川口教会　2 弘誓寺　3 龍谷寺　4 寶蔵寺　5 正安寺
6 天宗寺　7 観音寺　8 興珊寺　9 圓明寺　10 龍澤寺　11 永昌庵(院)
12 龍徳寺　13 林泉庵　14 遍照寺　15 雲洞庵(善龍院)　16 真浄寺
17 長福寺　18 浄光寺　19 養智院　20 総雲寺　21 関興寺　22 薬照寺

23 龍澤寺　24 東光寺　25 正寶院　26 常行寺　27 神宮寺　28 廣大寺
29 圓蔵寺　30 寶泉寺　31 明王院　32 不動寺　33 龍泉寺

□美佐島三十四所　【NET】妻在百三十三番順禮の一

元禄4年(1691)の「妻在百三十三番順禮縁起」あり。元禄5年(1692)開版。「1智泉寺」7世鳳仙慧林が妻有地方にあった「美佐島三十四所」「倉俣三十三所」「大井平三十三所」「吉田三十三所」の札所を再整備し、御詠歌集を作成、春秋2回の習わしとなった。ご詠歌あり。現行なし。十日町市。

★　妻在庄：戦国期の魚沼郡十日町市域。

1 智泉寺　2 水月庵　3 高　山　4 山　本　5 古寺澤(正念寺)
6 聖衆院　7 来迎寺　8 江　道(江道寺)　9 津　池　10 赤　倉
11 大　池　12 菅　池(沼)　13 落　水　14 虚　木　15 長　里
16 笹　澤　17 田　麦　18 中出山　19 二ツ屋　20 志賀寺　21 河　治
22 塚　原　3 琵琶寺　24 小黒澤　25 大黒澤　26 伊　達　27 牧　脇
28 観泉院　29 野　中　30 市野澤　31 大田島　32 馬　坂　33 馬　場
34 水　澤

□倉俣三十三所　【NET】妻在百三十三番順禮の一

ご詠歌あり。現行なし。十日町市・中魚沼郡。

1 泉龍寺　2 白羽毛　3 倉　下　4 角　間　5 清田山　6 田　代
7 重　地　8 東光寺　9 堂　平　10 源内山　11 見　玉　12 佗　屋
13 中深見　14 龍源寺　15 大龍院　16 松　原　17 下船渡　18 芦ノ崎
19 西の堂　20 小　下　21 赤　澤　22 谷　内　23 杉　本　24 相　吉
25 中　子　26 日出山　27 岩　戸　28 加　用　29 新　屋　30 小　池
31 朴木澤　32 宮野原　33 亀　岡

□大井平三十三所　【NET】妻在百三十三番順禮の一

元禄4年(1691)の「妻在百三十三番順禮縁起」あり。ご詠歌あり。現行なし。十日町市・中魚沼郡。

1 善福寺　2 峰観音　3 子　種　4 羽　倉　5 寺　石(吉祥寺)
6 足　瀧　7 穴　山　8 小　岡　9 古　始(善玖院)　10 外　丸
11 鹿　渡　12 阿　寺　13 宮　中　14 堀ノ内(阿弥陀堂)　15 慈眼寺

16 安養寺　17 姿　18 鉢　　19 高　島　20 長楽寺
21 鐙　坂(東光寺)　22 田　中　23 小　泉(寶泉寺)　24 千　手(不動寺)
25 羽黒山(長福寺)　26 室　島(相国寺)　27 藤　澤　28 岩　瀬　29 青柳寺
30 山　田　31 鶴　吉　32 長安寺　33 上　野

□吉田三十三所　【NET】妻在百三十三番順禮の一

水月鳳仙発願「妻在百三十三番順禮縁起」元禄4年(1691)あり。ご詠歌あり。現行なし。十日町・小千谷各市。以上を「越後妻在百三十三所」。

1 長徳寺　2 三　領　3 仁　田　4 北　田　5 野　口(地蔵堂)
6 眞　人(圓蔵寺)　7 源藤山　8 若　栃(正應寺)　9 芹　窪
10 般若寺　11 市ノ口(西岩寺)　12 岩　澤(不動寺)　13 河　井(真宗寺)
14 駒　形(妙高寺)　15 願　入　16 平　17 廣大寺　18 下　山
19 観音寺　20 為　長　21 原　村　22 二十日城(八幡社)　23 反　目
24 野　頚　25 天瀧寺　26 轟　木　27 蕨　平　28 花　水　29 長泉寺
30 圓通寺　31 尾　崎　32 乱　橋(真福寺)　33 新座寺(大慶院)

□下条郷三十三所　【別称】妻有郷下条村三十三所

慶應4年(1868)、天福山神宮禅寺山主選定。天福山主述「越後国魚沼郡妻有郷下条村三十三番札所御詠歌」慶應4年(1868) 6月あり。神仏習合の札所で、「妻在百三十三番順禮」には重複する札所あるが、ご詠歌は別に作られた。ご詠歌あり。現行なし。

1 廣大寺　2 伊夜日子神社　3 下山観音堂　4 新光寺　5 新保諏訪宮
6 新保地蔵堂　7 野田愛宕山　8 為永観音堂　9 根柳堂
10 岩野薬師堂　11 貝野川神明　12 蟹沢大日尊　13 蟹沢観音堂
14 桑原十二神　15 廿日城観音堂　16 原村天神　17 原村大日尊
18 天日山本尊阿弥陀　19 上新田愛宕山　20 野頚観音堂　21 天龍寺
22 反目寝覚庵　23 行寺八幡宮　24 仙の山鎮守　25 平観音堂
26 救野地蔵堂　27 戸渡嶺薬師　28 慶地地蔵堂　29 二子熊野堂
30 願入観音堂　31 下り木　32 塩野十二の宮　33 桑原八幡宮

□内蔵組三十三所　【別称】湯澤内蔵組三十四所

安永5年(1776)「11宝珠庵」大東周節和尚の詠歌あり。34番ある。ご詠歌あり。

現行なし。石像めぐり。

1 熊野山　2 樋口堂　3 不動堂　4 湯本薬師堂　5 本　宿　6 林　堂
7 大谷地堂　8 辨道庵　9 阿弥陀堂　10 石　白　11 宝珠庵
12 財ケ町　13 小　原　14 滝の入薬師堂　15 荒谷堂　16 原の堂
17 小坂堂　18 滝の又阿弥陀堂　19 下谷後　20 熊野川　21 上谷後観音堂
22 中　里（瑞祥庵）　23 西の堂　24 下松川　25 上松川観音堂
26 下土樽観音堂　27 上土樽　28 平　澤　29 坂本地蔵堂　30 上戸澤
31 七谷切観音堂　32 荒砥観音堂　33 芝原観音堂　34 泰宗院

巡礼閑話　地域巡礼の誕生話

「今、下条一郷の村々に安置奉る処の仏神をもて則三十三所の札処となせるものハ、男子ハ遠く境を越て関西関東ともに拝礼心侭なれ共、女子或ハ、歩行に悩める者、家職ニ繁くして其家を去り難き者の為に、原村の宝教院主、桑原の六兵衛、蟹沢の石松三人の企てててこころ計りの詠歌を綴りて聊か同志の者を導くは則勧善懲悪のもとひなりと爾云」（『十日町市史通史編３』）。

○佐渡西国三十三所〈江戸期〉

宝永８年（1711）創設。詳細不明。現行なし。佐渡市。

1 梅津梅昌寺　2－11 不　明　12 舟津十王堂　13－33 不　明

■佐渡西国三十三所〈昭和期〉

前記旧佐渡西国を改めて昭和57年（1982）開創。ご詠歌あり。現行。佐渡市。

1 東強清水観音　2 逢田観音　3 河内観音　4 観音寺　5 帰郷観音
6 六句観音　7 斉藤観音　8 宿根木観音　9 小太観音　10 子安観音
11 横山観音　12 豊田観音　13 新町観音　14 三宮観音　15 下新穂観音
16 阿弥陀堂　17 火伏観音　18 円慶堂　19 吾潟観音　20 久知河内観音
21 白瀬観音　22 見立観音　23 施願観音　24 岩屋観音　25 入川観音
26 千仏堂　27 波切観音　28 下戸観音　29 治門観音　30 知空堂
31 石田観音　32 本屋敷観音　33 堂林観音

□佐渡西国三十三所〈明治期〉

明治期か。前記とは別。現行なし。佐渡市。

1 新穂観音堂　2 圓通寺　3 明法院　4 善光寺　5 吉祥寺
6 潟上順堂　7 湯ノ澤薬師堂　8 吾潟観音堂　9 十王堂　10 高安寺
11 平野屋堂　12 正覚寺　13 大師寺　14 延命寺　15 聖徳寺　16 極楽寺
17 寶蔵寺　18 五十里観音堂　19 白瀬観音堂　20 阿弥陀堂
21 坊ケ崎村堂　22 和木観音堂　23 馬首大師堂　24 阿弥陀堂　25 不動堂
26 松ヶ崎村堂　27 阿弥陀堂　28 文殊院　29 阿弥陀堂　30 毘沙門堂
31 歌見大師堂　32 共有堂　33 薬師寺

□相川巡礼三十三所〈江戸期〉

【別称】佐渡三十三所、佐渡相川三十三所【百番】佐渡百番巡礼（古仏巡礼・灰仏巡礼）

宝永5年（1708）、秋田の僧遊南発起、同6年（1709）唱誉蓮心開創。同年6月18日、天台・真言・浄土・禅宗の各信徒はじめて巡礼する。ご詠歌あり。現行なし。「佐渡百番巡礼」は宝永8年（1711）開創。佐渡市。

1 観音寺　2 医王寺　3 長安寺　4 立岩寺　5 弾誓寺　6 万福院
7 金剛院　8 来迎寺　9 広源寺　10 大龍寺　11 観音寺　12 法界寺
13 定善寺　14 金昌寺　15 福泉寺　16 銀山寺　17 昌安寺　18 高安寺
19 大安寺　20 宝（法）樹寺　21 本昌寺　22 大泉寺　23 専光寺
24 厳（教）常（寿）寺　25 大乗寺　26 教寿寺（巌口寺）　27 西念寺
28 広伝寺 29 地蔵寺（相連寺）　30 西光寺　31 興禅寺　32 妙音寺
33 専念寺

巡礼閑話　佐渡の巡礼伝承

「佐渡国に往古より古仏順礼三十三か所の観音の霊場を順礼し始めは何れのころより始まるか。何れ人皇百五代後柏原院御宇文亀元年（150）より羽茂郡丸山村の諸人共古仏三十三か所観音の霊場を順礼の始めと相見事也。右は此時分は羽茂本郷大谷の今観音堂は世話人別当善助の家にて世話致して此家の西山で松山に観音堂あり。其頃ここにご詠歌有り、曰く、雲をおおう　谷の桜　色見えて　いつも絶えせぬ　法の花寺、とあり」（『羽茂町誌第四巻』）。

□相川巡礼三十三所〈明治期〉

明治40年（1907）、前記を再興する。辻路元（守遊）詠歌、遊南札所を設ける。佐渡市。

1 観音寺　2 海士町大日堂　3 海士町観音堂　4 立岩寺
5 下戸観音堂　6 弾誓寺　7 金剛院　8 来迎寺　9 来迎寺　10 高安寺
11 高安寺　12 福泉寺　13 観音寺　14 観音寺　15 法念寺　16 法念寺
17 真如院　18 相蓮寺　19 大超寺　20 興禅寺　21 西念寺　22 広源寺
23 広源寺　24 大安寺　25 大安寺　26 大泉寺　27 東光寺
28 下相川観音堂　29 下山ノ観音堂　30 長泉寺　31 総源寺　32 大乗寺
33 大乗寺

□古仏巡礼三十三所　【別称】佐渡古仏三十三所、佐渡国三十三所【百番】佐渡百番巡礼（相川巡礼・灰仏巡礼）

文亀元年（1501）創始というが、元禄期（1688-1701）開創。ご詠歌あり。現行なし。佐渡市。

1 西龍寺　2 平泉寺　3 満願寺　4 長命寺　5 観音寺　6 横山寺
7 北山寺　8 東光寺　9 禅長寺　10 大谷村観音堂　11 観音寺
12 蓮華峯寺　13 岩屋堂　14 大光寺　15 妙見寺（國分寺）　16 般若寺
17 石立寺　18 堂林の観音堂　19 南閻堂　20 菩提山関寺　21 窟　堂
22 白瀬村観音堂　23 圓照寺　24 赤井寺　25 宝性寺　26 菩薩寺
27 青竜寺　28 普門寺　29 宝満寺　30 清水寺　31 朝日寺　32 長谷寺
33 飯出山

○新佛巡礼三十三所

詳細不明。現行なし。

1 本屋敷観音堂　33 蓮花院

□灰佛巡礼三十四所　【別称】東佐渡三十四所、佐渡東三十四所、佐渡国東 三十三所【百番】佐渡百番巡礼（相川巡礼・古仏巡礼）

宝永8年（1711）「34宝性院」住僧徹厳開創。現行なし。佐渡市。

1 松崎（前）坊　2 萬福寺　3 泉福寺　4 西楽寺　5 東福寺　6 諏訪社
7 文殊院　8 白山権現　9 慶蔵院　10 強清水八幡　11 萬福寺
12 観音寺　13 地蔵院　14 誓願寺　15 照光寺　16 能久寺　17 晃照寺
18 長福寺（正覚院）　19 不動院　20 瑞芳寺　21 花（華）蔵院　22 世尊院
23 宝性寺　24 阿弥陀堂　25 寶渡寺　26 吉祥寺　27 善光寺　28 大日堂

29 東典寺（剛安寺） 30 寶蔵寺 31 舟城寺 32 歓喜院 33 圓通寺
34 宝性院

□線佛巡礼三十三所 【別称】佐渡線仏三十三所

寛政７年（1795）創始（『佐渡惣順礼日記』）。現行なし。札番は筆者。線彫りの石仏巡礼。『長谷寺来由記』宝暦５年（1755）には別の三十四所（石像）の線仏巡礼を記載。

1 種徳院 2 全昌寺 3 安國寺 4 十王堂 5 西光寺 6 寶性寺
7 玉林寺 8 十王堂 9 慈光山 10 真楽寺 11 上之坊 12 大聖寺
13 田中坊 14 阿弥陀堂 15 寂光坊 16 慶宮寺 17 吉祥寺 18 等覚坊
19 大徳寺 20 地蔵院 21 穴太寺 22 浄林寺 23 神宮寺 24 深山坊
25 圓満寺 26 本覚院 27 法幢寺 28 観音寺 29 圓満坊 30 十王坊
31 大運寺 32 大願寺 33 光照寺

○河原田三十三所

詳細不明。現行なし。

1 観音寺 28 牛込洞泉寺

北陸地方

北陸地方の概要：全国的に浄土真宗の盛んな地域には、観音巡礼の三十三所巡りのような地域を周遊する札所めぐりの存在が薄い。北陸３県はその代表的な地域といえるが、特に富山・石川県については開設された記録が全国的に見ても非常に少ない。しかし、福井県南部（越前～若狭）のように三十三所の地域めぐりが各地で設定されて、近世以降には巡礼がかなり盛んであったと考えられる所もある。

■北陸三十三所

昭和57年（1982）開創。ご詠歌あり。現行。富山（11）・石川（11）・福井（11）の３県。

1 中山寺　2 馬居寺　3 妙楽寺　4 多田寺　5 羽賀寺　6 天徳寺
7 石観世音　8 帆山寺　9 福通寺　10 大安寺　11 瀧谷寺　12 那谷寺
13 宝円寺　14 観音院　15 総持寺　16 岩倉寺　17 上日寺　18 明泉寺
19 妙観院　20 山田寺　21 長楽寺　22 永光寺　23 上日寺　24 国泰寺
25 蓮華寺　26 観音寺　27 安居寺　28 千光寺　29 常楽寺　30 海禅寺
31 正禅寺　32 十三寺　33 法福寺

■奥の細道・越後北陸路三十三所　【百番】奥の細道百か所札所（みちのく・関東路と伊勢神宮）

昭和63年（1988）開創。仏教文化振興会（仙台市）の創立５周年記念企画として「奥の細道・みちのく三十三所」を選定。のちに「越後北陸路三十三所」「関東路三十三所」、特別霊場「伊勢神宮」が加わり百か所霊場めぐりとなる。現行。山形・新潟・富山・石川・福井・岐阜・三重の７県。

1 曹源寺　2 浄念寺　3 仙城院　4 種月寺　5 西生寺　6 照明寺
7 大泉寺　8 香積寺　9 直指院　10 徳城寺　11 明禅寺　12 国泰寺
13 不動寺　14 伏見寺　15 雨寶院　16 那谷寺　17 大王寺　18 医王寺
19 金昌寺　20 大善寺　21 瀧谷寺　22 天龍寺　23 永平寺　24 持寶院
25 宗生寺　26 福通寺　27 清心寺　28 金前寺　29 本隆寺　30 金昌寺
31 妙応寺　32 大智院　33 四天王寺

■北陸白寿三十三所

昭和62年（1987）開創。富山・石川・福井の３県。ご詠歌あり。現行。

1 中山寺　2 多田密寺　3 寶泉院　4 持寶院　5 大善寺　6 瀧谷寺
7 総持寺　8 愛染寺　9 実性院　10 薬王院温泉寺　11 那谷寺
12 大王寺　13 集福寺　14 寶憧寺　15 永安寺　16 観音院　17 観法寺
18 不動寺　19 正覚院　20 山田寺　21 光善寺　22 教学院　23 光暁寺
24 光明寺　25 蓮王寺　26 各願寺　27 千光寺　28 東薬寺　29 富山寺
30 護国寺　31 心蓮坊　32 千光寺　33 清水寺

富山県

富山県の概要：浄土真宗が全般的に大変盛んな北陸地方の中でも富山県は特に多い地域である。旧藩時代の各宗派の寺院は、廃仏毀釈の際に一宗一寺に改められたため、古寺の巡礼路は多くが消滅したのではないか。もと越中国と称した県下で、廃仏後復活した寺院の８割が浄土真宗寺院である。現在浄土真宗寺院は全寺院の７割を占め、地域の末寺を通じて報恩講などと呼ばれる寺院との結びつきの強固な組織（門徒）を築き上げ、この講の組織を通じて寺院を会場に信仰や飲食などの寄り合いを行い、また婦人達も尼講の組織を通じて村の生活組織を構成している。このため観音参拝講のような形のものは発展しなかったのであろうと考えられる。特に農村部には地域における三十三所巡礼の形跡が見あたらない。

□越中一國三十五所〈江戸期〉

天正（1573-92）末期、前田五郎兵衛尉菅原安勝発起。35か所ある。ご詠歌あり。現行なし。

1 安居寺　2 観音寺　3 國泰寺　4 上日寺　5 千手寺　6 慶高寺
7 光台寺　8 惣持寺　9 繁久寺　10 蓮華寺　11 永安寺　12 千光寺
13 応（翁）徳寺　14 薬勝寺　15 金胎寺　16 長寿寺　17 蓮王寺　18 永久寺
19 自運寺　20 大楽寺　21 福王寺　22 高徳寺　23 吉祥寺　24 海禅寺
25 顕正院　26 真興寺　27 来迎寺　28 日石寺　29 安楽寺　30 徳城寺
31 実相院　32 千光院　33 法福寺　34 岩峅寺　35 立川寺（立山寺）

巡礼閑話 「越中一國」の起源

富山地方で唯一古い歴史をもつ「越中一國三十五所」の起源を安永４年（1775）ご詠歌を掲載刊行した『稿本越のした草』にみると「観世音巡禮之濫觴ハ、天正之末、前田五郎兵衛尉菅原安勝朝臣（加賀藩祖前田利家の兄）、暫時富山ノ城ヲ守リ給フ頃、常ニ観世音ヲ信仰シテ、一月□度カナラズ弥勒山安居寺ニ詣デタマフ。或時、其節ノ寺主宗祐法印ニ談ジタマヒテ、當國ノ霊場ヲカゾヘアゲ、三十五ケ所ノ札所ヲ極メテ道俗行者ヲシテ巡禮ナサシメ、法縁ヲ結ブノ種ニモト示シタマフトナン」。歴史的には、８世紀前後にまでさかのぼる創建伝承の寺院が存在する。

●越中一國三十三所〈明治期〉 【別称】越中三十三所、富山壱国三十三所

明治初期、または明治37年（1904）開創、昭和８年（1933）再興。ご詠歌あり。（　）内現状。

1 安居寺　2 觀音寺　3 國泰寺　4 上日寺　5 千手寺
6 慶高寺（國分寺）　7 養老寺（慈尊院）　8 総持寺（観音寺）　9 繁久寺
10 蓮華寺　11 永安寺　12 千光寺　13 翁（應）徳寺　14 薬勝寺　15 金胎寺
16 長壽寺　17 蓮王寺　18 永久寺　19 慈（自）運寺　20 大楽寺　21 福王寺
22 高徳寺　23 吉祥寺　24 海禅寺　25 顕正院　26 真興寺　27 来迎寺
28 日石寺　29 安楽寺　30 徳城寺　31 実相院　32 千光寺　33 法福寺

□富山地廻り西国三十三所

現行なし。

1 眞興寺　2 極楽寺　3 大信寺　4 清源寺　5 圓隆寺　6 西養寺
7 興國寺　8 普泉寺　9 正念寺　10 浄禅寺　11 蓮台寺　12 照岸寺
13 宥照寺　14 極楽寺　15 来迎寺　16 蓮花寺　17 顕照寺　18 無縁寺
19 清光院　20 無常院　21 観音寺　22 興國寺　23 立満寺　24 千日寺
25 来迎寺　26 興眞寺　27 来迎寺　28 祐眞院　29 大平寺　30 全慶寺
31 高像寺　32 顕正院　33 不動院

●富山新西国三十三所 【別称】東越三十三所

昭和８年（1933）開創。現行。富山県呉東地区、富山・滑川・魚津各市、立山町・上市町（中新川郡）、朝日町（下新川郡）。

1 立山寺　2 龍光寺　3 日石寺　4 海松寺　5 西禅寺　6 立山寺

7 海恵寺　8 徳城寺　9 吉祥寺　10 金福寺　11 浄禅寺　12 圓隆寺
13 真興寺　14 興国寺　15 護国寺　16 西養寺　17 大泉寺　18 西願寺
19 常泉寺　20 蓮華寺　21 護国寺　22 祇樹寺　23 海禅寺　24 巒昌寺
25 常楽寺　26 心蓮坊　27 長興寺　28 興国寺　29 龍高寺　30 円城院
31 各願寺　32 實壽院　33 大川寺

□氷見三十三所　【別称】越中氷見三十三所

享保20年(1735)発起。ご詠歌(「西国」利用)あり。現行なし。

1 慶高寺　2 権現堂　3 慈尊院　4 本覚坊　5 金光院　6 無住庵
7 国泰寺　8 光禅寺　9 西念寺　10 江雲庵　11 延暦寺　12 大安寺
13 仏生寺村神社　14 粟原村神社　15 実隆寺　16 千手寺　17 竹里山
18 八幡さん　19 小浦宮　20 紹光寺　21 観音寺　22 上房寺
23 加納村観音　24 宝光寺　25 興聖寺　26 光西寺　27 大栄寺　28 石観寺
29 阿尾村観音堂　30 唐　島　31 稲積村観音堂　32 白雲寺　33 上日寺

■高岡三十三所　【別称】高岡新西国三十三所

昭和3年(1928)、高岡市内の僧侶・有志により石仏を建立して開創。ご詠歌あり。現行。(　)内は現状。石像めぐり。

1 龍雲寺　2 広乾寺　3 無常庵(長信寺)　4 極楽寺　5 玉川庵(新川寺)
6 香林寺　7 法性庵(瑞龍寺)　8 無常庵(明禅寺)　9 東漸院
10 壽昌庵(大野公民館)　11 林洞庵(林洞寺)　12 種徳寺
13 太陽庵(種徳寺)　14 瑞龍寺　15 宗泉寺　16 浄土寺　17 智足庵(金光院)
18 親川庵　19 圓通院　20 亀占庵(瑞龍寺)　21 大師殿(真光寺)　22 極楽寺
23 大福院　24 宗円寺　25 天景寺　26 西福寺　27 観音庵(観音寺)
28 惣持寺　29 大佛寺　30 長寿庵(慈尊院)　31 禅憧寺　32 教学院
33 繁久寺

石川県

石川県の概要：能登国・加賀国とも浄土真宗が発展している。特に加賀では圧倒的に真宗王国であるが、能登では真言密教や禅宗も根強い。県下で三十三所巡礼の経緯が見受けられるのは、能登半島と金沢市内のみでその存在が知られる程度である。県下各地にその痕跡があるかも知れないが、現状ではかなり調査困難な地域である。

■能登三十三所　【別称】能登国三十三所、當國三十三所

貞享元年(1684)以前成立、寺院支配を巡る27札所の訴状に「貞享元年」とあることによる。元禄10年(1697)の納札あり「26大福寺(高爪神社)」。廃仏毀釈で修験道の寺は衰退した。ご詠歌あり。(　)内は現納経所。

1 明泉寺　2 上田寺(観音堂)　3 嶽の宮
4 神道寺(椿寺・鹿渡島観音：２寺)　5 海門寺　6 清水寺(観音堂)
7 妙観院　8 江曽観音堂(妙楽寺)　9 天平寺　10 初瀬寺(小田中観音堂)
11 常楽寺(正雲寺観音堂)　12 四柳寺(観音堂)　13 円通寺(永光寺)
14 泉福寺(住吉神社)　15 岡松寺(観音寺)　16 正覚院
17 光泉寺(上野観音堂)　18 天平寺(澤野観音堂)　19 長楽寺　20 山田寺
21 橋爪寺(宗貞寺)　22 牛ケ鼻(栄春庵)　23 妙法寺(谷内観音堂)
24 虫ケ嶽観音堂　25 龍護寺　26 大福寺(高爪神社)　27 銕川寺(宝泉寺)
28 立持寺(観音堂)　29 長楽寺　30 誓願寺(永福寺)　31 粉川寺　32 岩倉寺
33 高勝寺(翠雲寺)

□能登諸橋三十三所

ご詠歌あり。現行なし。穴水町・能登町(鳳珠郡)。

1 明泉寺　2 観音寺　3 霊山寺　4 泰仙寺(太盛院)　5 西(最)安寺
6 洞雲寺　7 萬年寺　8 幸(興)福寺　9 徳正寺(徳昌寺)　10 海蔵院
11 天徳院　12 常椿寺　13 長楽寺　14 塩谷寺　15 海禅寺　16 洞光寺
17 大蓮寺　18 甲山観世音　19 千手院　20 宗源寺　21 全翁寺　22 地福院
23 明王院　24 遍照院　25 一乗院　26 月光院　27 蓮基院　28 観音院
29 医王院　30 選化庵　31 大龍寺　32 瑞源寺　33 来迎寺

□七尾三十三所　【別称】七尾石仏三十三所、七尾観音霊場

昭和5年(1930)設立。現行なし。石像めぐり。七尾市。

1 徳翁寺　2 西光寺　3 藤橋堂　4 長齢寺　5 海門寺　6 宝塔寺
7 妙観院　8 最勝寺　9 泉龍寺　10 霊泉寺　11 宝幢寺　12 大仏寺
13 矢　田(泉龍寺)　14 正福寺　15 小瀧山　16 神明町　17 恵眼寺
18 西念寺　19 常通寺　20 八幡社前　21 妙圀寺　22 長興寺　23 高岡山
24 佐　味　25 長寿寺　26 印勝寺　27 実相寺　28 常蓮寺　29 大　田
30 龍門寺　31 小　島　32 無常堂　33 三原前(徳翁寺)

□金沢西国三十三所〈江戸期〉

正徳5年(1715)「六用集」にある。ご詠歌あり。現行なし。

1 慈光院　2 長谷院　3 瑞光寺　4 長楽寺　5 成福寺　6 法然寺
7 持福寺　8 妙慶寺　9 薬王寺　10 成学寺　11 願行寺　12 極楽寺
13 安住寺　14 伏見寺　15 西方寺　16 千手院　17 雨寶院　18 宝久寺
19 常光寺　20 出雲寺　21 宝寿寺　22 永久寺　23 賢聖坊　24 寿経寺
25 観音院　26 源法院　27 正教寺　28 実相寺　29 高原寺　30 集福寺
31 献珠寺　32 岩倉寺　33 波着寺

□金沢西国三十三所〈明治期〉　【別称】金沢市内西国三十三所、金澤三十三所【百番】金沢百観音(金沢坂東・金沢秩父)

前記の現行(明治初期に確立)。明治期の再編の際、金沢坂東から12か寺「1 遍照寺・4 棟岳寺・5 龍國寺・7 雲龍寺・11 祇陀寺・18 少林寺・19 翠雲寺・20 最勝寺・21 瑞雲寺・25 医王院・27 少林寺・29 高原院」を統合したことなどから順路は複雑化している。ご詠歌(西国利用)あり。現行なし。(　)は本尊所在寺。

1 寶幢寺　2 長谷院(寺)　3 瑞光寺　4 棟岳寺　5 龍國寺　6 法然寺
7 雲龍寺　8 妙慶寺　9 崇禅寺　10 成学寺　11 祇陀寺　12 極楽寺
13 安住寺(医王山寺)　14 伏見寺　15 西方寺　16 千手院　17 雨寶院
18 少林寺　19 西養寺　20 最勝寺　21 瑞雲寺　22 永久寺　23 寶泉坊(寺)
24 寿経寺　25 観音院　26 源法院(持明院)　27 少林寺　28 久昌寺
29 高原院　30 寶集寺　31 献珠寺　32 岩倉寺(安居寺)　33 波着寺

□金沢坂東三十三所〈江戸期〉

正徳5年(1715)「六用集」にある。ご詠歌あり。現行なし。ご詠歌あり。現行なし。

1 金剛院　2 棟岳寺　3 眞行寺　4 天供院　5 安楽寺　6 萬宝院
7 乾貞寺　8 了願寺　9 薬(医)王寺　10 医王院(愛染院)　11 西養寺
12 来教寺　13 普明院　14 玄門寺　15 心蓮社　16 光覚寺
17 宝来寺(道寿院)　18 天道寺　19 宝来寺　20 法船寺　21 延命院
22 円教寺　23 遍照寺　24 泉(香)林寺　25 三光寺　26 浄安寺　27 理証院
28 長久寺　29 融山院　30 金剛寺(院)　31 永福寺　32 桂岩寺　33 宝集寺

□金沢坂東三十三所〈明治期〉　【百番】金沢百観音(金沢西国・金沢秩父)

「漸得雑記」明治2年(1869)。ご詠歌あり。現行なし。

1 玉泉寺　2 円教寺　3 国泰寺　4 浄安寺　5 真長寺　6 願行寺
7 翠雲寺　8 大蓮寺　9 宝勝寺　10 養智院　11 香林寺　12 医王寺
13 宝幢寺　14 道寿寺　15 真福寺　16 顕証院　17 持明寺　18 大岩寺
19 宝寿寺　20 天道寺　21 持福寺　22 乾貞寺　23 心蓮社　24 玄門寺
25 宝泉坊　26 福重院　27 了願寺　28 来教寺　29 最勝寺　30 誓願寺
31 乗龍寺　32 西養寺　33 顕正寺

□金沢秩父三十三所　【別称】金沢市内巡礼秩父三十四所【百番】金沢百観音(金沢西国・金沢坂東)

江戸期の「金沢西国」「金沢坂東」をのち明治期に「金沢秩父」創設のために再編。現行なし。秩父であるが33番まで。

1 崇福寺　2 久昌寺　3 源法院　4 永久寺　5 最勝寺　6 龍国寺
7 西養寺　8 宗龍寺　9 宝泉坊　10 観音院　11 寿経寺　12 雲龍寺
13 高原院　14 献珠寺　15 瑞雲寺　16 岩倉寺　17 波着寺　18 棟岳寺
19 瑞光寺　20 長谷院　21 寶憧寺　22 法然寺　23 祇陀寺　24 寶集寺
25 伏見寺　26 安住寺　27 極楽寺　28 妙慶寺　29 成学寺　30 西方寺
31 少林寺　32 千手院　33 雨寶院

福井県

福井県の概要：越前と若狭からなる福井県は、現在では浄土真宗寺院が全寺院の半数を占める真宗王国で、そのほとんどは北部の越前にある。続いて禅宗系の寺院が全寺院の２割を占めるが、その８割は永平寺に関わる曹洞宗寺院である。若狭では臨済宗の南北朝以降発展した相国寺系寺院が現在も法灯を守っている。天台·真言の密教系では、天台真盛宗が越前を中心に多い。戦後の福井大地震（昭和23年（1948）復興・慰霊の札所設定が２例あるが、巡礼路復活に結びついていないように思われる。

■越の国三十三所〈江戸期〉【別称】国中三十三所、越前国西国三十三所越前国地西国三十三所、越前三十三所

延宝６年(1678)以降成立。泰澄大師に関係ある寺院が22寺ある。(　)内現状。ご詠歌あり。現行。

1 杖立金堂（大谷寺） 2 越知山本堂（大谷寺） 3 糸崎寺 4 性海寺
5 瀧谷寺 6 大善寺 7 畦畝寺（観音堂） 8 総持寺 9 龍澤寺
10 豊原寺 11 松岡観音堂（摂取院） 12 平泉寺 13 佛性寺 14 木本観音堂
15 子安観音堂（地蔵院） 16 木田観音堂（普門寺） 17 松尾寺（持宝院）
18 波着寺 19 鎮徳寺 20 官正院（普賢寺） 21 普賢院（持宝院）
22 普観寺（寿命院） 23 飯塚観音堂（法承寺） 24 盛福寺 25 泰澄寺
26 中道院 27 帆山寺 28 円通寺（楝岳寺） 29 横根寺 30 福通寺
31 二楷堂白山宮 32 玉川岩屋観音堂 33 大谷寺大長院

●越の国三十三所〈昭和期〉【別称】震災物故者慰霊三十三所

昭和24年（1949）成立、福井地震（昭和23年６月）の復興を祈念、災死者の霊を弔う。後記「復興慈母観音」との混同を避け越前地区（１市３郡）という意味で「越の国」と命名。ご詠歌（「西国」利用）あり。現行。

1 総持寺（正瑞寺） 2 田中説教場 3 安穏寺 4 龍雲寺 5 受法寺
6 大学院 7 二面薬師堂 8 社村観音堂 9 龍善寺 10 永源寺
11 西畑宅 12 岡保観音堂 13 西藤観音堂 14 安養寺 15 隆広寺
16 永平寺位牌堂 17 受誓寺 18 瀧谷寺 19 石大仏 20 森田観音堂
21 酒井宅 22 山室白山神社 23 東超勝寺 24 八十島宅 25 常福寺

26 大安寺観音堂　27 善林寺　28 はざま神社　29 白導寺　30 安楽寺
31 称名寺　32 大善寺　33 宗教文化協会

●復興慈母観音三十三所 【別称】福井市三十三所、福井復興観音三十三所

昭和23年（1948）成立、戦災（昭和20年7月）と福井地震（昭和23年6月）からの復興を祈念し、災死者の霊を弔うことを目的として創設。ご詠歌（「西国」利用）あり。現行可。（　）内は所在寺院名。番外10番あり。

1 万霊観音（瑞源寺）　2 八代観音　3 桃園観音（華蔵寺）
4 乾観音（持宝院）　5 立矢観音（東雲寺）　6 豊島観音
7 東光観音（東光寺）　8 だるま観音　9 昭和観音（持宝院）　10 花堂観音
11 燈明観音（瑞源寺）　12 和田観音（養仙寺）　13 輝観音（法興寺）
14 幾久観音　15 堀端観音（常福院）　16 城東観音（天龍寺）
17 手寄観音（持宝院）　18 一乗観音（一乗寺）　19 北野観音　20 呉服観音
21 照手観音（法興寺）　22 乾徳観音（霊泉寺）　23 貨泉観音（自性院）
24 花月観音　25 西光観音（清宝寺）　26 西山観音（西厳寺）
27 足羽観音（西念寺）　28 出作観音　29 相生観音（西光寺）
30 山手観音（泰清院）　31 山奥観音（通安寺）　32 子安観音
33 親観音堂（瑞源寺）

□福井西国三十三所 【別称】福井地西国三十三所、福井三十三所、福井城下三十三所

寛保年中（1741-44）頃開創。現行なし。

1 鎮徳寺　2 歓喜院　3 福蔵院　4 良薬院　5 北向観音　6 真照寺
7 医王院　8 乗久寺　9 持宝院　10 普観寺　11 華応院　12 御嶽寺
13 普賢院　14 大仙寺　15 長安寺　16 清法院　17 霊泉寺　18 清源寺
19 金龍寺　20 光照寺　21 法興寺　22 隆松寺　23 成覚寺　24 蔵本院
25 昌教院　26 波着寺　27 西念寺　28 自性院　29 普門院　30 東雲寺
31 通安寺　32 泰清院　33 松尾寺

□福井坂東三十三所

文化12年（1815）以前成立。「福井西国」「福井坂東」を合わせ六十六部観

音巡礼という。(　)は文化8年(1811)頃、およびそれ以降の改変。現行なし。

1 乗国寺　2 茂林院　3 久昌寺(崇福寺)　4 崇福寺(国昌寺)

5 国昌寺(不動院)　6 不動院(清圓寺)　7 清圓寺(寿願院白山堂)

8 壽福院(一乗寺)　9 福正院(西厳寺)　10 一乗寺(牛之堂)

11 寶壽院(八幡別当松壽院)　12 西厳寺(長雲寺)　13 牛之堂(安穏寺)

14 松壽院(永春寺)　15 寶蔵院　16 寶蔵院(おゝばく)　17 泰蔵院

18 宗徳寺(慶増院)　19 金西寺　20 安穏寺(神宮寺)　21 総光寺(森厳寺)

22 森厳寺(怒松院)　23 怒松院(心月寺)　24 安養寺(虚空蔵堂)

25 虚空蔵堂(安養寺)　26 壽命院(梅本院)　27 松玄院(西光寺)

28 神宮寺(牧之島観音堂)　29 寶珠院(春　日)　30 蓮臺寺(清光院)

31 威寶院(延命院)　32 延命院(持寶院)　33 持寶院(縁成寺)

巡礼閑話　六十六部(六部)とは

古来「法華経」を66部書写して全国66か国の国々の霊場に1部ずつ 奉納する行脚僧のことをいった。手甲脚絆をつけ、六部笠をかぶり、厨子を背負って、鉦をならして、また道中米銭を請いながらの諸国を行脚の姿から、のちには廻国巡礼そのものをいうようになった。平安時代に起源をもち、鎌倉期から流行し、江戸期には、諸国の寺社参詣のほか、西国・坂東や秩父などの観音霊場札所を組み合わせた六十六霊場巡礼も行われた。「六十六部」を略して「六部」ともいう。

□大野西国三十三所　【別称】大野地西国三十三所、大野三十三所

天保9年(1838)には開創。ご詠歌あり。現行なし。大野市。

1 洞雲寺　2 洪泉寺　3 飯隆山　4 深井地蔵堂(春日神社)

5 上荒井不動堂　6 仏性寺　7 春日神社境内　8 圓通庵(圓通寺)

9 春日社(文殊院)　10 熊野社(福祥院)　11 観月寺(観月庵太子堂)

12 徳巖寺　13 曹源寺　14 中野白山堂　15 白山神社(中野白山堂)

16 吉祥院(松田宅)　17 金比羅宮(持宝院)　18 等覚院　19 善導寺地蔵堂

20 善導寺地蔵堂　21 日吉神社(丹生寺)　22 願成寺(河濯宮)　23 長興寺

24 大宝寺　25 寺町観音堂(明龍庵)　26 紳明社(岩本院)

27 一条庵(一条寺)　28 蓮光寺　29 奥之庵(奥之院)　30 恵光院

31 岫慶寺　32 瑞祥寺　33 来迎庵(善導寺)

●今立西国三十三所　【別称】福井城下三十三所

安永7年(1778)開創。ご詠歌(「西国」利用)あり。現行。

1 文室観音堂　2 積善寺　3 奥宮谷御宮　4 霊泉寺観音堂　5 連正寺
6 安泰寺　7 文妙寺　8 興徳寺　9 吉村野乃宮　10 樫尾御宮
11 高林寺　12 樫尾地蔵堂　13 金刀比羅　14 山ノ寺　15 粟田部薬師堂
16 秋葉山　17 十王堂　18 粟生寺　19 観音山　20 二日市観音堂
21 法音寺　22 粟田部地蔵堂　23 西尾白山宮　24 新在家大日社
25 成願寺内観音堂　26 成願寺外観音堂　27 大滝児権現　28 大滝児神社
29 法徳寺　30 安楽寺　31 岩本御宮観音堂　32 正円寺
33 不老御宮観音堂

●池田西国三十三所　【別称】池田地西国三十三所、池田三十三所

寛政12年(1800)、次郎左衛門発起。現行あり。

1 月ヶ瀬観音　2 藪田観音　3 稲荷金比羅　4 大願寺金仏観音
5 大願寺木仏観音　6 稲荷不動　7 市観音　8 分野金比羅
9 稲荷観音　10 上荒谷薬師　11 月ヶ瀬金比羅　12 寺島地蔵
13 寺谷地蔵　14 山田地蔵　15 板垣観音　16 山田地蔵　17 山田地蔵
18 山田地蔵　19 龍渕寺木仏観音　20 龍渕寺金仏観音　21 西光寺
22 西光寺　23 西光寺　24 寺谷弘法　25 廣瀬観音　26 水海薬師
27 阿弥陀寺金仏観音　28 阿弥陀寺木仏観音　29 阿弥陀寺木仏観音
30 清閑院観音　31 清閑院地蔵　32 水海弘法　33 宮谷観音

□武生西国三十三所　【別称】武生地西国三十三所、武生三十三所

江戸期。ご詠歌(「西国」利用)あり。現行なし。

1 帆山寺　2 旭観音堂　3 月光寺　4 称名寺　5 本覚院　6 窓安寺
7 龍泉寺　8 中ばさみ　9 真照寺　10 龍門寺　11 大宝寺　12 金連寺
13 善精寺　14 不動堂　15 善源寺　16 遍照院　17 洞源寺　18 河濯宮
19 宝円寺　20 宝円寺　21 深草地蔵堂　22 盛秀寺　23 仏光庵　24 地蔵院
25 金剛院　26 太田無量堂　27 国分寺　28 北府観音堂　29 引接寺
30 日庭寺　31 金剛院　32 正覚寺　33 祥雲院

□三方地西国三十三所　【別称】三方三十三所

江戸期か。昭和初期「4宗傳寺」22世百春一如和尚ら再興。現行なし。

1 三方石観世音　2 臥龍院　3 亀　石　4 宗傳寺　5 西方寺
6 南前川地蔵堂　7 正傳寺　8 藤井地蔵堂　9 向陽寺　10 善光寺
11 傳芳院　12 長福寺　13 成願寺　14 永正院　15 圓成寺　16 常在院
17 弘世寺　18 心月院　19 玉泉寺　20 月輪寺　21 浄林寺　22 向福寺
23 泉源寺　24 観音寺　25 久昌寺　26 長谷寺　27 龍澤寺　28 久音寺
29 瑞林寺　30 観音寺（笹田観音堂）　31 長久寺　32 福昌寺　33 寶泉院

□志摩山三十三所

江戸期。観音像以外多いが仏像33所を巡拝。ご詠歌あり。大飯町。

1 腰倉山不動尊　2 腰倉山不動尊　3 腰倉山不動尊　4 腰倉山不動尊
5 腰倉山不動尊　6 清雲寺　7 清雲境内仏堂　8 西村薬師堂
9 西村薬師堂　10 常禅寺　11 常禅寺境内　12 河村地蔵堂
13 河村地蔵堂　14 河村地蔵堂　15 河村地蔵堂　16 宝楽寺境内仏堂
17 東源寺　18 東源寺　19 東源寺　20 長楽寺　21 長楽寺
22 長楽寺つち堂　23 畑村観音堂　24 満願寺　25 満願寺　26 海岸寺
27 海岸寺境内仏堂　28 東方寺　29 西村森坪跡　30 西村寺崎地蔵堂
31 西村城山東麓　32 宝楽寺　33 藤原寺

□大飯坂東三十三所　【別称】郡内新坂東三十三所

大正11年（1922）、立石藤三郎の発起、大飯郡西の33寺で結成。ご詠歌あり。現行なし。

1 中山観音堂　2 正壽院　3 地蔵院　4 慈釈院　5 大成寺　6 金林寺
7 圓福寺　8 蒜畠阿弥陀堂　9 六路阿弥陀堂　10 清住庵　11 瑞高庵
12 永源寺　13 宗太夫　14 西林寺　15 桃源寺　16 洞昌寺　17 海見寺
18 玉雲寺　19 毘沙門堂　20 立石地蔵　21 長福寺　22 長養庵　23 元興寺
24 園松寺　25 常津寺　26 南陽寺　27 蔵身庵　28 正善寺　29 妙祐寺
30 清雲寺　31 常禅寺　32 東源寺　33 海岸寺

□大飯秩父三十三所　【別称】郡内新秩父三十四所

大正11年（1922）、立石藤三郎の発起、大飯郡東の33寺で結成。「大飯坂東」「大飯秩父」両札所の結願所「34宮崎薬師堂」。ご詠歌あり。現行なし。

1 真乗寺　2 真乗寺薬師堂　3 馬居寺　4 海蔵庵　5 向陽庵
6 寶楽寺　7 長楽寺　8 畑観音堂　9 称名寺　10 慈眼院

11 山田観音堂　12 潮音院　13 玉正寺　14 西廣寺　15 海元寺
16 神崎薬師堂　17 佛燈寺　18 西方寺　19 久保釈迦堂　20 清源寺(善應寺)
21 歓喜寺　22 長福寺　23 實相寺　24 意足寺　25 西安寺　26 浄眼寺
27 龍虎寺　28 海隣寺　29 圓通寺　30 飯盛寺　31 加斗村大師堂
32 清林庵　33 松原寺　34 宮崎薬師堂

□若狭三十三所〈戦国期〉　【別称】若狭國中順礼三十三所

戦国期の開創。近世初頭には没落した「31園林寺」が入っており、多くの寺院が戦国大名武田氏により掌握されていた寺院であったことから推測。天台・真言宗寺院中心。「32多門寺」→「32照光寺」の変更は、寛政～明治(1790-1870)ころ。現行なし。(　)は後の変更。当初の組み合わせ。

1 明王院　2 西光寺　3 大乗寺　4 羽賀寺　5 丹生小野寺
6 津々見小野寺　7 正照院　8 神宮寺　9 多田寺　10 妙楽寺
11 谷田寺　12 明通寺　13 天徳寺　14 黒田寺　15 安楽寺　16 飯盛寺
17 吉祥寺　18 玉正寺　19 満願寺　20 鹿野寺(仏燈寺)　21 石山寺(西方寺)
22 金藤寺(真乗寺？)　23 金林寺(清住庵？)　24 一乗寺(中山寺)
25 永福寺　26 西光寺(馬居寺)　27 成願寺　28 月輪寺　29 龍泉寺
30 田井島　31 園林寺　32 多聞寺(照光寺)　33 長法寺

◯若狭国三十三所〈近世後期〉

江戸期。4寺以外の詳細不明。ご詠歌あり。現行なし。

1－3 不　明　4 水生寺　5－6 不　明　7 萬徳寺　8－27 不　明
29 瑞林寺　30－31 不　明　32 照光寺　33 不　明

□若狭西国三十三所〈明治期〉

明治初期、長泉寺21世利錐和尚発願。前記の退廃を受けて創設。ご詠歌あり。現行なし。

1 為生寺　2 保中寺　3 矢代観音堂　4 正林寺　5 慶林寺　6 羽賀寺
7 福昌寺　8 真珠庵　9 瑞月寺　10 常福寺　11 福泉寺　12 正法寺
13 高成寺　14 中山寺　15 松尾寺　16 馬居寺　17 飯盛寺　18 意足寺
19 谷田寺　20 妙楽寺　21 神通寺　22 正明寺　23 天徳寺　24 成願寺

25 向陽寺　26 寶泉院　27 観音寺　28 水生寺　29 帝釈寺　30 月輪寺
31 弘誓寺　32 安楽寺　33 永昌寺

■若狭三十三所〈昭和期〉

昭和57年(1982)創設。曹洞宗寺院が多い。ご詠歌あり。現行。

1 永厳寺　2 金前寺　3 龍渓院　4 阿弥陀寺　5 瑞林寺　6 宝泉院
7 慈眼寺　8 弘誓寺　9 天徳寺　10 大蔵寺　11 永源寺　12 蓮性寺
13 松福寺　14 圓通寺　15 松源寺　16 神宮寺　17 神通寺　18 多田寺
19 妙楽寺　20 円照寺　21 高成寺　22 正法寺　23 栖雲寺　24 雲外寺
25 大智寺　26 檀渓寺　27 海元寺　28 潮音院　29 宝楽寺　30 馬居寺
31 大成寺　32 正楽寺　33 中山寺

巡礼閑話　巡礼の意義

「西国巡礼の起源」(『観音巻1－3』1933)に「西国巡礼というような宗教的行脚にも、①遊山的、②偶発的、③託事的、④専念的等の区別のあるもので、①は、新婚旅行とか最寄りの遊園地が神社仏閣であるために参詣したと言う如き、②が、心にもなき時に、思ひもよらぬ社寺へ誘はれてお詣りする如き、③は、集印帳の宝印が欲しいためにとか、其社寺の近くに親戚でもあって立ち寄ったのがもとでお詣りに出発したる如き④が、何はさておき是非あのお寺へ詣りたい、忙しい忙しいは一代のこと病気したと思えば、た易いことだと、まっしぐらに参詣しにいくやうなものである」とある。

東海地方

東海地方の概要：東海地方（静岡県·愛知県·岐阜県·三重県）にまたがる巡礼路は、昭和期になってから創設されたものが見られる。中世以降のわが国最大の主要路「東海道」にちなんだ「東海」地方であるが、近世以前にはこの地域を横断するような地域の連合意識はなかったようである。しかし、20世紀以降になってこの東海地方をめぐる巡礼路が誕生したのは、やはり交通の便利な地域の特色をあらわしているといえる。

□**東海新西国三十三所**　【別称】中部新西国三十三所、中部三十三所

昭和10年（1935）、新愛知新聞社選定。ご詠歌あり。現行なし。静岡·愛知·長野・岐阜・三重の各県。

1 清見寺　2 清水寺　3 尊永寺　4 鴨江寺　5 泉福寺　6 高勝寺
7 渭信寺　8 無量寿寺　9 影現寺　10 岩屋寺　11 大智院　12 笠覆寺
13 長栄寺　14 寶生院　15 龍泉寺　16 観音寺　17 龍音寺　18 寂光院
19 安楽寺　20 甚目寺　21 牛伏寺　22 清水寺　23 長楽寺　24 美江寺
25 永保寺　26 小山寺　27 新長谷寺　28 智勝院　29 甘南美寺　30 継松寺
31 野登寺　32 観音寺　33 観音寺

□**東海圏三十三所**　【別称】東海圏新西国三十三所、東海観音札所三十三所、東海西国三十三所

昭和44年（1969）創設。昭和44年に起こった飛騨バス転覆事故犠牲者慰霊のため創設。ご詠歌あり。現行なし。神奈川県の「東海三十三所」とは別。愛知・岐阜・三重の各県。

1 洞雲寺　2 信貴山　3 寶樹寺　4 小山寺　5 祐泉寺　6 岩屋観音
7 寂光院　8 龍音寺　9 影現寺　10 岩屋寺　11 華蔵寺　12 補陀寺
13 大樹寺　14 観音寺　15 渭信寺　16 龍拈寺　17 潮音寺　18 金胎寺
19 大江寺　20 継松寺　21 観音寺　22 観音寺　23 観音寺　24 笠覆寺
25 龍泉寺　26 甚目寺　27 観音寺　28 寶生院　29 新長谷寺　30 甘南美寺
31 美江寺　32 大龍寺　33 華厳寺

■東海白寿三十三所

平成5年(1993)開創。現行。愛知・岐阜・三重・和歌山の各県。

1 東仙寺　2 東正寺　3 慈雲寺　4 安楽寺　5 海恵寺　6 佛光寺
7 長久寺　8 東漸寺　9 中山寺　10 広泰寺　11 神宮寺　12 観慶寺
13 九品寺　14 新大仏寺　15 神福寺　16 養福寺　17 江西寺　18 龍雲寺
19 寶光院　20 地泉院　21 金剛寺　22 大寶院　23 昌福寺　24 正願寺
25 萬勝寺　26 白川寺　27 山王坊　28 東禅寺　29 香林寺　30 不動院
31 美江寺　32 法華寺　33 華厳寺

静岡県

静岡県の概要： わが国を代表する名山・富士山を仰ぐ風光明媚な駿河、温泉の伊豆、浜名湖など名所・名産の多い遠江、いずれも温暖な地域で地域内交流が盛んな地域である。県内各地域には、観音霊場をはじめ多くの地域札所や秋葉山信仰などさまざまなめぐりの形態が発達している。寺院の構成から見ると白隠禅師に由来する臨済宗寺院など禅宗系寺院と日蓮宗系寺院が多い。このような地域事情を繁栄して、三十三所巡礼の設定は全県的に見ると同じ地域に重なって入り乱れ、改変などで時代的な活性化や「横道《よこどう》」という特徴ある札所の設定など複数の札所が多く設定されている地域もある。駿河国の東部においては巡礼路の設定はやや少ないようであるが、おそらく県域の他の地域と同様に存在したと思われる。宝永4年(1707)の富士山の爆発で発生や江戸期だけでも数回の大きな地震がありこれらの影響で記録が消滅している可能性も考えられる。「遠江国三十三所」のように、元禄期以降の供養塔を見ると西国巡礼終了後にこの巡拝が行われていたという札所もある。

□富士横道三十三所

明和9年(1772)ころには成立していた。35か所あり。廃寺多し。ご詠歌あり。現行なし。

1 宗心寺　2 重林寺　3 二桂院　4 東盛院　5 岳松寺　6 とうこう寺
7 千光寺　8 大乗院　9 清岩寺　10 山宮観音堂　11 来迎寺
12 しけん寺　13 大聖寺　14 直至院　15 清流寺　16 松岳寺　17 保唱寺
18 慈照寺　19 善得寺　20 永明寺　21 妙善寺　22 福聚院　23 立安寺
24 金正寺　25 蓮盛寺　26 法源寺　27 延命寺　28 瑞林寺　29 じげん寺
30 福泉寺　31 養雲寺　32 光明寺　33 大法寺　34 永光寺　35 大悟庵

□御廚横道三十三所　【別称】御廚三十三所、御廚横道三筋道三十三所

享保ころ（1716-36）定着。ご詠歌あり。現行なし。御殿場・裾野・沼津各市周辺。

1 光明院　2 庚申寺　3 慶寿庵（北久原観世音）　4 大乗寺　5 龍福寺
6 阿弥陀寺（千体佛堂）　7 香積寺　8 林昌寺　9 青龍寺　10 大慈庵
11 用澤寺　12 西光寺　13 天徳寺　14 十輪寺　15 慶（景）林寺　16 正泉寺
17 乗光寺　18 興雲寺　19 寶鏡寺（足柄観世音）　20 圓通寺　21 延命寺
22 法圓寺　23 萬法寺　24 智光院　25 広源寺　26 寶（法）林院（寺）
27 無量寺　28 観音寺（院）　29 依京院（恵行院）　30 天泉寺　31 蓮光寺
32 長谷寺　33 大聖寺

■駿河国三十三所　【別称】駿河一国駿豆両国三十三所、駿駿河国中三十三所、駿陽三十三所

宝永7年（1710）開創。ご詠歌あり。現行あり。（　）は現行。

1 清水寺　2 東光寺　3 智満寺　4 清林寺　5 長谷寺（洞雲寺）
6 満願寺（観音堂）　7 補陀落寺　8 神入寺（梅林院）　9 観音寺
10 法華寺　11 満福寺（安養寺）　12 徳願寺　13 観昌寺　14 耕雲寺
15 建穂寺（林富寺）　16 増善寺　17 法明寺　18 長谷寺（慶寿寺）　19 清水寺
20 平沢寺　21 霊山寺　22 久能寺（鉄舟寺）　23 瑞雲院　24 慈眼院（最明寺）
25 大法寺　26 龍雲寺　27 大悟庵　28 妙善寺　29 福聚院　30 広大寺
31 長谷寺　32 円通寺（蓮光寺）　33 観音寺（潮音寺）

■駿河伊豆両国三十三所　【別称】駿河・伊豆三十三所、駿豆横道三十三所、横道三十三所（通称）、駿豆両国三十三所、駿河・伊豆両国横道三十三所、駿豆横道三十三所

江戸中期開創。ご詠歌あり。現行あり。19か所が「駿河一国駿豆両国」札所とかさなる（伊豆地方を重点）。（　）はのちの移動・納経所。三島・沼津・静岡・富士・島田各市、田方・庵原各郡周辺。

1 白滝観音（常林寺）　2 竹林寺（法華寺）　3 清水寺　4 華尊院（隣光寺）
5 合掌院（玉洞院）　6 益（増）山寺　7 大慈庵（医源寺）　8 北条寺
9 徳楽寺　10 蓮華寺　11 観音寺（潮音寺）　12 円通寺（蓮光寺）　13 長谷寺
14 玄機庵（大中寺）　15 広大寺（赤野観音堂）　16 大泉寺　17 福聚院（寺）

18 妙善寺　19 清林寺　20 大悟庵　21 龍雲寺　22 大法寺
23 慈眼院（新国寺）　24 瑞雲寺　25 久能寺（鉄舟寺）　26 平澤寺　27 清水寺
28 徳願寺　29 建穂寺（林富寺）　30 増善寺　31 法明寺　32 長谷寺（慶寿寺）
33 霊山寺

巡礼閑話　横道《よこどう》札所

静岡県に見られる「横道三十三所」について『北越風土記仏閣部』に「日本60余州の各国ごとに横道三十三所観音仏閣巡礼が制定されたのは89代後深草天皇代正元元年（1259）で、鎌倉幕府征夷大将軍６代宗尊親王時の５代執権北条相模守時頼は、弘長２年（1262）入道して最明寺と改名して、嫡子時宗に後任を譲って諸国修行に出かけた（『能生町史下巻』昭和61）」という伝承がある。「横道《よこどう》」は「横堂」ともいう。「横道」を称する札所は、静岡県に多く見られるが、山梨、長野、新潟、京都の各府県にも存在する珍しい名称である。

●伊豆国横道三十三所　【別称】伊豆横道三十三所

延宝３年（1675）開創。源頼朝の源氏再興必勝祈願開創の伝承がある。前記とは別。ご詠歌あり。現行。（　）は現管掌寺院。下田市、加茂郡。

1 延命寺（東福寺）　2 帰一寺　3 西法寺（帰一寺）　4 圓通寺（禅海寺）
5 長光寺　6 慈眼寺（東福寺）　7 寶蔵院　8 圓成寺　9 正法院
10 江月院　11 普音寺　12 法雲寺（椚沢寺）　13 普門院（広台寺）
14 小峰堂　15 東大寺　16 善光庵　17 南禅寺　18 満昌寺　19 広台寺
20 福泉寺　21 観音寺　22 補陀庵（観音寺）　23 寶光院（長福寺）　24 泰平寺
25 曹洞院　26 修福寺　27 慈雲寺　28 大慈寺　29 正眼寺　30 海蔵寺
31 善福寺　32 潮音寺（青龍寺）　33 普照寺

○南豆横道三十三所

前記と同じか。詳細不明。

●伊豆国中道三十三所　【別称】豆駿横道順礼三十三所

江戸期開創。文政７年（1824）御詠歌額あり。「豆駿横道順礼歌集」ご詠歌あり。現行可。（　）は現状。三島市より修善寺町（伊豆市）。

1 白滝観音(常林寺)　2 長円寺　3 蓮馨寺　4 竹林寺(法華寺)
5 天神山(川原ケ谷観音堂)　6 慈雲寺(青木観音堂)　7 宝住寺(蔵六寺)
8 清水寺　9 新見堂(全得寺)　10 国清寺　11 慈光院　12 香山寺
13 長昌院　14 明応寺　15 竹慶寺(成願寺)　16 北条寺　17 花尊院(隣光院)
18 願成就院　19 信光寺　20 観音寺(内中観音堂)　21 陽進寺　22 龍泉寺
23 来迎寺　24 大慈庵(重寺観音堂)　25 慶寿院　26 随(瑞)応寺　27 澄楽寺
28 常雲寺　29 高勝寺(白衣観音堂)　30 洞泉院　31 合掌寺(玉洞院)
32 昌徳院　33 東陽院(修善寺)

□桂谷二十一所(参考)

前記「伊豆国中道」札所に附属した札所(本尊は観音菩薩以外も含まれている)。「伊豆国中道」札所が7か所のほか、他の巡礼札所も含まれている。旧修善寺町(伊豆市)。現行なし。

1 益山寺　2 金剛寺　3 泉龍寺　4 双林寺　5 薬王寺　6 自徳院
7 昌徳院　8 龍源院　9 澄楽寺　10 常雲寺　11 洞泉院　12 玉洞院
13 天桂寺　14 正福寺　15 叢林寺　16 日輪寺　17 法林寺　18 龍泉寺
19 金龍院　20 正覚院　21 修禅寺

□北伊豆中道三十三所　【別称】豆国三十三所、中道三十三所

前記の「伊豆国中道」とは別札所。(　)は寺院を仮定。「横道」とともに「中道」という名称も珍しい。旧田方郡周辺。

1 修善寺(修禅寺)　2 修善寺(修禅寺)　3 立　野(法林寺)
4 日　向(日輪寺)　5 立　野(玉野寺)　6 瓜生野(昌徳院)
7 熊　坂(泉龍寺)　8 まし山寺(益山寺)　9 牧の郷(合掌寺)
10 年　川(永松院)　11 田　代(叢林寺)　12 田　代(叢林寺)
13 八　幡(自性院)　14 八　幡(心月院)　15 最勝院　16 戸倉野(水月院)
17 柳　瀬(長松院)　18 福音寺(東向寺)　19 菅　引(東林寺)
20 地蔵堂(光雲寺)　21 姫ノ湯(龍泉寺)　22 筏　場(養源寺)　23 弘道寺
24 西平ノ寺(成就院)　25 市　山(観音寺)　26 明徳寺　27 田　沢(嶺松院)
28 大　仁(堂泉院)　29 上舟原(福泉寺)　30 下舟原(實蔵院)
31 柿　木(法泉寺)　32 松ケ瀬(浄水寺)　33 大　平(龍源寺)

■伊豆の国三十三所「平成道」

平成14年(2002)発足、木本和男発願。ご詠歌あり。現在36寺院で構成。札番はなし。

長圓寺　蓮馨寺　林光寺　歓喜寺　耕月寺　龍澤禅寺　心経寺　法華寺
祐泉寺　福聚院　蔵六禅寺　開田院　養徳禅寺　明應寺　長昌院　慈光院
香山寺　願成就寺　信光寺　北条寺　陽進寺　来迎寺　慶寿院　長伝院
隋昌院　洞泉院　益山寺　泉龍寺　昌徳院　玉洞院　日輪寺　法林寺
嶺松院　明徳寺　弘道寺　成就院

□駿河秩父三十四所

宝永7年(1710)、「34宝珠院」5世月山沢水和尚が「駿河一国三十三所」の影響を受けて開創。ご詠歌あり。(　)は現所在。現行なし。焼津市～静岡市周辺。

1 円泉寺　2 正岳寺　3 永豊寺　4 常照寺　5 長久寺　6 北運寺
7 円成寺(宗乗寺)　8 白岩寺　9 快林寺　10 観音寺　11 了善寺
12 時ケ谷観音堂(耕雲寺)　13 盤脚院　14 廻沢観音堂　15 常昌院
16 正伝院　17 林泉寺　18 満願寺　19 滑川寺　20 光用院　21 善然寺
22 松樹院　23 金剛寺　24 法憧寺　25 福田寺(真珠院)　26 千手寺
27 玉泉寺　28 鶴舞山観音堂　29 宗徳院　30 万象寺　31 照久寺
32 小鹿観音堂　33 大雲寺(龍雲寺)　34 宝珠院

□駿河国府辺三十三所　【別称】当国府辺三十三所、駿河三十三所

文化期(1804-18)以前。ご詠歌あり。現行なし。静岡市内。

1 清水寺　2 先宮寺　3 長源寺(院)　4 善長院　5 長福寺(浄界寺)
6 霊山寺　7 善應寺　8 秀峯院(峰本院)　9 法雲寺　10 瑞雲寺
11 久能寺　12 平澤寺　13 清泉寺　14 念正寺　15 法傳寺　16 雷電寺
17 少林寺　18 西福寺　19 快長院(寺)　20 大林寺　21 徳願寺　22 慈昌寺
23 慈間寺　24 耕雲寺　25 建穂寺　26 増善寺　27 法明寺　28 長栄寺
29 瑞祥(龍)寺　30 報身寺　31 長谷寺　32 楊安寺　33 聖泉寺(聖楽寺)

□新撰府辺三十三所

江戸末期か。前記「駿河国府辺札所」の縮刷版。現行なし。静岡市周辺。

1 熊野山　2 長安寺　3 先宮寺　4 天正(昌)寺　5 善長院　6 長源院

7 雪庭軒　8 永源寺　9 元長寺　10 清水寺　11 法蔵寺　12 念正寺
13 金剛寺　14 真良院（神龍院）　15 円光院　16 花陽院　17 徳雲院
18 近松院　19 法伝寺　20 雷電寺　21 少林寺　22 玄忠寺　23 西福寺
24 快長院　25 顕光院　26 浄光寺　27 大林寺　28 念正院　29 般若院
30 水月堂　31 真光院　32 報土寺　33 報身寺

□静岡新西国三十三所　【別称】府辺新西国三十三所

大正５年（1916）「１顕光院」加藤道順・「33浄元寺」服部大英らの発願、昭和25年（1950）再興。昭和25年（1950）再興。ご詠歌（「西国」利用）あり。現行なし。静岡市周辺。

1 顕光院　2 車町観音堂　3 玄忠寺　4 西福寺　5 善然寺　6 摂取寺
7 少林寺　8 松竜院　9 宝台院　10 法伝寺　11 新光明寺　12 宝泰寺
13 安南寺　14 法蔵寺　15 清水寺　16 長源院　17 来迎院　18 臨済寺
19 松源寺　20 安西寺　21 正信院　22 報土寺　23 西蔵寺　24 瑞光寺
25 瑞龍寺　26（安西）観音堂　27 大林寺　28 洞慶院　29 耕雲寺　30 徳願寺
31 東林寺　32 心光院　33 浄元寺

◯駿河国山西三十三所

詳細不明。現行なし。旧志太郡。

5 瀬古水月堂　17 高田堂

□志太郡新西国三十三所　【別称】新志太三十三所、新西国三十三所

明治38～41年（1905～8）、志太地区の仏教会が日露戦争戦勝記念及び戦没者慰霊のため開創。ご詠歌（「西国」利用）あり。現行なし。石像めぐり。焼津市、旧志太郡周辺。

1 長徳寺　2 盤石寺　3 大応寺　4 高岳寺　5 天王島堂
6 正寿院（大学寺）　7 長翁寺（観音堂）　8 正寿院（大学寺）
9 福寿院（観音堂）　10 林松院（観音堂）　11 高福寺　12 安泰寺
13 斉安寺（廃寺）　14 円泉寺　15 伝栄寺　16 養雲寺（仲通公民館）
17 常泉寺（老人憩いの家）　18 不岩寺　19 新福寺　20 医福寺（遍照寺）
21 興聖院　22 向善寺　23 岳叟寺　24 香橘寺　25 養命寺（大日堂）
26 興福寺　27 正泉寺　28 最林寺　29 利勝院　30 耕春院　31 永源寺
32 長福寺　33 大永寺

□釘ケ浦浜三十三所（参考）　【別称】浜巡礼地蔵所

天明６年（1786）開創。ご詠歌あり。現行なし。36か所あり。（　）はのちの所在。地蔵巡礼。相良町付近。

1　西山寺　2　浅沢堂　3　花（華）蔵院　4　王子堂（般若寺）　5　文殊堂
6　浄心寺　7　はい松堂　8　善明院　9　紫　堂（孤雲寺）　10　法恩庵
11　海潮庵　12　十王堂（林昌院）　13　蔵善（増船）寺　14　赤子堂
15　千能坊（仙応坊）　16　海福寺　17　八ツの堂（寺）　18　大掛堂
19　曽法（祖青）堂　20　稲荷堂　21　東光寺　22　法堂（道）寺　23　泰善寺
24　安楽寺　25　萱実堂　26　東仙（漸）寺　27　内山堂　28　天長寺　29　円成寺
30　光正庵（江松庵）　31　毘沙門堂　32　愛宕堂　33　州（須）先堂　34　地蔵堂
35　山ノ堂　36　海蔵寺

●遠州坂口谷三十三所　【別称】坂部三十三所

明治22年（1889）「４随心寺」義天和尚開創。ご詠歌あり（２種類あり）。現行可。石像めぐり。榛原郡坂部村（牧之原市）。

1　延命地蔵堂　2　久保池堤上　3　同　所　4　随心寺　5　清水堂
6　坂部中里新地平　7　六地蔵堂　8　見性寺　9　地蔵堂　10　永源寺
11　永源寺観音堂　12　水ケ谷観音堂　13　坂口旭ケ谷　14　石雲院
15　薬師堂　16　坂口神社観音堂　17　法幢寺　18　同　所　19　阿弥陀堂
20　香田大師堂　21　高尾山　22　久翁寺　23　御馬ケ谷地蔵堂
24　同　所　25　万代観音堂　26　杉の木観音堂　27　荒谷観音堂　28　同　所
29　権現神社観音堂　30　弘誓寺観音堂　31　岩昌寺　32　同　所
33　坂部前玉戸崎

■遠江国三十三所　【別称】遠江三十三所、遠州三十三所

文禄年間（1592-96）ころ設定に機運あり、実際は札番設定は延宝～天和（1673-84）ころ創設。今川氏親室寿桂尼発願、乗安寺開山宗超越翁禅師選定。慶安２年（1649）には存在していたとも。天竜川の東を廻る。明治末「34戦勝観音（第二次大戦後は平和観音）」を加える。当初の寺院はほとんどが廃寺。昭和59年（1984）復興。（　）内は現在の所在。ご詠歌あり。現行。掛川市周辺。全行程160㌔。

1　結縁寺　2　常楽寺　3　長谷寺　4　新福寺（正法寺）　5　北谷寺（尊永寺）

6 岩松寺　7 慈眼寺　8 観正寺　9 清瀧寺（観音堂）　10 蓮華寺
11 観音寺（遍照寺）　12 長源庵　13 顕光寺　14 知蓮寺（大雲院）
15 浄圓寺（文殊寺）　16 真昌寺　17 天養寺　18 新福寺（観音堂）
19 慈明寺（観音堂）　20 観音寺（子安観音堂）　21 光善寺（相伝寺）
22 長福寺（観泉寺）　23 観音寺（常現寺）　24 観音寺（観音堂）
25 岩松寺（観音堂）　26 妙国寺　27 慈眼寺（永宝寺）　28 正法寺
29 延壽院（正林寺）　30 青木寺（盛巌院）　31 菊水寺（観音堂）
32 今瀧寺（観音堂）　33 岩井寺　34 平和観世音（磯辺山）

■遠州三十三所　【別称】遠州西国三十三所

昭和59年（1984）開創。曹洞宗寺院が30か所。前記とは別。ご詠歌あり。現行。周智郡・掛川市・小笠郡・榛原郡・磐田郡・磐田市・湖西市・袋井市・浜松市。

1 蓮華寺　2 大洞院　3 長福寺　4 春林院　5 大雲院　6 永江院
7 正法寺　8 常現寺　9 龍雲寺　10 紅雲寺　11 龍眠寺　12 普門寺
13 龍巣院　14 慈眼寺　15 甚光寺（大悲殿）　16 松秀寺　17 宣光寺
18 福王寺　19 正医寺　20 永福寺　21 観音寺　22 蔵法寺　23 禮雲寺
24 岩松寺　25 正太寺　26 閑田寺　27 龍泉寺　28 龍秀院　29 法雲寺
30 可睡斎　31 遍照寺（高平山）　32 香勝寺　33 極楽寺

□袖ケ浦三十三所

文政4年（1821）、清水源八願主、6年をかけて石像を完成。天竜川の東西を巡る札所。浜北市。現行なし。石像めぐり。

1 普賢院　2 長久院　3 庭松庵　4 寶応寺　5 龍悟庵　6 青陽寺
7 増舜院　8 最広寺　9 松久院　10 松久院　11 明心寺　12 東全庵
13 学園寺　14 玖園寺　15 高徳寺　16 下八幡村　17 報恩庵　18 蔵泉寺
19 自光院　20 東泉寺　21 寶珠寺　22 光正寺　23 不動寺　24 瑞応寺
25 庚申寺　26 大寶寺　27 善徳寺　28 岩水寺　29 西来院
30 高蓮寺・龍泉寺　31 泉蔵寺　32 壱庵寺　33 上　組（源八屋敷）

□川西三十三所　【別称】川西西国三十三所、遠江天竜川西三十三所、川西巡礼

永3年（1706）に発起、正徳2年（1712）創始。天竜川以西の旧敷地郡中心の寺・堂。明治19年（1886）再興。ご詠歌あり。現行なし。浜松市・浜北市。

1 鴨江寺　2 光福寺　3 大悲院(堤観音堂)　4 保泉寺　5 指月院
6 花学院(西見寺)　7 妙香城寺(休耕寺)　8 西光庵(寺)　9 大山寺
10 長谷寺　11 壽楽寺　12 正覚寺　13 慶雲庵　14 見龍院　15 中野観音堂
16 龍洞院　17 保福寺　18 高根山　19 瑞応寺　20 岩水寺泉野堂
21 光学寺　22 蔵泉寺　23 正受院　24 幅来寺　25 養源寺　26 圓通寺
27 勝光院　28 慈眼寺　29 長福寺　30 体用院　31 大安寺　32 宗源院
33 龍禅寺

□遠州天龍川西三十三所　【別称】天竜川西三十三所、遠江天竜川西三十三所

江戸後期開設。明治初期、前記「川西」の再編か。「遠州天龍川西三十三所御詠歌」明治17年(1884)あり。ご詠歌(前記「川西」のものが多い)あり。前記「遠江西国」とほぼ同じ順路。現行なし。

1 鴨江寺　2 正福寺　3 清観寺　4 清心寺　5 大清寺　6 安楽寺
7 海福寺　8 正光寺　9 蔵泉寺　10 高徳寺　11 報恩庵　12 学園寺
13 久圓寺　14 東全庵　15 明心寺　16 普賢院　17 保福寺　18 大寶寺
19 千手堂　20 瑞応寺　21 長泉寺　22 蔵泉寺　23 正寿院　24 福来寺
25 観音堂　26 観音堂　27 上善寺　28 東泉寺　29 長福寺　30 阿弥陀寺
31 観音堂　32 安養寺　33 龍禅寺

○遠江西国三十三所

前記「遠州天龍川西」とほぼ同じ順路。現行なし。浜松市周辺。

□豊田三十三所　【別称】豊田郡三十三所

享保年中(1716-36)創始。寛保年中1741-44のご詠歌あり。ご詠歌あり。現行なし。(　)は別記。磐田郡南部周辺。

1 見性寺　2 慈恩寺　3 夢寂寺　4 金台寺(小笠寺)　5 小笠寺
6 長応寺　7 恵日寺　8 智泉寺　9 萬正寺(法林寺)　10 千手堂(寺)
11 常顕寺　12 隋光庵　13 心月寺　14 圓通寺　15 正眼寺(院)
16 貞正寺　17 正観寺(院)　18 丈六寺　19 蓮華寺　20 清涼寺　21 松向庵
22 徳清寺(長福寺)　23 観福寺　24 観蔵寺　25 行興寺　26 大蔵寺
27 高泉庵　28 観音寺　29 養生寺　30 如意庵　31 伊清寺　32 正林(輪)寺

33 花蔵寺

□磐田郡三十三所

大正8年(1919)、前記の消滅を復興するため開創。ご詠歌あり。現行なし。旧豊田郡より広範囲。

1 観音寺　2 十輪寺　3 正眼院　4 聖壽寺　5 守増寺　6 願成寺
7 定光寺　8 蓮福寺　9 正医寺　10 妙法寺　11 大圓寺　12 増参寺
13 慈眼寺　14 栄林寺　15 天龍院　16 永安寺　17 龍源院　18 積雲院
19 新豊院　20 雲江院　21 全海寺　22 宣光寺　23 福王寺　24 永福寺
25 全久院　26 永源寺　27 圓明寺　28 常楽寺　29 常林寺　30 大福寺
31 松秀寺　32 慶昌寺　33 宗次寺

□浜名西国三十三所 【別称】三ヶ日三十三所

宝暦2年(1752)「27大福寺」龍光発願。ご詠歌あり。現行なし。旧浜名荘・三ヶ日町(浜松市)。

1 摩訶耶寺　2 保林寺(夢寂寺)　3 夢寂寺　4 満願寺　5 高栖寺
6 吉祥寺　7 慈眼寺　8 佐久米観音堂　9 石雲寺　10 寶幢院
11 寶珠寺　12 太幸寺　13 広福寺　14 陽向院　15 野地観音堂　16 津梁院
17 寄藻院　18 利正院　19 金剛寺　20 玉洞寺　21 圓通寺　22 龍谷寺
23 唯心寺　24 隣海院　25 西福寺　26 福林寺　27 大福寺　28 萬福寺
29 清岩院　30 普明寺　31 華蔵寺　32 坊ケ峯　33 金地寺

□濱名湖新西国三十三所

昭和15年(1940)、方廣寺管長足利紫山発願。皇紀2600(昭和15)年記念。38寺あり札番、番外不明ながら記載順に記す。現行なし。

1 鴨江寺　2 普済寺　3 龍雲寺　4 高蔵寺　5 舞阪寺　6 神宮寺
7 龍谷寺　8 東新寺　9 蔵法寺　10 慶雲寺　11 西光寺　12 大岩寺
13 神座閣　14 長栄寺　15 無量寺　16 正太寺　17 閑田寺　18 高禅寺
19 円通寺　20 大福寺　21 摩訶耶寺　22 金剛寺　23 石雲寺　24 館山寺
25 宿蘆寺　26 金地院　27 全得寺　28 正明寺　29 東林寺　30 龍潭寺
31 方廣寺　32 實相寺　33 岩水寺　34 榮林寺　35 蔵泉院　36 大養院
37 帰雲寺　38 頭陀寺

□浜松手引観音三十三所　【別称】浜松三十三所

明治初期か「11大厳寺」資料。昭和30年代まで実施。ご詠歌（「西国」利用）あり。現行なし。浜松市・磐田市・袋井市周辺。

1 鴨江寺　2 鴨江寺　3 稲葉山　4 快真寺　5 瑞生寺　6 見海院
7 光雲寺　8 法林寺　9 西導寺　10 明壽院　11 大厳寺　12 慈光院
13 光福寺　14 龍禅寺　15 新豊院　16 西見寺　17 甚教院　18 菩提寺
19 正福寺　20 心造寺　21 教興寺　22 大安寺　23 玄忠寺　24 大聖寺
25 永教院　26 萬福寺　27 天林寺　28 宗圓堂　29 宗源院　30 普済寺
31 西来院　32 浄土寺　33 普済寺

□湖南新西国三十三所

昭和17年の納経帳あり。現行なし。浜松市・新居町（浜名郡）周辺。

1 龍禅寺　2 光福寺　3 蔵興寺　4 光勝院　5 増楽寺　6 地蔵院
7 萬松院　8 保泉寺　9 海蔵院　10 長福寺　11 東光寺　12 如意寺
13 舞阪寺　14 養泉寺　15 東福寺　16 教恩寺　17 龍谷寺　18 隣海院
19 鷲栖院　20 法禅寺　21 妙楽寺　22 自保院　23 法雲寺　24 神秀寺
25 陽報寺　26 臨江寺　27 龍雲寺　28 不動院　29 見海院　30 光雲寺
31 快真寺　32 浄土寺　33 鴨江寺

□宮口三十三所

文政4年（1821）、中瀬村清水源八開設。宮口村（浜松市）の札所。前記の影響を受けて設定（前記の圧縮版といわれる）。現行なし。石像めぐり。浜松市。

1－15 不　明　16 陽泰院　17 陽泰院　18 保福寺　19 保福寺　20 保福寺
21 庚申寺　22 庚申寺　23 庚申寺　24 興覚寺　25 興覚寺　26 興覚寺
27 興覚寺　28 興覚寺　29 報恩寺　30 報恩寺　31 報恩寺　32 報恩寺
33 報恩寺

□引佐三十三所　【別称】引佐七郷三十三所、郷内三十三所

宝永3～正徳3年（1706－13）、初山宝林寺五代法源禅師作巡礼歌あり。天明8年（1788）中興、願主伊平村野末甚左衛門他5名。ご詠歌あり。現行なし。（　）は現在の所在地。浜松市。

1 実相寺　2 大慈庵（谷津観音堂）　3 明圓寺（晋光寺）

4 圓通寺（井伊谷観音堂） 5 円通寺（晋光寺） 6 興禅庵（廃寺）
7 北岡院（廃寺） 8 渓源庵（廃寺） 9 清見寺（廃寺） 10 清水寺
11 長興寺 12 松山観音堂 13 竹馬寺 14 寿龍院 15 禅流寺
16 大耕庵（大耕院） 17 洞泉寺（廃寺） 18 長福寺 19 龍翔寺 20 神子川堂
21 龍珠院（龍翔寺） 22 日比平観音堂 23 泉福寺（廃寺）
24 多宝院（東光院） 25 竹馬寺 26 西光院（東光院） 27 宝蔵寺 28 深香庵
29 清水寺 30 東福寺 31 渓雲寺 32 普慶寺（林慶寺） 33 慶蔵庵（慶蔵院）

□細江湖岸西国三十三所

気賀郷大庄屋竹田兵左衛門開創。現行なし。石像めぐり。

1 長楽寺 2 全徳寺 3 全徳寺 4 正明寺 5 正明寺 6 正明寺
7 正明寺 8 東林寺 9 東林寺 10 正宝院 11 正宝院 12 中川寺
13 長徳寺 14 千日堂 15 大円寺 16 大円寺 17 龍雲寺 18 正覚寺
19 寿楽寺 20 観音堂 21 観音びょう 22 プリンス岬 23 宝渚寺
24 真光寺 25 金龍寺 26 薬師寺 27 阿弥陀堂 28 鳳栖寺 29 鳳栖寺
30 金地院 31 金地院 32 医王寺 33 長楽寺

巡礼閑話 惣左衛門の巡礼準備

江戸末期文化～天保（1804-1844）頃は、西国巡礼が多いににぎわった時期である。当時の庶民が旅に出るときには、どのような準備をして旅立ちをしたのだろうか。その一例として、遠州（静岡県）榛原郡の中堅農家である惣左衛門（47歳）の西国順礼（約60日間の一人旅）は、自己解放を目的とし、京畿を中心とする名所旧跡を訪れ、足の行くまま気のゆくままといった観光的巡礼がその記録に見られる（「西国道中日記帳」天保15年（1844）。

出発にあたっては、次の６つのものが用意されているので紹介しておく
（『静岡県榛原町史中巻』昭和63）。

1．往来手形（旦那寺安楽寺で交付）、
2．地図『西国順礼絵図』宝暦４年（1754）＝天保14年（1843）改（えび屋庄八板）、
3．身支度と持ち物：金剛杖、菅笠、笈摺、輪袈裟、頭陀袋、経本、数珠、納経帳、財布、鈴、手甲、脚絆、わらじ、など。
4．納札、
5．納経、
6．路銀（旅費）

惣左衛門の巡礼の旅は、当時の一般的な出発準備であろう。

愛知県

愛知県の概要：江戸時代、名古屋中心の尾張国地域と、わが国最大の交通要所(東海道)沿道である三河国地域があり、ともに札所巡礼や一山巡りが発展していた。尾張では、曹洞宗寺院が半数近くを占め観音信仰が普及しやすい土壌があり、三河では、観音霊場や新四国霊場だけでなく、伊勢信仰・地蔵信仰・薬師信仰・秋葉信仰・豊川稲荷信仰、さらに立山信仰・富士浅間信仰・白山信仰・善光寺信仰などの遠隔地詣でも盛んな地域である。

□奥三河今西国三十三所　【別称】今西国三十三所

江戸期。ご詠歌あり。廃仏毀釈により現行なし。奥三河の札所。9-16は天龍村(長野県)・その他は豊根村(北設楽郡)。

1 泉竜寺　2 長寿堂　3 いが堂　4 桜　堂(阿弥陀堂)　5 御滝堂
6 示顕堂　7 御世堂(愛宕堂)　8 幾世堂(庚申堂)　9 祈願堂　10 長松寺
11 太子堂　12 古松堂　13 無量堂　14 仁善寺　15 五輪堂　16 長秀堂
17 桂　堂　18 延寿堂　19 竜谷寺　20 如来堂　21 光福寺　22 子安堂
23 地蔵堂　24 蓮華堂　25 光　堂　26 薬師堂　27 三世堂　28 安養堂
29 無量堂　30 桂　堂　31 いりょう堂　32 奇妙堂(観音堂)　33 普門寺

○南設楽郡三十三所

詳細不明。作手村(新城市)周辺。

10 菅沼山中観音堂

□北設楽郡西国三十四所

17世紀中ごろ創設。嘉永6年(1853)の御詠歌帖あり。西国写であるが実際は名称通り三十四所あり、また愛知県北東部の広範囲な地域のため、地域でそれぞれに名称をつけ、札番も異種がある。ご詠歌あり。現行なし。(　)は現状。「堂」は観音堂。豊田市周辺。

1 小馬寺　2 龍渕寺(田津原堂)　3 龍渕寺蓮花道　4 川手蓮光堂
5 大悲院　6 押山堂(大日堂)　7 夏焼堂　8 一円寺(龍光院)　9 黒田堂
10 小田木堂　11 蓮谷堂　12 楨本堂　13 圓通院　14 蓮光庵(昌全寺)
15 宗源寺　16 平勝寺　17 漆畑堂　18 山蕨堂　19 川端堂　20 岩屋堂
21 香積寺　22 観音寺　23 中山堂　24 岩戸山　25 小町堂　26 三玄寺

27 小峯寺　28 圓明寺　29 高能堂　30 沢尻堂　31 太田堂　32 福蔵寺
33 伯母澤堂　34 二井寺（普賢院）

□加茂郡西国三十三所。

前記「北設楽郡西国三十四所」の内、北設楽郡稲武町（豊田市）を省いた札所および廃絶の札所を省いて再編成。ご詠歌あり。現行なし。

1 小馬寺　2 龍渕寺　3 最光院　4 増光寺　5 増福寺　6 慈眼寺
7 清涼寺　8 大鷲院　9 應聲寺　10 昌安寺　11 大光院　12 浄國院
13 圓通院　14 昌全寺　15 宗源寺　16 平勝寺　17 龍寶寺　18 萬昌院
19 梅林寺　20 正覚院　21 香積寺　22 観音寺　23 寶珠院　24 覚性院
25 長福寺　26 三玄寺　27 長壽院　28 徳用寺　29 浄妙寺　30 慶安寺
31 普光寺　32 福蔵寺　33 香積寺

□東加茂郡准西国三十四所

明治11年（1878）、加茂郡は東・西に分割となり、前記「加茂郡西国三十三所」の内旭町・足助町（豊田市）は再編成。ご詠歌あり。現行なし。

1 小馬寺　2 田津原観音堂　3 龍渕寺　4 川手蓮華堂　5 大慈院
6 押山堂　7 夏焼堂　8 一円寺　9 黒田堂　10 小田木堂　11 連谷堂
12 槙木堂　13 圓通院　14 五反田庵（昌全寺）　15 宗源寺　16 平勝寺
17 漆畑観音堂　18 鶏足観音堂　19 川端堂　20 岩谷堂　21 香積寺
22 観音寺　23 中山堂　24 岩戸山観音堂　25 小町堂　26 三玄寺
27 小峰寺　28 圓明寺　29 高能堂　30 沢尻堂　31 太田堂　32 福蔵寺
33 伯母沢観音堂　34 二井寺（普賢院）

■旭町三十三所

平成元年（1989）頃開設。ご詠歌あり。町おこしの一環。豊田市。

1 小馬寺　2 龍渕寺　3 牛地観音堂　4 田津原観音堂　5 庚申堂
6 一色観音堂　7 弘法堂　8 庚申堂　9 島崎観音堂　10 小渡観音堂
11 増福寺　12 圓明寺　13 市平観音堂　14 池島観音堂　15 小峰寺
16 三玄寺　17 大坪観音堂　18 杉本観音堂　19 慈眼寺　20 光源寺
21 杉本観音堂　22 太田観音堂　23 福蔵寺　24 増光寺　25 最光寺
26 常福寺　27 伯母沢観音堂　28 伊熊庚申堂　29 押井観音堂　30 戒護寺
31 清涼寺　32 東加塩庚申堂　33 普賢院

□新城三十三所

享保20年(1735)開創。現行なし。新城市周辺。

1 徳定寺　2 竹見堂　3 勅養寺　4 養命寺　5 万福寺　6 少林寺
7 一龍軒　8 長谷山　9 吉水庵　10 松樹寺　11 川田村堂　12 道雲寺
13 白神寺　14 宝林寺　15 正養寺　16 祥雲寺　17 桃牛寺　18 念仏堂
19 庚申堂　20 泉蔵寺　21 大善寺　22 天王宮　23 大泉寺　24 中　山
25 龍昌院　26 常林寺　27 般若堂　28 福住寺　29 新町観音堂
30 光　岩　31 増泉寺　32 萩野堂　33 大御堂

□豊橋西国三十三所　【別称】新西国豊橋三十三所

昭和10年(1935)頃「1龍拈寺」「13正林寺」「20楽法寺」の各住職発起。現行なし。

1 龍拈寺　2 清寶寺　3 花谷院　4 太蓮寺　5 臨済寺　6 全久院
7 福恩寺(日進院)　8 赤岩山(赤岩寺)　9 寶珠寺　10 歓喜院　11 西福寺
12 不動院　13 正林寺　14 潮音寺　15 大応寺　16 圓通寺　17 嵩山寺
18 育清院　19 冨慶院　20 楽法寺　21 宗住寺　22 眞福寺
23 英霊殿寶形院　24 長全寺　25 大聖寺　26 榮昌寺　27 歓喜寺
28 満光寺　29 賢養院　30 観音寺(悟真寺)　31 喜見寺　32 神宮寺
33 西光寺

○神野新田三十三観音

明治26、7年(1893-94)ころ、神野金之助創設。総延長三千三百間。

□西条吉良三十四所

宝暦2年(1752)、寺津村渡辺政春選定。ご詠歌あり。現行なし。(　)は移動等。西尾市、一色町(幡豆郡)周辺。

1 大悲庵(寺)　2 金剛院　3 養国寺　4 瑞用庵(瑞用寺)　5 常福寺
6 平島観音堂(院)　7 芦原観音堂(観音寺)　8 開泉寺
9 善応寺(善寿院)　10 熊野観音堂　11 七平観音堂(観音寺)　12 普門寺
13 笹曽根観音堂　14 修法庵　15 長久院　16 福徳寺　17 楽善庵(寺)
18 修福寺　19 観音院(寺)　20 斉藤観音堂　21 須脇観音堂
22 十郎島観音堂　23 徳次観音堂(信龍寺)　24 阿弥陀寺(法厳寺)

25 熊子観音堂　26 寄住観音堂　27 縁心寺　28 向春軒（実相寺）
29 西光庵（南小間観音堂）　30 羽塚観音堂（念称寺）　31 観音寺（富尾観音堂）
32 浄教寺　33 桂岩寺　34 安養寺（立清寺）

□東条吉良三十三所　【別称】三河東条三十三所

享保年間（1716-36）、渡辺善六創設。西条吉良札所に対応、文政13年（1830）「26西林寺」住職意空が「巡拝手引き草（木版刷りの小冊子）」を作った。浄土宗の寺院が多い。昭和６年「吉良西国」再度の発足に伴い多くの寺院が移った。ご詠歌あり。現行なし。岡崎・西尾両市・吉良町・幡豆町。

1 龍蔵院　2 安泰寺　3 實樹院　4 塚越観音堂　5 妙法院（千手院）
6 太山寺　7 明正寺　8 西戸城観音堂　9 松原観音堂　10 崎山観音堂
11 極楽寺　12 勝楽寺　13 正龍寺　14 圓通院　15 安楽寺　16 西福寺
17 真福寺　18 寶珠（樹）院　19 宇津野観音堂　20 浄泉院　21 福泉寺
22 誓覚寺　23 慈光院　24 観音寺　25 法應寺　26 西林寺　27 花岳寺
28 華蔵寺　29 林松寺　30 源養寺　31 妙喜寺　32 龍泉寺
33 須美観音堂（如意寺）

□吉良西国三十三所

元禄期（1688-1704）創設、大正末～昭和初年再興時に同様に廃絶していた「西条吉良」「東条吉良」の寺院を整備して発足か。ご詠歌あり。現行なし。

1 實相寺　2 西光庵　3 観智院　4 浄教寺　5 徳受院　6 東光寺
7 立清寺　8 養國寺　9 妙光寺　10 大悲庵　11 瑞用寺　12 願成寺
13 常福寺　14 赤羽観音堂　15 開泉寺　16 善壽院　17 一色観音堂
18 七平観音堂（観音寺）　19 普門寺　20 観音寺　21 寶珠院　22 真福寺
23 二松山観音堂（萩原観音堂）　24 安楽寺　25 寶泉寺　26 観音寺
27 大通院　28 堯雲寺　29 華蔵寺　30 萩原観音堂（養林寺）　31 康全寺
32 崇覚寺　33 縁心寺

○宝飯郡西国三十三所

詳細不明。現行なし。

26 圓通寺

□宝飯郡准板東三十三所

ご詠歌あり。現行なし。

1－3 不　明　4 観世音寺観音堂　5 不　明　6 観世音寺　7 報恩寺
8－9 不　明　10 長福寺　11 慈恩寺　12 潮音寺　13－15 不　明
16 仲仙寺　17 全福寺　18 長谷寺　19 蓑　寺　20－29 不　明　30 長仙寺
31－33 不　明

□幡豆郡三十三所

江戸期。ご詠歌あり。現行なし。一色町(幡豆郡)周辺。

1 前野村観音堂　2 観音寺　3 七平観音堂　4 善應堂　5 開泉寺
6 澤観音堂　7 寺津観音堂　8 富尾観音堂　9 羽塚観音堂
10 西林寺　11 下の宮　12 長綱観音堂　13 修法庵(寺)　14 須脇観音堂
15 縁心寺　16 徳次観音堂　17 西松寺　18 正顕寺　19 東向寺　20 観音寺
21 上の宮　22 泉徳寺　23 長松寺　24 満願寺　25 堯雲寺　26 大通院
27 寶泉寺　28 福泉寺　29 三組観音堂　30 養泉寺　31 萩原観音堂
32 安楽寺　33 雲光院

□三河三十三所〈旧三河〉　【別称】三河国三十三所、旧三河三十三所、当国三十三所

寛文10年(1670)、中根八右衛門常正発願詠歌。ご詠歌あり。現行なし。(　)内は現状。

1 東観音寺　2 普門寺　3 岩屋山(大岩寺)　4 潮音寺(悟真寺)
5 観音寺　6 龍雲寺　7 報恩寺　8 財賀寺　9 観音寺(観音堂)
10 補陀山(長福寺)　11 慈恩寺　12 利生院　13 観音寺　14 観音寺
15 安楽寺(金蓮寺)　16 実相寺　17 熊子観音堂　18 龍泉寺　19 高隆寺
20 瀧山寺　21 真福寺　22 大圓寺　23 大樹寺　24 伊賀観音堂　25 観音寺
26 聖禅寺　27 観音寺(清泰寺)　28 慈眼寺　29 福林寺　30 遍照寺
31 長興寺　32 水音寺　33 白鳳寺(聖観音堂)

□三河三十三所〈享保三河〉　【別称】三河西国三十三所、享保撰三河国三十三所【百番】三河国百観音(三河坂東・三河秩父)

享保16年(1731)、美濃部如水撰(再興)詠歌。古来より数多い三河札所の

中で最も巡礼者が多い。前記を整備。ご詠歌あり。(　)内は現状。

1 東観音寺　2 岩屋堂(大巌寺)　3 潮音寺　4 観音寺(悟真寺)
5 龍雲寺　6 報恩寺　7 月蔵院　8 財賀寺　9 観音寺
10 妙寿院(長福寺)　11 慈眼寺(慈恩寺)　12 利生院　13 観音寺(太山寺)
14 観音寺　15 安楽寺(金蓮寺)　16 實相寺　17 熊子村観音堂
18 龍泉寺(實相寺)　19 高隆寺　20 常心院(瀧山寺)　21 大善(全)院(真福寺)
22 大圓寺　23 大樹寺門前観音堂(真如寺)　24 伊賀八幡宮前観音堂
25 観音寺(能見観音堂)　26 聖禅寺　27 観音寺(清泰寺)　28 慈眼寺
29 阿弥陀院　30 遍照寺　31 長興寺　32 水音寺(東昌寺)
33 白鳳寺(東昌寺)

巡礼閑話 「三河國観音三十三番札所」由緒(抄)

「爰に三河に深き縁にしにや碧海郡安城邑の中根氏或夜の暁無常を観じ世に住ならば何か形身をと思ひ立かゝる大願をおこし誰かれと進め申といへども我と等しき人なければ思ふ事はいはでたゞやみぬれば三とせを送るも物かなし扨ある世捨人とうなづき逢て此一巻をつゞり出して後の人の其処をも知らんがため順歌を詠ぜしとかや此道にすける人は後世の縁にもとむすび処の内に一首二首とり集めて同行の口に残る事になりぬ難波のよしあしあざけらん人多かるべし我等たゞ後の世のためなれば津の云にもせすかへりみすくきをのこす事誠に狂言戯語の理り讃佛祭の因縁にこそ　よしあしの難波の人や嘲らん後世のためには津のくにもせず

(『参河志第参拾六巻』)

■三河三十三所〈新三河〉 【別称】新三河三十三所【百番】東海百観音(尾張・美濃)

昭和32年(1957)「1宝福寺」の提唱により創設。「東海百観音霊場」の場合「100妙巌寺」。ご詠歌あり。現行あり。

1 宝福寺　2 随念寺　3 大樹寺　4 観音寺　5 松応寺　6 浄誓院
7 是字寺(龍海院)　8 安心院　9 観音寺　10 徳性寺　11 渭信寺
12 法蔵寺　13 天桂院　14 善応寺　15 永向寺　16 利生院　17 真如寺
18 補陀寺　19 三ケ根観音(太山寺)　20 妙善寺　21 徳林寺　22 運光院
23 正法寺　24 宝珠院　25 西福寺　26 海蔵寺　27 金蓮寺　28 華厳寺
29 実相寺　30 盛厳寺　31 康全寺　32 法厳尼寺　33 長圓寺

●三河三十三所〈本三河〉 【別称】本三河三十三所

昭和期の設定。豊橋市方面では後記「三河西国」の異種巡礼としておこなっているもの（「冨賀寺」（新城市）資料）。

1 東観音寺　2 大岩寺　3 潮音寺　4 悟真寺　5 龍運寺　6 報恩寺
7 松高院　8 財賀寺　9 清海寺　10 長福寺　11 慈恩寺　12 利生院
13 太山寺　14 観音寺　15 金蓮寺　16 実相寺　17 熊子村観音堂
18 実相寺　19 高隆寺　20 滝山寺　21 真福寺　22 大円寺　23 真如寺
24 伊賀観音堂　25 観音寺　26 聖禅寺　27 清泰寺　28 慈眼寺　29 福林寺
30 遍照寺　31 長興寺　32 水音寺　33 大悲殿東昌寺

○三河坂東三十三所 【別称】享保撰三十三所【百番】三河国百観音（三河西国・三河秩父）

「参河国名所図絵・中巻」に出る。詳細不明。現行なし。

3 潮音寺

□三河国准坂東三十三所

文政2年（1819）、圓覚阿闍梨設定。ご詠歌あり。現行なし。

1 無量壽寺　2 観音寺　3 安楽寺　4 遍照院　5 西林寺　6 観音庵
7 久後観音堂　8 源空寺　9 浄久寺　10 四合観音堂　11 寺部観音堂
12 上ノ山観音堂　13 長慶寺　14 西方寺　15 称名寺　16 仲仙寺
17 全福寺（養円寺）　18 長谷寺　19 美濃寺　20 宮崎観音堂　21 善福寺
22 岩屋堂　23 勅養寺　24 長全寺　25 冨賀寺　26 大御堂
27 三渡野観音堂　28 神ケ谷観音堂　29 観音院　30 長仙寺　31 般若寺
32 蔭冷寺　33 泉福寺

□三河秩父三十四所 【別称】三河国准秩父三十四所【百番】三河国百観音（三河西国・三河坂東）

文政4年（1821）、三河百観音霊場を想定して開創。ご詠歌あり。現行なし。

1 観音寺　2 足助本町庚申堂　3 祐源寺　4 性源寺　5 東光寺（院）
6 観音院　7 梅ケ坪観音堂　8 上原観音堂　9 長善寺　10 観音寺
11 永福寺　12 無量寺　13 満福寺（観音庵）　14 千足観音堂　15 観音寺
16 大通院　17 誓願寺　18 栗寺観音堂　19 上ノ里観音堂　20 西林（寺）院

21 宝福寺　22 安心院　23 浄珠院　24 天白観音堂　25 大聖寺（円通院）
26 要門寺（常福寺）　27 慈光院（大岡白山社観音堂）
28 水月寺（西別所観音堂）　29 徳本寺　30 二松庵（見性寺）
31 西境観音堂　32 十広寺（十應寺）　33 昌福寺　34 観音寺（高浜観音堂）

■東三河坂東三十三所

平成12年（2000）「25冨賀寺」筏津雄元住職等の発願設定、１-15は旧「三河国西国」、16-33は旧「三河国准坂東」、さらに東三河の著名寺院を加えた。ご詠歌あり。現行。

１ 東観音寺　２ 岩屋堂大岩寺　３ 潮音寺　４ 真福寺　５ 龍運寺
６ 悟真寺　７ 報恩寺　８ 財賀寺　９ 善住禅寺　10 長福寺　11 天桂院
12 利生院　13 補陀寺　14 永向寺　15 法住寺　16 仲仙寺
17 全福寺（養円寺）　18 長谷寺　19 美濃寺（光明寺）　20 正養寺　21 善福寺
22 岩尾堂西光庵　23 勅養寺　24 長全寺　25 冨賀寺　26 観音寺
27 春興院　28 広福寺　29 龍拈寺　30 長仙寺　31 般若寺　32 蔭冷寺
33 泉福寺

■西三河西国・准坂東三十三所

平成16年（2004）「冨賀寺」筏津雄元住職等の発願設定、前記「三河国准坂東」１-15、「三河西国」13-33の巡拝。36所ある。ご詠歌あり。現行。

１ 無量壽寺　２ 観音寺　３ 安楽寺　４ 遍照院　５ 西林寺　６ 観音庵
７ 無量寺観音堂　８ 源空寺　９ 浄久寺　10 四合観音堂　11 寺部観音堂
12 上ノ山観音堂　13 長慶寺　14 西方寺　15 称名寺
16 三ヶ根観音（太山寺）　17 観音寺　18 金蓮寺　19 実相禅寺
20 熊子観音堂　21 龍泉寺実相院　22 高隆寺　23 滝山寺
24 大善院真福寺　25 大円寺　26 大樹寺門前観音堂
27 伊賀八幡宮前観音堂（真如寺）　28 能見観音堂　29 聖禅寺
30 観音寺清泰寺　31 慈眼寺　32 阿弥陀院　33 遍照寺　34 長興寺
35 水音寺　36 白鳳寺

◯海岸観音三十三所

詳細不明。現行なし。渥美・宝飯・幡豆３郡。

□岡崎三十三所〈旧札所〉

【別称】参河国龍城下西国三十三所、岡崎在旧三十三所

明和年中（1764-72）開創。文政５年（1822）札所案内。岡崎城下。現行なし。

1 西岸寺　2 極楽寺　3 慶雲寺　4 大泉寺　5 安勝院（大林寺）
6 六名観音堂　7 矢作十王堂　8 観音寺　9 庚申堂　10 若宮社
11 極楽坊（甲山寺）　12 安心院　13 六供薬師堂　14 成就院　15 白山社内
16 寶王院　17 伊賀観音堂　18 誓願寺　19 久后観音堂　20 寶福寺
21 光明寺　22 持法院　23 榮久寺　24 永泉寺　25 矢作観音堂　26 光明院
27 歓城院　28 永昌寺　29 安養院　30 正受院（大林寺）　31 伝馬町十王堂
32 観音寺　33 源空寺

□岡崎三十三所〈新札所〉

【別称】参河国龍城下西国三十三所、岡崎在新三十三所

明治16年（188）札所案内（新札所）あり、前記との間に大幅な移動がある。岡崎城下。現行なし。

1 西岸寺　2 総持寺　3 慶雲寺　4 誓願寺　5 宝福寺　6 随念寺
7 矢作十王堂　8 極楽寺　9 大泉寺　10 投町観音堂　11 成就院
12 安心院　13 永昌寺　14 久后崎観音堂　15 六名観音堂　16 光明寺
17 矢作観音堂　18 矢作村十王堂　19 大林寺　20 光善寺　21 安養院
22 徳宝院　23 光明院　24 極楽坊　25 六供薬師堂　26 寿法院　27 善入院
28 源空寺　29 貞寿寺　30 永泉寺　31 観音寺　32 伊賀村観音堂
33 井田村観音堂

□岡崎三十三所〈昭和期〉

江戸期開創、昭和47年（1972）、前記復興。詳細不明。

■愛知梅花三十三所

昭和62年（1987）開創。梅花講を運営する曹洞宗の寺院で結成。ご詠歌あり。現行。岡崎・刈谷・安城・大府・常滑・東海・半田各市、旧知多郡一帯。

1 渭信寺　2 聖禅寺　3 蓮華寺　4 歓喜院　5 太平寺　6 洞隣寺
7 安楽寺　8 妙法寺　9 常福寺　10 長澤寺　11 東光寺　12 薬師寺
13 長光寺　14 寶珠寺　15 玄猷寺　16 龍雲院　17 普済寺　18 正盛院

19 安楽寺　20 玉泉寺　21 寶珠院　22 報恩寺　23 永晶寺　24 龍江寺
25 正衆寺　26 長福寺　27 長壽寺　28 弥勒寺　29 心月斎　30 洞雲院
31 興昌寺　32 福住寺　33 増福寺

□知多郡三十三所〈創成期〉【別称】智多郡三十三所

江戸初期開創。宝暦２年(1752)ころ創設。ご詠歌あり。現行なし。

1 普門寺　2 常福寺　3 傳崇寺　4 観音寺　5 安楽寺　6 高岡観音堂
7 光照寺　8 影現寺　9 法華寺　10 神護寺　11 極楽寺　12 光福寺
13 岩窟寺　14 音徳寺　15 持寶院　16 来応寺　17 安楽寺　18 高讃寺
19 洞雲寺　20 大善院　21 中之坊　22 三光院　23 慈光寺　24 大智院
25 慈雲寺　26 栖光庵　27 観福寺　28 玄猷寺　29 清水観音堂　30 観音寺
31 長壽寺　32 圓通寺　33(欠)

□知多郡三十三所〈改正期〉【別称】尾陽知多郡三十三所、知多西国三十三所

明和７年(1770)、岩屋寺中之坊16世智善上人開創。前記の改定。ご詠歌あり。現行なし。「知多百観音」は別組織。

1 岩屋寺　2 岩屋山奥之院　3 正衆寺　4 影向寺　5 極楽寺
6 神護寺　7 法華寺　8 影現寺　9 持宝院　10 来応寺　11 安楽寺
12 高讃寺　13 洞雲寺　14 大善院　15 中之坊寺　16 三光院　17 慈光寺
18 大智院　19 慈雲寺　20 栖光院　21 観福寺　22 玄猷寺　23 清水寺
24 観音寺　25 圓通寺　26 長壽寺　27 普門寺　28 常福寺　29 伝宗院
30 観音寺　31 安楽寺　32 光照寺　33 観音寺

□知多坂東三十三所

名古屋・半田・東海・知多・常滑・大府各市、知多郡。

1 常楽寺　2 龍合院　3 常福院　4 平泉寺　5 最勝寺　6 海潮院
7 安徳寺　8 玉洞院　9 不　明　10 善導寺　11 専昌院　12 光善寺
13 長福寺　14 泉柳寺　15 西方寺　16 法国寺　17 庚申寺　18 神昌寺
19 玉泉院　20 大乗院　21 慈眼寺　22 妙楽寺　23 種徳寺　24 桂林寺
25 宝蔵寺　26 東龍寺　27 海徳寺　28 桂岩寺　29 正住院　30 称名寺
31 東光寺　32 唯心寺　33 大仙寺

□知多秩父三十四所

前記「知多西国」「知多坂東」があり「知多百観音」が考えられるが、別にこれらの寺院を含む「知多百観音」があるようだ。半田市・知多郡。

1 野間大坊　2 密蔵院　3 安養院　4 安養院　5 安養院　6 円通寺
7 宝樹院　8 西岸寺　9 慈光寺　10 全久寺　11 教福寺　12 永昌寺
13 龍江寺　14 天龍寺　15 影向寺　16 正衆寺　17 光明寺　18 宗新寺
19 延命寺　20 松寿寺　21 長心寺　22 新蔵寺　23 宝乗院　24 正方寺
25 長福寺　26 永寿寺　27 称名寺　28 甘露寺　29 安養寺　30 清応院
31 圓観寺　32 直楽寺　33 徳正寺　34 観音寺

■南知多三十三所

昭和5年(1930)「1影現寺」「29慈光寺」両寺住職発願。ご詠歌(「西国」利用)あり。現行。

1 時志観音(影現寺)　2 弥勒寺　3 全忠寺　4 称名寺　5 誓海寺
6 法華寺　7 長福寺　8 長壽寺　9 正法寺　10 医王寺　11 成願寺
12 新蔵寺　13 神護寺　14 遍照寺　15 延命寺　16 浄土寺　17 極楽寺
18 光明寺　19 正衆寺　20 円増寺　21 影向寺　22 宝珠寺　23 西方寺
24 天龍寺　25 岩屋寺　26 龍江寺　27 大宝寺　28 宝積院　29 慈光寺
30 泉蔵院　31 如意輪寺　32 妙音寺　33 持宝院

巡礼閑話　三十三所仏殿雛形ひろめ

幕末期、尾張藩士の歌月庵喜笑(小田切春江)の絵日記に「天保3年(1832)、8月27日より9月18日まで大須にて勢州松阪善福寺の什物、西国三十三所仏雛形を諸人に一見せしむ。本堂の北のかたに、かりやをたてて、諸人に一見をゆるす。第一番那智寺より、三十三番谷汲まで、仏殿の雛形に仏体を入れて、其のまへに香花、菓子の類を備えて、所々に縁起等を述。扨、第一番那智ハ、芋にて作り、まこと遠路の道々をはこバずして、三十三所の霊場に参詣するの心ちぞする。是、ひとへに、府下繁盛ゆへに、かく出開帳などあるハ、ありがたく尊き事也。東西南北にて、こじつけてよめる。西国の　霊場を見に　北野山　ミな御堂にハひがしすへたり。右は去大人の加筆なり。(「名陽見聞図会初編(下)」)

□尾張西国三十三所〈江戸期〉　【別称】尾張國三十三所。尾張准西国三十三所、尾州三十三所、当国三十三所

元禄(1688-1704)以降成立、品野村菩提寺住職発願。ご詠歌あり。現行なし。

1 甚目寺一条院　2 長谷寺　3 室　寺(観音院)　4 賢林寺　5 龍音寺
6 壽宝院(真福寺)　7 小松寺　8 大泉寺　9 圓福寺　10 大光寺
11 龍泉寺　12 高正寺(護國寺)　13 石山寺　14 安國寺　15 笠覆寺
16 祐覚院(福壽院)　17 観音寺　18 観音寺　19 栄見寺(守山村観音堂)
20 長福寺　21 常楽寺　22 観音寺(寶珠院)　23 長福寺　24 庭　萩(延命寺)
25 安楽寺(船橋観音堂)　26 福壽院　27 観音寺　28 蓮妙(命)寺(長幡寺)
29 常蓮寺　30 安楽寺　31 小西寺(眞長寺)　32 清水寺
33 継鹿尾山(寂光院)

■尾張西国三十三所〈昭和期〉

【別称】尾張三十三所【百番】東海百観音(三河・美濃)

昭和31年(1956)創設。ご詠歌あり。前記「尾張三十三所」とは別。ご詠歌あり。現行。(　)は別記。

1 宝生院(大須観音)　2 長栄寺　3 笠覆寺(笠寺観音)　4 長楽寺
5 普門寺　6 洞雲院　7 岩屋寺　8 大御堂寺　9 斉年寺　10 大智院
11 観音寺(荒尾観音)　12 観音寺(荒子観音)　13 龍照院
14 大慈院(弥富観音)　15 広済寺　16 甚目寺　17 万徳寺　18 龍潭寺
19 桂林寺　20 寂光院　21 小松寺　22 陶昌院　23 玉林院
24 龍音寺(間々観音)　25 龍泉寺　26 宝泉寺　27 慶昌院　28 長母寺
29 久国寺　30 善福院　31 聚福院　32 仏地院　33 興正寺

□名古屋西国三十三所

【別称】名府西国三十三所、名古屋城下三十三所、尾張府下三十三所、府下三十三所

元禄期(1688-1704)ころ、壔氏の発願。ご詠歌あり。現行なし。名古屋市。

1 眞福寺(寶生院)　2 長谷院　3 巻窓院　4 千手院　5 隆正寺
6 福泉寺(院)　7 八幡ノ内(薬師寺)　8 林貞院　9 観音寺　10 長榮寺
11 関貞寺　12 室寺観音院　13 光照院　14 福生院(寶泉寺)　15 泰増寺
16 正福寺　17 安清院　18 光勝院　19 功徳院　20 裏千日堂(来迎寺)
21 観福寺　22 榮國寺(清涼庵)　23 大泉寺(洞仙寺)　24 妙安寺(澤之観音)
25 萬日寺(萬日堂)　26 観聴寺　27 地福院(熱田夢違観音堂)
28 明長寺(陽泉寺)　29 等学(覚)院　30 如意輪寺(實相院)
31 慈眼寺(正覚寺)　32 喜見寺　33 神光寺祐覚(学)院

□金毘羅大権現巡拝三十三所（参考）【別称】府下金比羅三十三所

江戸期。現行なし。名古屋市。金毘羅大権現札所であるが掲載。

1 延命院　2 長榮寺　3 良福院　4 千日堂　5 観福寺
6 七ツ寺（長福寺）　7 松徳院　8 照運寺　9 圓教寺（理乗院）
10 室　寺　11 赤塚神明内　12 大曽根八幡社内　13 徳源寺　14 普光寺
15 浄心堂（東海寺・大光院）　16 泉乗院　17 学鳳寺
18 押切榎権現内（福満寺）　19 田中観音堂　20 幅下観音堂　21 大教院
22 金剛寺　23 良学院　24 医王寺　25 榮林寺　26 東光寺　27 観龍院
28 傳光院　29 廣小路庚申堂　30 繁昌院　31 禅芳寺　32 願行寺
33 瑠璃光寺

□尾張城東西国三十三所　【別称】城東西国三十三所

文化年中（1804-18）創設。「1 安昌寺」「3 龍谷寺」のご詠歌掛札の裏面に文化13年（1817）とあり。この「尾張城東西国」は廃仏毀釈で衰退、消滅。大正15年（1926）「1 安昌寺」泰成が新設定、再興。ご詠歌あり。現行なし。旧愛知郡。

1 安昌寺　2 慈眼寺　3 龍谷寺　4 東陽寺（本郷観音堂）　5 観音寺
6 大徳寺　7 圓盛寺　8 祐福寺　9 圓福寺　10 秀傳寺　11 全久寺
12 興正寺　13 高照寺　14 観音寺（八事観音堂）　15 観音寺　16 善昌寺
17 善久寺（安楽寺）　18 長母寺　19 長福寺　20 月心寺　21 観音寺
22 庄中観音堂　23 少林寺　24 寶生寺　25 狩宿観音堂　26 感応寺
27 沓掛観音堂（定光寺）　28 半田川観音堂　29 菩提寺　30 長谷観音堂
31 宝泉寺　32 本泉寺（泰澄院）　33 三光院

■熱田新田西国三十三所　【別称】番割観音三十三所、新田西国観音三十三所、熱田新田三十三所

慶安元年（1648）創設、熱田新田にあり。熱田木芽渡より万場川まで。寛文7年（1667）堂宇完成。西国写の観音堂巡り。現行。名古屋市。

◆ 熱田新田の干拓は、慶安2年（1649）に完了。慶安4年（1651）に検地が行われ、土地を1番から33番に区割し、各番割に西国三十三所観音に擬した観音を配置し、観音堂を建て、観音像を安置その土地の守護とした。

岐阜県

岐阜県の概要：旧国名で美濃国と飛騨国に分かれる。「飛山濃水」といわれように関が原や、木曽川など大きな河川流域に広がる美濃国には札所めぐりも展開されてきたが、山深い飛騨国にはあまり発展していない。

●みやがわ三十三所

平成４年（1992）創設。現行。石像めぐり。宮川村（飛騨市）。

1 桧ケ渕（水子地蔵）　2 若宮八幡神社（勢至菩薩）　3 弁天島（辨財天）
4 龍神堂（文殊菩薩）　5 尼寺跡（阿弥陀如来）　6 林　　（地蔵菩薩）
7 西　忍（薬師如来）　8 西　忍（地蔵菩薩）　9 西　忍（弘法大師）
10 観音寺（千手観音）　11 洞泉寺（子安観音）　12 世界聖誠会（釈尊成道佛）
13 林　　（子安観音）　14 林　　（弘法大師）　15 牧戸公民会（秋葉三尺坊）
16 牧　戸（六地蔵菩薩）　17 寶林寺（弘法大師）　18 三川原（虚空蔵菩薩）
19 巣ノ内（倶利伽羅不動尊）　20 種　蔵（大日如来）　21 種　蔵（薬師如来）
22 種　蔵（薬師如来）　23 打　保（不動明王）　24 塩　屋（不動明王）
25 塩　屋（観音菩薩）　26 中沢上（庚　申）　27 長久寺（白旗聖観音）
28 宣ケ沢上（あなごし地蔵尊）　29 桑　野（六地蔵）　30 玄昌寺（子安観音）
31 杉　原（不動明王）　32 久昌寺（不動明王）　33 小豆沢公民館（正観音）

■飛騨三十三所

平成２年（1990）創設。現行。高山市周辺。

1 国分寺　2 笠曲寺（相応院）　3 雲龍寺　4 素玄寺　5 善応寺
6 宗猷寺　7 清傳寺　8 正雲寺　9 大幢寺　10 霊泉寺　11 安国寺
12 林昌寺　13 寿楽寺　14 慈眼寺　15 洞泉寺　16 観音寺（圓城寺）
17 光明寺（光圓寺）　18 長久寺（恩林寺）　19 玄昌寺　20 久昌寺　21 金龍寺
22 徳翁寺（圓城寺）　23 正眼寺（両全寺）　24 円城寺（本覚寺）
25 汲月院（永昌寺）　26 洞雲寺　27 瑞岸寺　28 桂峰寺　29 禅通寺
30 慈雲寺　31 善久寺　32 正宗寺　33 千光寺

巡礼閑話　「百観音」霊場

「百」は満数をあらわし、一度の参拝よりも百度、百回繰り返して参拝（お百度参り）するとより多くの霊験、功徳があるといわれる。「西国三十三所」「坂東三十三所」が成立し、「秩父三十三所」が「秩父三十四所」に改正（天文５年（1536）の巡礼納札が存在）されたのち、これら「西国」「坂東」「秩父」各札所を巡礼する「百観音」霊場が誕生した。（本書末尾の「参考資料」参照）。

■益田西国三十三所

天保10年（1839）「33円通閣（禅昌寺）」荊林和尚・下呂村牧善安創設。ご詠歌あり。現行。（　）は納経寺。旧益田郡周辺。

1 霊感堂（玉龍寺）　2 弘誓堂（玉龍寺）　3 潮音堂（万福寺）
4 善応堂（万福寺）　5 囲繞堂（東泉寺）　6 法雲堂（玉龍寺）
7 真如堂（東泉寺）　8 説現堂（東泉寺）　9 如日堂（万福寺）
10 妙智堂（万福寺）　11 自在堂（万福寺）　12 清浄堂（地蔵寺）
13 具足堂（地蔵寺）　14 真観堂（慈雲院）　15 解脱堂（泰心寺）
16 甘露堂（泰心寺）　17 恵日堂（泰心寺）　18 普明堂（温泉寺）
19 白雲堂（東禅寺）　20 常念堂（泰心寺）　21 庵摩訶山（泰心寺）
22 養松堂（禅昌寺）　23 浄聖堂（大覚寺）　24 神通堂（龍泉寺）
25 大雲堂（龍泉寺）　26 梵音堂（龍泉寺）　27 無量堂（龍泉寺）
28 大悲殿（長谷寺）　29 妙喜堂（長谷寺）　30 八相堂（龍泉寺）
31 福聚堂（大覚寺）　32 示現堂（大覚寺）　33 円通閣（禅昌寺）

□恵那西国三十三所〈江戸期〉

宝暦8年（1758）創設、創設者は不詳。明治15年（1882）再興。現行なし。

1 黄梅院　2 双見寺　3 吉祥寺　4 林昌寺　5 浄圓寺　6 宝昌寺
7 円通庵　8 雲祥寺　9 安住寺　10 観音寺　11 全雄寺　12 玉泉寺
13 萬光寺　14 圓頂寺　15 清楽寺　16 盛厳寺　17 隆崇寺　18 東光寺
19 萬岳寺　20 禅林寺　21 長栄寺　22 円通寺　23 長国寺　24 長栄寺
25 高安寺　26 威代寺　27 天長寺　28 常久寺・徳祥寺　29 萬勝寺
30 盛久寺　31 林昌寺　32 圓徳寺　33 普門寺

□恵那西国三十三所〈明治期〉【別称】再恵那西国三十三所

明治26年（1893）、明治初年の廃仏毀釈により堂塔が壊され古来の霊場（前記）が欠けたので加納三右衛門が発願、大井・岩村の恵那西国札所として再興。本記は明治39年（1909）ころの資料。現行なし。恵那・中津川市周辺。

1 神宮寺　2 東禅寺　3 長国寺　4 安原観音堂　5 岩屋堂　6 源長寺
7 宗久寺　8 森見堂　9 龍泉寺　10 禅林寺　11 子安寺　12 萬岳寺

13 長楽寺　14 東光寺　15 清楽寺　16 隆崇院　17 萬勝寺　18 釣月院
19 永田石佛　20 高安寺　21 清水寺　22 天長寺　23 松林庵　24 長福寺
25 瑞現寺　26 大円坊　27 若林庵　28 洞禅院　29 長徳寺　30 雲井寺
31 長栄寺　32 大崎桜堂　33 圓通寺

■恵那三十三所〈昭和期〉

昭和50年(1975)復興、昭和61年(1986)再創設。ご詠歌あり。現行。
1 東禅寺　2 長栄寺　3 高安寺　4 長国寺　5 大林寺　6 源長寺
7 宗久寺　8 禅林寺　9 萬嶽寺　10 東光院　11 盛巌寺　12 清楽寺
13 萬勝寺　14 萬光寺　15 圓頂寺　16 玉泉寺　17 黄梅院　18 観音寺
19 安住寺　20 普門寺　21 徳祥寺(高徳寺)　22 林昌寺　23 常久寺
24 天長寺　25 威代寺　26 瑞現寺　27 洞禅院　28 自法寺　29 長楽寺
30 高徳寺　31 大洞院　32 長徳寺　33 圓通寺

■美濃瑞浪三十三所

昭和58年(1983)瑞浪市商工会議所が創設。ご詠歌あり。現行。瑞浪市周辺。
1 正源寺　2 信光寺　3 天猷寺　4 圓通閣　5 宗昌寺　6 宝珠寺
7 光春院　8 櫻堂薬師　9 禅躰寺　10 大通寺　11 観音寺　12 普済寺
13 興徳寺　14 宝昌寺　15 浄円寺　16 林昌寺　17 弥靭堂　18 長見寺
19 旭王寺　20 清光院　21 龍照寺　22 正宗寺　23 通源寺　24 観音堂
25 宝林寺　26 清来寺　27 一乗院　28 東仙寺　29 明白禅寺　30 大応寺
31 慈照寺　32 増福寺　33 開元院

○加茂郡内三十三所

記録にあるが詳細不明。
15 長江山観音堂(後圓寺)

□岐阜市新西国三十三所　【別称】岐阜三十三所

明治後期開創。「岐阜市新西国三十三所霊場巡拝」明治39年(1906)あり(明治40年(1907)の標石あり)。(　)内は別記。現行なし。
1 大寶寺　2 正覚院　3 美江寺　4 大楽院　5 本覚寺　6 本誓寺
7 護国寺　8 勝林寺　9 誓願寺　10 極楽寺　11 栽松寺　12 正法寺

13 覚林寺　14 岐陽院　15 地蔵寺　16 禅林寺（白華庵）　17 清泰寺
18 法圓寺　19 安楽寺　20 誓安寺（正道院）　21 大泉寺　22 含政寺
23 善澄寺　24 慈恩寺　25 蓮孝寺　26 瑞雲院　27 天澤庵　28 開善院
29 雲龍院　30 瑞龍僧堂　31 臥雲院　32 鶴棲院　33 龍興庵

□土岐郡三十三所　【別称】土岐三十三所、東濃土岐西国三十三所

元禄８年（1695）「10寶宝林寺」密雲和・「33清安寺」高岩・山守普水発願。ご詠歌あり。廃寺多く現行なし。（　）は別記、移動。土岐・瑞浪・多治見各市。

1 延命寺　2 定林寺　3 大慈庵（明白寺）　4 信光寺　5 岩屋観音堂
6 天猷寺　7 法幸寺（桜堂薬師堂）　8 小御堂（大通寺）　9 旭王寺
10 寶宝林寺　11 慈雲寺（通源寺）　12 天福寺　13 永松寺　14 慈徳院
15 廣徳寺　16 常福寺　17 大鏡寺（崇福寺）　18 崇禅寺　19 心性寺
20 清昌寺　21 永明寺　22 法園（報恩）寺　23 二福寺　24 観音寺（永泉寺）
25 永泉寺　26 明圓寺　27 普賢寺　28 壽教寺　29 安養寺　30 奥蔵寺
31 永保寺　32 長養寺　33 清安寺

□可児郡新西国三十三所　【別称】可児新西国三十三所

江戸期か。明治15年（1822）写の「道案内」あり。現行なし。可児市周辺。

1 禅林寺　2 妙智寺　3 真禅寺　4 大機寺　5 報恩寺　6 雲龍寺
7 円通寺　8 玉奥寺　9 弥靭寺　10 法雲寺　11 弘福寺　12 常光寺
13 龍泉寺　14 長保寺　15 正興寺　16 大通寺　17 瑞泉寺　18 洞興寺
19 愚渓寺　20 寶積寺　21 龍現寺　22 東光寺　23 明鏡寺　24 見性寺
25 福寿寺　26 海印寺　27 少林寺　28 福田寺　29 大龍寺　30 龍洞寺
31 可成寺　32 禅台寺　33 正願寺

□神渕西国三十三所

文政６年（1823）開創、神渕の中嶋兵左衛門発願。ご詠歌あり。現行なし。旧加茂・武儀各郡周辺。

1 観音寺　2 龍泉院　3 東洞山観音堂　4 庚申堂　5 小穴観音堂
6 小穴観音堂　7 薬師堂　8 寶樹寺　9 室兼西阿弥陀堂　10 示現寺
11 上倉吹観音堂　12 寺洞下阿弥陀堂（龍門寺）　13 中切観音堂
14 下中切観音堂　15 葉津阿弥陀堂（毘沙門堂）　16 葉津毘沙門堂

17 朝張観音堂(龍門寺)　18 炭坂地蔵堂(龍門寺)　19 杉洞薬師堂
20 東禅寺　21 前山観音堂　22 笹洞観音堂　23 少合観音堂　24 南陽寺
25 上八日市観音堂　26 中八日市観音堂　27 十王堂　28 尾坂観音堂
29 温井観音堂　30 威福寺　31 川浦観音堂　32 観音堂　33 間見観音堂

□美濃西国三十三所〈江戸期〉【別称】美濃国三十三所

享保12年(1727)、伊自良黄梅院恵応著「美濃西国巡礼手引記」あり。ご詠歌あり。現行なし

1 圓教寺　2 蓮華峰寺　3 普門寺　4 大圓寺　5 浄水寺(永昌寺)
6 恵利寺　7 龍福寺　8 観音寺　9 梅谷寺　10 普門寺
11 谷合村(善導寺)　12 法幢寺　13 甘南美寺　14 岩屋堂(妙音寺)
15 栄春院　16 菩提寺　17 寶珠院　18 美江寺　19 観音寺　20 弘誓寺
21 聞性庵(寺)　22 圓智寺　23 願成寺　24 神光寺　25 日龍峯寺
26 清水寺　27 麻生寺(真蔵院)　28 生蓮寺　29 小山寺　30 大通寺
31 永保寺　32 小松寺　33 新長谷寺

■美濃西国三十三所〈昭和期〉【別称】美濃新西国三十三所、美濃三十三所、新美濃西国三十三所【百番】東海百観音(尾張・三河)

昭和30年(1955)ころ前記改編。(　)は移動。

1 曹渓寺(日龍峰寺)　2 鹿苑寺　3 来昌寺　4 宝勝院　5 永昌寺
6 恵利寺　7 龍福寺　8 三光寺　9 東光寺　10 広厳寺　11 大龍寺
12 退耕院　13 甘美南寺　14 崇福寺(龍興寺)　15 法華寺　16 願成寺
17 護国之寺　18 美江寺　19 岩谷(屋)観音(圓鏡寺)　20 弘誓寺　21 宝積寺
22 萬尺寺　23 観音寺(吉祥寺)　24 神光寺　25 日龍峰寺(曹渓寺)
26 清水寺　27 祐泉寺　28 龍福寺　29 小山寺　30 善福寺　31 徳雲寺
32 立蔵寺　33 新長谷寺

□西濃三十三所〈西　国〉【別称】大垣近郷三十三所、大垣並近郊西国三十三所、西美濃三十三所

宝暦4年(1754)再興、また文政4年(1821)創設とも。現行なし。大垣市周辺。

1 大悲院　2 全昌寺　3 観音寺　4 南光院　5 神宮寺　6 星晨寺
7 徳秀寺　8 大運寺　9 長光院　10 金蔵院　11 蓮生寺　12 遮那院

13 禅桂寺　14 般若院　15 蓮花院　16 文殊院　17 覚宝院　18 東光寺
19 両胎寺　20 天清院　21 修善寺　22 宝光院　23 如来寺　24 安楽寺
25 安養寺　26 法性院　27 円成寺　28 慈応寺　29 龍松庵　30 法憧庵
31 正覚寺　32 常楽寺　33 羅漢寺

□西濃三十三所〈新西国〉【別称】西濃新西国三十三所

文政11年(1828)、領主加藤平内発願「22月真寺」に安置、のち各寺に分祀して巡拝が始まる。昭和15年(1940)復興。ご詠歌あり。現行なし。

1 龍徳寺　2 妙勝寺　3 全福寺　4 栄春寺(院)　5 光源寺　6 善学寺
7 瑠璃光寺　8 勧学寺(院)　9 香林寺(院)　10 瑞雲寺　11 涼雲寺
12 瑞泉寺　13 安国寺　14 禅蔵寺　15 弓削寺　16 平安寺　17 瑞巖寺
18 神護寺　19 薬師寺　20 蓮華寺　21 法幢寺　22 月真寺　23 慈照寺
24 願成寺　25 釣月院　26 月桂院　27 圓通寺　28 松輪寺　29 長源寺
30 大興寺　31 東光寺　32 中林寺　33 正受寺

■西美濃三十三所

昭和55年(1980)創設、田口利八中興。ご詠歌あり。現行可。

1 横蔵寺　2 来振寺　3 圓鏡寺　4 月桂院　5 圓通寺(天喜寺)
6 東光寺　7 一心寺　8 善南寺　9 弓削禅寺　10 平安寺　11 瑞厳寺
12 観音寺　13 洞泉寺　14 善学院　15 安国寺　16 善(禅)幢寺　17 真禅院
18 妙応寺　19 明台寺　20 天清院　21 安楽寺　22 求浄(常)庵　23 報恩寺
24 大菩提寺　25 養老寺　26 善教寺　27 行基寺　28 宝延寺　29 文殊寺
30 全昌寺　31 明星輪寺　32 圓興寺　33 国分寺

巡礼閑話　「西国」札納めの風俗

「西国」巡礼は、谷汲山華厳寺(岐阜県)で打ち終える。寛政13年(1801)の道中日記には「三月廿四日昼過　三十三ばんへ　札納　寺領四拾石五ケ寺　参銭志次第　十三文山銭　三十三文をひつる(笈)代六文判代をたヽみ(畳)の上にて　三十三所の御詠歌をとな(唱)へ　かミ(髪)を抜き納メ　云々」(『舞阪町史資料編』　昭和54)とある。

三重県

三重県の概要：伊勢参宮の旅でにぎわった伊勢、隣接する風光明媚な志摩、そして松尾芭蕉を生み出した伊賀の地それぞれの地域で熊野詣や西国巡礼の人々を見送った記録があるが、県内地域巡礼はそれほど発展していない。

□**伊勢西国三十三所〈江戸期〉**【別称】伊勢三十三所、勢国三十三所、勢州三十三所、伊勢順礼、勢陽巡礼

貞享年中（1684-88）、沙門道源創始。「伊勢順礼案内記」寛保元年（1741）に札所を掲載。ご詠歌あり。現行なし。行程73里13町。

1 大江寺　2 観音院　3 松尾寺　4 長命寺　5 蓮台寺　6 不動院
7 実性寺　8 田宮寺　9 国束寺　10 金剛座寺　11 近長谷寺　12 神宮寺
13 遠長谷寺　14 観音寺　15 観音寺　16 観音寺　17 林光寺　18 府南寺
19 安養寺　20 住山寺　21 宗徳寺　22 野登寺　23 高宮寺　24 観音寺
25 引接寺　26 観音寺　27 聖宝寺　28 地高寺　29 多井寺　30 安渡寺
31 勧学寺　32 飛鳥寺　33 法雲寺

■**伊勢西国三十三所〈昭和期〉**【別称】伊勢西国改定新霊場三十三所

前記を昭和44年（1969）「22宗徳寺」内山観雄師再興。新編入12か寺、および札番変更多しご詠歌あり。現行。

1 大江寺　2 金剛証寺　3 松尾観音寺　4 寂照寺　5 中山寺
6 金胎寺　7 寶林寺　8 継松寺　9 千福寺　10 金剛座寺　11 近長谷寺
12 神宮寺　13 賢明寺　14 観音寺　15 長谷寺　16 密蔵院　17 観音寺
18 府南寺　19 観音寺　20 林光寺　21 円福寺　22 宗徳寺　23 野登寺
24 観音寺　25 勅願院観音寺　26 観音寺　27 長興寺　28 宝性寺
29 聖宝寺　30 慈光院　31 安渡寺　32 勧学寺　33 多度観音堂

□**桑名三十三所**【別称】桑名西国三十三所

江戸期。現行なし。

1 春日社神宮寺　2 仏眼院　3 仏眼院定光坊　4 観音寺　5 楊柳寺
6 真如寺　7 光明寺　8 光徳寺　9 光徳寺松樹院　10 本願寺
11 観照院　12 南光院　13 勧学院　14 蔵六庵　15 延寿院　16 冷水庵

17 海善寺　18 大福田寺　19 安龍院　20 一雲寺　21 海蔵寺　22 浄土寺
23 金光寺　24 法性寺　25 観音寺　26 観音寺　27 多井寺　28 安渡寺
29 飛鳥寺　30 飛鳥寺　31 徳運寺　32 多　度　33 鷲倉法雲寺

□松阪近所三十三所　【別称】松阪近所地廻り三十三所

天保15年（1844）開創。「松阪近所三十三所順拝記」嘉永4年（1851）あり。ご詠歌あり。現行なし。（　）は移動。

1 岡寺山　2 観音寺　3 最勝寺　4 正眼院　5 福安寺
6 萬福寺（佛性寺）　7 常教寺　8 慈福寺　9 普門寺　10 妙楽寺
11 観音寺（九蓮寺）　12 正福寺　13 林観音寺　14 宝福寺　15 無量寺
16 牛王寺（東栄寺）　17 寶蔵寺　18 太福寺　19 安楽寺　20 延壽寺（浄泉寺）
21 長照寺　22 観音寺（法蔵寺）　23 伊勢寺村観音堂（国分寺）　24 心月寺
25 長楽寺（真楽寺）　26 光徳寺（水月堂）　27 観音寺（浄眼寺）　28 円光寺
29 最勝寺　30 神楽寺　31 海禅寺　32 瑞龍寺（柳福寺）　33 柳福寺

□菴芸安濃両郡三十三所　【別称】芸濃（新）西国三十三所、芸濃三十三所

江戸期、「芸濃巡礼紀行詠草」宝永7年（1710）あり。ご詠歌あり。現行なし。

1 恵日山大御堂（観音寺）　2 大願院　3 蓮光院　4 密蔵院　5 一乗院
6 慈眼寺　7 観音寺　8 仲福寺　9 六大院　10 千徳寺　11 福泉寺
12 長泉寺　13 永隆寺　14 溝渕寺　15 観音寺　16 運福寺
17 生楽寺（称名寺）　18 蓮生寺　19 延命寺　20 長源寺　21 長善寺
22 江松寺（勝髪寺）　23 宝福寺　24 観音寺　25 慈眼院　26 貞観寺
27 智円寺　28 観景寺　29 長谷寺　30 光明寺　31 妙法寺（南光寺）
32 徳雲寺　33 神宮寺（大神宮寺）

□安濃一郡新西国三十三所　【別称】安濃一郡三十三所、郡新西国三十三所、安濃郡三十三所

文化10年（1813）前田佐野政尚寄進の詠歌額（「22永隆寺」）あり。ご詠歌あり。現行なし。

13 長谷寺　15 観音寺　22 永隆寺

札番不明ながら、東福寺、宝泉寺、長泉寺、観景寺

○近世安濃津三十三所

詳細不明。安濃・奄芸・一志の３郡。

□山田三十三所〈江戸期〉 【別称】山田順禮

延宝８年(1680)より順拝。ご詠歌あり。廃寺多く現行なし。

1 普光寺　2 大安寺　3 金蔵寺　4 正法寺　5 往生寺　6 威勝寺
7 守栄院　8 法住寺　9 如意庵　10 妙定院　11 梅香寺　12 三寶院
13 蓮臺寺　14 慶寶寺　15 南之坊　16 寶蔵院　17 積寶寺　18 不動院
19 法楽舎　20 常明寺　21 大泉寺　22 願成寺　23 音潮寺　24 向陽院
25 常光院　26 天機院　27 浄閑寺　28 西迎院　29 欣浄寺　30 一行寺
31 摂取院　32 惣通寺　33 實正寺

□山田三十三所〈明治期〉 【別称】山田順礼、伊勢山田三十三所

前記の廃仏毀釈以降の改変。札番には異動も見られる。現行なし。

1 普光寺　2 不動院　3 光明寺　4 正壽院　5 遍照院　6 高源寺
7 寶林寺　8 観音寺　9 本誓寺　10 寂照寺　11 大林寺　12 欣浄寺
13 壽巌院　14 文殊寺　15 世儀寺　16 中山寺　17 松尾観音寺　18 玄忠寺
19 法住寺　20 梅香寺　21 養草寺　22 太江寺　23 自性軒　24 正眼寺
25 昌久寺　26 善昌院　27 明星寺　28 慶春庵　29 正覚寺　30 増徳庵
31 高泉庵　32 禅東寺　33 太江寺

□伊勢二見西国三十三所 【別称】山田地方三十三所、伊勢山田三十三所

ご詠歌あり。現行なし。

1 善光寺　2 養草寺　3 法住院　4 梅香寺　5 玄中寺　6 等観寺
7 中山寺　8 世義寺　9 文殊寺　10 寿厳寺　11 高源寺　12 清雲院
13 大林寺　14 寂照寺　15 本誓寺　16 心證寺　17 松尾山　18 欣乗寺
19 正寿院　20 光明寺　21 不動院　22 瑞泉院　23 自性軒　24 正眼寺
25 昌久寺　26 善昌寺　27 明星寺　28 慶春庵　29 正覚寺　30 増徳庵
31 高泉庵　32 禅棟寺　33 大江寺

○伊賀三十三所 【別称】国巡礼

天和２年(1682)、上野商家の檀那衆発願。現行なし。

3 念佛寺

札番不明の長明寺あり。

□伊賀準西国三十三所

大正4-5年の御詠歌（西国利用）。現行なし。名張・上野。前記に同じか。

1 延（圓）壽院　2 極楽寺　3 寶泉寺　4 無動寺　5 福成就寺（院）
6 栄林寺　7 寶蔵寺　8 永福寺　9 不動寺　10 龍性寺　11 常楽寺
12 慈福寺　13 宝厳寺　14 龍仙寺　15 光福寺　16 常福寺　17 無量壽福寺
18 不動寺　19 仲福寺　20 大恩寺　21 光明寺　22 九品寺　23 萬福寺
24 西蓮寺　25 西念寺　26 正福寺　27 西盛寺　28 阿弥陀寺　29 西方寺
30 福泉寺　31 愛染院　32 神王寺　33 新大佛寺

■一志郡三十三所　【別称】勢州一志郡西国三十三所

文政11年（1828）以前の開創。（　）内は現状。現行。県中央部。

1 千手院（賢明寺）　2 超善寺　3 天心寺　4 不動院（大元寺）　5 浄徳寺
6 真光寺（延命寺）　7 常念寺　8 観音寺（院）　9 真学寺（北町集会所）
10 甚国寺　11 霊光寺（光輪寺）　12 西徳寺　13 常念寺　14 海禅寺
15 神楽寺　16 柳福寺　17 瑞柳寺（永善寺）　18 最勝寺　19 光徳寺（観音寺）
20 観音寺（浄眼寺）　21 円光寺　22 義明寺　23 長昌寺（信行寺）　24 薬師寺
25 観音寺　26 観音寺（宝善寺）　27 善応寺（真栄寺）　28 満蔵寺　29 宝林寺
30 誓願寺（満願寺）　31 専性寺　32 林性寺（一之坂観音堂）
33 観音寺（戸木観音堂）

□熊野西国三十三所　【別称】熊野三十三所

江戸期後半開創、のち再編成。ご詠歌あり。現行なし。熊野市・南牟婁郡。

1 安楽寺　2 南泉寺　3 海岸寺　4 三光寺　5 瑞岩寺　6 清泰寺
7 永明寺　8 大義院　9 光明寺　10 光福寺　11 嶺泉寺　12 西光寺
13 増福寺　14 慈雲寺　15 寶積院　16 長徳寺　17 岩洞院　18 圓通寺
19 善応寺　20 善光寺　21 見松寺　22 龍光寺　23 東正寺　24 光明寺
25 林松寺　26 蔵國寺　27 普門寺　28 善昌寺　29 阿弥陀寺　30 祐福寺
31 大雲寺　32 海恵寺　33 極楽寺

近 畿 地 方

近畿地方の概要：「西国三十三所」巡礼は、わが国の観音霊場三十三所巡礼の淵源とされる。交通路の変化とともに札番や巡礼路には古今の間で大きな変化が見られるが、観音霊場寺院の構成、組み合わせは一千年後の現在も全く移動がない。またその影響が全国各地に移し霊場（ミニ西国・新西国）の設定を生み、模範を示している。西国巡礼のお膝元といわれるこの地域には、全般的にこの影響が及んでおり、近畿地方のすみずみにまで地域巡礼路、ミニ巡礼路の設定が見られる。また「西国」は、のちに創設された「坂東」「秩父」とともに「百観音」霊場を創設し、各地に創設されたミニ百観音の淵源ともなっている。

□（西国）三十三所〈行尊伝〉

『寺門高僧記』（『寺門伝記補録』）「行尊伝」による三十三所。行尊（1055-1135）は、150日で巡礼したといわれる。

1 長谷寺　2 龍蓋寺　3 南法華寺　4 粉河寺　5 金剛宝寺
6 如意輪堂（青岸渡寺）　7 槙尾寺　8 剛林寺（葛井寺）　9 総持寺
10 勝尾寺　11 仲山寺　12 清水寺　13 法華寺　14 如意輪堂（円教寺）
15 成相寺　16 松尾寺　17 竹生島（宝厳寺）　18 谷汲寺（華厳寺）
19 観音正寺　20 長命寺　21 如意輪堂（三井寺＝園城寺）　22 石山寺
23 正法寺　24 准胝堂（上醍醐寺）　25 観音寺（今熊野）　26 六波羅寺
27 清水寺　28 六角堂（頂法寺）　29 行願寺　30 善峰寺　31 菩提寺（穴太寺）
32 南円堂（興福寺）　33 千手堂（三室戸寺）

□（西国）三十三所〈覚忠伝〉

『寺門高僧記』（『寺門伝記補録』）「覚忠伝」による三十三所。覚忠（1118-77）は、応保元年（1161）に75日間で巡拝したといわれる。

1 那智山（青岸渡寺）　2 金剛宝寺　3 粉河寺　4 南法華寺（壷坂寺）
5 龍蓋寺　6 長谷寺　7 南円堂　8 施福寺（槙尾寺）　9 剛林寺
10 総持寺　11 勝尾寺　12 仲山寺　13 清水寺　14 法華寺　15 書写山
16 成相寺　17 松尾寺　18 竹生島　19 谷　汲（華厳寺）　20 観音正寺
21 長命寺　22 如意輪堂（三井寺）　23 石山寺　24 岩間寺　25 上醍醐寺
26 観音寺　27 六波羅蜜寺　28 清水寺　29 六角堂　30 行願寺　31 善峰寺
32 菩提寺　33 御室戸山（三室戸寺）

□（西国）三十三所〈長谷僧正〉

久安6年（1150）、長谷僧正の巡礼（『鹿添壒嚢鈔』）。

1 那智如意輪堂　2 那智千手堂　3 紀三井寺　4 粉河寺　5 施福寺
6 南法華寺　7 龍蓋寺　8 長谷寺　9 南円堂　10 准胝堂（上醍醐）
11 正法寺　12 石山寺　13 如意輪堂（三井寺）　14 六角堂頂法寺　15 清水寺
16 行願寺革堂　17 六波羅蜜寺　18 観音寺　19 穴太寺　20 良峰寺
21 総持寺　22 勝尾寺　23 仲山寺　24 清水寺　25 法華寺
26 書写山如意輪　27 成相寺　28 松尾寺　29 竹生島　30 谷汲華厳寺
31 観音寺　32 長命寺　33 御室戸寺

□三十三所〈洞院公賢〉

『拾芥抄』による三十三所。

1 六角堂　2 中　山（京都吉田寺）　3 河　島（鴨川の河崎堂）
4 清水寺　5 法性寺観音堂（伏見）　6 神光寺（西加茂の神光院）
7 醍醐如意輪堂　8 岩間寺　9 総持寺　10 勝尾寺　11 六波羅蜜寺
12 神呪寺　13 長谷寺　14 元興寺　15 東大寺法華堂　16 興福寺西金堂
17 粉河寺　18 紀三井寺　19 槙尾寺　20 谷汲寺　21 那智如意輪堂
22 天王寺　23 播磨清水寺　24 成相寺　25 長楽寺（北祇園）
26 良峯寺　27 竜蓋寺　28 藤井寺　29 石山寺　30 近江観音寺
31 袋　懸（近江）　32 穴太寺　33 不　明

□三十三所〈『三十三所観音霊所』〉

『三十三所観音霊所』嘉元元年（1303）、観音霊場三十三所巡礼の古例。前記とは別といわれる。

1 成相寺　2 近江観音寺　3 同　袋懸　4 同　石山寺　5 穴太寺
6 法性寺観音堂　7 美濃谷汲　8 紀三井寺　9 那智如意輪寺
10 和泉真木尾　11 粉河寺　12 千手堂（三室戸寺）　13 摂津國神呪寺
14 吉峰寺　15 河　崎　16 中山寺　17 長楽寺　18 播磨清水寺
19 興福寺南円堂　20 同　金堂　21 那智如意輪堂　22 惣持寺　23 清水寺
24 六波羅蜜寺　25 六角堂　26 醍醐如意輪寺　27 同　石間
28 東大寺法花堂　29 元興寺　30 長谷寺　31 龍蓋寺　32 天王寺金堂
33 河内藤井寺

□三十三所〈『建武目録』〉

『建武目録』建武２年（1335）による三十三所。

1 成相寺　2 近江観音寺　3 袋　懸（近江）　4 石山寺　5 穴太寺
6 法性寺　7 谷汲寺　8 紀三井寺　9 那智如意輪寺　10 槙尾寺
11 粉河寺　12 行願寺　13 清水寺（播州）　14 中山寺　15 神呪寺（播州）
16 吉峯寺　17 河崎寺　18 清水寺　19 六波羅蜜寺　20 六角堂　21 南円堂
22 西金堂（興福寺）　23 勝尾寺　24 総持寺　25 醍醐如意輪寺　26 岩間寺
27 東大寺法華堂　28 元興寺　29 長谷寺　30 岡　寺　31 天王寺金堂
32 藤井寺　33 不　明

■西国三十三所〈現　行〉【百番】百観音（坂東・秩父）

現行札番は15世紀後半より。（　）は通称。現行。ご詠歌あり。番外として法起院、元慶寺、花山院菩提寺がある。

1 青岸渡寺（那智山）　2 金剛宝寺（紀三井寺）　3 粉河寺
4 施福寺（槙尾寺）　5 葛井寺　6 南法華寺（壷坂寺）　7 龍蓋寺（岡　寺）
8 長谷寺　9 興福寺（南円堂）　10 三室戸寺　11 上醍醐寺
12 正法寺（岩間山）　13 石山寺　14 園城寺（三井寺）　15 観音寺（今熊野）
16 清水寺　17 六波羅蜜寺　18 頂法寺（六角堂）　19 行願寺（革　堂）
20 善峰寺　21 穴太寺　22 総持寺　23 勝尾寺　24 中山寺　25 清水寺
26 一乗寺　27 円教寺（書写山）　28 成相寺（成相山）　29 松尾寺
30 宝厳寺（竹生島）　31 長命寺　32 観音正寺　33 華厳寺（谷汲山）

■新西国三十三所

昭和７年（1932）、京都日日新聞（京都新聞）・大阪時事新報・神戸新聞を母体とし三都合同新聞社が近畿２府４県から選定、聖徳太子伝承の古刹名寺が多い。昭和42年（1967）に一部改更（２か寺）、また客番５寺を加え新発足。現行。ご詠歌あり。「５道成寺」宏海作の「新西国霊場和讃」あり。

1 四天王寺　2 太融寺　3 鶴満寺　4 水間寺　5 道成寺　6 宝亀院
7 金剛寺　8 西方院　9 飛鳥寺　10 橘　寺　11 当麻寺　12 萩の寺
13 満願寺　14 神峰山寺　15 誓願寺　16 大報恩　17 楊谷寺　18 延暦寺
19 鞍馬寺　20 立木山寺　21 神呪寺　22 天上寺　23 能福寺　24 須磨寺
25 太山寺　26 伽耶院　27 鶴林寺　28 光明寺　29 酒見寺　30 金剛城寺
31 花岳寺　32 斑鳩寺　33 瑠璃寺

□西日本ぼけ封じ三十三所

昭和59年(1984)創設。のちに1-10が「近畿十楽観音霊場」、16-24が「ぼけ封じ観音中国霊場」、九州地区も独立。ご詠歌あり。現行なし。

1 今熊野観音寺　2 千本釈迦堂大報恩寺　3 京都成田山慈尊院
4 岩間寺　5 玉桂寺　6 総持寺　7 太融寺　8 大龍寺　9 七寶寺
10 常瀧密寺　11 香西寺　12 斎田寺　13 國中寺　14 宅善寺
15 高野山今治別院　16 光明院　17 寶満寺　18 金毘羅院　19 両山寺
20 金毘羅院　21 三瀧寺　22 龍蔵寺　23 南原寺　24 三恵寺　25 三明院
26 明石寺　27 法蔵院　28 鶴林寺　29 御橋観音寺　30 西光寺　31 寶光院
32 高野寺　33 鎮国寺

■近畿楽寿観音三十三所

平成元年(1989)創設。ご詠歌あり。現行。兵庫・京都・滋賀の府県の寺院で構成。

1 観音院(成相寺)　2 久米田寺(泰平寺)　3 西向寺(極楽寺)
4 神於寺(隆国寺)　5 日光院　6 法雲寺　7 光明寺　8 蓮華寺
9 常楽寺　10 誠心院　11 光明寺　12 七寶寺　13 願成寺　14 常瀧寺
15 安海寺　16 和田寺　17 松隣寺　18 白豪寺　19 安養院　20 観音寺
21 正暦寺　22 大聖寺　23 祥雲寺　24 教伝寺　25 谷性寺　26 成就院
27 大聖院　28 覚伝寺　29 大崎寺　30 西福寺　31 慈眼寺　32 慈眼院
33 宝厳寺

滋賀県

滋賀県の概要：京域に近く全国有数の寺院数を誇る県である。隆盛を誇った密教系寺院が衰え、浄土宗系寺院が台頭（3分の2）している。西国巡礼は6か寺、地域巡礼路は琵琶湖周遊が2つ、各郡単位でミニ巡礼路がある。

■近江西国三十三所　【別称】江州三十三所

寛文期（1661-1673）頃か。ご詠歌あり。現行。近江国一円（近江国山辺巡礼）。

1 常楽寺　2 東門院　3 石山寺　4 近松寺　5 三井寺　6 生源寺
7 長谷寺　8 酒波寺　9 大崎寺　10 大沢寺　11 石道寺　12 観音寺
13 松尾寺　14 北野寺　15 金剛輪寺　16 百済寺　17 大覚寺　18 瓦屋寺
19 観音正寺　20 善勝寺　21 長命寺　22 石塔寺　23 西明寺　24 正明寺
25 金剛定寺　26 大岡寺　27 千光寺　28 長福寺　29 櫟野寺　30 桧尾寺
31 正福寺　32 園養寺　33 妙感寺

□江州湖辺三十三所　【別称】当国湖辺三十三所

宝永4年（1707）、「江州湖辺三十三ケ所之略」願主滋賀之浦の住人写あり。ご詠歌あり。現行なし。前記とは別の近江国一円（近江国湖辺巡礼）。

1 石山寺　2 泉水寺　3 近松寺　4 三井寺　5 生源寺　6 普門寺
7 満月寺　8 報恩寺　9 千手院　10 西方寺　11 長谷寺　12 酒波寺
13 龍泉寺　14 最勝寺　15 大崎寺　16 宗正寺　17 宝蔵寺　18 大沢寺
19 知善院　20 北野寺　21 千手寺　22 瓦屋寺　23 善勝寺　24 安楽寺
25 総見寺　26 観音正寺　27 延命寺　28 長命寺　29 願成就寺　30 長光寺
31 福寿寺　32 円光寺　33 東門院

■甲賀西国三十三所　【別称】甲賀郡西国三十三所

安永元年（1772）、「33永雲寺」容堂和尚選定。ご詠歌あり。現行あり。

1 櫟野寺　2 常光寺　3 仏生寺　4 善応寺　5 龍泉寺
6 最（西）法寺（善福寺）　7 長福寺　8 元龍寺　9 補陀落寺
10 後生寺（福生寺）　11 文殊院（桧尾寺）　12 福龍寺　13 伊勢廻寺
14 円通寺　15 正福寺　16 浄福寺　17 最勝寺　18 園養寺　19 上乗寺
20 妙感寺　21 善水寺　22 大岡寺　23 千光寺　24 妙音寺

25 長福寺（修善寺） 26 地安寺 27 白豪寺 28 天秀寺 29 妙楽寺
30 清涼寺 31 太平寺 32 長松寺 33 永雲寺

○湖南三十三所

安政３年（1856）。詳細不明。ご詠歌あり。現行なし。

□湖東三十三所 【別称】郡西国三十三所、野洲栗本三十三所

天保15年（1844）の御詠歌冊子あり。ご詠歌あり。現行なし。旧野洲郡。
1 東門院 2 福壽院 3 安楽寺 4 慈眼寺 5 十輪院 6 慈眼院（寺）
7 宗泉寺 8 圓光寺 9 浄圓寺 10 浄楽寺 11 常念寺 12 長光寺
13 高木観音堂 14 安養寺 15 荘厳寺 16 来迎寺 17 高福寺（運長寺）
18 西得寺 19 野田観音堂 20 観音寺 21 江珍寺 22 佛法寺 23 安楽寺
24 正福寺 25 東光寺 26 福林寺 27 大曲観音堂（玉林寺） 28 普門寺（院）
29 少林寺 30 西源寺 31 圓福寺 32 寶覚寺 33 観音寺

□蒲生西国三十三所 【別称】蒲生郡三十三所

宝暦９年（1759）開創。ご詠歌あり。現行なし。日野町（蒲生郡）中心。
1 圓林寺 2 宗福寺 3 浄教寺 4 金剛寺（誓光寺） 5 正明寺
6 法雲寺 7 常福寺 8 西明寺 9 寂照寺 10 大聖寺 11 信楽院
12 松林寺 13 正法寺 14 霊松寺 15 清壽庵 16 禅林寺 17 金剛定寺
18 光明院 19 赤人寺 20 願王寺 21 安吉寺（光明寺） 22 妙楽寺（立善寺）
23 永福寺 24 香積寺（永源寺） 25 恩林寺 26 願成寺 27 石塔寺観音堂
28 石塔寺 29 妙厳寺 30 極楽寺 31 梵釈寺 32 涌泉寺 33 潮音寺

●日野三十三所

昭和32年（1957）結成。番外８番あり。ご詠歌あり。現行。
1 西明院 2 寂照寺 3 神清寺 4 常福寺 5 清源寺 6 法雲寺
7 信楽院 8 大聖寺 9 長福寺 10 慈眼院 11 松林寺 12 長徳寺
13 正法寺 14 西照院 15 霊松寺 16 清寿院 17 禅林寺 18 摂取院
19 浄教寺 20 隆讃寺 21 大林寺 22 金剛定寺 23 光明院 24 宗福寺
25 圓林寺 26 潮音寺 27 誓善寺 28 法光寺 29 仲明寺 30 妙楽寺
31 浄光寺 32 金剛寺 33 正明寺

□彦根近辺三十三所〈遠廻り〉 【別称】彦根地廻り三十三所

天文元年(1736)以前の成立。ご詠歌あり。現行なし。彦根市周辺。

1 北野寺　2 圓常寺　3 江国寺　4 江東庵(寺)　5 称名院
6 廣慈庵　7 寶珠院　8 八幡堂(威徳院)　9 長純寺　10 成就院
11 霊水寺　12 青岸寺　13 西円寺　14 少林寺　15 寶瑞院　16 慈眼寺
17 開蓮寺　18 東光寺　19 称名寺(念仏寺)　20 観音院　21 福寿院
22 西琳寺　23 徳性寺　24 高宮寺　25 常禅寺　26 普門寺　27 安養寺
28 光雲寺　29 國昌寺　30 延寿寺　31 千手寺　32 観智院　33 長久寺

□彦根近辺三十三所〈近廻り〉 【別称】近江新西国三十三所

文政2年(1819)以降の成立(「4 天寧寺」の創建)。ご詠歌あり。現行なし。

1 千寿院　2 北野寺　3 圓常寺　4 江国寺　5 宗安寺　6 来迎寺
7 大信寺　8 長松院　9 長光寺　10 称名院　11 寶珠院
12 威徳院(高柳寺)　13 廣慈庵　14 天寧寺　15 千代宮　16 仙琳寺
17 龍潭寺　18 長壽院　19 慈眼院　20 長純寺　21 成就院　22 養春院
23 法林斎　24 光林寺　25 観智院　26 東光寺　27 八幡宮(堂)　28 常圓寺
29 江東寺　30 済福寺　31 報慈寺　32 大雲寺　33 長久寺

□彦根地廻り三十三所 【別称】近江地廻り西国三十三所

明治22年(1889)、彦根町制施行後に、明治維新後衰退の前記「彦根近辺(遠廻り)」を再編、「(近廻り)」から「7 天寧寺」、「10 龍潭寺」、「19 光琳寺」、「20 安養寺」の4か寺を取り込み再編。ご詠歌あり。現行なし。

1 北野寺　2 圓常寺　3 江国寺　4 江東庵　5 称名院　6 廣慈庵
7 宝寿院(天寧寺　8 威徳院(長久寺)　9 長純寺　10 龍潭寺　11 霊水寺
12 誓願寺(青岸寺)　13 西圓寺　14 少林寺　15 宝瑞院(浄林寺)　16 慈眼寺
17 開蓮寺　18 東光寺　19 光琳寺　20 観音院(安養寺)　21 大日堂(福寿院)
22 西琳寺　23 徳性寺　24 高宮寺　25 常禅寺　26 普門寺　27 安養寺
28 光雲寺　29 國昌寺　30 延寿寺　31 千手寺　32 観智院　33 長久寺

○坂田郡三十三所

近世。現行なし。前記と同じ(坂田郡を含んでいる)。

■伊香郡三十三所　【別称】奥びわ湖三十三所、江州伊香三十三所。

文政８年(1825)、寂室堅光禅師(1753-1830)創設。ご詠歌あり。現行。

１ 観音寺　２ 西光寺　３ 保延寺邑観音堂　４ 観音寺　５ 光眼寺
６ 厳長寺(浄光寺)　７ 大圓寺　８ 冷水寺　９ 竹蓮寺　10 普門寺
11 正明(妙)寺　12 磯野寺　13 光明寺　14 赤分寺　15 赤後寺
16 伝堂寺(北布施観音堂)　17 大音千手堂　18 安念寺　19 観音寺
20 大沢寺　21 大岩寺　22 白木山観音堂　23 文室村氏仏
24 安養寺(光勝庵)　25 万福寺　26 法照寺　27 正明寺　28 中林寺
29 西林寺　30 東林寺　31 戸岩寺　32 鶏足寺　33 石道寺

○伊香・浅井郡三十三所(仮称)　【別称】湖北三十三所(仮称)

江戸後期、前記寂室の創設、「伊香郡」より古い。ご詠歌あり。現行なし。

１－12 不　明　13 弥靸寺観音堂　14 丁野観音堂(欽明山長教寺)
15 清水谷観音堂　16 脇坂観音堂　20 浄光寺　21－33 不　明

□高島郡西国三十三所　【別称】高島郡三十三所

江戸期。ご詠歌あり。現行なし。(　)内は別記。

１ 延命寺　２ 大清寺　３ 正海寺(松蓋寺)　４ 菩提寺　５ 玉泉寺
６ 法(宝)蔵院　７ 泰山寺　８ 正(昌)福寺　９ 妙楽寺　10 桂玉庵
11 西江寺　12 光明寺　13 酒波寺　14 正善坊(幡岳寺)　15 安楽寺
16 新豊寺(曹沢寺)　17 光正寺　18 覚傳寺　19 天王寺(善林寺)　20 石津寺
21 正傳寺　22 観音堂(知足軒正福寺)　23 善興寺　24 大善寺
25 八日堂(西方寺)　26 普門寺(西光寺)　27 西音寺　28 祐徳寺　29 浄土寺
30 来迎寺　31 観音寺　32 慈峰院(圓光寺)　33 長谷寺

□滋賀郡西国三十三所　【別称】滋賀郡新西国三十三所、滋賀郡三十三所

江戸期。ご詠歌あり。現行なし。

１ 満月寺　２ 妙盛寺　３ 尊法寺　４ 壽寧寺　５ 福聚院　６ 海蔵寺
７ 圓成寺　８ 法界寺　９ 神宮寺　10 浄国寺　11 願生寺　12 観音寺
13 上品寺　14 報恩寺　15 千手寺(院)　16 専修院　17 光明寺　18 六時院
19 安養院(寺)　20 行堂寺　21 昌峰院　22 積善院　23 如意寺　24 普門寺
25 法光寺　26 十輪寺　27 大正寺　28 生源寺　29 橋殿寺　30 普門寺

31 真光寺　32 勧福寺　33 来迎寺

□大津三十三所　【別称】津内三十三所

元禄4年(1691)開創。ご詠歌あり。現行なし。

1 正法寺(三井寺)　2 寿命水(両願寺)　3 大練寺　4 水願寺
5 荒神堂(本林院)　6 今然寺　7 宗清寺　8 清(青)龍寺　9 傳光寺(院)
10 観念寺　11 乗念寺(九品寺)　12 法善(泉)寺　13 九品寺(乗念寺)
14 華階寺　15 浄(成)覚寺　16 西方寺　17 清覚(岳)寺(華階寺)
18 大泉(専)寺　19 善通寺　20 願海寺　21 秀(秋)岸寺(乗念寺)　22 西福寺
23 正(西)福寺　24 幻案寺　25 安養寺　26 念佛寺　27 長安寺
28 浄光院(宇賀神堂)　29 近松寺　30 尾蔵寺　31 新光寺
32 如意寺(微妙寺)　33 微妙寺

□膳所三十三所　【別称】膳所城下三十三所、膳所崎三十三所

宝永2年(1705)膳所藩主(本多康慶)の病気祈願の観音像を造り、宝永5年(1708)像を城下33寺に寄進、ご詠歌は伊藤夢磨。ご詠歌あり。現行なし。

1 泉水寺　2 法傳寺　3 敬願寺　4 正法寺　5 霊照院　6 唯専寺
7 大養寺　8 景澤寺　9 永順寺　10 済松寺(湖西庵)　11 幻住庵
12 不動寺　13 大圓院　14 光源寺　15 最勝院　16 円福院　17 専光寺
18 法性寺　19 妙福寺　20 桃源寺　21 新楽寺(国分寺)　22 兼平寺
23 西念寺　24 浄光寺　25 唯伝寺　26 安昌寺　27 持明寺　28 戒琳庵
29 大泉寺　30 響忍寺　31 清徳院　32 正慶院　33 縁心寺

巡礼閑話　巡礼風にはふりむくな

宝暦7年(1755)春、西国「30竹生島」から「31長命寺」へ向かう巡礼船が夜の琵琶湖上で突風に遭遇、船頭3名(地元漁師)と、各地からの西国巡礼者69名(出身地別：若狭4・播州20・紀州16・作州4・淡路11・備州8・讃岐2・摂州4)全員が亡くなった。(「新旭町誌」昭和60)

京都府

京都府の概要：京都はわが国観音霊場巡礼の端緒となった地である。このためか、「西国三十三所」霊場の札番のうち、京都府下には3分の1にあたる11か寺がある。また府下の寺院は現在でも3000か寺を超え、その過半数が京都市内にある。全国各地にあるさまざまな「めぐり」に大きな影響を与えてきた臨済宗や浄土宗の本山、また清水寺や密教系（真言宗・天台宗）の有力寺院が京都市内に集中して存在する。この影響が府下にも及んでおり、山城・丹波・丹後と、府下一円に国札、郡札のミニ霊場がある。

□丹後西国三十三所〈江戸初期〉【別称】当国中順禮三十三所、丹後国中三十三所

寛文12年（1672）、自保由心が開創。「丹後旧語集」享保20年（1735）（次記記載）に巡礼歌。以下は「丹後旧語集」記載。ご詠歌あり。現行なし。

1 成相寺　2 慈眼寺　3 達通寺　4 泊隣寺　5 尾金山　6 霊鷲寺
7 正法寺　8 泊隣庵　9 来迎寺　10 上山寺　11 尾阪寺　12 縁城寺
13 大慈寺　14 龍献寺　15 薬王寺　16 如意寺　17 笛原寺　18 禅定寺
19 興法寺　20 雲厳庵　21 文殊堂　22 如願寺　23 内宮観音堂
24 室尾谷観音堂　25 普門寺　26 圓隆寺　27 満願寺　28 仁寿寺
29 天臺寺　30 慈恩寺　31 多弥寺　32 観音寺　33 松尾寺

□丹後西国三十三所〈江戸中期〉【別称】丹後一国三十三所、当国中順禮三十三所

元文４年（1739）、前記「丹後」札所の廃絶寺院を改め再興、ご詠歌を改める「丹後一国三十三所巡禮記」元文４年（1739）。ご詠歌あり。現行なし。

1 成相寺　2 慈眼寺　3 正法寺　4 泊隣寺　5 来迎寺　6 恩教寺
7 上山寺　8 川窪寺　9 神宮寺（金谷寺）　10 生蓮寺（等楽寺）　11 興法寺
12 雄阪寺（徳運寺）　13 縁城寺　14 大悲寺（大慈寺）　15 龍献寺　16 薬王寺
17 如意寺　18 笛原寺　19 禅定寺　20 雲厳寺　21 文殊観音堂（智恩寺）
22 如願寺　23 慈眼寺　24 室谷観音院　25 普門寺　26 圓隆寺　27 満願寺
28 水清寺　29 天臺寺　30 金剛院　31 田根寺（多福寺）　32 観音寺
33 松尾寺

□中郡西国三十三所

明治43年(1910)創設。ご詠歌(「西国」利用)あり。現行なし。本札所が関わる横道札所(15か所)がある。京丹後市周辺。

1 全性寺　2 常立寺　3 増長院　4 延命院　5 霞谷庵　6 渓祥寺
7 禅定寺　8 十方院　9 勝負庵(菖蒲寺)　10 慶徳院　11 全徳院
12 笛原寺　13 常泉寺　14 安隠寺　15 三要寺　16 光明寺　17 常林寺
18 岩屋寺　19 萬歳寺　20 興勝寺　21 高原寺　22 長福寺　23 妙性寺
24 高尾山　25 本光寺　26 周徳寺　27 安心寺　28 萬休院　29 少林寺
30 林香寺　31 相光寺　32 長安寺　33 縁城寺

○丹後横道三十三所

文政2年(1819)「當国観世音」に御詠歌とともに15か寺が掲載。ただし、三十三所かどうか不明。のち「与謝郡西国」「中郡西国」札所となった寺院が多い。ご詠歌あり。現行なし。京丹後・宮津各市、与謝郡周辺。

大乗寺・國分寺・慈光寺・萬歳寺・五十河寺・心悦寺・千手院・
永江山観音堂・峠山観音堂・腰山観音堂・福生寺・禅勝寺・山川山観音堂・
小林山観音堂・菩提寺あり

□加佐郡西国三十三所〈江戸期〉【別称】丹後加佐郡三十三所、加佐郡三十三所

元禄16年(1703)、沙門良似開創「21般若寺」縁起。ご詠歌あり。現行なし。

1 観音寺　2 本源寺　3 極楽寺　4 松尾寺　5 慈恩寺　6 泉源寺
7 龍勝寺　8 東山寺　9 仁寿寺　10 萬願寺　11 久岩寺　12 菩提寺
13 光明寺　14 永福寺　15 長橋寺　16 普門寺　17 無量寺　18 長泉寺
19 智源寺　20 観音寺　21 般若寺　22 慈眼堂　23 宏玄寺　24 法隆寺
25 佛心寺　26 弘誓堂　27 大明寺　28 松林寺　29 玉泉寺　30 圓隆寺
31 桂林寺　32 浄土寺　33 不　明

□加佐郡西国三十三所〈明治期〉【別称】加佐郡三十三所

明治年間(1868-1912)、または大正年間(1912-26)ころ、上記を改正か。ご詠歌あり。現行なし。舞鶴・宮津・福知山各市周辺。

1 長江寺　2 観音寺　3 極楽寺　4 松尾寺　5 慧忍寺

6 若松山観音堂　7 龍勝寺　8 天臺寺　9 大泉寺　10 東山寺
11 仁寿寺　12 不動院　13 永福寺　14 光明寺　15 普門寺　16 長陽寺
17 観音寺　18 浄泉(仙)寺　19 慈眼堂　20 内宮観音堂　21 般若寺
22 間山観音堂　23 宏玄寺　24 龍見山観音堂　25 佛心寺　26 脇山観音堂
27 大明寺　28 浄隣寺　29 松林寺　30 浄土寺　31 桂林寺　32 圓隆寺
33 円寿院(円隆寺)

●与謝郡西国三十三所　【別称】与謝郡三十三所、丹後・与謝三十三所

明治43年(1910)創設、昭和50年代後半に復興。ご詠歌あり。現行可。
1 玉田寺　2 西光寺　3 岩滝大師堂(大乗寺)　4 国分寺　5 成相寺
6 慈眼寺　7 洞養寺(振宗寺)　8 天長寺　9 来迎寺　10 洞雲寺
11 正法寺　12 顕孝寺　13 禅海寺　14 金剛心院　15 慈光寺　16 如願寺
17 国清寺　18 大頂寺　19 智源寺　20 養福寺　21 永久院　22 観音寺
23 法光寺　24 慈雲寺　25 常栖寺　26 施薬寺　27 西光寺　28 梅林寺
29 西林寺　30 養源院　31 祥雲寺　32 福寿寺　33 江西寺

●丹波西国三十三所　【別称】丹波国三十三所、丹波三十三所

永享年間(1429-1441)より盛ん。文化4年(1807)、それ以前にあった札所版を改変「丹波西国三十三所」と改称、36か所(同番複数あり)とした「丹波西国三十六所道中記」(文化4年(1807)あり。さらに嘉永5年(1852)、番外の「百観音堂(龍源寺)」が加わり37か所となった「丹波西国三十七所　道中記(嘉永5年(1852)版木あり)」。重番あり。ご詠歌あり。現行可。(　)は37か寺寺院。1-5・17-33は京都丹波、6-16は兵庫丹波。
1 観音寺　2 鏡智院正暦寺　3 法光寺　4 海眼寺　5 観興寺
6 高源寺　7 岩瀧寺　8 高山寺・観音寺　9 岩戸寺　10 神地寺
11 香象(高蔵)寺　12 文保寺　13 高仙寺　14 龍蔵寺　15 東窟寺
16 観音寺　17 松鼻寺　18 千手寺　19 無動寺　20 九品寺
21 穴太寺・西願寺　22 神宮寺　23 正法寺　24 岩山寺(密厳寺・慈眼寺)
25 西蓮寺(普門寺)　26 観楽寺　27 明隆(妙龍)寺　28 光明寺　29 善福寺
30 日圓寺　31 施福寺　32 長福寺・慈眼寺　33 安國寺

□綾部西国三十三所〈室町期〉　【別称】何鹿郡三十三所、郡西国三十三所、何鹿郡西国三十三所

永享年間(1429-1441)より盛ん。私市村大嶋氏発願。室町中頃から盛ん。ご詠歌あり。現行なし。(　)は移動など(記録により多くの相違がある)。綾部・福知山市周辺。

1 鏡智院(正暦寺)　2 栴林寺　3 照福寺　4 寶住寺　5 梅岩寺
6 圓照寺　7 善住寺　8 長福寺　9 慈音寺　10 臺鏡寺　11 清音寺
12 隠龍寺　13 正福寺　14 昌寶寺　15 興福寺　16 萬願寺
17 瑞泉寺(普門院)　18 高源寺　19 如意輪寺(惣持院)　20 大永寺(惣持院)
21 瑠璃寺　22 長楽寺　23 高屋寺　24 長松寺　25 金剛寺　26 長福寺
27 慈眼寺　28 岩王寺(光明密寺・施福寺)　29 禅徳寺　30 施福寺(禅定院)
31 日圓寺(浅原村観音堂)　32 寶蔵寺(向日村観音堂)　33 善福寺

■綾部西国三十三所〈昭和期〉

昭和59年(1984)創設、前記「何鹿郡西国(綾部西国)」を基準とする番外が6か寺ある。ご詠歌あり。現行。

1 正暦寺　2 隆興寺　3 寶住寺　4 栴林寺　5 照福寺　6 梅巌寺
7 佛南寺　8 圓照寺　9 東光院　10 慈音寺　11 隠龍寺　12 浄泉寺
13 瑠璃寺　14 楞厳寺　15 惣持院　16 普門院　17 天王寺
18 高屋寺(自得寺)　19 極楽寺　20 満福寺　21 長松寺　22 寶満寺
23 長福寺　24 慈眼寺　25 岩王寺　26 安國寺　27 禅徳寺　28 施福寺
29 日圓寺　30 善福寺　31 上林禅寺　32 五泉寺　33 光明寺

□船井郡西国三十三所〈郡東部〉【別称】丹波船井郡西国三十三所、船井郡三十三所、船井ごおり三十三所

室町期創設か。元禄年中(1688-1704)とも。貞享年記(1684-88)のご詠歌額あり。ご詠歌あり。現行なし。船井郡東部・南丹市周辺。

1 九品寺　2 龍穏(隠)寺　3 観景寺　4 玉雲寺　5 金剛寺　6 含寶寺
7 西王寺　8 大福光寺　9 龍澤寺　10 清水寺　11 慈眼寺　12 来福寺
13 大蔵寺　14 神道寺　15 西林寺　16 萬福寺　17 西福寺　18 南陽寺
19 延命院　20 福田寺　21 西光寺　22 普済寺　23 最福寺　24 曹源寺
25 神護寺　26 長徳寺　27 福安寺　28 観音寺　29 圓福寺　30 泉福寺
31 禅福寺　32 西林寺　33 玉泉寺

□船井郡西国三十三所〈郡西部〉【別称】船井郡三十三所、新郡観音三十三所

ご詠歌あり。現行なし。(　)は現状。船井郡西部・京丹波町周辺域。

1 新水戸峠観音堂（祢安寺） 2 上野観音堂 3 下野観音堂 4 玉雲寺
5 大圓寺 6 恵日寺 7 福満寺・西王寺（泉谷寺） 8 法華寺（西岸寺）
9 西教寺（玉雲寺） 10 龍福寺 11 無働寺 12 不断寺（西方寺）
13 質志村観音堂（光明寺） 14 光明寺 15 龍洞寺 16 千手寺
17 幸福寺（養徳寺） 18 観音寺 19 松ヶ鼻観音堂 20 古和田観音堂
21 本光寺（龍福寺） 22 長楽寺 23 常願寺 24 長楽寺（小野観音堂）
25 みの谷観音堂 26 浄光寺 27 観音寺 28 仙峯（峰）堂（寺）
29 中上村観音堂（寶昌寺） 30 金剛寺 31 観音寺
32 八田中村観音堂（國祥寺） 33 大通寺

□船井郡三十三所 【別称】新郡西国三十三所、新郡観音三十三所

現行なし。南丹市、京丹波町（船井郡）周辺。

1 玉雲寺 2 祢安寺 3 享徳寺 4 大通寺 5 国祥寺 6 千峰寺
7 浄光寺 8 宝昌寺 9 長楽寺 10 松岩寺 11 長楽寺 12 西方寺
13 観音寺 14 本光寺 15 広昌寺 16 龍福寺 17 養徳寺
18 普門寺（養徳寺） 19 無動寺 20 千手寺 21 徳善寺 22 福寿寺
23 大福光寺 24 龍澤寺 25 清水寺 26 正燈寺 27 金剛寺 28 恵日寺
29 福満寺 30 含寶寺 31 宇津木寺 32 西王寺 33 神宮寺

□和知西国三十三所

江戸期。昭和期再編復興。ご詠歌あり。現行なし。京丹波町（船井郡）周辺。

1 甘露寺 2 寶林寺 3 龍福寺観音堂 4 龍心寺 5 東現寺
6 長源寺 7 長源寺観音堂 8 草尾観音堂 9 大龍寺 10 大成観音堂
11 曹禅寺 12 福昌寺 13 打越堂 14 釈迦堂 15 瑞祥寺 16 太虚寺
17 庄元寺 18 里の堂（太虚寺） 19 善入寺 20 薬師堂 21 泉明寺
22 東月寺 23 東福寺 24 明隆寺 25 西光寺 26 池本寺 27 日圓寺
28 昌福寺 29 佛光寺 30 大福寺 31 祥雲寺 32 常徳寺 33 長泉寺

□北桑田郡三十三所〈江戸期〉 【別称】北桑田郡西国三十三所、北桑西国三十三所

文化７年（1810）開設。ご詠歌あり。現行なし。京都・南丹両市周辺。

1 観楽寺 2 成願寺 3 法明寺 4 観音寺 5 宝谷寺 6 栄久寺
7 林昌寺 8 宝泉寺 9 朝日観世音 10 永照寺 11 岩栖寺 12 遍照寺
13 普明寺 14 継福寺 15 願中庵 16 洞雲寺 17 深見寺 18 大聖院
19 神宮寺 20 中道寺 21 冨春庵 22 観音寺（西福寺） 23 蓮花寺

24 三明庵　25 永林寺　26 観音寺　27 岩屋寺　28 慈眼寺　29 宝林寺
30 金剛寺　31 金栗庵　32 観音寺　33 正法寺

●北桑田郡三十三所〈昭和期〉 【別称】北桑西国三十三所

昭和35年（1960）、前記を再興。ご詠歌あり。現行可。京都・南丹両市周辺。
1 歓楽寺　2 成願寺　3 法明寺　4 惣持寺　5 白峰寺　6 栄久院
7 林昌寺　8 宝泉寺　9 行福寺　10 永照寺　11 岩栖寺　12 遍照寺
13 普明寺　14 継福寺　15 万昌寺　16 洞雲寺　17 深見寺　18 大聖院
19 普明院　20 中道寺　21 福徳寺　22 千光寺　23 常照皇寺　24 三明院
25 永林寺　26 東向観音堂　27 宝泉寺　28 慈眼寺　29 宝林寺　30 松寿寺
31 了谷寺　32 薬師寺　33 正法寺

□桑田・船井郡西国三十三所 【別称】川東西国三十三所、北方巡拝、北郷巡拝、川北巡拝、郡西国三十三所、近辺巡礼、近郷巡礼

宝永6年（1709）以前に両郡の人びとにより成立。ご詠歌は平位利実作。大正14年復興。ご詠歌あり。現行なし。旧南桑田郡（亀岡・南丹市）周辺。大堰川の東部に位置している。
1 元明院　2 東光寺　3 神宮寺（極楽寺）　4 耕雲寺　5 蔵宝寺
6 東林寺　7 文覚寺　8 和光院（養源寺）　9 極楽寺　10 福林寺（宝光寺）
11 導養寺（長林寺）　12 慶應寺　13 光徳寺　14 竹林寺（光徳寺）
15 観音寺（興禅寺）　16 興禅寺　17 西来寺　18 泰清寺（大日寺）　19 智恵寺
20 刑部村観音堂　21 池上寺（院）　22 大悲堂　23 光明寺　24 阿弥陀寺
25 林泉寺　26 長安寺　27 清元（源）寺　28 泉谷寺　29 青雲寺（蔭涼寺）
30 護国寺　31 水上庵（護国寺）　32 瑞雲寺　33 真神寺（山階村観音堂）

□中筋西国三十三所

宝永6年（1709）以前に成立。ご詠歌あり。現行なし。桑田・船井両郡にまたがる。中筋とは、「丹波国桑田郡　庄内割云伝覚書」延宝8年（1680）によれば、並河～山内～本梅（中筋）、亀山～穴太～芦山（南中筋）をいう。大堰川の西部に位置し、前記と対称的な関係にある。
1 九品寺　2 龍穏（隠）寺　3 木崎峠観音堂　4 観景寺　5 西福寺
6 木崎大木観音堂　7 教伝寺　8 南陽寺　9 徳雲寺　10 康安寺
11 西光寺　12 羅漢堂　13 福田寺　14 久昌寺　15 岡坊観音堂

16 岩谷山　17 龍興寺　18 雲処軒　19 東雲庵　20 宗福寺　21 穴穂寺
22 金剛寺　23 小松寺　24 灰田大師堂　25 嶺松寺　26 浄福寺　27 常観寺
28 神宮寺　29 大乗寺　30 龍潭寺　31 本田庵　32 瑞石寺　33 千手寺

□天田郡西国三十三所　【別称】天田三十三所

江戸中期以前設定。ご詠歌あり。現行なし。(　)内は現状。福知山市周辺。
1 圓應寺　2 海眼寺　3 安養寺　4 官福寺(圓明院)　5 洞楽寺
6 久法寺　7 興雲寺　8 福林寺　9 頼光寺　10 照光寺(養泉寺)
11 観瀧寺　12 観興寺　13 松林寺　14 花台寺(雲龍寺)
15 北光寺(北山観音堂)　16 高正寺(吉祥院)　17 天寧寺　18 寶光寺
19 金光寺　20 勝林寺(威光寺)　21 慈眼寺(大信寺)　22 長福寺
23 瀧水寺(安養院)　24 為徳寺(東光寺)　25 青蓮寺　26 普参寺　27 大日寺
28 西林寺(東源寺)　29 瑞林寺　30 高源寺　31 観音寺
32 清(済)平寺(大智寺)　33 神通寺(圓満院)

○両丹西国三十三所

昭和2年(1927)、前記「天田郡西国」の再興。前記と同じかと思われるが、資料では別札所とするものがある。現行なし。両丹は丹波・丹後。
23 瀧水寺　33 圓満院(神道寺)

○洛東三十三所

明治4年(1871)。安楽寺観音の説明。現行なし。
9 迎弥寺　12 安楽寺

○東山三十三所(仮)

詳細不明。現行なし。前記に同じか。

○中国三十三所

記録にあるが詳細不明。現行なし。
11 金蔵寺

○洛北三十三所

明治3年(1870)。記録にあるが詳細不明。現行なし。
11 慈福寺　12 長福寺

□乾三十三所 【別称】戌亥三十三所。

明治42年(1909)。ご詠歌あり。現行なし。上京区周辺。

1 善福寺　2 正覚寺　3 金泉寺　4 智恵光院　5 不　明　6 光清寺
7 昌福寺　8 福寿院　9 浄年(念)寺　10－12 不　明　13 大幸寺
14 不　明　15 竹林寺　16 竹林寺　17 不　明　18 法輪寺　19 浄圓寺
20－21 不　明　22 浄光寺　23 不　明　24 親縁寺　25 西蓮寺
26 不　明　27 地蔵院　28 不　明　29 成願寺　30 不　明　31 称念寺
32－33 不　明
札番不明に普門寺あり

□洛中洛外三十三所 【別称】新三十三所

平安後期、後白河天皇設定の伝承。永享3年(1431)ころの札番は「1 行願寺」「33 北野天満宮」で定着「撮攘集・巻上」享徳3年(1454)。行願寺以下三十三所札所を挙げる(札番なし)。文安6年(1449)「新三十三所」の注文が示される(公家日記「康富記」5月1日の条)。現行なし。

1 行願寺　2 天王寺　3 乗北院千手堂　4 感応寺　5 子安観世音
6 新長谷寺　7 吉田寺　8 善法寺　9 東岩蔵寺　10 太子堂成就院
11 長楽寺　12 千手堂長福寺　13 六波羅蜜寺　14 珍皇寺
15 黒岩七観音堂　16 清水寺　17 如意輪堂　18 清閑寺　19 蓮華王院
20 円通寺　21 観音寺　22 泉涌寺下　23 梵音寺　24 随身寺　25 東寺食堂
26 空也堂　27 妙法寺　28 六條八幡　29 頂法寺　30 長泊寺
31 東千手堂浄光院　32 神応寺　33 朝日寺(北野天満宮)

□洛陽三十三所〈江戸期〉 【別称】西國洛陽三十三所

寛文5年(1665)、応仁の乱などで札所廃絶していた前記「洛中洛外」が霊元天皇の勅願により復興、新しい札所組み合わせになった。札所中興、下記の順序になったが各書により順序は異なる。歴史的に西国写としては最も古い。(寛文5年(1665)の項)「一、同年に、帝詔して、洛中に三十三所の観音の札所を始め給ふ」(「玉露叢巻二十四」延宝期刊)。現行なし。

1 六角堂　2 長金(吟)寺　3 革　堂　4 下御霊　5 新長谷寺
6 吉田寺　7 長楽寺　8 七観音堂　9 青龍寺　10 清水寺地蔵院
11 清水寺奥の院　12 清水本堂　13 朝倉堂(清水寺)　14 泰産寺

15 六波羅蜜寺　16 愛宕念仏寺　17 蓮華王院　18 一音寺
19 今熊野観音寺　20 泉涌寺（楊季寺）　21 法性寺　22 常興寺
23 教王護国寺　24 長圓寺　25 妙壽院　26 松雲寺　27 観音寺　28 西蓮寺
29 長寶寺　30 地蔵院（椿　寺）　31 東向観音寺（朝日寺）　32 天王寺
33 清和院

□洛陽三十三所〈明治期〉【別称】西國洛陽三十三所

ご詠歌あり。現行なし。（　）は移動、別称。

1 六角堂　2 誓願寺　3 行願寺　4 成圓寺　5 新長谷寺　6 吉田寺
7 長楽寺　8 七観音堂　9 青龍寺　10 清水寺地蔵院　11 清水寺奥の院
12 清水本堂　13 朝倉堂　14 泰産寺　15 六波羅蜜寺　16 愛宕念仏寺
17 蓮華王院　18 善能寺　19 今熊野観音寺　20 泉涌寺（楊季寺）
21 法性寺　22 常興寺　23 教王護国寺（東　寺）　24 長圓寺　25 妙壽院
26 松雲寺　27 観音寺　28 西蓮寺　29 長寶寺　30 地蔵院　31 東向観音寺
32 廬山寺　33 清和院

■洛陽三十三所〈平成期〉【別称】平成洛陽三十三所

平成15年（2003）、前記を改組して再興。ご詠歌あり。現行。

1 六角堂頂法寺　2 誓願寺　3 護浄院（清荒神）　4 行願寺　5 真如堂
6 金戒光明寺　7 長楽寺　8 大蓮寺　9 青龍寺　10 清水寺善光寺
11 清水寺奥の院　12 清水寺本堂　13 清水寺朝倉堂　14 清水寺泰産寺
15 六波羅蜜寺　16 仲源寺　17 蓮華王院（三十三間堂）　18 善能寺
19 今熊野観音寺　20 泉涌寺　21 法性寺　22 城興寺　23 東　寺
24 長圓寺　25 法音院　26 正運寺　27 平等寺（因幡堂）　28 壬生寺中院
29 福勝寺　30 椿寺地蔵院　31 東向観音寺　32 廬山寺　33 清和院

○洛陽南廻り三十三所

江戸期。記録にあるが詳細不明。現行なし。

33 来迎寺

巡礼閑話　洛陽観音めぐりの歌

古歌に「六角や誓願寺図子·下御霊革堂すぎて吉田黒谷長楽寺から壱二ケ所清水に五ケ所、六波羅さて愛宕寺、大仏や泉涌寺二ケ所今熊を伏見街道九条へぞ出る。東寺より松原西東蛸薬師、出水下立売二ヶ所かい川東向観音すぎて天皇寺、清和院にて札ぞ納むる」と謡われている。なお万治頃(1658-61)生じた京順礼は、三十三所を廻らない服装だけを偽装した売笑又は有閑夫人の見得にあり、「大振袖」元禄16年(1703)にも「今様は四十をこえたる物は一人も見えず、みな血気さかんの角前髪、ばらをの雪踏をはづして何足かわらざうりも常ならぬ紅裏の絹足袋、浅黄ちりめんの脚絆、異称も一きは大模様染の鉢巻、加賀笠を青地のかた色はりて、又、心よりおこらぬ浮気順礼、その頃参下向十人は恋を祈る為めの袖群れて一もやうなるはで男は皆観音廻りかとうたがへり」とある。

□京極通三十三所

宝永5年(1708)までに創設。「京極通」は「寺町通」の古名。京都市内寺町通りの巡礼路。京極通(現在の寺町通)は天正18年(1590)豊臣秀吉の市街地再編成で平安京の最も東の道路である東京極大路の東側に浄土・法華(日蓮)・時宗の諸寺院など百十余カ寺を集中的に配置(鞍馬口から五条通あたりまで)その後宝永五年の大火で鴨川東岸に集団移転(御所拡張のため)や寺院配置を変更したもの、廃寺院が多く、「洛中絵図」に見られる整然とした寺院町の巡礼は不可能。現行なし。

1 天寧寺　2 長福寺　3 慈福寺　4 阿弥陀寺　5 十念寺　6 佛陀寺
7 蘆山寺　8 革　堂　9 三福寺　10 西性寺　11 清光寺　12 佛光寺
13 信行寺　14 大恩寺　15 教安寺　16 專称寺　17 正念寺　18 見性寺
19 正行寺　20 下御霊(成圓寺)　21 福勝寺　22 天性寺　23 誓願寺
24 誠心院　25 長金寺　26 西光寺　27 常楽寺　28 金蓮寺　29 春長寺
30 乗願寺　31 永養寺　32 上徳寺　33 新善光寺

□洛西三十三所〈江戸期〉

【別称】嵯峨三十三所、西ノ岡三十三所、古来の洛西三十三所

文政10年(1827)以前発願。ご詠歌あり。現行なし(廃仏毀釈の頃に廃寺)。

1 大悲閣千光寺　2 立石地蔵尊　3 妙春庵　4－6 不　明　7 念仏寺
8 清涼寺　9－10 不　明　11 薬師寺　12 中院観音堂　13 二尊院
14－15 不　明　16 証安院　17 不　明　18 観空寺　19 称念寺

20 空覚庵　21 遍照寺　22 宝樹寺　23－27 不　明　28 玉田寺　29 福田寺
30 正定院　31 不　明　32 徳林寺　33 柳鶯寺

■洛西三十三所〈昭和期〉【別称】洛西新三十三所

前記の「洛西三十三所」を昭和53年（1978）復興。ご詠歌あり。現行。
1 善峰寺　2 金蔵寺　3 十輪寺　4 西迎寺　5 三鈷寺　6 乙訓寺
7 光明寺　8 観音寺　9 長法寺　10 楊谷寺　11 正覚寺　12 卒台寺
13 観音寺　14 勝龍寺　15 観音寺　16 泉福寺　17 萬福寺　18 西圓寺
19 蔵王堂光福寺　20 称讃寺　21 長福寺　22 常楽寺　23 歓喜寺
24 念佛寺　25 阿弥陀寺　26 長恩寺　27 観世寺　28 蔵泉庵　29 西光院
30 浄住寺　31 福成寺　32 来迎寺　33 順徳寺宝菩提院

□伏見三十三所

天保12年（1841）、「伏見観世音巡拝」（「18 西光寺」蔵版）にあり。ご詠歌あり。現行なし。京都市伏見区。
1 月橋院　2 實圓寺　3 光傳寺　4 観音寺　5 源空寺　6 大光寺
7 三寶寺　8 願生寺　9 阿弥陀寺　10 長建寺　11 来迎寺　12 大蓮寺
13 浄雲寺　14 無量寺　15 光照寺　16 大信寺　17 心光寺　18 西光寺
19 大黒寺　20 玄忠寺　21 勝念寺　22 大栄寺　23 悟真寺　24 大樹寺
25 寶國寺　26 栄運寺　27 西休寺　28 誠心寺　29 不　詳　30 等泉寺
31 大善寺　32 極楽寺　33 正覚寺（院）

○山城国三十三所　【別称】当国三十三所、山城順礼三十三所

延宝年間（1673-80）。正徳元年（1711）以前の創設。現行なし。
14 月輪寺　22 法性寺
他に、泉涌寺観音堂（圓通閣）、新熊野観音堂（観音寺）あり。

□南山城三十三所

貞享年中（1684-88）、東光寺如範開創。詠歌は東光寺（明治廃寺）如竹法印天保６年（1835）、井出郷玉水の橘講が再興「順礼記」を刊行、翌年詠歌額が奉納された。ご詠歌あり。現行なし。廃仏毀釈で17寺が廃寺（うち半数が宮寺）。（　）は移動など。旧相楽郡北部～綴喜郡東部。10里26丁。

1 海住山寺　2 老宿坊（海住山寺奥之院）　3 燈（東）明寺　4 常念寺
5 観音寺（常念寺・地蔵院）　6 浄勝寺（西念寺）　7 誓願寺
8 木津観音堂　9 市坂観音堂（動観音堂）　10 法泉寺　11 禅福寺
12 願成寺（蓮台寺）　13 観音寺　14 岡本寺（観音寺）　15 鞍岡神宮寺
16 若王寺　17 長福寺（西方寺）　18 宮ノ口観音堂（西念寺）
19 恵日寺（壽寶寺・正福寺）　20 念仏寺　21 普賢寺大御堂
22 観音寺（光照寺・壽命寺）　23 日光寺
24 蓮花寺（壽宝寺・西方寺・阿弥陀寺）　25 東福寺（西福寺）
26 栄福寺（地蔵院）　27 観音寺（西福寺）　28 光明山寺観音堂（国見山観音堂）
29 蟹満寺　30 福王寺（十輪寺）　31 神童寺蔵王堂　32 傳興寺　33 泉橋寺

□南山城西国三十三所　【別称】山城西国三十三所、城南西国三十三所

天保12年（1841）、「1西教寺」良海発起。明治初年（1868）ころ西国三十三所の本尊写しをつくり分配、開創。現行なし。旧綴喜・相楽2郡。

1 西教寺　2 大智寺　3 安福寺　4 浄勝寺（西念寺）　5 西念寺
6 国分寺　7 海住山寺　8 心楽寺　9 正覚寺　10 大龍寺　11 法泉寺
12 光明寺　13 西福寺　14 長福寺（普賢院）　15 西念寺　16 医王寺
17 大念寺　18 来迎寺　19 岡本寺　20 安楽寺　21 常念寺　22 寶心寺
23 西念寺　24 大念寺　25 法泉寺　26 阿弥陀寺　27 地蔵院　28 西福寺
29 蟹満寺　30 十輪寺　31 西恩寺　32 法連寺　33 神童寺

□城南近在三十三所

文政8年（1825）、「33華台寺」12世聖誉上人発願。ご詠歌（「西国」利用）あり。浄土宗寺院で構成。現行なし。江戸後期一時的に巡拝。久世郡内。

1 観音寺　2 極楽寺　3 長圓寺　4 光明寺　5 常念寺　6 圓通寺
7 西岸寺　8 西光寺　9 大乗院　10 薬師前観音堂　11 念佛寺
12 正福寺　13 観音寺　14 東光（向）寺　15 観音院　16 専念寺　17 称名寺
18 浄安寺　19 西林寺　20 瑞泉寺　21 慈尊院　22 西照寺　23 長光寺
24 三縁寺　25 高岳寺　26 念仏寺　27 観音寺　28 圓蔵院　29 法成寺
30 観音寺　31 来迎寺　32 安養寺　33 華（花）台寺

□田原郷三十三所

江戸期。現行なし。

1　大御堂　2　観音院　3　真言院　4　巌松院　5　地蔵寺　6　阿弥陀寺
7　西の庵　8　正法寺　9　極楽寺　10 阿弥陀寺　11 妙楽寺　12 観音寺
13 西福寺　14 自孤庵　15 湘南寺　16 観音寺　17 善福寺　18 龍雲寺
19 宝国寺　20 浄土寺　21 清寿庵　22 大導寺　23 長福寺　24 仲山寺
25 正寿院　26 常光院　27 高岳寺　28 新福寺　29 長福寺　30 光禅寺
31 安誓寺　32 誓光寺　33 禅定寺

○中山城三十三所

現行なし。城陽市周辺。

18西福寺　28光明寺

□瓶原三十三所

享保17年（1732）以前開創、海住山寺と山内塔頭寺院・末寺で構成。ご詠歌あり。明治以降の廃寺で現行なし。木津川市瓶原一郷内巡礼。

1　海住山寺本堂　2　観音院（順礼観音堂）　3　奥之院　4　寶篋院
5　不動坊　6　西方院　7　閑照院　8　寶蔵院　9　摩尼珠院　10 西之坊
11 池之坊　12 大福寺　13 佛生寺　14 大雲院　15 阿弥陀寺　16 上之庵
17 神宮寺（栢森寺）　18 東福寺　19 辻　堂　20 長福寺　21 林泉寺
22 法泉寺　23 正念寺　24 西念寺　25 田福寺　26 鴬滝寺　27 願応寺
28 心光庵　29 法性寺　30 海蔵院　31 安養寺　32 貞福寺　33 國分寺

巡礼閑話　「西国」の女巡礼路

三室戸（10 三室戸寺）から岩間山（12 岩間寺）の間の巡礼路には古く「女巡礼路」と呼ばれた道があった。「10 三室戸寺」から「11 上醍醐」に向かう途中「炭山観音堂（小醍醐寺と呼ばれた女人堂）」があった。古来、醍醐山は聖地として女人の登山を禁じていたため、女巡礼はその准胝観音に参詣することができなかった。そこで建保３年（1215）、如意輪観音を祀る小堂が建てられ、西国巡礼の男女は三室戸寺への参詣の後は道を異にし男子は上醍醐山上に向い、女子は炭山観音堂に納札して直ちに次の「岩間山（12岩間寺）」へ向い、男子と再会した。この正規の巡礼道である急峻な山道（笠取越え）を通らず宇治川畔に出る迂回路（畑越え）を女巡礼路と呼んだ。のちには、醍醐寺の金堂や五重塔がある「下の醍醐」から札所のある「上の醍醐」登山口から分かれたすぐ横に寛政10年（1798）女人堂が建立されたが、それまでは上記のように黄檗（宇治市）から炭山女人堂（観音堂）経由で岩間寺へと向かった。（「山城名跡巡行志　巻六」（「宇治市史３」）。

大阪府

大阪府の概要：東京都と同じように大阪府の場合も近世以降、都市としての大きな発展があった。そのなかで近年でも第二次大戦、その後の都市開発の影響が都市の形成を大きく変化させている。寺院の現状を見ると全国的にも有数の寺院があり、浄土系、日連系が６割を占めている。大阪府は京都府や兵庫県と同様に、多くの地域巡礼路の設定がたくさんあったと推定されるが、近世に設定されていた巡礼路の多くが戦乱や都市化の波を受けて、寺院構成に興亡や衰退や移転などで過去のことが把握できない。

□河内三十三所〈古来一州〉 【別称】河内一州（西国）三十三所

文化９年（1821）、真源記あり。現行なし。廃仏毀釈を経て明治初期に廃絶。以後復興を願って以下の河内国を分断した小地域の「河内西国」が結成されたものと考えられる。富田林・堺・松原・八尾・大東・東大阪・柏原・羽曳野・河内長野・四条畷各市、南河内郡周辺。

1 金剛寺　2 極楽寺　3 延命寺　4 観心寺　5 龍泉寺　6 明観院
7 慈眼寺　8 宝球院　9 法雲寺　10 来迎寺　11 観音寺　12 愛染院
13 東之坊　14 大林寺　15 西方寺　16 真観寺　17 勝軍寺　18 観音寺
19 龍尾寺　20 慈眼寺　21 菩提寺　22 大龍寺　23 光　堂　24 興法寺
25 往生院　26 慈眼寺　27 法蔵寺　28 観音寺　29 阿弥陀寺　30 菩提寺
31 野中寺　32 妙見寺　33 叡福寺

□河内西国三十三所〈再編一州〉

昭和初期再編。現行なし。中河内・南河内周辺。

1 観心寺　2 延命寺　3 龍泉寺　4 弘川寺　5 葛井寺　6 阿弥陀寺
7 金剛寺　8 龍雲寺　9 善龍寺　10 法雲寺　11 来迎寺　12 観音寺
13 西方寺　14 多聞院　15 大聖勝軍寺　16 真観寺　17 神宮寺　18 長円寺
19 浄谷寺　20 大龍寺　21 千手寺　22 慈光寺　23 興法寺　24 長栄寺
25 梅岩寺　26 壺井寺　27 法蔵寺　28 観音寺　29 玄清寺　30 道明寺
31 野中寺　32 法泉寺　33 叡福寺

□河内西国三十三所〈江戸期〉 【別称】北河内三十三所

17世紀後半。弘化２年（1845）の御詠歌帳あり。ご詠歌あり。現行なし。北河内地域（東大阪・大東・四条畷・寝屋川・交野・枚方、寝屋川各市）。

1 弘法寺　2 千手寺　3 龍光寺　4 龍間寺　5 慈眼寺　6 松尾寺
7 龍尾寺　8 正法寺　9 大正寺　10 放生寺　11 神宮寺　12 龍光寺
13 光明寺　14 萬年寺　15 西方寺　16 観音寺　17 光通寺（西雲院）
18 観音寺　19 建長寺　20 安楽寺　21 明尾寺　22 福念寺　23 正俊寺
24 尊延寺　25 傳福寺　26 開元寺　27 清正寺　28 観音寺　29 長寶寺
30 光通寺　31 須弥寺　32 観音寺　33 小松寺

■河内西国三十三所〈明治期〉　【別称】河内一州西国三十三所、河内西国（北河内）三十三所

信州善光寺大本願講中発起。大坂高麗橋呉服商津田元治郎再興。別格５か寺あり。ご詠歌（「西国」利用）あり。現行。北河内地域。

1 光明院　2 一乗寺　3 浄念寺　4 正光寺　5 浄蓮寺　6 白雲寺
7 西方寺　8 明遍寺　9 清傳寺　10 圓通寺　11 明尾寺　12 正念寺
13 称念寺　14 西方寺　15 来雲寺　16 想善寺　17 光通寺　18 正法寺
19 西雲寺　20 松寶寺　21 雲林寺　22 光明寺　23 慈光寺　24 光林寺
25 金龍寺　26 本誓寺　27 西蓮寺　28 大正寺　29 明光寺　30 正縁寺
31 正圓寺　32 弥勒寺　33 大念寺

■河内西国三十三所〈新西国〉　【別称】河内新西国三十三所

昭和５年（1930）「河内新西国三十三所」として創設。大聖勝軍寺、多聞院、大林寺など古来からの寺院あり。昭和50年（1975）頃、前記を再編成。ご詠歌あり。現行可。中河内地域、八尾市・東大阪市地域。現行。（　）は再編時の改変。南河内地域。

1 大聖勝軍寺　2 東之坊（念佛寺）　3 西方寺（常光寺）
4 多聞院（龍雲寺）　5 大林寺　6 念仏寺（法雲寺）　7 壷井寺
8 大日寺（大黒寺）　9 観音寺　10 瑠璃光寺（千手寺）　11 来恩寺
12 感応院　13 安養寺（元善光寺）　14 梅岩寺　15 大通寺　16 教興寺
17 法蔵寺　18 神宮禅寺　19 山畑観音（観音寺）　20 醍醐庵（楠妣観音寺）
21 往生院（叡福寺）　22 額田寺　23 玄清寺　24 慈光寺　25 千手寺（常楽寺）
26 興法寺　27 観音寺　28 大龍寺　29 菩提寺　30 観音禅寺　31 圓通寺
32 延命寺　33 長栄寺

□石川郡三十三所　【別称】石川三十三所、河内石川三十三所

延宝元年（1673）、「５ 善正寺」中興開山讃（三）誉上人発願、詠歌は河内

屋可正。ご詠歌あり。現行なし。(　)は移動など。

1 佛眼寺　2 上太子堂(叡福寺)　3 慶弘寺(一須賀観音堂)　4 大寶寺
5 善正寺　6 観音寺(薬師寺)　7 慈雲庵　8 妙見寺　9 寶海寺(法界寺)
10 浄谷寺　11 宮　寺(浄信寺)　12 宮　寺(慈眼寺)　13 山下寺
14 観音寺(往西寺)　15 浄(常)念寺　16 西福寺　17 長(超)正(勝)寺
18 谷　寺(室　堂)　19 馬場室院(谷の堂)　20 元見山観音堂
21 光明寺(浄照寺)　22 興(向)福寺　23 蓮花寺　24 中井(山)寺
25 下佐備観音寺(妙見寺)　26 休預寺(観音寺)　27 観音寺　28 観音寺
29 観音寺(下河内観音堂)　30 西南院(弘川寺)　31 宗音寺(真念寺)
32 平石観音寺　33 弘福寺(高貴寺)

巡礼閑話　三十三度行者

「西国三十三所」霊場の札所本尊を模刻した背駄を背負い、信者宅に宿泊しながら西国札所を三十三度(1年間に3度11年間続け33度の巡礼で満願を主とする)めぐる行者をいう。職業的な行者もいたといわれ近代にも紀ノ川流域・河内・泉州地域を基盤とした紀三井寺組・住吉組・富田林組・葉室組・嬉組・大仏組の六組が存在、葉室組について「西国三十三所巡礼には三十三度とか四背駄とか呼ばれる修行者のグループがある。その数は昔の花山法皇の巡礼にならって四人に限られ、河内国の葉室の坪井家がその一切の権能を握っている。そこで背駄と称する笈を用いて勤行を行い、参会者から布施を得て巡礼が続けられる。巡礼は三十三度で結願となって盛大な供養が営まれる(『泉州記』)」とある。

□阪和西国三十三所　【別称】阪和新西国三十三所

昭和5年(1930)、阪和線開通記念。現行なし。

1 四天王寺　2 法楽寺　3 臨南寺　4 あびこ観音寺　5 萬代寺
6 光明院　7 家原寺　8 行興寺　9 西福寺　10 清修寺　11 浄福寺
12 長命寺　13 大泉寺　14 寶國寺　15 久米田寺　16 水間寺　17 山中寺
18 法禅寺　19 西上寺　20 慈眼院　21 永福寺　22 清福寺　23 清明寺
24 宗福寺　25 長慶寺　26 真如寺　27 往生院　28 林昌寺　29 金熊寺
30 地福寺　31 本恵寺　32 大同寺　33 紀三井寺

□和泉西国三十三所〈江戸期〉　【別称】和泉国西国三十三所、泉州三十三所、和泉三十三所、和泉西国三十三所、和泉国三十三所

貞享3年(1686)開基。元禄3年(1688)書写「泉州志補遺」あり。ご詠歌あり。現行なし(廃寺多く)。(　)は廃寺後の移動。

1 施福寺　2 佛並寺　3 小堂寺(国分寺)　4 安養寺(森光寺)

5 放光寺　6 惣福寺　7 観音寺（海岸禅寺）　8 極楽寺
9 毛須寺（法華寺）　10 塩穴寺　11 念佛寺　12 観音寺　13 龍雲寺
14 金蓮寺　15 海蔵寺　16 観音寺（長谷寺）　17 大福寺（聖徳寺）
18 圓福寺（寶國寺）　19 観音寺（長命寺）　20 観音寺　21 松尾寺
22 長楽寺（朝光寺）　23 久米田寺　24 萬願寺（成願寺）　25 観音寺（孝恩寺）
26 水間寺　27 吉祥園寺　28 長慶寺　29 金熊寺　30 平野山観音堂（長楽寺）
31 極楽寺（瑞宝寺）　32 箱作観音堂（観音寺）　33 高仙寺

■和泉西国三十三所〈昭和期〉 【別称】和泉西国新三十三所、新和泉三十三所

昭和60。昭和62年。前記の再興であるので「和泉西国新三十三所」という。前記の復興。ご詠歌あり。現行。

1 施福寺　2 佛並寺　3 国分寺　4 森光寺　5 放光寺　6 来迎寺
7 海岸禅寺　8 観音院　9 法華寺　10 長谷寺　11 念佛寺　12 観音寺
13 龍雲寺　14 往生院　15 成福寺　16 観海山観音堂　17 聖徳寺
18 宝国寺　19 長命寺　20 観音寺　21 松尾寺　22 朝光寺　23 久米田寺
24 成願寺　25 孝恩寺　26 水間寺　27 吉祥園寺　28 長慶寺　29 金熊寺
30 長楽寺　31 林昌寺　32 観音寺　33 極楽密寺

□泉南西国三十三所

大正13年（1924）の開創碑「1観蔵院」。現行なし。（　）は移動・別記。

1 観蔵院　2 久米田寺　3 西向寺（上善寺）　4 神於寺
5 釘無堂（孝恩寺）　6 法禅寺　7 法福願寺　8 禅徳寺　9 蓮花寺
10 慈眼院　11 栄（永）福寺　12 宗福寺　13 長慶寺　14 往生寺　15 観音寺
16 林昌寺　17 光明寺　18 法然寺　19 長栄寺　20 瑞寶寺　21 中（祐）道寺
22 観音院（寺）　23 千福寺　24 西教寺　25 興善院（波有平観音堂）
26 理智院　27 善祥寺　28 南泉寺　29 法栄（楽）寺　30 大迫寺（浄國寺）
31 浄国寺（大光寺）　32 長栄（楽）寺　33 高智院（興善寺）

□堺三十三所 【別称】摂津堺津三十三所、摂津堺中三十三所、摂泉堺三十三所、堺南北三十三所、左界三十三所

元禄15年（1702）、浄貞の創設。ご詠歌（「西国」利用）あり。現行なし。廃仏毀釈と第二次大戦の戦災による焼失で多くの寺院が不明。旧住吉郡。

1 常楽寺　2 智禅寺　3 千蔵院　4 喜雲寺　5 常安寺　6 西福寺
7 長楽寺　8 長谷寺　9 浄妙寺　10 賢清寺　11 玉園寺　12 永福寺
13 生善寺　14 正法寺　15 三寶寺　16 引接寺　17 護念寺　18 正明寺
19 塩穴寺　20 専称寺　21 神宮寺　22 浄福寺　23 不動院（善長寺）
24 慈眼院　25 吉祥院　26 宗見寺　27 遍照寺　28 北十萬　29 真光寺
30 専修寺　31 超願寺　32 善超寺　33 宗泉寺

●大阪三十三所　【別称】難波三十三所、一国巡礼

寛文年間（1661-1673）創始、「11興徳寺」の扁額（元禄3年（1690））による。ご詠歌（「西国」利用）あり。現行なし。

1 太融寺　2 法界寺（当初5：交通事情により2と5が入れ替わった）
3 神　明（圓通院）　4 法住寺　5 長福寺（幡龍寺）　6 大鏡寺
7 超泉寺（来迎寺）　8 善導寺　9 栗東寺
10 玉造稲荷社内観音堂（龍海寺）　11 興徳寺　12 慶傳寺
13 難波寺（遍明院）　14 長安寺　15 誓安寺　16 和勝院（瀧安寺・宝珠院）
17 重願寺　18 本誓寺　19 菩提寺　20 四天王寺六時堂　21 四天王寺経堂
22 四天王寺講堂　23 四天王寺金堂　24 四天王寺萬燈院（瑞光寺）
25 清水寺　26 心光寺　27 大覚寺　28 金臺寺　29 大蓮寺　30 三津寺
31 大福院（圓正寺）　32 博労町稲荷（善龍寺）
33 御霊宮観音堂（西照寺・随求寺）

○近郷（仮）（島上郡）三十三所

江戸期（元禄期以前）。記録にあるが詳細不明。現行なし。

普門寺あり。

□能勢郡西国三十三所　【別称】能勢郷西国三十三所、能勢西枳称庄三十三所、能勢旧西能勢西国三十三所

元禄9年（1696）、「1月峯寺」智光創始、大正4年（1915）再興。嘉永4年（1851）再起、大正3年（1914）中絶再興。ご詠歌あり。現行なし。

1 月峰寺　2 宿野阿弥陀堂　3 桂林寺　4 宿野地蔵堂　5 西方寺
6 常慶寺　7 寛学寺　8 圓通寺　9 洞雲寺　10 金光寺　11 新南寺
12 永看寺　13 最（西）明寺　14 霊雲寺　15 神山（三草山）観音堂
16 臥龍院（寺）　17 長谷寺　18 垂水大日堂　19 本光寺　20 山田観音堂
21 法満寺　22 観音寺　23 神宮寺（成就院）　24 少林寺　25 西林寺

26 山辺地蔵堂　27 大泉寺　28 寶積院　29 山辺(崎)薬師堂　30 玉泉寺
31 長尾山観音堂　32 長杉寺　33 金閣寺

■摂津国三十三所

【別称】摂津西国三十三所、摂津一国三十三所、摂津三十三所、津の国西国三十三所

寛文年間(1661-72)、杲山和尚発願。享保年間(1716-36)、中山寺秀鑁法印再興。ご詠歌あり。現行。兵庫県(1～15、17～18)、大阪府(16、19～33)。

1 久安寺(中山寺)　2 平林寺　3 神呪寺　4 天上寺　5 瀧勝寺
6 大龍寺　7 福祥寺(須磨寺)　8 勝福寺　9 無動寺　10 鏑射寺
11 香下寺　12 普明寺　13 寶山寺　14 普光寺　15 観福寺　16 月峯寺
17 善福寺　18 満願寺　19 久安寺　20 常福寺　21 瀧安寺　22 勝尾寺
23 忍頂寺　24 大門寺　25 安岡寺　26 観音寺(廣智禅寺)　27 総持寺
28 圓照寺　29 山田寺(佐井寺)　30 寶昌寺(寶珠寺)　31 長寶寺
32 普門寺(如願寺)　33 四天王寺

巡礼閑話　西国三十三所《女房小言》

［元版］三代目笑福亭松鶴の作に西国巡礼を折り込んだ上方話があるので紹介しておこう。

「第一番那智の悪いことながら私し女房ちとじだらくやゆへ我れ紀三井寺にすいた男をこしらへてたつたひとりの粉川寺とも思はずに身の槇尾寺を引さらへ出て行きましたゆへにひばら松原を分ゆきせんぎをしょをと存じましたがそれも其のまゝ近所の人が言われますにはおまへも内へ河内をもらわねば藤井寺であろうから幸いこちらに大和の産れおまへの壷坂にはまる女一寸岡寺もよし何をさせても長谷かい女、其れを世話しよと申されまして南圓堂も御出で下されましたが其れも其のまゝ春の日は南圓堂にかゝやけでとかかがやけになりましてうじの三室戸もへらし夫にまだ紙屋の払い上の醍醐迄も使い込みそれも近江へに皆さんにも岩間寺かたい約束石山寺も秋の月三井寺さんの御詠歌にいでいるやなじみのかへも三井寺の金のばちさえあたる湖みとのぞのでけ物からうみがじくじくと出ます京もけふとて今熊しうていまいましうてなりませねどアア心さへ清水にも六波羅たてゝ六角堂ほど角を立ても革堂ものためにもわるしほつてをくのが善峰とあんな丹波のかへつた女ごの穴太寺にまよふより総持寺人には勝尾寺よりまけているほうが人中山寺へでもうけもよしあたま播磨の清水で法華寺さへもをけば書写ほうぼうのうけもよしどう成るとも成相にまかせこどもせいじんを松尾寺竹生島つをいたしましてわたしも長命寺で観音様をめぐります谷汲さまの御詠歌にいままではかゝとをもいし女房でものいてしまへばあかの他人ぐみでござります其方の所は、西国五番の札所河内國藤井寺門前百姓仁王門かこんきう町所なしじゃ御ざりませぬかナア」(『西國三十三所巡拝通誌』昭和12)。

□摂北三十三所〈江戸期〉

貞享２年(1685)、寶積院(池田市)圓海発願。元禄６年(1693)。平間長雅らが詠歌奉納。ご詠歌あり。現行なし。川西・池田市周辺。(　)は移動など。

1 久安寺　2 東禅庵　3 松雲寺　4 蓮臺寺　5 松海寺
6 等覚寺(無二寺)　7 萬福寺　8 西福寺　9 観音寺　10 泉流寺
11 中山寺　12 正念寺　13 阿弥陀寺　14 法(寶)傳寺　15 常福寺
16 禅定寺　17 壽命寺　18 西光寺　19 穴織宮観音堂　20 大廣寺
21 石明寺圓光堂　22 高法寺　23 千手院　24 大坂寺　25 法薗寺
26 極楽寺　27 一乗院　28 若王寺　29 地蔵院　30 神徳寺　31 吉祥庵
32 法林寺　33 瀧安寺(箕面寺)

■摂北三十三所〈昭和期〉

昭和11年(1936)、前記の復興再編、林田安平発願。霊場開祖圓海尊者を祀る玉泉寺(豊能郡西能勢村)を開祖寺院を番外とする。札番は大いに異なる。ご詠歌あり。現行可。 1- 8が兵庫県川辺郡、9-32が大阪府豊能郡、33が大阪府三島郡。

1 中山寺　2 正念寺　3 泉流寺　4 大寶寺　5 満願寺　6 阿弥陀寺
7 観音寺　8 西福寺　9 無二庵　10 陽松庵　11 久安寺　12 東禅庵
13 松雲寺　14 永興庵　15 大廣寺　16 陽春寺　17 壽命寺　18 西光寺
19 高法寺　20 法薗寺　21 法傳寺　22 常福寺　23 一乗院　24 釈迦院
25 自性寺　26 西福寺　27 佛日寺　28 吉祥庵　29 榮松寺　30 法林寺
31 西江寺　32 瀧安寺　33 勝尾寺

兵庫県

兵庫県の概要：摂津国・丹波国の一部と、但馬国・播磨国・淡路国で構成された地域。西国霊場が４か寺、その巡礼路が県下を広く通っている影響もあり、多くが西国写しの巡礼路として設定されている。兵庫県は3000か寺を超える寺院があるが、近畿地方で同じく3000か寺を超える大阪府・滋賀県・京都府に比べると構成寺院に大きな違いが見受けられる。密教系・禅宗系寺院が現状でも全寺院の半数以上あり、戦災を受けた阪神地域や姫路市など、都市開発された地域での調査は困難を極めるが、巡礼札所の記録も比較的多くが存在することで各地域の巡礼路が明らかにできる。

●川辺郡西国三十三所

【別称】川辺郡一郡三十三所、川辺郡三十三所、川辺西国三十三所

元禄年間（1688-1704）開創、貞享３年（1686）性海法印創設。享保年間（1716-36）中絶、文政12年（1829）再興、昭和９年（1934）再々興。ご詠歌あり。現行可。

1 中山寺　2 泉流寺　3 容住寺　4 慈眼寺　5 大蓮寺　6 常休禅寺
7 発音寺　8 安楽院　9 観音寺　10 昆陽寺　11 遍照院　12 一条院
13 成就院　14 正覚院　15 観音寺　16 大空寺　17 西運寺　18 大昌寺
19 願生寺　20 圓安寺　21 西明寺　22 法園寺　23 西光寺　24 行善寺
25 法性寺　26 荒村庵　27 正覚寺　28 墨染寺　29 法厳寺　30 正善寺
31 大蓮寺　32 光明寺　33 金剛院

□昆陽野三十三所

江戸期。「国花万葉記・二」元禄10年（1697）に記載。川辺郡西国と共通寺院多い。現行なし。（　）は現状。宝塚・伊丹・池田・尼崎市。

1 中山寺　2 泉流寺　3 観音寺　4 呉庭寺　5 穴織宮（伊居太神社内）
6 石月寺　7 法園寺　8 大坂寺　9 極楽寺　10 尊鉢釈迦院　11 一乗院
12 常福寺　13 安楽寺　14 辻村観音堂　15 野村宮寺　16 金剛院
17 光明寺　18 法厳寺　19 墨染寺　20 正覚寺　21 法園寺　22 西明寺
23 常徳寺　24 圓安寺　25 願生寺　26 西光寺　27 願成就院（安楽院）
28 正覚院　29 寳持院　30 一乗院　31 遍照院　32 観音寺　33 文殊院

◯日本霊跡三十三所

西国札所誕生以前。詳細不明。現行なし。

1 中山寺

□多田庄内三十三所 【別称】多田院三十三所、多田荘三十三所、摂州多田庄三十三所

元禄6年(1693)、多田院26世尊光発願開創。ご詠歌あり。現行なし。

1 満願寺奥院　2 満願寺金堂　3 明朝院　4 上蓮寺　5 瀧淵寺
6 陀華山観音堂　7 慈光寺　8 安養寺　9 安楽寺　10 善福寺
11 了秀庵　12 普門寺　13 千手院　14 大御堂　15 正法寺　16 大安寺
17 善源寺　18 甘露寺　19 大昌寺　20 常福寺　21 山原村観音堂
22 小童寺　23 朝日山観音　24 頼光寺　25 月心庵　26 岡本寺(平常院)
27 観音寺　28 法泉寺　29 矢間村観音堂　30 蓮生院　31 福角観音堂
32 上寺観音堂　33 多田院(西方寺)

□太田庄内奥三十三所 【別称】多田荘奥三十三所

元禄7年(1694)。ご詠歌あり。現行なし。川西市域・猪名川町を中心に宝塚北部・三田東部(多田庄北部)。

1 普光寺　2 香炉寺　3 万正寺(万勝寺)　4 大舟寺　5 正持寺
6 慈雲堂　7 宝山寺　8 普明寺　9 蓮花(華)寺　10 観福寺
11 精明院(清明寺)　12 定星寺(定星庵)　13 洞泉寺　14 成仏寺　15 安楽寺
16 称名寺　17 天沢寺　18 福祥寺(福昌寺)　19 安養寺　20 観音寺
21 天乳寺(転入寺)　22 観音寺　23 利本寺(理本寺)　24 龍雲寺　25 普賢寺
26 観音寺　27 正林寺(少林寺)　28 西鏡寺　29 光台寺　30 久徳寺
31 甘露寺　32 東光寺　33 観音寺

◯灘三十三所

詳細は不明。現行なし。

25 常休寺

◯尼崎三十三所 【別称】尼崎内外(仮)三十三所

享保4年(1719)。記録にあるが詳細不明。現行なし。

8 常楽寺

○武庫郡西国三十三所

記録にあるが詳細不明。現行なし。

24 茂松寺

□福原西国三十三所〈江戸期〉 【別称】福原舊都三十三所、摂津国八部郡福原西国三十三所

宝永７年（1710）（最も古い記録）。ご詠歌あり。現行なし。

1 薬仙寺　2 法立寺　3 海泉寺　4 慈眼庵　5 松源庵　6 松月庵
7 正福寺　8 浄徳寺　9 福祥寺　10 勝福寺　11 禅昌寺　12 妙楽寺
13 福聚庵　14 長福寺　15 願成寺　16 霊善寺　17 東福寺　18 寶地院
19 龍泉寺　20 福徳寺　21 極楽寺　22 福昌寺　23 西光寺　24 恵林寺
25 法界寺　26 来迎寺　27 金光寺　28 福巖寺　29 福海寺　30 永福寺
31 能福寺　32 眞福寺　33 真光寺

■福原西国三十三所〈昭和期〉 【別称】福原舊都三十三所、摂津国八部郡福原西国三十三所

明治20年（1887）ころ武井義貞、前記の廃寺を補い客番３か寺を加え再編成、昭和47年（1972）再々結成。ご詠歌あり。現行。

1 薬仙寺　2 宝満寺　3 海泉寺　4 藤之寺　5 満福寺　6 浄徳寺
7 須磨寺　8 勝福寺　9 妙法寺　10 禅昌寺　11 常福寺　12 妙楽寺
13 福聚寺　14 長福寺　15 願成寺　16 霊山寺　17 東福寺　18 祥福寺
19 福徳寺　20 寶地院　21 広巖寺　22 八王寺　23 福海寺　24 福巖
25 満福寺　26 法界寺　27 極楽寺　28 恵林寺　29 来迎寺　30 極楽寺
31 金光寺　32 能福寺　33 真光寺

□有馬郡西国三十三所

江戸期（元禄1688-1704）。「１極楽寺」称阿上人撰。ご詠歌あり。現行なし。（　）は現状。

1 極楽寺　2 念佛寺　3 清涼寺（温泉寺）　4 善福寺　5 永昌寺
6 極楽寺　7 永徳寺　8 圓照寺　9 長命寺　10 常楽寺　11 布袋寺

12 金仙寺　13 光明寺　14 正福寺　15 法性寺　16 西林寺　17 多聞寺
18 心月院　19 金心寺　20 正覚寺　21 心光寺　22 神明庵（寺）　23 観世寺
24 太福寺　25 鏑射寺　26 長昌寺　27 欣勝寺　28 興聖寺　29 光明寺
30 青原寺　31 慶安寺　32 青龍寺　33 香下寺

□山田西国三十三所　【別称】山田荘三十三所、摂州山田西国三十三所

寛延3年（1750）開創。ご詠歌（「西国」利用）あり。現行なし。神戸市。

1 明要寺　2 浄蓮寺　3 観音堂　4 永徳寺　5 薬師堂　6 福田寺
7 安楽寺　8 最法寺薬師堂　9 最法寺毘沙門堂　10 法性寺
11 円満寺（法性寺）　12 大仲寺釈迦堂　13 大仲寺　14 大仲寺薬師堂
15 極楽寺　16 極楽寺地蔵堂　17 大　堂（極楽寺）　18 萬福寺（満福寺）
19 萬福寺薬師堂　20 観音堂（壽福寺）　21 壽福寺　22 北向地蔵堂
23 阿弥陀堂（壽福寺）　24 成道寺　25 福昌寺　26 観音堂
27 観音堂（八王子神社）　28 安養寺　29 浄慶寺福寺（無動寺）　30 無動寺
31 清光寺　32 浄徳寺薬師堂（清光寺）　33 圓融寺

●美嚢郡西国三十三所　【別称】三木西国三十三所、三木郡一郡順礼三十三所、三木郡西国三十三所

宝永4年（1707）、「33法輪寺」賢心房・東光院・安福源右衛門の3人が協議して発願、源右衛門詠歌。なお別の「美嚢郡西国」もあったという。ご詠歌あり。（　）は現況。現行あり。

1 正法寺　2 金剛寺　3 宝寿院（月輪寺）　4 月輪寺　5 雲龍寺
6 正入寺　7 常厳寺　8 浄善寺　9 自性院（寺）　10 東福寺　11 慈眼寺
12 安養寺　13 教海寺　14 蓮花寺　15 禅定寺（善祥寺）　16 法光寺
17 高澤寺　18 東流寺（廃寺）　19 龍恩寺　20 東林寺　21 西光寺
22 清雲寺（廃寺）　23 薬師寺杉の堂　24 永天寺　25 浄璃寺（陽春寺）
26 石峯寺　27 泰蔵寺　28 光照寺　29 雲興寺　30 岩　谷（志染の石室）
31 大谿寺（伽耶院）　32 友松寺　33 法輪寺

■ふるさとの古寺三十三カ寺めぐり（参考）

現行。東播地域の明石・神戸・三木・小野・加東・高砂・加古川市、稲美町（加古郡）の寺院で構成。

1 光明寺　2 大蔵院　3 西林寺　4 転法輪寺　5 明王寺　6 福祥寺
7 勝福寺　8 明泉寺　9 能福寺　10 徳光寺　11 大龍寺　12 十善寺
13 多聞寺　14 石峯寺　15 無動寺　16 近江寺　17 性海寺　18 東光寺
19 慈眼寺　20 法界寺　21 浄土寺　22 掎鹿寺　23 十輪寺　24 西光寺
25 常楽寺　26 観音寺　27 長楽寺　28 横蔵寺　29 高薗寺　30 善福寺
31 観音寺　32 長楽寺　33 西光寺

■播磨西国三十三所　【別称】播州西国三十三所、播磨国三十三所

寛文5年（1665）、「5光昌寺（慶雲寺）」南室禅師撰。昭和49年復興。ご詠歌あり。（　）は現行。播磨全域。

1 円教寺　2 性海寺　3 八葉寺　4 随願寺　5 光昌寺（慶雲寺）
6 八正寺　7 大日寺　8 圓融寺　9 長楽寺　10 高蔵寺　11 瑠璃寺
12 作門寺（金剛城寺）　13 金剛鎮護寺（満願寺）　14 延応寺　15 法楽寺
16 酒見寺　17 普光寺　18 光明寺　19 西仙寺　20 西林寺　21 清水寺
22 掎鹿寺　23 正法寺　24 高薗寺　25 性海寺　26 近江寺　27 観音寺
28 観音寺　29 横蔵寺　30 圓通寺　31 清勝寺　32 国分寺　33 一乗寺

●明石西国三十三所　【別称】明石郡西国三十三所、明石西国三十三所、明石新西国三十三所（復活後）

貞享2年（1685）創設。昭和60年（1985）、（　）新札所を加え復活。旧札所ご詠歌あり。現行。

1 善楽寺（實相院）　2 無量光寺　3 西林寺（神応寺）　4 松江寺（正護寺）
5 龍泉寺　6 来迎寺　7 講堂寺（閼伽寺薬師院）　8 極楽寺
9 浄泉寺（円通寺）　10 當光寺（福林寺）　11 福蔵寺（報恩寺）　12 観音寺
13 高閑庵（長福寺）　14 勝明寺　15 清水寺（長福寺）　16 性海寺　17 近江寺
18 満福寺　19 新長谷寺　20 萬願寺　21 如意寺　22 日輪寺
23 福林寺（龍象院）　24 潮海寺　25 大谷寺　26 太山寺　27 転法輪寺
28 明王寺　29 多聞寺　30 光明寺　31 寶林寺　32 長林寺
33 福蔵寺（願成寺・月照寺）

□加古郡西国三十三所〈旧札所〉　【別称】旧札所と称、旧加古郡西国三十三所、加古郡一郡三十三所【百番】加古郡百観音（加古郡坂東・加古郡秩父）

宝暦期（1751-64）創設〈旧札所〉と称。大正11年（1922）再開。大正10年

(1921) 藤田由太郎・小佐実三郎開設。現行なし。

1 観音寺　2 長田寺　3 十輪寺　4 利生寺　5 観音寺　6 福林寺
7 泉福寺(延明寺)　8 鶴林寺　9 観音寺　10 常住寺　11 願成寺
12 常楽寺　13 坂元観音堂　14 教信寺　15 円明寺　16 横蔵寺
17 善良庵(寺)　18 円光寺　19 長松寺　20 善福寺　21 佛性寺　22 観音寺
23 瑞応寺(松元寺)　24 良仙寺　25 蓮花寺　26 少林寺　27 福勝寺(観音寺)
28 昌福寺　29 安養寺　30 長谷寺　31 専念寺　32 円長寺　33 西方寺

□**加古郡坂東三十三所**　【百番】加古郡百観音(加古郡西国・加古郡秩父)

大正11年(1922) 開創。現行なし。

1 宝蔵寺　2 延命寺　3 葦竹観音堂　4 蛸草観音堂　5 岡浦観音堂
6 大師堂　7 下野谷観音堂　8 西二見薬師堂　9 荒　井
10 五軒屋地蔵堂　11 上新田観音堂　12 北新田地蔵堂　13 北新田観音堂
14 不　明　15 八軒屋観音堂　16 六軒屋観音堂　17 岡東観音堂
18 國安地蔵堂　19 不　明　20 高砂地蔵堂　21 月西庵　22 上野谷地蔵堂
23 極楽寺　24 高砂行者堂　25－33 不　明

□**加古郡秩父三十三所〈新札所〉**　【別称】新札所と称、新加古郡西国三十三所(34を打ち止めとして省く)【百番】加古郡百観音(加古郡西国・加古郡坂東)

大正11年(1922) 開創。「新札所」と称。「加古郡西国」「加古郡坂東」「加古郡秩父」以上で「加古郡百番」。現行なし。

1 常光寺　2 永昌寺　3 昌岩寺　4 成福寺　5 万福寺　6 常観寺
7 中新観音堂　8 三軒屋観音堂　9 上野谷観音堂　10 善證寺
11 長福寺　12 北野観音堂　13 野辻観音堂　14 寺田観音堂　15 清久寺
16 國岡観音堂　17 金剛院　18 印南観音堂　19 印南寺　20 常徳寺
21 徳源寺　22 長徳寺　23 威徳院　24 薬王寺　25 大　寺　26 瑞応寺
27 正興寺　28 常徳寺　29 北在家阿弥陀堂　30 福田寺　31 如意坊
32 称名寺　33 高薗寺　34 龍泉寺

□**印南郡西国三十三所**　【別称】印南西国三十三所、印南郡三十三所、印南三十三所

正徳2年(1712)「33時光寺」南空上人開創。大正12年(1923「2圓通寺」

住職松田宗直前記を改定。大正12年に廃寺を入れ替え、加古川以東を省き改訂。ご詠歌あり。現行なし。（　）は改訂時。高砂・加古川・姫路各市。

1 神宮寺（曽祢観音堂）　2 圓通寺　3 實相院（臨川寺）　4 西光寺
5 海岳寺　6 福圓寺　7 神宮寺（周徳寺）　8 蓮台寺（萬宝寺）　9 西岸寺
10 清勝寺　11 妙泉寺　12 佛心寺（実際院）　13 安養寺　14 眞禅寺
15 不断寺　16 正法庵（地蔵寺）　17 常福寺　18 常楽寺　19 観音寺
20 長楽寺　21 圓福寺（慈徳院）　22 安楽寺　23 長楽寺　24 報恩寺
25 地蔵禅寺　26 称名寺（眞福寺）　27 如意寺（清水観音堂）
28 福田寺（里村観音堂）　29 地福寺（29 西村観音堂）　30 福田寺（常楽寺）
31 西光寺　32 眞福寺　33 時光寺

□加西郡西国三十三所　【別称】加西西国三十三所

江戸期。大正14年（1925）再興。ご詠歌あり（各寺住職作）。現行なし。

1 楽法寺　2 國府寺　3 千山寺　4 八王寺（金剛院）　5 久學寺
6 阿弥陀寺　7 普光寺　8 寶泉寺　9 明光寺　10 奥山寺　11 光福寺
12 宗壽寺　13 西福寺　14 寶泉寺　15 佛名寺　16 多聞寺　17 常泉寺
18 金剛寺　19 大願寺　20 百代寺　21 福性寺　22 蜜蔵院　23 周遍寺
24 見性寺　25 阿弥陀寺　26 法華山　27 妙厳寺　28 常行院　29 正禅寺
30 長圓寺　31 正楽寺　32 陽松寺　33 酒見寺

○佐用郡西国三十三所　【別称】郡内三十三所

宝暦12年（1762）以前。現行なし。三日月藩。

1－8 不　明　9 大師堂　10 不　明　11 正法庵　12 栄久庵
13－19 不　明　20 福圓寺　21－29 不　明　30 圓応寺　31－33 不　明

□揖保郡三十三所〈江戸期〉

文化7年（1810）、肥塚氏慈本尼発願、安田休圃撰。ご詠歌あり。現行なし。

1 薬師寺　2 浄蓮堂　3 等覚院　4 大日堂　5 蓮花寺　6 善慶寺
7 大覚寺　8 法花（華）寺　9 西明寺　10 林松寺　11 西方寺
12 龍門寺不動堂　13 龍門寺観音堂　14 海源寺　15 伊津浦観音堂
16 圓融寺　17 海岸寺　18 中　寺　19 龍隆寺　20 金剛山麓薬師堂
21 寶積寺　22 昌福寺　23 恩徳寺　24 神宮寺　25 普音寺　26 如来寺

27 興聖寺　28 小宅寺　29 本覚寺　30 願成就寺　31 井上観音堂
32 斑鳩寺　33 大日寺

□揖保郡三十三所〈昭和期〉【別称】揖保郡西国三十三所

前記の昭和再興。札番の移動が多い。ご詠歌あり。現行なし。

1 大日寺　2 蓮花寺　3 萬福寺　4 徳壽院　5 薬師寺　6 善慶寺
7 大覚寺　8 林松寺　9 西方寺　10 龍門寺　11 海源寺　12 中　寺
13 圓融寺　14 観音庵　15 見性寺　16 浄蓮寺　17 龍隆寺　18 寶積寺
19 昌福寺　20 恩徳寺　21 普音寺　22 如来寺　23 小宅寺　24 興聖寺
25 済水寺　26 薬師寺　27 道林寺　28 本覚寺　29 願成就寺　30 阿弥陀寺
31 井上山観音堂　32 寶林寺　33 斑鳩寺

□飾磨郡西国三十三所

昭和前期まで存在。ご詠歌あり。現行なし。

1 華厳寺　2 坂元薬師堂　3 興禅寺　4 三和寺　5 明田薬師堂
6 臨済寺　7 法輪寺　8 昌楽寺　9 如意輪寺　10 阿弥陀寺　11 安養寺
12 弥勒寺　13 圓明寺　14 補陀落寺　15 大善寺　16 常福寺　17 薬上寺
18 生福寺　19 満願寺　20 九品寺　21 松原寺　22 浄安寺　23 性海寺
24 佛性寺　25 松安寺　26 定額寺　27 吉祥寺　28 医王寺　29 本覚寺
30 一本松観音堂　31 真福寺　32 阿弥陀堂　33 国分寺

□姫路西国三十三所　【別称】大姫路西国観音三十三所、姫路三十三所

正徳3年(1713)開創記あり。ご詠歌あり。現行なし。(　)は現況。廃寺多く、現存の寺院も戦災のため移転しているものが多い。

1 正明寺(称名寺)　2 正福寺　3 國福寺　4 寶積寺
5 桜谷寺(豊永神社観音堂)　6 景福寺　7 善導寺　8 心光寺　9 正法寺
10 願入寺　11 寶泉寺　12 寶明院　13 幡念寺　14 法幢寺
15 長源寺(朝源寺)　16 善福寺　17 光明寺　18 慈恩寺　19 長徳寺(不動院)
20 松光寺　21 三友寺(見星寺)　22 朝日寺　23 昌楽寺　24 観音寺
25 東光寺　26 誓光寺　27 雲松寺　28 圓応寺(普門院)　29 光昌寺
30 慶雲寺　31 増福寺　32 長福寺　33 最明寺

○鷺陽西国三十三所

江戸期。前記とは札番、ご詠歌にも異動があるが、明治の廃仏毀釈による廃寺統合寺院もあるので詳細が不明になっている。「鷺陽西国」の大日観音院の掲額には嘉永3年（1850）の文字がある。ご詠歌あり。現行なし。

3 桜谷寺（姫路西国5） 4 宝積寺（姫路西国4に詠歌額が存在）
6 心光寺（姫路西国5を吸収） 21 見星寺（姫路西国21三友寺）
27 雲松寺（姫路西国27に詠歌額が存在）
その他、宝積寺、正法寺、最明寺（大日観音院）等あり

□神崎郡西国三十三所

近代か。「神崎郡西国三十三所写御霊場順拝者道案内」大正14年あり。ご詠歌（「西国」利用）あり。現行なし。姫路市・神崎郡。

1 八葉寺 2 西念寺 3 碧雲寺 4 観音寺 5 慶聖寺 6 作門寺
7 観音寺 8 積清寺 9 大梵寺 10 観音寺 11 護生寺 12 廣徳寺
13 正法寺 14 林昌寺 15 大林寺 16 佑泉寺 17 壽福寺 18 向本寺
19 吉祥寺 20 寶樹寺 21 長昌寺 22 盛林寺 23 法雲寺 24 福泉寺
25 永通寺 26 朝日寺 27 寶性院 28 神積寺 29 大善寺 30 佛光寺
31 福田寺 32 福林寺 33 圓通寺

□福崎三十三所

昭和30年代仏教会創設。現行なし。福崎町（神崎郡）。

1 金剛城寺 2 大師庵 3 慶聖寺 4 薬師庵 5 大聖院 6 栄福寺
7 医王寺 8 浄泉寺 9 本覚寺 10 妙法寺 11 七面堂 12 順教寺
13 蓮華寺 14 大黒堂 15 観音寺 16 西正寺 17 妙真庵 18 西源寺
19 安徳寺 20 教願寺 21 薬師寺 22 寶性院 23 圓乗寺 24 神積寺
25 西那寺 26 地蔵庵 27 嶺雲寺 28 圓覚寺 29 圓照寺 30 常住寺
31 佛光寺 32 大善寺 33 日光寺

□播州赤穂郡三十三所 【別称】赤穂郡三十三所

安永6年（1777）頃制定。行程28里5丁。ご詠歌あり。現行なし。

1 妙見寺 2 常楽寺 3 観音寺 4 観音庵 5 正福寺 6 普門寺
7 大蓮寺 8 玉龍庵 9 恵照庵（恵照院観音堂） 10 塩谷西観音堂

11 龍安寺　12 興福寺　13 長楽寺　14 西山寺　15 光明寺
16 大山（太山）寺　17 岡　寺　18 華蔵寺　19 西蓮寺　20 法雲寺
21 宝林寺　22 松雲寺　23 留満寺　24 長楽寺　25 求福寺（求福教寺）
26 観音寺　27 新山寺　28 実相庵　29 宝重寺　30 正福寺（観音堂）
31 観音庵（小鷹山観音堂）　32 養生庵（観音寺）　33 神護寺

●坂内西国三十三所　【別称】播州赤穂坂内西国三十三所

江戸期、前記「播州赤穂郡」と同時期に発足。1～14は赤穂郡三十三所と同じ。ご詠歌あり。現行可。赤穂城下。（　）は現状。

1 妙見寺　2 常楽寺　3 尾崎観音堂（東海観音堂）　4 東海観音堂
5 正福寺　6 普門寺　7 大蓮寺　8 玉龍庵　9 恵照庵（院）
10 塩谷西観音堂　11 龍安寺　12 興福寺　13 長楽寺　14 西山寺
15 長安寺（普門寺）　16 花（華）岳寺　17 遠林寺（常清寺）　18 報恩寺（華岳寺）
19 常清寺　20 大慈寺（庵）　21 流月庵　22 烏谷観音堂
23 摂取庵（木津太子堂内観音堂）　24 阿弥陀堂　25 山田堂（三丁目観音堂）
26 広度寺　27 慈光寺（常清寺）　28 唐船弁天堂（広度寺）
29 臨潮軒（太地堂）　30 銭島弁天堂（日々庵）　31 黙要庵
32 行宝庵（黙要庵）　33 随鴎寺（加里屋寺）

○七味郡西国三十三所

江戸期。記録にあるが詳細不明。現行なし。
25 知足庵
外に観音堂。

■但馬西国三十三所　【別称】但馬三十三所

至徳年間（1384-1387）、「33温泉寺」中興清禅和尚創設の縁起あり。貞享元年（1684）「33温泉寺」祐全和尚再興。ご詠歌あり。（　）は現行（納経所）。

1 進美寺　2 総持寺　3 金剛寺　4 比曽寺　5 観音寺　6 明禅寺
7 満福寺　8 神光寺　9 泉光寺　10 仲山寺（浄安寺）　11 観音寺（護念寺）
12 東見寺（無量寺）　13 延命寺（随泉寺）　14 徳林寺　15 七寶寺（光福寺）
16 護念寺　17 龍源院（国清寺）　18 鹿園寺（楽音寺）　19 大林寺　20 観音寺

21 高峰寺　22 鷲原寺　23 内山寺（延応寺）　24 深高寺　25 圓通寺
26 大福寺（山路寺）　27 智王寺（西方寺）　28 今瀧寺（西方寺）　29 相応峰寺
30 大乗寺　31 蓮華寺　32 観音寺（両界院・金亀院）　33 温泉寺

○出石郡三十三所　【別称】出石西国三十三所

ご詠歌あり。現行なし。

1－3 不　明　4 奥野観音堂　5 香具庵（市場観音堂）　6－18 不　明
19 清　滝　20－22 不　明　23 梅林寺　24 不　明　25 金蔵寺
26 玄通庵　27 安養堂長禅庵　28－30 不　明　31 大河内山
32－33 不　明

□多紀郡西国三十三所〈江戸期〉　【別称】多紀郡三十三所、多紀三十三所

延宝2年（1674）、篠山城主松平若狭守康信発願。弘化2年（1845）再興、和久屋忠左衛門が御詠歌の施版。（　）内は本尊移動等。ご詠歌あり。現行なし。

1 東窟寺　2 弘誓寺　3 龍蔵寺　4 和田寺　5 清水寺（西方寺）
6 高仙寺　7 文保寺　8 高蔵寺　9 長光寺　10 弘法寺　11 弘誓寺
12 福徳貴寺　13 養福寺　14 弘誓寺　15 蓮台寺　16 金林寺（本林寺）
17 蔵六寺　18 洞光寺　19 長和寺　20 曽地巡礼堂　21 石心寺　22 西方寺
23 善法寺　24 福泉寺　25 満願寺　26 太寧寺　27 来迎寺　28 観音寺
29 法福寺　30 大膳寺　31 誓願寺　32 栄松寺（法昌寺）　33 円光寺（法蔵寺）

□多紀郡西国三十三所〈昭和期〉　【別称】多紀郡新西国三十三所、多紀興亜三十三所、多紀昭和三十三所

昭和14年（1939）開創。前記と並行。ご詠歌あり。現行なし。

1 真福寺　2 善導寺　3 松谷寺　4 十念寺　5 東陽寺　6 西光寺
7 大仙寺　8 福昌寺　9 永泉寺　10 久昌寺　11 大日堂　12 豊林寺
13 多聞寺　14 観福寺　15 長徳寺　16 浄居寺　17 吉祥寺　18 大悲閣
19 長源寺　20 寿宝寺　21 浄法寺　22 追入観音堂　23 大国寺　24 岳応寺
25 宗岸寺　26 妙楽寺　27 徳円寺　28 若林寺　29 願勝寺　30 谷松寺
31 西禅寺　32 蟠龍寺　33 今谷観音堂

□氷上郡三十三所〈江戸期〉

寛政6年(1794)以前か。現行なし。

1 神池寺　2 瑞岩庵　3 野　村　4 広見寺　5 少林寺　6 歌谷観音堂
7 福田寺　8 明願寺　9 柏原村　10 常勝寺　11 常照寺　12 仏行寺
13 上市場観音堂　14 成松村　15 観音寺　16 不動院　17 観音寺
18 大名草観音堂　19 臨川寺　20 徳尾観音堂　21 十方寺　22 法楽寺
23 岩戸寺　24 延命寺　25 三輪観音堂　26 白豪寺観音堂　27 余戸観音堂
28 観音寺　29 千丈寺　30 清雲寺　31 野山観音堂　32 大山崎観音堂
33 高山寺

■氷上郡三十三所〈明治期〉【別称】氷上郡西国三十三所、氷上郡内三十三所、氷上郡新三十三所

明治23年(1890)、奥田弁治郎発願。ご詠歌(「西国」利用)あり。現行なし。昭和48年(1973)前記を再興。ご詠歌あり(前記とは別)。現行。

1 成願寺　2 大勝寺　3 岩戸寺　4 正法寺　5 神池寺　6 観音寺
7 正覚寺　8 流泉寺　9 少林寺　10 明願寺　11 乗法寺　12 常勝寺
13 石龕寺　14 也足寺　15 延命寺　16 鷲住寺　17 高山寺　18 西念寺
19 円通寺　20 称念寺　21 高源寺　22 養徳寺　23 高岩寺　24 岩滝寺
25 興禅寺　26 円光寺　27 白毫寺　28 臨川寺　29 日光寺　30 宗福寺
31 石像寺　32 清薗寺　33 法楽寺

□淡路西国三十三所〈室町期〉【別称】淡路国三十三所、淡州三十三所

文明7年(1475)、細川淡路守成春選定、「淡路通記」元禄4年(1691)に記載。永正10年(1513)、阿万上本庄城主郷丹波(後)守重朝の内室と秀善尼によるとも。秀善法師発起。室町時代創始一時中断、江戸期再興。現行なし。

1 千光寺　2 観音寺　3 大照寺　4 瀧水寺　5 観音寺　6 観音寺
7 眞観寺　8 神仙寺　9 慈眼寺　10 観音寺　11 神宮寺　12 大和寺
13 岡山寺　14 感應寺　15 法花寺　16 安住寺　17 境界寺　18 長林寺
19 宮　寺　20 普門寺　21 萬福寺　22 安養寺　23 善福寺　24 法泉寺
25 観音寺　26 東山寺　27 重峯寺　28 最明寺　29 清水寺　30 清光寺
31 常隆寺　32 普済寺　33 開鏡寺

■淡路西国三十三所〈江戸期〉【別称】淡州西国三十三所【百番】淡路

百観音（淡路坂東・淡路秩父）

前記の江戸期の改正。現行。

1　千光寺　2　観音寺（千福寺）　3　大照寺　4　瀧水寺（相原観音堂）
5　観音寺　6　観音寺　7　眞観寺（高見山観音堂）　8　神仙寺　9　慈眼寺
10　金剛寺　11　安楽寺　12　岩淵寺　13　岡山寺　14　感應寺　15　法華寺
16　安住寺　17　堺　寺　18　長林寺　19　延長寺　20　普門寺　21　萬福寺
22　安養寺　23　善福寺　24　法泉寺（法華寺）　25　観音寺（岩神寺）　26　東山寺
27　重（鷲）峰寺　28　最（西）明寺　29　清水寺　30　清光寺（月山寺）
31　常隆寺（霊安寺）　32　普済寺　33　観音寺

□淡州坂東三十三所　【百番】淡路百観音（淡路西国・淡路秩父）

ご詠歌あり。現行なし。

1　神宮寺　2　青蓮寺　3　湧泉寺（観音庵）　4　長福寺　5　北谷観音堂
6　蓮花寺　7　安手赤堂（覚王寺）　8　志筑奥ノ坊（引接寺）
9　円通寺（八幡寺）　10　生穂観音堂（常玄寺）　11　圓城寺　12　下田観音堂
13　潮音寺　14　来馬観音堂（松壽山宮観音堂）　15　白山観音堂　16　妙観寺
17　観音寺　18　松　尾　19　延福寺　20　青蓮寺　21　机浦観音堂　22　観音寺
23　妙應寺　24　中山寺　25　大窪寺（成楽寺）　26　五穀寺（護国寺）　27　宝蔵寺
28　岡ノ堂　29　草賀本村観音堂　30　浄土寺　31　角川観音堂
32　広石北村観音堂　33　龍雲寺

□淡州秩父三十四所　【百番】淡路百観音（淡路西国・淡路坂東）

ご詠歌あり。現行なし。

1　慈眼寺　2　観音寺　3　長月庵　4　野田村観音堂（松月庵）
5　鍛冶屋観音堂　6　観音寺（法花寺）　7　仁比観音堂（観音寺）　8　長谷寺
9　覚性寺　10　金剛寺（片山観音堂）　11　小井観音堂　12　鎌　倉（威光寺）
13　福萬寺（賢光寺）　14　市場観音堂　15　三条東ノ丁観音堂　16　尾谷山
17　聲明寺　18　観正寺　19　取飼奥所（鈴聲寺）　20　西瀧寺（三寶院）
21　萬福寺　22　観音寺　23　観音寺（感應寺）　24　祇園山（十一面観音寺）
25　山添観音堂　26　西観音堂　27　蓮光院（寺）　28　東の岡
29　松林寺（寶性寺）　30　寶蓮寺　31　清水寺　32　池之内観音堂（観音寺）
33　猪の鼻　34　安養寺

奈良県

奈良県の概要：観音信仰が平安京で流行したころ、南都と呼ばれた大和国の観音霊場寺院の多くは巡拝の対象となり、都びとの参拝旅行先になっていた。のちに霊場めぐりが盛んになって、旧都奈良のイメージも加わり、あこがれの地、国のまほろばの地になっていった。県内地域には、西国の影響を受けて各地に巡礼路が設けられたが、寺院の衰退や都市開発などによる影響を受けてその多くが過去のものとなっている。この奈良県は、現状では寺院数が非常に少ない。

□大和国三十三所〈大和北東部〉

延宝9年(1681)の鰐口銘「9観音寺(矢部観音堂)」によりこれ以前の開創。「大和国三拾三所順礼観世音御詠歌」嘉永4年(1851)がある。ご詠歌あり。現行なし。(　)は移動など。大和北東部(大和高田・橿原・桜井・天理各市、磯城・北葛城各郡)周辺。田原本藩。

1 箕輪寺　2 安楽寺(融観寺)　3 正楽寺　4 祐福寺(疋相観音堂)
5 喜福寺　6 長谷寺　7 慈雲寺　8 常光寺　9 観音寺(矢部観音堂)
10 奏楽寺　11 観音寺　12 観音寺　13 神宮寺(常福寺)　14 慈明寺
15 国源寺　16 延命寺　17 蓮台寺　18 浄福寺　19 教輪寺(聖林寺)
20 観音寺(江包地蔵堂)　21 順福寺　22 観音寺　23 長谷寺
24 観音寺(中山観音堂)　25 観音寺(朝日観音寺)　26 善住寺(久保院)
27 観音寺　28 妙観寺　29 観音寺　30 西方寺　31 観音寺　32 楽田寺
33 観音寺(視生寺)

□大和国三十三所〈大和北西部〉

建永元年(1206)開創、「大和国三三所観音順禮記」嘉永2年(1849)。ご詠歌あり。現行なし。(　)は移動など。大和北西部(葛城・桜井・天理・奈良・大和郡山各市、生駒・北葛城・高市各郡)。

1 多門院(持聖院)　2 神南寺(融念寺)　3 放光寺　4 高尾寺　5 當麻寺
6 坪坂寺(壺坂寺)　7 岡　寺　8 長谷寺　9 中山寺　10 内山寺(傳光寺)
11 木戸寺(圓証寺)　12 桃尾寺　13 在原寺　14 元興寺　15 南圓堂
16 興福寺　17 東大寺念佛堂　18 東大寺三月堂　19 東大寺二月堂
20 観音寺(慈眼寺)　21 不退寺　22 法花寺　23 萬福寺　24 松尾寺

25 三井寺（法輪寺） 26 上宮王院（法隆寺夢殿） 27 法隆寺金堂
28 法隆寺上堂 29 仙光寺 30 椿井寺（常念寺） 31 安明寺 32 長楽寺
33 鳴川山（千光寺）

□大和国三十三所〈大和中部〉【別称】新西国三十三所

江戸期。御詠歌帖あり。ご詠歌あり。現行なし。「観音寺」名称寺が3分の1を占めるがすべて別の寺。大和中部（天理・櫻井各市）。

1 初瀬寺 2 長福寺 3 妙観寺 4 善性寺 5 観音寺 6 おおにし
7 朝日寺 8 観音寺 9 観音寺 10 観音寺 11 長岳寺 12 せんれん寺
13 観音寺 14 観音寺 15 あせ寺 16 専行院 17 清水寺 18 りうゑつ寺
19 観音寺 20 ちよこく寺 21 観音寺 22 井照寺 23 廣読寺
24 高宮観音堂 25 長福寺 26 浄福寺 27 つしま寺 28 西善寺
29 観音寺 30 観音寺 31 順福寺 32 施無畏寺 33 観音寺

巡礼閑話 西国巡礼

三十三所観音霊場の最古例。養老2年（718）、大和長谷寺開山徳道上人による巡拝があり、その後永延2年（988）花山法皇により再興、現行の組み合わせ寺院で最も新しい善峰寺の創建が長元年（1029）であるので、現状 のような札番を設けたのは、近江三井寺（園城寺）の高僧であった行尊（1055-1135）、覚忠（1118-77）の札所巡礼のころである。
また西国札所と鎌倉期の坂東札所、室町期の秩父札所との組み合わせによる「百観音」霊場（【静岡県】の項参照）の誕生や、各地に多くの三十三所霊場生み出したわが国の「めぐり」の淵源となっている。

□新西国三十三所

江戸期。弘化3年（1846）の額「22蔵野寺」あり。また同年の御詠歌あり。現行なし。大和北部（天理・大和郡山・奈良各市）周辺。

1 永久寺 2 木戸寺 3 豊満寺 4 善性寺 5 観音寺 6 妙観寺
7 神宮寺（法華寺） 8 清泰庵 9 喜楽寺 10 修福寺 11 在原寺
12 長林寺 13 石川観音堂 14 観音寺 15 弥陀寺 16 正福寺 17 法恩寺
18 極楽寺 19 東之坊 20 超願寺 21 極楽寺 22 蔵野寺 23 井戸寺
24 千湯寺 25 観音寺村観音堂 26 松壽院 27 慈眼寺 28 釈尊寺

29 神福寺（萬福寺） 30 植槻寺 31 松之坊（極楽寺） 32 唐招提寺
33 薬師寺東院堂

○南都西国三十三所 【別称】南都三十三所、南都新西国三十三所、奈良順礼三十三所

享保20年（1735）刊の「坊目拙解」に「南都三三所順礼の一」の記載。「21慈眼寺」に詠歌額（江戸期）あり。ご詠歌あり。現行なし。

1 不 明 2 圓福寺（？） 3 浄国院（同寺調査＝不詳） 4－14 不 明
15 来迎寺（柳町＝詠歌額あり） 16－19 不 明 20 東大寺二月堂（？）
21 慈眼寺 22－33 不 明

札番不明に、：璉城寺・正覚寺・興善寺・浄国院・般若寺（ご詠歌あり）・野田町観音堂・閻魔堂・愛正寺・眉間寺・不退寺（？）・法徳寺

●南部大和西国三十三所 【別称】南部倭西国三十三所、倭西国三十三所

大正14年（1925）、高市郡梅本楢次郎撰。ご詠歌あり。現行可。橿原・御所・葛城・桜井各市、高市郡。

1 壷阪寺（南法華寺） 2 冷水寺（西室院） 3 子島山千寿院（子島寺）
4 橘 寺（菩提寺） 5 弘福寺 6 真珠院（龍蓋寺） 7 観音寺 8 延命院
9 國分寺 10 安居院（飛鳥寺） 11 慈明寺 12 久米寺 13 重願寺
14 大日堂（浄國寺） 15 西應寺 16 茅原寺（吉祥草寺） 17 眞清寺
18 安楽寺 19 法谷庵（寶國寺） 20 妙相寺 21 弥靱寺 22 橋本院
23 観音寺 24 観音寺 25 慶雲寺 26 置恩寺 27 中の坊（當麻寺）
28 長谷本寺 29 御厨子山（妙法寺） 30 文殊院 31 聖林寺
32 音羽山（観音寺） 33 長谷寺

□宇陀西国三十三所

享保10年（1725）の巡礼碑あり。慶應年間（1865-68）「御詠歌帖」再施行。ご詠歌あり。現行なし（明治初年の廃仏毀釈の影響）。宇陀市内。

1 光明寺 2 慶恩寺 3 大願寺 4 長善寺 5 比森寺 6 大念寺
7 神宮寺 8 長福寺 9 青蓮寺 10 普陀寺 11 立生寺 12 観音寺
13 観音寺 14 三宮寺 15 妙法寺 16 常念寺 17 岡 寺 18 観音寺
19 初生寺 20 観音寺 21 仏隆寺 22 観音寺 23 戒長寺 24 西方寺

25 極楽寺　26 観音寺　27 宗祐寺　28 観音寺　29 仏母寺　30 宝泉寺
31 慈恩寺　32 観音寺（千眼寺）　33 観音寺

□川上村三十三所　【別称】川上郷三十三所、川上荘三十三所

文政11年（1828）「33 運川寺」白龍禅師発願・詠歌。ご詠歌あり。現行なし。川上村村内。（　）は現所在。

1 塩野波観音堂（永通寺）　2 伯母谷観音堂（法昌寺）　3 大泉寺
4 心月院　5 松雲寺　6 金剛寺　7 極楽寺　8 明光寺
9 白川波観音堂（明光寺）　10 龍泉寺　11 井光観音堂　12 観音寺
13 武木上堂観音堂（青林寺）　14 青林寺　15 武木下堂観音堂（青林寺）
16 貝原堂　17 玉峯寺　18 井戸観音堂（十二社神社）
19 参集堂（人知観音堂）　20 玉龍寺　21 白屋観音堂　22 高原観音堂
23 福源寺　24 法壽院　25 法泉寺　26 傳徳寺　27 龍泉寺
28 仙龍寺（西河瀧観音）　29 西河観音堂（十二社神社）　30 徳蔵寺
31 弥勒寺　32 宮観音　33 運川寺

□東山中新西国三十三所

文久３年（1863）、「４中夢寺」の板額。ご詠歌あり。現行なし。奈良市東山中、狭川・須川付近。

1 二階堂　2 吉水寺　3 不　明　4 中夢寺　5 子安堂　6 西念寺
7 八王寺　8 勝福寺　9 薬師堂　10 會　所　11 立見寺　12 安養寺
13 大念寺　14 田邊之森　15 神宮寺　16 拝　殿　17 瘡地蔵　18 龍王寺
19 薬師堂　20 光明寺　21 北之坊　22 吉祥寺　23 浄福寺　24 大師堂
25 大田原寺　26 行者堂　27 羽林寺　28 大師堂　29 神宮寺　30 妙蓮寺
31 丸尾寺　32 行者堂　33 薬師寺

○飛鳥地方三十三所　【別称】飛鳥三十三所

文久２年（1862）「伊勢道中記」に記載。詳細不明。現行なし。

□斑鳩三十三所

江戸期。ご詠歌あり。現行なし。（　）内は移動。前記か。生駒郡斑鳩町法隆寺内および周辺地域。郡山藩。

1 上宮王院（法隆寺夢殿） 2 東院絵殿 3 東院傳法堂 4 東林寺
5 東源寺 6 律学院 7 圓成院 8 聖霊院 9 西院金堂 10 西圓堂
11 西福寺 12 金光堂（西圓堂） 13 浄慶寺 14 傳燈院 15 仙光寺
16 龍福寺 17 西光寺 18 吉田寺 19 増福寺 20 雲観寺 21 真福寺
22 蓮乗院 23 長福寺 24 阿波薬師堂（西念寺） 25 成福寺 26 東福寺
27 法起寺 28 法輪寺 29 専念寺 30 浄念寺 31 正覚寺 32 常楽寺
33 實積寺

□郡山観音三十三所 【別称】和州郡山観音三十三所

寛政12年（1800）の「和州郡山観音三十三所詠歌」あり。ご詠歌あり。現行なし。大和郡山市周辺。

1 植槻観音堂 2 仲仙寺 3 久松寺 4 光傳寺 5 極楽寺 6 常楽寺
7 愛染院 8 平等寺 9 薫高院 10 千陽寺 11 観音寺村観音堂
12 清涼院 13 超龍寺 14 松寿院 15 龍厳寺 16 王蔵院 17 雲幻寺
18 慈眼寺 19 春岳院 20 薬園寺 21 柳谷観音 22 釈尊寺 23 実相寺
24 報土寺 25 圓融寺 26 性心寺 27 西方寺 28 浄慶寺 29 大信寺
30 洞泉寺 31 西向寺 32 金剛院 33 万福寺

□五条市内西国三十三所

弘化3年（1846）のご詠歌額「2 良峰寺」。ご詠歌あり。現行なし。五条市周辺。

1 地蔵寺観音堂 2 良峰寺 3－5 不 明 6 金剛寺 7－11 不 明
12 吉祥寺 13－20 不 明 21 願光寺 22 不 明 23 観音寺
24－29 不 明 30 大王寺 31 観音寺 32－33 不 明

和歌山県

和歌山県の概要：紀伊国はまさに木の国、県域の大半を山林が占めている。平安時代の熊野詣ではじまる熊野古道がにぎわい、同時に西国巡礼路も僧侶や都人、そして庶民の参詣路としてにぎわった。西国巡礼路は海岸をめぐっているものが多い。高野山の地元であるので、高野山真言宗をはじめ真言系寺院が県下寺院の３分１を占める。しかし西国巡礼路の発祥地として近畿各府県では巡礼路の設定が盛んであったが、和歌山県における巡礼路は山も深いためか極めて少ないといえる。

□紀伊国西国三十三所〈江戸期〉【別称】有田日高くに西国三十三所、紀伊三十三所、府内三十三所、郡西国

江戸期。有田市・日高・広川・湯浅・吉備・有田川各町主要な寺院の巡拝。ご詠歌あり（明治初期の木版あり）。現行なし。（　）は別記。

1 道成寺　2 九品寺（鳳生寺）　3 鳳生寺（安楽寺）　4 圓福寺（観音寺）
5 安楽寺（霊泉寺）　6 蓮開寺　7 神宮寺明王院　8 法蔵寺　9 手眼寺
10 能仁寺　11 勝楽寺　12 満願寺　13 深専寺　14 観音寺　15 長楽寺
16 青蓮寺　17 正覚寺　18 岩間寺　19 歓喜寺　20 如意輪寺　21 薬王寺
22 到岸寺　23 成道寺　24 弁財寺　25 定福寺　26 仁平寺　27 圓満寺
28 善國寺　29 地福寺　30 観音寺　31 大聖寺・野井観音堂（神宮寺赤岩観音）
32 竹林寺（大聖寺・野井観音堂）　33 施無畏寺

□紀伊西国三十三所〈昭和期〉

昭和13年（1938）、「1 普賢寺」住職創設。前記とは別。現行なし。橋本市周辺。

1 普賢寺　2 地蔵寺　3 阿弥陀寺　4 西福寺　5 大福寺　6 地蔵寺
7 極楽寺　8 小峯寺　9 阿弥陀寺　10 不動寺　11 大師寺　12 阿弥陀寺
13 庚申寺　14 阿弥陀寺　15 應其寺　16 観音寺　17 定福寺　18 永楽寺
19 成就寺　20 西光寺　21 遍照寺　22 善名称院（真田庵）　23 慈尊院
24 清涼寺　25 地蔵寺　26 妙見寺　27 普門院　28 観音寺　29 壽命寺
30 観音寺　31 観音寺　32 妙薬寺　33 薬師寺

■和歌山西国三十三所【別称】和歌山三十三所

昭和初期か。標石や御詠歌額には「昭和３年」とある。ご詠歌あり。（　）

は現行。

1 高松寺　2 萬性寺　3 久昌寺(三光寺)　4 延命院　5 禅林寺
6 延寿院　7 大泉寺　8 無量光寺　9 窓誉寺　10 恵運寺　11 護念寺
12 珊瑚寺　13 松生院(蘆邊寺)　14 大立寺　15 常住院　16 江西寺(総光寺)
17 法輪寺　18 円満寺　19 林泉寺　20 法蓮寺(龍源寺)　21 萬精院
22 円福院　23 観音寺　24 阿弥陀寺　25 観音寺　26 照光院(高野寺)
27 正壽院　28 海善寺　29 安養寺　30 吹上寺　31 光明院　32 鏡林院
33 圓蔵院

□近郷西国三十三所

文化文政(1804-30)ころ。「7松尾寺」に寛政7年(1795)の御詠歌額。ご詠歌あり。現行なし。和歌山市・海南市。

1 中道寺　2 観音寺　3 禅定寺　4 専念寺　5 大龍寺　6 専応寺
7 松尾寺　8 金剛遍寺　9 観音寺　10 明王寺　11 観音寺　12 普門寺
13 観福寺　14 応供寺　15 蔵橋寺　16 観音寺　17 大井寺　18 善福寺
19 磯崎観音堂(極楽寺)　20 神宮寺(極楽寺)　21 大崎観音堂
22 不　明　23 明秀寺　24 不　明　25 東光寺　26 不　明　27 新福寺
28 福勝寺　29 竹園社　30 興如来堂　31 不　明　32 円満寺　33 願成寺

□近西国三十三所　【別称】牟婁西国三十三所、紀伊遠近三十三所、遠近三十三所、近郷西国三十三所、南紀西国三十三所

慶長10年(1605)、「1海蔵寺」の天叔が開創。一時衰退したが復活。ご詠歌あり。現行。(　)は現所在。田辺市周辺。

1 海蔵寺　2 法輪寺　3 古尾観音堂(願成観音堂)　4 高山密寺
5 圓通庵　6 東光寺　7 聖福寺　8 観福寺　9 妙智庵
10 誓願寺(誓願庵)　11 林翁寺　12 観音寺　13 圓鏡寺　14 救馬渓観音堂
15 興禅寺　16 清水観音堂　17 普大寺　18 報恩寺　19 尋聲寺　20 光福寺
21 法蓮寺(観音堂)　22 正福寺(萬福寺)　23 萬福寺　24 福田庵　25 千光寺
26 宝満寺　27 岩尾山観音堂　28 井原観音堂　29 千福寺(日向観音堂)
30 南禅観音堂　31 常楽観音堂　32 青蓮観音堂　33 千里観音堂

■熊野曼荼羅三十三所(参考)　【別称】熊野三十三所

平成19年(2007)開創、「33聖福寺」の資料。由緒社寺で構成。1か所(奈

良県「13 玉置神社(奥熊野)」)を省き南紀一帯。現行。田辺～新宮。

1 闘？神社　2 海蔵寺　3 芳養八幡神社　4 泉養寺　5 尋聲寺
6 救馬渓観音　7 稲葉根王子社　8 興禅寺　9 住吉神社　10 福巌寺
11 滝尻王子宮(十郷神社)　12 継桜神社　13 玉置神社(奥熊野)
14 熊野本宮大社　15 東光寺　16 祐川寺　17 阿弥陀寺　18 熊野那智大社
19 青岸渡寺　20 補陀洛山寺　21 神倉神社　22 熊野速玉神社
23 阿須賀神社　24 南珠寺　25 大泰寺　26 霊巌寺　27 成就寺　28 神王寺
29 潮御崎神社　30 海蔵寺　31 萬福寺　32 草堂寺　33 聖福寺

巡礼閑話　巡礼と御詠歌

巡礼者が参詣の折に仏前で詠うもので詠歌、御詠歌、巡礼歌などといわれる。詠歌は札所の本尊に関わる内容(霊験・功徳や札所の環境など)を歌い上げる和歌、和讃で、参拝者が詠いやすいように単調で、もの悲しい節をつけ鈴を振りながら詠いあげる。
西国札所「3粉河寺」の「父母の　恵みも深き　粉河寺　仏の誓い　たのもしの身や」は、花山法皇がこの寺で読んだといわれ、最古の御詠歌といわれる。各札所では詠歌額を掲げ、参詣者の唱和に便宜を計ったり札所の広報に役立たせているほか、巡礼者用に御詠歌の解釈・説明などを掲載した「巡礼歌集」などを刊行する札所もあり、札所巡礼の普及に貢献してきた。「西国三十三所」の誕生以降各地に創設された札所では独自に作成したり、「西国」「坂東」「秩父」の御詠歌を流用した御詠歌がある。御詠歌の詠い節には各様あり、金剛流(真言宗)・東寺流(真言宗)・梅花流(曹洞宗)・花園流(臨済宗)など多くの流派がある。

中国地方

中国地方の概要：山陽地方にあたる瀬戸内海側（山陽路）、山陰地方にあたる日本海側（山陰路）の地域ともに各県内の巡礼路は各地域毎に非常に多くの巡礼路が設定され、整備されてきた。その多くが各国、郡単位で設定されていてこれらを基盤に人びとが訪ね歩いた。往時中国広域をめぐるものはなく、現代になってから中国地方の５県を巡る巡礼路が設定されている。

■中国三十三所

昭和56年（1981）創設。ご詠歌あり。現行。中国５県の巡礼。

1 西大寺　2 余慶寺　3 正楽寺　4 木山寺　5 法界院　6 蓮台寺
7 円通寺　8 明王院　9 浄土寺　10 千光寺　11 向上寺　12 仏通寺
13 三瀧寺　14 大聖院　15 漢陽寺　16 洞春寺　17 龍蔵寺　18 宗隣寺
19 功山寺　20 大照院　21 観音院　22 多陀院　23 神門寺　24 禅定寺
25 鰐渕寺　26 一畑寺　27 雲樹寺　28 清水寺　29 大山寺　30 長谷寺
31 三仏寺　32 観音院　33 大雲院

■瀬戸内三十三所

昭和60年（1985）創設。播磨・備前・備中・備後の巡礼。ご詠歌あり。現行。兵庫・岡山・広島両県。

1 観音寺　2 遍照院　3 宝島寺　4 観音院　5 真光院　6 観音院
7 花岳寺　8 普門寺　9 光明寺　10 福生寺　11 明王寺　12 禅光寺
13 頼久寺　14 龍泉寺　15 千手院　16 法泉寺　17 泉勝院　18 本性院
19 不動院　20 教積院　21 観音院　22 寒水寺　23 能満寺　24 磐台寺
25 神宮寺　26 対潮院　27 観音寺　28 満幅寺　29 龍華寺　30 善昌寺
31 十輪院　32 福盛寺　33 福性院寺

■中国楽寿観音三十三所

平成５年（1993）創設。ご詠歌あり。現行。中国５県の巡礼。

1 東源寺　2 大樹寺　3 西現寺　4 泉水寺　5 佛法寺　6 普門院
7 寶満寺　8 多聞寺　9 正覚院　10 銀寿観音寺　11 南昌院　12 弘方寺
13 吉祥院　14 西長寺　15 妙見宮鷲頭寺　16 建咲院　17 宇部観音千佛寺

18 智光院　19 真浄寺　20 西堂寺　21 遍照寺　22 報国寺　23 弘法院
24 観音寺　25 宝福寺　26 冷昌寺　27 安楽寺　28 多福寺　29 報恩寺
30 清安寺　31 巌倉寺　32 地福寺　33 智光寺

鳥取県

鳥取県の概要：県域は因幡国と伯耆国からなる。県下における観音札所の成立の特徴は、先ず郡札《こおりふだ》から始まっていると考えられ、地域ごとの数多くの郡札が存在する。また、各地域に一山めぐりも多く見られる。これらのミニ西国設定の時代的傾向については、①江戸初期、元禄15年（1702）に汗入郡と日野郡の郡札の作られた時期。②江戸中期、延享元年（1744）に伯耆札と、それに前後して八橋札と久米札が作られた時期。③江戸後期、文化年間1804-18以降、会見札や奥日野の郡札の作られた時期。④幕末期以降、小地域を対象として、小型の西国札所が作られた時期。この小型化の傾向は、明治から現代へ続いている。一方、伯耆地方に比べて因幡地方は札所誕生は古いにもかかわらず、伯耆地方のような広がりはない。

□因幡三十三所〈創設期〉

元和年中（1615-24）、願行寺6世専誉上人発願「因幡誌」寛政7年（1795）。ご詠歌あり。現行なし。鳥取市域。

1 常國寺　2 萬福寺　3 観音寺　4 大善寺　5 金屋村観音堂
6 安蔵村観音堂　7 船岡村観音堂　8 清水寺　9 新興寺　10 中山寺
11 延命寺　12 覚王寺　13 岩間寺　14 龍面寺　15 普賢寺　16 正薫寺
17 弥勒寺　18 圓浄寺　19 観音寺　20 光明寺　21 長安寺　22 観音寺
23 浄（定）善寺　24 網代寺　25 観音寺　26 観音寺　27 観音寺　28 清蓮寺
29 正福寺　30 吉祥院　31 清水寺　32 潮音寺　33 願行寺

□因幡国西国三十三所〈旧因幡西国〉

文政元年（1818）、前記を「因幡国西国」としての再興。ご詠歌あり。現行なし。鳥取市域。

1 長谷寺　2 萬福寺　3 観音寺　4 大善寺　5 金屋村観音堂
6 安蔵村観音堂　7 船岡村観音堂　8 清水寺　9 新興寺　10 中山寺

11 延命寺　12 覚王寺　13 長福寺　14 清水寺　15 観音院　16 寶珠院
17 三雲寺　18 圓浄寺　19 銀蔵寺　20 光明寺　21 長安寺　22 勧学寺
23 浄(定)善寺　24 観照寺　25 龍岩寺　26 観音寺　27 観音寺　28 清蓮寺
29 正福寺　30 吉祥院　31 法龍寺　32 長園寺　33 願行寺

□因幡三十三所〈再興期〉【別称】因幡国三十三所

嘉永元年(1848)、求西翁「因幡西国」の復興を願い、前記寺院を参考に開創。嘉永4年(1851)再興「因幡国三拾三処順禮詠歌」。現行なし。(　)はのちの移動など。鳥取市・岩美町。

1 慈眼寺(観音院)　2 養壽院(最勝院)　3 圓護寺(天徳寺)
4 金剛院(寶珠院)　5 龍岩寺(大應寺)　6 圓護寺　7 龍岩寺
8 網代寺(観照院)　9 観音寺(勧学院)　10 長安寺　11 聚財寺　12 圓城寺
13 覚王寺　14 矢多羅寺　15 新興寺　16 清水寺　17 西橋寺　18 大安興寺
19 大善寺　20 興雲寺　21 東光寺　22 萬福寺　23 福聚寺　24 長谷寺
25 願行寺　26 潮音寺　27 清徳寺(雲龍寺)　28 慶壽院　29 興宗寺
30 水月庵(東昌寺)　31 無縁寺(慈眼寺)　32 善祥院(晴雲寺)　33 大雲寺

●因幡国西国三十三所〈新因幡西国〉【別称】因幡三十三所、因幡国三十三所

時期不明ながら前記「因幡国」(新因幡西国)の再興。ご詠歌あり。現行可。(　)は移動など。鳥取市域。

1 観音院　2 観音寺　3 圓護寺　4 大應寺　5 龍岩寺　6 観照院
7 定善寺　8 常智院　9 勧学院　10 長安寺　11 光清寺　12 長通寺
13 覚王寺　14 長源寺　15 新興寺　16 西橋寺　17 法清寺　18 大安興寺
19 大善寺　20 興雲寺　21 正法寺　22 萬福寺　23 福聚寺　24 長谷寺
25 願行寺　26 龍福寺　27 雲龍寺　28 慶壽院　29 興宗寺　30 東昌寺
31 慈眼寺　32 東圓寺　33 大雲寺

●伯耆國三十三所〈I〉【別称】當國三十三所、伯耆西国三十三所、伯耆札

延享元年(1744)、吉持甚右衛門秀次・平吉兄弟発願。天保15年(1844)写本ご詠歌あり。現行可。札所とご詠歌に2度の大改正がある。(　)は現状。

1 雲光寺　2 高岳堂(八国寺)　3 加祥ノ堂(豊寧寺)　4 總泉寺

5　梅翁(老)寺　6　誓願寺(常福寺)　7　石田ノ堂(誓願堂)　8　傳燈寺
9　長楽寺　10　泉龍寺　11　延暦寺　12　熊野堂(萬福寺)
13　貝田ノ堂(浄楽寺)　14　大山寺阿弥陀堂　15　大山中山(下山観音堂)
16　観音寺　17　精明寺(観音寺)　18　玉簾山(清見寺)　19　押平ノ堂(松吟庵)
20　退休寺　21　立子ノ堂(長伝寺)　22　専勝寺　23　体玄寺　24　光徳寺
25　空屋ノ堂(転法輪寺)　26　瀬戸ノ堂(観音寺)　27　大傳寺　28　龍徳寺
29　三徳山三仏寺　30　元泉ノ堂(常立庵)　31　大岳院　32　赤岩山(定光寺)
33　長谷寺

□伯耆國三十三所〈Ⅱ〉　【別称】當國三十三所、伯耆札

享和元年(1801)開創。「当国三十三所順礼並詠歌」が「8吉尾観音堂」にある。ご詠歌あり。現行なし。前記の大改正時に誕生か、全く別の意図によるものかは不明。

1　長谷寺　2　地蔵院　3　長谷観音堂　4　山名寺　5　座性寺
6　穴鴨観音堂　7　久原観音堂　8　吉尾観音堂　9　三佛寺
10　小鹿谷観音堂　11　龍徳寺　12　福永観音堂　13　石脇観音堂
14　上橋津観音堂　15　清谷観音堂　16　正願寺　17　光明寺　18　北尾観音堂
19　上神村堂　20　曲観音堂　21　観水庵　22　洞泉寺　23　観音寺　24　体玄寺
25　専称寺　26　水月堂　27　覚円寺　28　富　長　29　観音寺　30　大山寺
31　万福寺　32　要玄寺　33　吉祥院

□久米郡三十三所　【別称】郡(こおり)札

安永3年(1774)御詠歌額。現行なし。(　)は移動。旧久米郡一帯。

1　長谷寺　2　誓願寺　3　福岡村堂　4　秋喜村堂　5　安楽寺(北野村堂)
6　丸山堂　7　富海村堂　8　永勝(昌)寺　9　香覚(岳)寺　10　上古川(河)堂
11　中田村堂　12　千手寺(大滝堂)　13　穴観音(松河原岩元堂)
14　獨照寺(赤岩堂)　15　大河内村堂　16　長谷村堂　17　大日寺　18　服部村堂
19　上福田村堂　20　上米積村堂　21　下米積村堂　22　鈴宅寺(横田村堂)
23　国分寺　24　波松山(上神村堂)　25　尾原村堂　26　別所村堂　27　曲り村堂
28　北尾村堂　29　光明寺　30　松岸寺(正願寺)　31　山名寺(三明寺村堂)
32　笹　院(大岳院)　33　定光寺

●日野郡三十三所　【別称】伯耆日野郡札、下日野札所、日野札

元禄15年（1702）吉持甚右衛門発願。ご詠歌あり。現行あり。「２萬福寺」に詠歌版木あり。（　）は現状。辻堂めぐり。江府町・伯耆町。

1 熊野堂　2 萬福寺　3 むらさき堂　4 東祥寺　5 中の堂（宮市辻堂）
6 小江尾辻堂　7 西来寺（東光寺）　8 根雨原堂　9 下の堂（東光寺）
10 大倉堂　11 富江堂　12 福永堂　13 添谷堂　14 金屋谷堂（長昌寺）
15 林ケ原堂　16 清山堂　17 下の堂（番原辻堂）　18 真野堂　19 須村堂
20 久古堂（善福寺）　21 別所堂　22 桧垣堂（上野堂）　23 溝口堂　24 道寧寺
25 谷川堂（道寧寺）　26 宮原堂　27 宇代辻堂（光音院）
28 荘観音堂（光音院）　29 海蔵寺（光音院）　30 三部堂（長竜寺）　31 藤屋堂
32 焼杉堂（観音寺）　33 傳燈寺

□奥日野三十三所

幕末頃。慶応３年（1867）写本。ご詠歌あり。現行なし。日野・日南各町。

1 光明寺　2 泉龍寺　3 観音寺　4 観音寺　5 福正寺　6 福重寺
7 養命寺　8 徳雲寺　9 清水寺　10 正明寺　11 神宮寺　12 永泉寺
13 常福寺　14 泉福寺　15 蔵福寺　16 圓福寺　17 千手寺　18 龍泉寺
19 福生寺　20 龍福寺　21 観音院　22 観音寺　23 西林寺　24 瀧山寺
25 大椿寺　26 月長寺　27 観音堂　28 観音堂　29 龍福寺　30 観音堂
31 延暦寺　32 向住寺　33 長楽寺

□大山領内三十三所

文化年中（1804-18）、大山寺長松院担如和尚開創。現行なし。西伯郡。

1 大山寺（下山観音堂）　2 種原観音堂　3 鈑戸観音堂　4 前村観音堂
5 今在家観音堂　6 佐摩観音堂　7 妙玄寺　8 下の堂　9 明間観音堂
10 上観音堂　11 下観音堂　12 一の谷観音堂　13 大谷観音堂
14 半川観音堂　15 丸山観音堂　16 丸山観音堂　17 小林観音堂
18 宝殿観音堂　19 長昌寺　20 岩立観音堂　21 大内公会堂
22 添谷観音堂　23 富江観音堂　24 大滝観音堂　25 栃原観音堂
26 籠原観音堂　27 吉原観音堂　28 西成観音堂　29 袋原観音堂
30 大河原観音堂　31 中大河原観音堂　32 上大河原観音堂　33 御机観音堂

□二部札三十三所

昭和８年(1933)、長竜寺15世住職恵山和尚・傳燈寺15世秀賢和尚等発願。現行なし。二部村内の石像めぐり。

1－7 長竜寺　8 福　吉　9 福島北　10 福島阿弥陀堂前
11－14 舟　越　15 上ノ名公会堂　16 藤　屋　17 山口(藤屋)神社下
18 藤屋炉原　19－20 須　鎌　21 焼　杉　22 下代(長井谷)
23 上代貝市堂前　24 郷原堂前　25 池田堂前　26 畑池塩滝中祖堂前
27 畑ケ中堂前　28 畑池杢田　29 間　地　30 二部熊ン谷　31－33 傳燈寺

□河村郡三十三所 【別称】河村郡中三十三所

文化～文政(1804-29)頃、河村郡長江村絹見義三郎開創。ご詠歌あり。現行なし。倉吉市、東伯郡(湯梨浜・三朝各町)。

1 水泉堂(常立庵)　2 不魚瀧　3 水月堂　4 座性寺瀧見堂　5 大霞寺
6 吉尾堂　7 高平堂　8 西小鹿堂　9 観音寺　10 三徳(佛)寺
11 坂本堂　12 行柴堂　13 砂原堂　14 外谷堂　15 徳林寺　16 羽衣石堂
17 花見堂　18 長傳寺　19 大傳寺　20 桂尾寺　21 田畑堂　22 龍徳寺
23 藤津堂　24 方地堂　25 万福寺　26 福永堂　27 石脇堂　28 橋津堂
29 長江堂　30 清谷堂　31 山根堂　32 八ツ堂　33 森山堂

□會見郡三十三所 【別称】伯耆會見札所

享和３年(1803)頃開創。文化11年(1814)、「会見郡三十三番御歌」写本あり。ご詠歌あり。現行なし。(　)は現所在。米子市。徒歩７日。

1 吉祥院　2 称名寺　3 総泉寺　4 妙善寺　5 海蔵寺(奈喜良観音堂)
6 正雲寺　7 上境観音堂　8 観正(性)寺　9 仙寿寺(阿賀観音堂)
10 宝禅(法善)寺　11 原観音堂　12 経久寺(法勝寺観音堂)　13 落合観音堂
14 雲光寺　15 小松観音堂　16 石田観音堂　17 大安寺　18 在徳観音堂
19 三崎観音堂　20 同慶寺　21 要玄寺　22 殿河内観音堂　23 福樹寺
24 瑞仙寺　25 圓福寺　26 泉龍庵　27 観音寺　28 西福寺　29 東照寺
30 下新印下口観音堂　31 養光院　32 梅翁寺
33 観音寺山(戸上の堂・慈眼庵)

□箕蚊屋三十三所 【別称】平和観音札所

昭和31年(1956)創設。箕蚊屋仏教団と遺族会が創設。旧箕蚊屋の８か村。

現行なし。石像めぐり。米子市・伯耆町周辺。

1 泉龍寺　2 長徳寺　3 豊　田　4 円福寺　5 水　浜　6 遠　藤
7 押　口　8 岸　本　9 瑞応寺　10 細　見　11 林ケ原　12 善福寺
13 大　原　14 丸　山　15 瑞仙寺　16 上福万　17 中福万　18 河　岡
19 西福寺　20 東照寺　21 岡　成　22 源光寺　23 泉　原　24 中　間
25 浄福寺　26 佐　陀　27 二本木　28 今在家　29 両足院　30 養光院
31 薬師堂　32 文殊庵　33 今吉堂

○八橋郡三十三所

天明７年（1787）の銘がある堂額があるという。また文化７年（1810）「２三谷観音堂」に奉納された「八橋郡順礼札所弐番」の御詠歌額（願主：今地村清元院弟子祖梁）。ご詠歌あり。現行なし。八橋郡内。

2 三谷観音堂（覚円寺奥院）

□汗入郡三十三所

元禄15年（1702）、足立惣兵衛発願。ご詠歌あり。現行なし。大山町。

1 大山寺　2 清見寺　3 正法寺　4 法釈寺　5 福正寺　6 普多楽寺
7 金法寺　8 那智山　9 正明寺（精明寺）　10 今津村観音堂　11 満福寺
12 吉祥院　13 伝法寺　14 野田村観音堂　15 観音寺　16 茶畑原村観音堂
17 住雲寺　18 大長寺（長網寺）　19 大雲寺　20 能村観音堂　21 大教寺
22 金谷村観音堂（法恩寺）　23 妙玄寺　24 蓮華寺　25 妙高寺　26 竜雲寺
27 慶正院　28 玉鉾之堂　29 竜光寺　30 円福寺　31 富長観音堂
32 洞林寺　33 法佛寺（神宮寺）

島根県

島根県の概要：出雲国・石見国・隠岐国からなり、各地域ごとにミニ霊場があり、特に出雲国10郡には各郡毎に郡札がある。出雲大社や松江市のある出雲地域や、三瓶山や石見銀山跡の石見地域で、多くの巡礼路が設定され札所めぐりが発展していた。また、離島の隠岐島にも三十三所巡礼路が発展していた形跡が認められるものの、明治時代の廃仏毀釈で壊滅してしまった札所も多い。「出雲札所観音霊場記」（寛政９年（1797））によると、出雲三十三所のにぎわいについて「１日千人の巡礼きびすを接し、村の辻には接待茶店が設けられ、寺々の門前山麓の札打宿は殷賑を極めた」（「三刀屋町誌」昭和57）とある。

□雲州能義郡三十三所　【別称】郡中三十三所

正徳３年(1713)、願主布部村家島氏「雲州能義郡三十三番観音札所御詠歌」。ご詠歌あり。現行なし。安来市。

1 広法寺　2 あふぎ山堂　3 尾崎堂　4 養浄寺　5 広宗寺(光蔵寺)
6 柿尻堂(仲仙寺)　7 法雲寺　8 神宮寺　9 善正寺　10 極楽寺
11 正傳寺　12 成蓮寺　13 本願寺　14 いけの上堂　15 山根堂
16 大畑水頭堂　17 丹部堂　18 かちや堂　19 才のたわ堂　20 一乗寺
21 新町堂　22 西福寺　23 金山重前堂　24 正福寺　25 広崎堂　26 地福寺
27 万福寺　28 西福寺　29 宗松寺　30 神宮寺　31 定願寺
32 すみ坂谷堂　33 広瀬単堂

□能義郡山中三十三所　【別称】能義郡三十三所

願主布部村家島氏「能義郡山中三十三番札所巡礼和歌」正徳３年(1713)。ご詠歌あり。現行なし。安来市。

1 無量寺　2 東光寺　3 長田寺　4 法恩寺　5 日惣寺　6 薬師寺
7 光明寺　8 観音寺　9 無量院　10 永休寺　11 常福寺
12 西比田十王堂　13 万福寺　14 阿弥陀寺　15 三角寺　16 大雲寺
17 中村堂　18 教楽寺　19 光蓮寺　20 妙楽寺　21 内定寺　22 宗持寺
23 信楽寺　24 宗福寺　25 妙心寺　26 後谷堂　27 鍛冶屋堂　28 高福寺
29 日本堂　30 山の寺　31 滝上堂　32 観音寺　33 安養寺

□母里領内三十三所　【別称】母里藩三十三番札所、藩定観音札

享保21年(1736)、母里藩３代松平志摩守直定が家臣永井光義に命じ、藩定番観音として創設「母里領内観音三十三番御詠歌」元文４年(1739)。ご

詠歌あり。現行なし。安来市。

1 上卯月村田中　2 薬師堂（天神宮の前）　3 福老寺　4 寸次村
5 日次村しあけ　6 日次村家の前　7 祐福寺　8 久　才　9 ひ　ら
10 矢白ケ市　11 わなが谷　12 大　谷　13 落合原観音堂　14 城福寺
15 普門山瀧観音　16 下毛谷観音堂　17 樋ノ口観音堂　18 青木原観音堂
19 六呂坂　20 神宮寺　21 中　原　22 伝正寺　23 琴元観音堂
24 月坂観音堂　25 見土路観音堂　26 殿　畑　27 井　戸　28 中　垣
29 菖　蒲　30 古土井　31 松　実　32 いがや　33 極楽寺

□万石札三十三所

文政８年（182）「９永昌寺」15世恵中和尚等発願。出雲札を母里領内に移し堂を建立。ご詠歌（「出雲札」利用）あり。現行なし。

1 地蔵堂　2 中御堂　3 招川ばた堂　4 下卯月堂　5 上卯月田中堂
6 上卯月藪の上堂　7 阿弥陀堂　8 永昌寺下　9 永昌寺　10 日次村堂
11 与一の堂　12 寸次観音堂　13 一乗寺　14 横手堂　15 権現山堂
16 大木阿弥陀堂　17 福寄堂　18 未明堂　19 中村堂　20 井戸堂
21 中坪堂　22 北安田村堂　23 茶屋堂　24 殿河内堂　25 西市弘法堂
26 西市極楽寺　27 豊岡地蔵堂　28 守納堂　29 丁免薬師堂
30 丁免阿弥陀堂　31 才の峠観音堂　32 東土手十王道　33 中町毘沙門堂

□赤屋札三十三所

大正７年（1918）「33城福寺」即通仙寿和尚発願。ご詠歌（「西国」利用）あり。現行なし。

1 城福寺　2 用土峠　3 落合原　4 月　坂　5 見土路　6 部　張
7 安　平　8 久　根　9 久　根　10 矢原下　11 永　江　12 熊　谷
13 仲　村　14 仲　村　15 久之谷　16 丸　谷　17 鶴　見　18 琴　元
19 魚　切　20 下　組　21 坂　原　22 寺　谷　23 六呂坂　24 草野下
25 宇丹波　26 原　田　27 大　谷　28 愛宕山　29 愛宕山　30 高尾山
31 高尾山　32 高尾山　33 城福寺

□安田三十三所

大正のはじめ土手為国辰之助の発願。昭和30年頃まで盛ん。ご詠歌（「赤屋札」:「西国」利用）あり。現行なし。１・33以外の札番不詳。安来市。

1 土　手　清瀬水頭観音堂・長田観音堂・大熊谷細田の上・大熊谷地蔵堂・北谷本田雄吉横・北谷本田恵一上側・政地蔵堂・粕原原岬奥・関峠・長台寺・

防床原の横・しょうぶ子安観音・郷土地蔵堂・未明船越の上・宮内神宮寺・常楽寺・仲村阿弥陀堂・仲村観音堂・仲村毘沙門堂・仲村今見堂
33 横山石地蔵堂前矢内武横

□忌部三十三所

文政年間(1818-1830)、慈恩寺中興養道首和尚創始。現行なし。八束郡忌部村(松江市)。地名は堂所在地。

1 中　戸　2 中　下　3 畑ケ中　4 一丁田　5 平　6 大　谷
7 大　谷　8 小王谷　9 一　崎　10 一　崎　11 割　12 普賢寺
13 溝　手　14 成福寺　15 神田ノ上　16 清　水　17 大　日　18 大　門
19 観音寺　20 堂ノ上　21 大　白　22 舟　入　23 福田屋　24 加戸田
25 熊　山　26 慈恩寺　27 慈恩寺　28 慈恩寺　29 慈恩寺　30 慈恩寺
31 慈恩寺　32 慈恩寺　33 慈恩寺(28-33 は後世)慈恩寺へ合祀。

□出雲三十三所〈古来の札所〉【別称】出雲札、西札、雲陽三十三所、雲州順礼、国中札所

延宝年間(1673-81)創始。宝暦年間(1751-6)。ご詠歌あり。現行なし。

1 長谷寺　2 養命寺　3 鰐淵寺　4 観音寺　5 岩根寺　6 蓮台寺
7 光明寺　8 長谷寺　9 峯　寺　10 禅定寺　11 圓通寺　12 壽福寺
13 萬福寺　14 蓮花寺　15 弘安寺　16 普済寺　17 星上寺　18 巖倉寺
19 観音寺　20 長台寺　21 清水寺　22 長楽寺　23 願興寺　24 浄音寺
25 澄水寺　26 小倉寺　27 長福寺　28 普音寺　29 朝日寺　30 金剛寺
31 満願寺　32 福王寺　33 岩屋寺

巡礼閑話「乗相院の観音様」

「出雲札三十三番札所を創設する。時々の住職が世話したが、希望寺院が多くなり、止むを得ず自らは辞退したと伝えられているので、世に会の幹事が出席多数のため料理を食べなかったことを「乗相院の観音様」という(『安来・能義の寺々』)。

■出雲三十三所〈現行の札所〉

「出雲の霊場三十三番札所めぐり」昭和52。ご詠歌あり。現行。

1 長谷寺　2 養命寺　3 鰐淵寺　4 観音寺　5 神門寺　6 蓮台寺
7 光明寺　8 長谷寺　9 峯　寺　10 禅定寺　11 圓通寺　12 壽福寺

13 萬福寺　14 蓮花寺　15 弘安寺　16 常栄寺　17 圓通寺　18 巖倉寺
19 観音寺　20 長台寺　21 清水寺　22 長楽寺　23 宗渕寺　24 浄音寺
25 長慶寺　26 千手院　27 千光寺　28 成相寺　29 朝日寺　30 金剛寺
31 満願寺　32 善光寺　33 清巌寺

■松江三十三所　【別称】松江城下観音札所

長徳2年(996)中納言隆家卿、忠僕友助を供として大社に参り霊場を巡った伝承があるが、実際は江戸初期。ご詠歌あり。現行可。(　)は現在の札番。

1 天倫寺　2 清光院　3 法眼寺　4 荒和井地蔵堂(法眼寺) 5 桐岳寺
6 萬寿寺　7 千手院　8 安楽寺(大雄寺)　9 自性院　10 延寿院(榎薬師)
11 柳地蔵堂　12 大橋南詰(龍覚寺)　13 浄心寺　14 善導寺　15 龍覚寺
16 常栄寺　17 宗泉寺　18 龍昌寺　19 全龍寺　20 東林寺　21 安栖院
22 専念寺(称名寺)　23 称名寺　24 誓願寺　25 天神橋詰地蔵堂(龍覚寺)
26 来迎寺　27 信楽寺　28 誓願寺　29 願興寺(東林寺)　30 洞光寺
31 極楽寺　32 称名寺　33 圓成寺

○簸川・八束等五郡三十三所

詳細不明。現行なし。八束郡は、島根・意宇・秋鹿三郡合併(明治29年)。

□簸川西国三十三所

昭和初期開創。ご詠歌あり。現行なし。出雲市。

1 観知寺　2 多聞院　3 粉河寺　4 極楽寺　5 阿弥陀寺　6 弘法寺
7 多福寺　8 地福寺　9 浄行寺　10 延命寺　11 岩根寺　12 弘正寺
13 正林寺　14 薬師寺　15 高野寺　16 観音寺　17 六原堂　18 六角堂
19 善住寺　20 大願寺　21 壽福寺　22 大師堂　23 福知寺　24 阿弥陀寺
25 玉泉寺　26 長雲庵　27 正久寺　28 浄土寺　29 寳願寺　30 光明寺
31 弘福寺　32 観音寺　33 十楽寺

□簸川町三十三所

現行なし。簸川町域。

1 永徳寺　2 観音寺　3 正法庵　4 西光院　5 蓮臺寺　6 延通寺
7 全昌寺　8 栖雲寺　9 慶雲庵　10 本誓寺　11 仁照寺　12 十楽寺
13 潮音寺　14 梅月庵　15 宝積寺　16 長寿寺　17 桐泉寺　18 永福寺

19 東光寺　20 神宮寺　21 喜見寺　22 増光寺　23 大智寺　24 永昌寺
25 保寿寺　26 正久寺　27 光泉寺　28 荘厳寺　29 吉成寺
30 東白寺（南明庵）　31 福正庵　32 報恩寺　33 吉祥寺（長福寺）

□佐香郷西国三十三所

現行なし。簸川町。

1 園灘観音堂　2 竹之本観音堂　3 篠山観音堂　4 不　明
5 家床観音堂　6 圓原観音堂　7 中原観音堂　8 中家観音堂
9 中家観音堂　10 大後観音堂　11 森脇観音堂　12 隠居観音堂
13 大森観音堂　14 鹿園寺　15 上ノ出店観音堂　16－17 不　明
18 馬場観音堂　19 前田観音堂　20 廻屋観音堂　21 大工屋観音堂
22 大前観音堂　23 小前観音堂　24－33 不　明

○秋鹿郡三十三所

詳細不明。現行なし。

法幡寺

○意宇郡三十三所

詳細不明。現行なし。

東淵寺　龍雲寺　大庭観音堂あり

□楯縫郡三十三所　【別称】旧楯縫三十三所

楯縫郡は明治29年簸川郡に。ご詠歌あり。現行なし。

1 神宮寺（平田天神）　2 城安寺（極楽寺）　3 潮音寺
4 西念寺（大林寺別堂）　5 妙厳寺　6 慈円寺　7 中川観音堂　8 金光庵
9 東禅寺　10 玉泉寺　11 円福寺　12 霊雲寺　13 鍔渕寺　14 常光寺
15 潮音寺　16 宝鏡寺　17 常福寺　18 光音寺　19 禅林寺　20 浄蓮寺
21 口宇賀観音堂　22 康国寺　23 徳雲寺　24 浄楽庵　25 道宝院（勝永寺）
26 長寿寺　27 高野寺　28 善福寺　29 大龍寺　30 覚満院（才島堂）
31 鹿苑寺（鹿園寺）　32 本性寺　33 一畑寺

□神門郡三十三所　【別称】雲州神門郡札所、近世神門郡中札所、神門札、

大神門札

元禄５年(1692)、小山村三木政利・武志村大田重長等発願。出雲札所に次いで古い。ご詠歌あり。現行なし。神門郡は明治29年、簸川郡。現出雲市と簸川郡西部を神門郡と称。２～３日の行程。

1 長谷寺　2 養命寺　3 荘厳寺　4 永泉寺　5 光善寺　6 清雲寺
7 善正寺　8 普門寺　9 満願寺　10 日蔵寺　11 長福寺(西光寺)
12 照林寺　13 弘正寺　14 大福寺　15 浄音寺　16 観音寺　17 南泉寺
18 上乗寺　19 宝泉寺　20 洞蓮寺　21 法王寺　22 地福寺　23 岩根寺
24 多福寺　25 地福寺(観知寺)　26 玉泉寺　27 洞泉寺　28 浄土寺
29 圓通寺　30 華蔵寺　31 知足寺　32 法蔵寺　33 慈願(眼)寺(本願寺)

□北神門郡三十三所　【別称】北神門札

創設は前記「大神門札」より遅く発足。神戸川北側の寺々で構成。現行なし。出雲市。

1 長谷寺　2 養命寺　3 安養寺　4 誓願寺　5 法海寺　6 子安寺
7 円通寺　8 荘厳寺　9 慈雲寺　10 極楽寺　11 瀧観音　12 永泉寺
13 光善寺　14 清雲寺　15 善正寺　16 普門寺　17 西光寺　18 大念寺
19 法界山無縁堂　20 南泉寺　21 延命寺　22 念仏寺　23 浄音寺
24 神門寺　25 大福寺　26 弘正寺　27 照林寺　28 長福寺(西光寺)
29 日蔵寺　30 満願寺　31 善哉寺　32 松林寺　33 観音寺

□島根郡三十三所　【別称】島根札

元禄期(1688-1704)創設。当初「島根郡三十三所」成立後の組合せが「島根札」。現行なし。(　)は移動等。松江市。

1 千手院　2 安楽寺(大雄寺)　3 極楽寺　4 福寿山観音堂(極楽寺)
5 川崎観音堂(極楽寺)　6 藪内観音堂　7 山崎庵　8 霊感寺
9 円通堂(霊感寺)　10 松楽堂(霊感寺)　11 神宮寺　12 海潮庵　13 船見堂
14 高称寺　15 常念寺　16 向茂堂(常念寺)　17 鍛冶屋崎観音堂
18 本覚寺(奥山観音堂)　19 西宗寺(奥山観音堂)　20 井ノ森堂(飯森観音堂)
21 英月堂(穴観音)　22 日吉堂(洞泉寺)　23 小倉寺(千手院)　24 常福寺
25 伊吹堂(常福寺)　26 水月堂(田原谷観音堂)　27 履崎観音堂
28 円照庵　29 越崎観音堂　30 龍雲寺　31 珍松堂(龍雲寺)　32 龍徳寺
33 天倫寺道来庵(同帰庵)

○出雲浦札三十三所

江戸期。現行なし。

11 極楽寺　12 大御堂

□出雲郡三十三所 【別称】出雲札、小札

元禄年中(1688-1704)「1 永徳寺」開山昆山禅師が出雲國三十三番の札所等を模り自ら和歌を詠んで開創。ご詠歌あり。現行なし。行程10里12町。簸川郡簸川町域。

1 永徳寺慈雲閣　2 観音寺　3 正法庵　4 金剛院　5 蓮臺寺
6 圓通寺　7 全昌寺　8 栖雲寺　9 慶雲庵　10 正治庵　11 仁照寺
12 十楽寺　13 潮音寺　14 梅月庵　15 寶積寺　16 長壽寺　17 洞泉寺
18 永福寺　19 清泰寺　20 神宮寺　21 喜見寺　22 増光寺　23 大智寺
24 千手庵　25 久観寺　26 正久寺　27 光泉寺　28 大仙庵　29 三絡観音堂
30 南明庵　31 福正庵　32 法恩寺　33 吉祥寺

□高窪三十三所

大正8年(1919)、高窪西谷(出雲市)「1 萬福寺」高尾明全和尚創設。西国写。ご詠歌(「西国」利用)あり。観音堂新設。行程7里7丁。現行なし。三刀屋町・出雲市。

1 萬福寺　2 大　前　3 下大田　4 戸　峠　5 上　西　6 延畑鈴木
7 延畑宮脇　8 沖　谷　9 上　山　10 仏　谷　11 桂　松　12 後　原
13 水　谷　14 寺　廻　15 追　子　16 井の廻　17 小　廻　18 宮の奥
19 大　谷　20 崎　前　21 大　向　22 山本屋　23 仁井屋　24 山　崎
25 坪の内　26 下垣内　27 苗代廻　28 隠　居　29 愛宕山　30 薬師堂
31 向　廻　32 笹　畦　33 天　場

○飯石三十三所

詳細不明。三刀屋町など。現行なし。

16 小路山観音堂(禅定寺の支配堂)

○美濃郡新西国三十三所

昭和9年(1934)、郡内の曹洞宗・臨済宗寺院住職の発起。現行なし。

1 海雲寺　2－12 不　明　13 源向寺　14 海雲寺　15－25 不　明

26 大龍寺　27 正覚院　28－33 不　明

□掛合村三十三所　【別称】地下札

寛政年間(1789-1801)創設、安政５年(1858)の写本あり。昭和55年(1980)復活。27ｷﾛ。ご詠歌(白根為五郎作、竹ノ内源三補作)あり。昭和55年(1980)復興。(　)は現所在。現行なし。雲南市域。

1 宗圓寺薬師堂　2 日倉山多賀堂　3 平岩瀧庵　4 白須庵(宗圓寺)
5 清浄堂(宗圓寺)　6 岩屋寺(宗圓寺)　7 千手堂(宗圓寺)
8 天徳寺(宗圓寺)　9 明(妙)法寺(宗圓寺)　10 角宗因縁堂　11 浄光寺
12 宗源寺　13 高音寺　14 郡田中庵　15 郡本人堂　16 常願寺　17 松尾寺
18 梨戸山居　19 明法院(寺)　20 金剛堂　21 弘福寺　22 揚柳堂
23 蓮花堂　24 洞泉寺　25 石原世尊堂　26 珠蔵院　27 功徳院　28 古桜堂
29 大雲堂　30 閻浮堂　31 勝(正)願寺　32 洞光寺　33 慈眼院(宗圓寺)

■大東三十三所

明治39年(1906)、日露戦争後、町内有志が「西国」霊場を勧請(彫像は町内清水屋５代市太郎父子)、平素は祥雲寺に安置、祭礼の日町内に安置・参詣(東町・上町・中町・本町・下町・北町の各家)。雲南市大東地区で４月16-18日に観音宿を設け巡礼。ご詠歌(「西国」利用)あり。現行。

□亀嵩三十三所

江戸期か。「亀嵩村誌」昭和42。ご詠歌あり。現行なし。現迩摩郡仁多町亀嵩。

1 滝観音　2 青滝寺　3 覚融寺　4 観音寺　5 桜本坊　6 宝蔵坊
7 梅本坊　8 間仁坊　9 光恩寺　10 総光寺　11 池本坊　12 覚照寺
13 阿弥陀堂　14 ほっけ堂　15 葎　堂　16 原正堂　17 浄楽寺
18 木地山堂　19 田中堂　20 長玄寺　21 円念寺　22 小村堂　23 鳥越堂
24 西海坊　25 千年堂　26 池上堂　27 龍紫院　28 松上堂　29 法花坊
30 浄蓮寺　31 大宝坊　32 十満寺　33 覚念寺

●仁多郡三十三所　【別称】仁多郡三ケ村三十三所、旧仁多札

大正期ころまで盛ん。「旧」が付くのは、昭和62年(1987)再興のため。ご詠歌あり。現行可。

1 岩屋寺　2 晋叟寺　3 南枝寺　4 報恩寺　5 曇華庵　6 妙厳寺
7 大龍寺　8 普門庵　9 善通寺　10 惣安寺　11 永祥寺　12 徳林庵
13 清滝軒　14 万願寺　15 普明寺　16 日光寺　17 安楽寺　18 玉雲寺
19 西照庵　20 貞徳寺　21 石照寺　22 清水寺　23 大吉寺　24 妙楽寺
25 長栄寺　26 宝福寺　27 中垣寺　28 泰照寺(妙網寺)　29 大慶庵
30 了現寺　31 善勝寺　32 円照堂(蔭涼寺)　33 蔭涼寺

□浜田領三十三所〈江戸期〉　【別称】寶永浜田領札所、石陽三十三所

宝永2年(1705)、三隅「26正法寺」即阿法印、「25龍雲寺」雪山村積和尚創設、詠歌作者歌人米山　重矩・森脇澤水・矢野茂「濱田三拾三所順禮詠歌」天明元年(1781)。ご詠歌あり。現行なし。

1 観音院　2 善福寺　3 慈雲寺　4 安國寺　5 泰林寺　6 光明寺
7 谷田庵　8 多陀寺　9 来福寺　10 心覚院　11 洞泉寺　12 観音寺
13 寶福寺　14 福恩寺　15 貞實庵　16 訂心寺　17 心光寺　18 寶幢寺
19 嶺光寺　20 聖徳寺　21 圓通寺　22 尊勝寺　23 東泉寺　24 常楽寺
25 龍雲寺　26 正法寺　27 南昌寺　28 恵日庵　29 洞明寺　30 法壽庵
31 安穏寺　32 聚(壽)泉寺　33 極楽寺

□浜田領三十三所〈昭和期〉

昭和3年(1928)前記の復興。ご詠歌あり。現行なし。

1 法福寺　2 善福寺　3 慈雲寺　4 安國寺　5 泰林寺　6 光明寺
7 谷田庵　8 多陀寺　9 来福寺　10 心覚院　11 洞泉寺　12 観音寺
13 寶福寺　14 福恩寺　15 長福寺　16 訂心寺　17 心光寺　18 寶幢寺
19 嶺光寺　20 聖徳寺　21 正徳寺　22 常林寺　23 東泉寺　24 常楽寺
25 龍雲寺　26 正法寺　27 永福寺　28 良忠寺　29 洞明寺　30 法壽庵
31 中野家堂　32 極楽寺　33 極楽寺

□石見西国三十三所　【別称】石州札所、石見國三十三所、石見三十三所、岩見札所

元禄～享保(1688-1736)のころ、石見一国に創設。(　)は現状。ご詠歌あり。現行なし。

1 清水寺　2 波啼寺　3 安楽寺　4 慈雲寺　5 神宮寺(物部神社)
6 圓城寺　7 臥龍院(崇福寺)　8 定徳寺　9 仙巌寺　10 長江寺

11 甘南備寺　12 福應寺　13 瑠璃寺　14 和田寺　15 清閑寺　16 栄泉寺
17 補陀落寺　18 光(興)海寺　19 眞福寺(柿本神社)
20 勝達寺(染羽天石勝神社)　21 極楽寺　22 龍雲寺
23 尊勝寺(大麻山神社)　24 聖徳寺　25 寶幢寺(大島天満宮)
26 法(宝)福寺　27 多陀寺　28 安國寺　29 福泉寺　30 紀三井寺
31 観音寺　32 西念寺　33 高野寺

■石見曼陀羅三十三所　【別称】新石見三十三所、石見札所

前記の改編。前記「石見」をもとに昭和51年(1986)「31大師寺」渡利僧正「石見札所」の再興開創(「霊場巡拝案内図」昭和52あり)。ご詠歌あり。現行。(　)は改正。太田、益田、江津市など。

1 円應寺　2 慈雲寺(崇福寺)　3 崇福寺(福城寺)　4 福城寺(安楽寺)
5 安楽寺(波啼寺)　6 波啼寺(城福寺)　7 城福寺(清水寺)
8 清水寺(円福寺)　9 円福寺(仙岩寺)　10 仙岩寺(長江寺)
11 長江寺(甘南備寺)　12 甘南備寺(福応寺)　13 福応寺(福泉寺)
14 福泉寺(瑠璃寺)　15 瑠璃寺(報国寺)　16 報国寺(栄泉寺)
17 栄泉寺(永明寺)　18 興海寺　19 医光寺　20 龍雲寺　21 極楽寺
22 聖徳寺　23 宝福寺　24 多陀寺　25 安国寺　26 光明寺　27 観音寺
28 円光寺　29 普門寺(岩滝寺)　30 西念寺　31 大師寺　32 楞厳寺
33 高野寺

◯石見国迩摩郡三十三所

詳細不明。ご詠歌あり。現行なし。

13 波啼寺

◯銀山領三十三所

江戸前期(享保期)の開創。現行なし。迩摩郡。

23 石雲寺

□吉賀三十三所

正徳4年(1714)ころ、津和野永明寺玉漢智温創設。享保2年(1717)の「吉賀三十三所御詠歌」あり。昭和33年(1958)復興。21里11丁。ご詠歌あり。現行なし。鹿足郡吉賀町。

1 五龍山那智（六日市新宮神社） 2 清水観音 3 弥勒院 4 浄泉寺
5 竹林堂（龍福寺） 6 塔之尾堂 7 宗久寺 8 尾崎堂 9 林洞庵
10 初見堂 11 妙見社山観音堂・醍醐堂（二か所あり） 12 下小島観音堂
13 興雲（運）寺 14 中山入江観音堂 15 長尾観音堂 16 蓮花寺 17 少林寺
18 宗安寺 19 宝林寺 20 泉流寺 21 雲松寺 22 中河内堂 23 本覚寺
24 山根堂 25 善華寺 26 釈迦堂（浄雲寺） 27 観音寺
28 下高観音堂（石水寺） 29 保道観音堂 30 昌谷寺 31 栄泉寺 32 唯独庵
33 円通寺

■横田札三十三所

元禄ころ（1688-1704）「1岩屋寺」正乗坊創始か。元禄元年（1688）、五反田村六兵衛の御詠歌あり。ご詠歌あり。現行可。仁多郡（旧横田・鳥上・八川の3村）。6里27丁。

1 岩屋寺 2 善慶庵 3 葉蔭坊 4 大慶庵 5 高隆庵 6 大秀庵
7 妙厳寺 8 秋月堂 9 観音寺 10 大龍庵（寺） 11 林照庵 12 曇華庵
13 報恩寺 14 野水庵 15 高源寺 16 南枝寺 17 峯松庵 18 道場庵
19 福寿庵 20 普門庵 21 道知庵 22 惣増院 23 善通寺 24 亀蔵院
25 医王寺 26 惣安寺 27 吉祥庵 28 安楽寺 29 永正庵（永祥寺）
30 東福寺 31 定補庵（六日市観音堂） 32 花渓庵（晋叟寺） 33 晋叟寺

○槻屋三十三所（番）

大正10年ころ木次町斎藤義山ほか4名発願して、部落各戸の庭先に観音像を一体ずつまつり、毎年旧暦3月17日を縁日として、札打ちの巡礼を行い、昭和初年ころまでは千人を越す巡礼者でにぎわった。現行なし。

□福屋三十三所 【別称】石州福屋三十三所、福屋領三十三所、旧津和野領内三十三所

安永5年（1776）の「福屋三三所順礼詠歌」あり。ご詠歌あり。那賀郡金城町（浜田市）。ご詠歌あり。現行なし。浜田市域。

1 神宮寺（本覚院） 2 願成寺 3 和田清水（道平山観音） 4 瀧の観音
5 京福庵 6 宝光寺 7 奥 寺 8 清堂（盛道）寺 9 善通寺
10 木田清水（平泉山清水） 11 光厳寺 12 岩上庵 13 光明寺 14 長谷観音
15 宝福寺 16 圓住寺 17 福田寺 18 蔵福庵 19 福恩寺 20 徳恩寺

21 良昌寺　22 霊光寺　23 養福庵　24 永徳寺　25 保寧寺　26 隆興寺
27 龍門寺　28 金剛寺　29 月光庵（興月庵）　30 浄圓庵（称名庵）
31 今市明家田　32 宗元寺（惣原寺）　33 安楽福寿院（安楽寺）

□隠岐三十三所〈江戸期〉【別称】隠州島前三十三所

元禄7年（1694）、醍醐三寶院御門跡密厳院由愚御詠歌あり。ご詠歌あり。現行なし（明治期の廃仏毀釈で多くの寺院が消滅した）。

1 安國寺　2 寶幢院　3 勝田寺　4 教海寺　5 極楽寺　6 神光寺
7 幸福寺　8 金光寺　9 清水寺　10 峯　寺　11 布施観音堂　12 光明寺
13 観音寺　14 松養寺　15 願成寺　16 古海村　17 珍崎堂　18 赤之江堂
19 三度村堂（地福寺）　20 常福寺　21 弥靫堂　22 有光寺　23 舟越堂
24 長福寺　25 円蔵寺　26 地福寺　27 大山明堂　28 飯田寺　29 千福寺
30 大日堂　31 香鴨山　32 観音寺　33 長谷寺

■隠岐三十三所〈明治期以降〉

前記「隠岐」の再興。現行可。

1 清水寺　2 清水寺　3 奥の行者堂　4 西方寺　5 安国寺　6 源福寺
7 西明寺　8 教海寺　9 金光寺　10 毘沙門堂　11 大般若堂　12 荘楽寺
13 郡の堂　14 願成寺　15 川合堂　16 松養寺　17 常福寺　18 専念寺
19 延命寺　20 常福寺　21 常福寺　22 大般若堂　23 正楽寺　24 長福寺
25 成佛寺　26 地福寺　27 雲上堂　28 大山観音堂　29 六角堂　30 所讃寺
31 千福寺　32 大日院　33 常福寺

■西ノ島三十三所

平成18年（2006）、前記「隠岐三十三所〈明治期以降〉」を参考にして島前隠岐郡西ノ島町周辺に創設。現行。

1 宇賀ノ堂　2 倉ノ谷薬師堂　3 誓願寺　4 大日院　5 坪ノ内薬師堂
6 所讃寺　7 マスダヤノ御堂　8 美田尻堂　9 大山観音堂　10 長福寺
11 龍澤寺大津堂　12 オモヤノ弥勒堂　13 成仏寺市部堂　14 地福寺波止堂
15 焼火神社雲上宮　16 抜井堂　17 正楽寺宮崎堂　18 萬福寺　19 地福寺
20 福王寺　21 福満寺　22 常福寺　23 勇義大明神　24 愛宕大権現
25 クリカラ不動明王　26 洗い堂　27 ウスコ堂　28 弥勒堂　29 延命寺堂
30 専念寺　31 大般若堂　32 馬頭観音　33 常福寺

岡山県

岡山県の概要：江戸期、県域は岡山市を中心とした備前国・倉敷市を中心とする備中国・中国山地内陸部の美作国に分かれるが、寺院が多い地域では複数(西国・坂東・秩父)の巡礼路が設定されたり、寺院が揃わないところは石像を造り、堂宇を設けたりして地域の巡礼路を構築している。当県の札所には特に石像設置による巡礼が多いという特徴がある。時代の推移や維新の影響で廃寺や不明寺院等が多いが詳細な記録や調査資料が多く残されているのも本県の特徴である。

□岡山三十三所　【別称】備前三十三所

元禄14年(1701)「1少林寺」洞水和尚開創。現行なし。(　)は移動等。

1 長泉庵(曹源寺)　2 玉泉院(天台寺)　3 光明院(廃寺)
4 大徳院(大福寺)　5 上生院　6 玉峯院(円常寺)　7 圓城寺(円常寺)
8 少林寺　9 利光院(不明)　10 松壽院　11 法輪寺　12 尭王院(安住院)
13 徳興寺　14 大徳寺　15 常住院(大楽院)　16 最城院　17 本願寺
18 光乗院　19 大雲寺　20 慶福寺　21 蔭涼寺　22 正覚寺　23 報恩寺
24 超勝寺(正覚寺)　25 東林寺　26 薬師院　27 観音坊(岡山寺)　28 福聚院
29 養安寺(国恩寺)　30 光明寺　31 長泉寺　32 帰命院　33 法界院

○八百吉西国三十三所

文化5年(1808)、金谷村北河八百吉発願。三十三像絵像を辻堂・寺へ納置願。現行なし。和気郡。

9 門出観音堂　11 板屋観音堂　29 田倉観音堂　札番不明金谷寺

○児島郡西国三十三所

草創期は不明。のち「小嶋百番観音」の開創とともに廃れたと見られる。当時の御詠歌額が残っている。ご詠歌(「西国」利用)あり。現行なし。

1 宗蔵寺　2－9 不　明　10 三寶院　11 龍乗院　12－13 不　明
14 吉塔寺　15 不　明　16 観音寺　17－24 不　明　25 正蔵院
26－33 不　明

□児島西国三十三所　【百番】小嶋百番観音（児島坂東・児島秩父）

明治38年（1905）、摩尼大道・摩谷弥太郎発起。児島四国霊場に併置されている。（　）はのちの移動等。ご詠歌あり。現行なし。倉敷市。

1 蓮台寺　2 大師堂（友仙庵）　3 知護院（稗田大師寺）　4 吉塔寺
5 慈氏庵（阿弥陀庵）　6 持宝院　7 千手庵（薬師堂）　8 文殊院
9 天祥寺（大宝寺）　10 弘泉寺　11 観音寺　12 平松庵　13 圓福寺
14 般若院　15 吉祥院　16 常慶庵　17 安楽院　18 長尾寺（玉島庵）
19 持命院　20 回向庵（千人塚）　21 南畝庵　22 元光寺　23 古新田観音堂
24 般若寺　25 蓮花院　26 瞬目庵（順木庵）　27 粒浦観音堂（八軒屋地蔵堂）
28 浮州庵　29 西明院　30 遍照院　31 正覚寺　32 藤戸寺　33 西方寺

□児島阪東三十三所　【百番】小嶋百番観音（児島西国・児島秩父）

明治38年（1905）。（　）はのちの移動等。倉敷・岡山・玉野各市周辺。

1 圓蔵院　2 三蔵院　3 本覚院　4 大悲院（慈性庵）　5 千手院（松林寺）
6 寶積院　7 持福院　8 光明院　9 延壽院　10 明王院　11 中蔵院
12 瑞泉院　13 福壽院　14 地蔵院（三寶院）　15 慈等院（三宝院）
16 吉祥院（三宝院）　17 常楽院　18 龍乗院　19 常泉院　20 白浜院（白潟庵）
21 明治庵　22 西湖寺（清水庵）　23 寶壽（積）庵（院）（大薮庵）　24 慈照庵
25 蓮花（華）庵　26 日輪庵（圓明院）　27 祖師庵（里渓庵）　28 高祖庵（弘法寺）
29 観音院（常光寺）　30 摩尼庵　31 来迎庵　32 日光（向）坊（院）
33 積光庵（堀江大師）

□児島秩父三十四所　【百番】小嶋百番観音（児島西国・児島坂東）

明治38年（1905）。（　）はのちの移動。倉敷・岡山・玉野各市・灘崎町周辺。

1 一等寺　2 寶壽院　3 林薬師堂　4 慈眼院　5 住心院　6 眞浄寺
7 大慈院　8 西壽庵　9 中畦大師堂　10 曽根大師堂
11 曽根墓地大師堂　12 大日庵（慶岸寺）　13 二十日庵（清水寺）
14 慶昌庵　15 延長庵　16 西光寺（庵）　17 恩故庵（高木庵）
18 豊岡大師堂（久昌寺）　19 龍石寺（洞泉庵）　20 琴龍庵
21 由加峠観音堂（峠大師堂）　22 蔵泉寺（白尾大師堂）　23 正蔵院
24 宇（寶）照庵　25 長性庵（長尾大師堂）　26 持性院　27 寂光庵
28 横田地蔵堂　29 福壽庵（寺）　30 寶積院（蓮光院）　31 蓮光院　32 金剛寺
33 圓通庵　34 大雲寺

○可知三十三所

明治初期創設、現在では多くの観音堂が不明。現行なし。春秋の彼岸に2日で一巡していた。ご詠歌(「西国」利用)あり。旧可知村(岡山市)。

1 松崎西端毘沙門堂　2-22 不　明　23 松新大師堂　24-27 不明
28 目黒小山大師堂　29 目黒少道大師堂　30-31 不　明　32 極楽寺大師堂
33 松崎東端大師堂
札番不明：大多羅大師堂・松新道路脇大師堂・小林の馬頭塚・中川大師堂

○加茂郷三十三所

文政7年(1824)、登蓮寺岩月性善開創、天保4年(1833)、加茂郷能瀬峰太郎が「加茂八十八所」霊場に改編。発足時の組合せは不明。現行なし。

□邑久郡三十三所

寛政5年(1793)、包松村(瀬戸内市)庄屋時岡幾右衛門尉吉康発願、札所記。ご詠歌あり。廃寺不明多く現行なし。(　)内は現在の観音像の所在所。

1 大賀嶋寺　2 三王社前(大賀嶋智明本堂)
3 大橋観音堂(上寺山薬師堂)　4 北地村仁生田　5 長沼村東谷
6 寺前弥陀堂　7 円定寺　8 神崎村地蔵堂　9 成願寺
10 乙子村大師堂　11 新　村(大賀嶋智明本堂)　12 川口村　13 浜村大師堂
14 新地村(上寺山薬師堂)　15 五明村観音堂　16 上寺山南尾観音堂
17 門前村(上寺山薬師堂)　18 射越村(五明村観音堂)　19 向山村地蔵堂
20 大富村宮下　21 大富村北堀　22 福山村渡場　23 福山村南山
24 福中大師堂(上寺山薬師堂)　25 尾張村中村　26 円張観音堂
27 円張観音堂　28 豊安大師堂　29 潤徳村　30 大窪村小山
31 北地村江後谷　32 北地村志んのふ山　33 余慶寺(上寺山薬師堂)

□新本西国三十三所

寛文期(1661-73)、橋本七郎左衛門開創。ご詠歌あり。現行なし。日羽普門寺の周辺、石像(辻堂)めぐり。総社市周辺。

1 圓尾寺　2 医王寺　3 宅源寺　4 地蔵院　5 親見寺　6 小原薬師
7 岡大師堂　8 谷上山　9 龍池堂　10 三室寺　11 薬師寺　12 毘沙門堂
13 福壽寺　14 稲　荷　15 栄福寺　16 神宮寺　17 圓城寺　18 観世寺

19 圓満寺　20 正眼寺　21 涼泉寺　22 総持寺　23 水蓮寺　24 中山寺
25 真阪寺　26 津　梅　27 西明寺　28 賽ノ端　29 岡大師堂　30 正壽寺
31 赤坂堂　32 観蔵寺　33 小　竹

□連島西国三十三所

承応3年(1654)、寶島寺住職創設。1-3、30は正福寺預かり、4、10、12-13、15-16、19、27は多聞院預り。現行なし。倉敷市連島町(旧浅口郡)。石像(堂宇祭祀)めぐり。

1 一番庵　2 二番庵　3 小川寺(三番庵)　4 四番庵　5 薬師庵　6 教蔵坊
7 多聞院(法善寺)　8 善福寺　9 鶴新田天保土手(宝島寺阿弥陀堂)
10 福聚庵(十番庵)　11 十一番庵　12 十二番庵　13 石山寺　14 正福寺
15 十五番庵　16 直入庵　17 真如院　18 湖心庵(慈眼院)　19 自休庵
20 藤棚庵　21 廻(回)向院　22 二十二番庵　23 二十三番庵
24 宝島寺中山観音堂　25 遅春庵　26 二十六番庵　27 二十七番庵
28 北之坊　29 医王寺　30 三十番庵　31 長命寺(梅雲寺)　32 潮音寺
33 谷汲寺

○乙島西国三十三所

大正初年ころ。現行なし。倉敷市乙島。石像めぐり。

2 甲山寺　5 待雲寺　6 圓乗寺

□帯江西国三十三所

明和8年(1771)創設。現行なし。石像めぐり。倉敷市帯江地区。

1 心鏡寺　2 心鏡寺　3 西羽島　4 西羽島　5 西羽島　6 心鏡寺
7 東羽島　8 法輪寺　9 法輪寺・六間川　10 山陽ハイツ　11 五日市里
12 一王子神社　13 木野山神社　14 亀　山　15 羽島ケ丘団地　16 加須山
17 不　明　18 素盞鳴神社　19 駕龍寺　20 御崎神社　21 御崎神社
22 不　明　23 八幡神社　24 不　明　25 加須山丸池交差点
26 浜川筋新橋　27 加須山　28 不　明　29 法輪寺入口　30 茶屋町駅北
31 昭福寺　32 五日市　33 駕龍寺

■備中西国三十三所 【別称】当國三十三所

寛弘5年(1008)花山法皇開創の伝説。実際は寛政2年(1790)ころか、柳井重法撰「備中巡礼略記」の附録「備中西国巡道図」あり。ご詠歌あり。現行。

1 深耕寺　2 法(寶)林坊　3 松連寺　4 薬師院　5 頼久寺　6 祇園寺
7 願成寺　8 圓通寺　9 真福寺　10 延命寺　11 源樹寺　12 寶鏡寺
13 圓福寺(浄明寺)　14 金敷寺　15 法泉寺　16 金龍寺　17 観音寺
18 威徳寺　19 自性院　20 宝亀山観音堂(安養寺)　21 圓通寺　22 寶嶋寺
23 蓮花寺　24 森泉寺　25 般若院　26 田上寺　27 門満寺　28 国分寺
29 観龍寺　30 観音寺　31 観音院　32 宝泉寺　33 青蓮寺(普賢院)

□備中国三十三所 【別称】浅口郡小田郡辺三十三所、後月小田浅口三郡西国三十三所

貞享4年(1687)、在田軒道貞願主、浅口・小田・後月三郡。県内最古の観音霊場という。ご詠歌あり。現行なし。(　)は現在の所在。

1 厳蔵寺(地福寺)　2 正念寺(寿正院)　3 宝厳寺(威徳寺)　4 金剛福寺
5 三光寺　6 善福寺　7 金敷寺　8 高山寺　9 成福寺　10 重玄寺
11 明星寺(正覚院)　12 永詳寺　13 法泉寺　14 花蔵寺(両山寺)
15 頂見寺(千手院)　16 小田寺　17 金龍寺　18 神護寺(来迎院)
19 極楽寺(四王寺)　20 蓮花寺　21 妙覚寺(四王寺)　22 大通寺　23 観音寺
24 正音寺(瑞雲寺)　25 常源寺(洞松寺)　26 捧澤寺(医王院)　27 洞松寺
28 観蓮寺　29 長川寺　30 浄光寺　31 長泉寺(明王院)　32 安養寺
33 薬王寺(持寶院)

●備中國浅口郡西国三十三所 【別称】備中浅口西国三十三所、浅口新西国三十三所

享保期(1716-1736)創設。寛政ころ盛んになった。昭和50年(1975)頃再興。ご詠歌あり。現行なし。(　)は移動等。倉敷・淺口市周辺。

1 圓通寺　2 海徳寺　3 福壽院　4 安養院　5 蓮華院(福寿院)
6 観音寺(寶亀山観音堂)　7 本性院　8 海蔵寺　9 龍城院　10 圓珠院
11 不動院　12 霊山寺　13 長川寺　14 明王院　15 大光院　16 泉勝院
17 寂光院　18 禅光寺　19 金剛院　20 善昌寺　21 鶏徳寺(観音院)
22 寶満寺　23 高徳寺　24 寶島寺　25 地蔵禅院　26 禅園寺(遍照院)

27 遍照院　28 徳壽院　29 正福寺　30 法厳寺　31 圓乗院　32 清瀧寺
33 本覚寺（清滝寺）

□南備三十三所　【別称】島西国三十三所

明治維新の後、海楽寺道広忠譲設定。現行なし。倉敷市。石像めぐり。
1 圓乗院　2 慈光院　3 常照院　4 泉谷庵　5 養父観音堂
6 井ノ浦薬師庵　7 圓乗院上大師堂　8 清浄（瀧）寺　9 本覚寺
10 地蔵堂（稲荷庵）　11 水月庵（本覚寺）　12 圓通寺　13 先五明観音庵
14 海徳寺　15 平尾かふな　16 福壽院　17 北浦堂　18 松山庵
19 福井観音堂　20 寺尾山観音堂　21 片山観音堂　22 松崎観音堂
23 畑ノ井大師堂（大井四ツ堂）　24 奥谷薬師堂　25 稲荷山　26 宝亀観音堂
27 安養院　28 本性院　29 川口かふな　30 羽口かふな　31 南谷薬師堂
32 蓮華院　33 泉山観音堂

□賀陽郡山北西国三十三所　【別称】備中賀陽郡山北西国三十三所

元禄9年（1696）、柏野又左衛門願主。廃寺多く現行なし。（　）は現所在。
1 神宮寺　2 観音寺　3 持寶院　4 遍照寺　5 浄通寺　6 報恩寺
7 下土田観音堂　8 等覚　9 神向寺　10 正覚寺　11 満願寺　12 観音寺
13 田上寺　14 正眼寺　15 東阿曽観音堂　16 西阿曽観音堂　17 穴観音堂
18 観音寺（弥勒院）　19 瑞光寺　20 石原観音堂　21 小屋村観音堂
22 法（宝）満寺　23 惣社町観音堂（安養寺）　24 小寺圓立坊　25 報恩寺
26 眞如坊　27 西迎坊　28 立善坊　29 観音院（寺）　30 願満寺　31 紹洞庵
32 長福寺（大福寺）　33 寶泉寺

□笠岡西国三十三所

ご詠歌（「西国」利用）あり。現行なし。石像めぐり。
1 陣屋稲荷宮東堂　2 称念寺　3 威徳寺　4 威徳寺
5 古城山鏡石前堂　6 玄忠寺　7 竜王社　8 威徳寺　9 大仙院
10 荒神社　11 相生隧道東口堂　12 相生隧道南口堂　13 相生隧道東口上堂
14 相生隧道東口西堂　15 陣屋稲荷宮東堂　16 勧善寺　17 地福寺
18 藤の棚庵・竜王山頂　19 南昌院　20 三本松庵　21 吉祥院　22 地福寺
23 雲碩庵　24 稲富稲荷下堂　25 浜田中藤市場　26 稲富稲荷参道堂

27 古城山頂　28 遍照寺　29 古城山鏡石前　30 追分堂　31 万灯山中堂
32 追分堂　33 陣屋稲荷宮東堂

□笠岡坂東三十三所

笠岡郷土研究会資料。現行なし。石像めぐり。
1 陣屋稲荷宮　2 西浜庵・勧善寺　3 吉田川東　4 吉浜西の堂
5 大宣池の上　6 大宣池ノ堤下　7 四ツ堂・上田頭　8 大宣寺ノ前
9 有田八幡宮　10 教積院　11 下追分　12 下追分　13 不　明
14 陣屋稲荷宮　15 勧善寺　16 大師堂　17 入　田　18 四ツ堂　19 庚申堂
20 榎　下　21 東大戸　22 大師庵　23 野呂邸　24 東大戸岡林
25 東大戸助実　26 大河堂　27 葛城神社　28 四ツ堂　29 不　明
30 威徳寺　31 木之目・玄忠寺　32 塚本塚　33 長法寺

□水砂三十三所

明治35年（1902）「33観音寺」住職高志真正開創。現行なし。石像めぐり。
1 中尾清水堂　2 上堂荒神様　3 毘沙門様ノ上　4 岡ノ堂　5 丸畔堂
6 畔といし荒神　7 経王山　8 守脇堂　9 原ノ堂
10 円光寺上ノ荒神堂　11 米田川の東堂　12 角坂小盛山　13 竜王山
14 毛野大仙寺跡　15 中尾安倍環氏ノ前　16 毛野荒神堂　17 墓ノ峠
18 五輪塚の王山　19 くまし堂　20 おんた堂　21 松目谷　22 大師峠
23 松目堂　24 西ノ峠　25 志　村　26 熊石原　27 中尾野地堂ノ奥
28 畑　ケ　29 曽津ノ口　30 さいの神　31 塞ノ神ノ上北むき
32 池の奥ノ上　33 観音寺

○中山西国三十三所

江戸期、3か所以外は不明。「17原の観音堂」に享保10年（1725）、「20江木半古寺観音」に安政5年（1858）の銘あり。現行なし。
16 白江の穴観音　17 原の観音堂　20 江木半古寺観音

○矢掛西国三十三所（仮称）

現行なし。小田郡矢掛町周辺にある。前記か。

中国地方

◯深田秩父三十四所

明治25年(1892)、石井五代一発起。現行なし。

1 石井修理堂 26 圓明寺

◯五カ村西国三十三所

詳細不明。現行なし。淺口市周辺。

10 高井の観音堂

□仁賀村西国三十三所

宝暦5年(1755)開創。現行なし。石像めぐり。

1 権現滝堂(岩野堂) 2 薬師堂 3 土井堂 4 甲屋堂 5 いづめ堂
6 中原堂 7 ふかや堂 8 安成堂 9 北迫堂 10 高野堂 11 小屋敷堂
12 辻ノ堂(赤柴堂) 13 薬師堂(船谷堂) 14 大谷堂 15 黒木谷堂
16 笠原堂 17 後谷堂 18 光松堂 19 麦草堂 20 高野堂(佐屋堂)
21 高野堂(佐屋堂) 22 高野堂(普門堂) 23 高野堂(畦　堂) 24 観音寺
25 庚申堂 26 中道寺 27 上房堂 28 上松堂 29 教泉寺 30 白石堂
31 藤ケ原堂 32 松原堂 33 松原寺

□美作西国三十三所 【別称】美作三十三所、当国三十三所

元禄12年(1699)己卯3月、津山坪井町の三郎右衛門発起。( )内は昭和42年ころの現況。ご詠歌あり。現行なし。

1 本山寺 2 長福寺 3 真休寺 4 安養寺 5 観音寺 6 万福寺
7 清瀧寺 8 大帯寺 9 圓通寺 10 金剛頂寺 11 少林寺 12 圓融寺
13 瑞景寺 14 普門寺 15 重願寺 16 化生寺 17 観音寺
18 神林寺(善福寺) 19 清水寺 20 普門寺 21 佛教寺 22 泰西寺
23 泰養寺 24 誕生寺 25 両山寺 26 慈恩寺 27 幻住寺 28 長昌寺
29 長法寺 30 成覚寺 31 栄厳寺 32 大信寺 33 愛染寺

◯美作坂東三十三所

現行なし。ご詠歌あり。勝田郡奈義町柿。

1－7 不　明 8 普門寺 9－15 不　明 16 宝妙寺 17－23 不　明
24 千月庵 25 慶雲寺 26 不　明 27 西現寺 28－33 不　明

□井原西国三十三所　【別称】古くは出部西国三十三所

享保11年(1726)開基。旧９かカ村の観音石像めぐり。井原市、地域の石仏札所巡礼では最古。「６金敷寺本堂」に享保11年(1726)とある。現行なし。

1　善福寺地蔵堂　2　笹賀薬師堂　3　金敷寺　4　金敷寺本堂石段
5　極楽寺観音山　6　金敷寺本堂　7　金光寺多田観音堂　8　高山寺
9　東光寺跡　10 法泉院　11 銅観音堂　12 大曲でんぐら堂　13 岩屋山
14 下出部廃寺観音堂　15 上出部観音堂　16 上出部観音堂
17 吉井川観音堂　18 大師堂　19 日芳橋観音堂　20 天王坂　21 日限地蔵
22 常楽寺　23 広岡猪原庵　24 柳　本　25 横手山光普庵　26 上町庚申堂
27 長徳寺跡　28 敷名地蔵堂　29 岩野観音堂　30 新町高野山別院
31 正覚院　32 寺戸庵　33 正脈寺

○坂東三十三所

寛延４年(1751)。現行なし。小田郡大戸・笠岡、井原町地区。

□井原秩父三十四所　【別称】大江・稲倉秩父三十四所

宝暦２年(1752)、昭和初期再興。現行なし。石像巡り。

1　郷之前(明星寺)　2　正　尻　3　佐　古　4　田　上　5　田　上
6　田　上　7　開　端　8　木　田　9　源　代　10 矢ノ側　11 矢ノ側
12 梶　草(嫁いらず観音本堂)　13 山　王　14 梶　草　15 馬場迫
16 猪ノ尻(西光寺)　17 馬場迫　18 兼　安　19 馬場迫　20 畦ケ市
21 奈良原(福天寺)　22 奈良原　23 丸山平　24 宮　地　25 西ノ谷
26 西ノ谷　27 大　迫　28 大　迫　29 片　山　30 片　山
31 猪ノ尻(戒道庵)　32 中　溝　33 崎　山　34 宮　地

○大江西国三十三所

江戸期。詳細不明。

□大谷西国三十三所

江戸期、また明治２年(1869)開基とも。石像めぐり。現行なし。

1　男山越　2　竜　洞　3　小　巒(金剛福寺)　4　鳥　羽　5　男山越
6　小夜峰　7　姥ケ谷　8　雨　堤　9　児ケ原　10 神　籬　11 玉　垣

12 伝普都　13 竜　尾　14 伝普都　15 奥　山　16 宮ノ奥　17 市　奥
18 上ケ市奥　19 上ケ市奥　20 太鼓岩　21 岩滝観音　22 岩　滝
23 岩　滝　24 落　合　25 落　合　26 夕日ケ原　27 馬手山　28 丁ケ谷
29 赤　道　30 来米ケ坂　31 来米ケ坂　32 男山越　33 上ケ市奥

○西国三十三所

詳細不明。現行なし。勝田郡勝央町周辺。

1 鏡山見正寺

○勝田郡(仮)三十三所

文化2年(1805)開創。詳細不明。現行なし。

□新庄八ケ村三十三所

安永8年(1779)の詠歌額が存在した。ご詠歌あり。現行なし。

1 宝蔵寺　2 たたつね(只常)　3 同　所　4 湯　屋(湯谷)　5 横　畠
6 宇南寺　7 山　路　8 羽　仁　9 宮　原　10 竹元寺　11 黒田通見
12 まなさ谷　13 仮倉谷　14 神護川　15 西念寺　16 常立院　17 本明寺
18 桑　瀬　19 立　石　20 中　村　21 矢倉村　22 玉泉寺　23 半田村
24 普陀寺　25 中屋(谷)村　26 冷泉寺(観音堂)　27 田井村　28 大　熊
29 念仏(佛)寺　30 姿　村　31 大　所　32 宝　綱(田)　33 西方寺

□高倉庄三十三所　【別称】善応寺三十三所

貞観2年(860)、慈覚大師中山宮に参籠の折り龍頭山善応寺(津山市)建立後繁昌、三十三の観音を末寺としたという伝承がある。旧高倉県に33所の霊場、現状は3か所のみ。現行なし。札番不明。津山市周域。

国広岡本坊、躰場地蔵堂、向田観音堂、藤田大日堂、医王寺薬師堂、岡観音堂、別所釈迦堂、別所地蔵堂、大月薬師堂、本明寺(寺木阿弥陀堂)、初田大日堂、上高倉村：美土路阿弥陀堂、中屋の上地蔵堂、中屋上の地蔵堂、深山谷阿弥陀堂、深山観音寺、深山荒堀阿弥陀堂、瓶谷地蔵堂、家長観音堂、福田地蔵堂、福田大日堂、有重地蔵堂、異田地蔵堂、下高倉村：石仏地蔵堂、多聞寺(寄松毘沙門堂)道場阿弥陀堂、南光寺阿弥陀堂、慈眼寺(坂本観音堂)

広島県

広島県の概要： 県域は江戸期、尾道市などを中心とした備後国と広島市を中心とする安芸国で構成されていた。備後国は、隣地域の備中国（岡山県）同様にミニ巡礼路が多く設けられている。一方、安芸国では厳島神社（日本三景の一）のような名所があるが、地域交流としては近世以降浄土真宗の発展があり、また広島市の原爆被爆による寺院破壊等の理由により、観音霊場巡礼の状況は、中国地方では最も不明瞭な地域でもある。また、「享保十四年御触れ帳」（「新修広島市史・第四巻」昭和33）によると、広島藩領では、享保14年（1729）正月に「伊勢参宮・西国巡礼を禁止」が出された影響も考えられる。

■備後西国三十三所　【別称】備後三十三所

江戸期。「33医王院観音堂」の扁額（ご詠歌）に「備後三十三番医王院、享保五年（1720）庚子年九月十八日」とある「備後西国三十三ケ寺」平成4。一巡行程約330キロ。ご詠歌あり。現行。

1 明王院　2 福禅寺　3 磐台寺　4 西提寺　5 浄土寺　6 西国寺
7 千光寺　8 正法寺　9 中台院　10 成就寺　11 龍華寺　12 善昌寺
13 龍興寺　14 大慈寺　15 正興寺　16 吉祥院　17 岩屋寺　18 円通寺
19 円福寺　20 寶蔵寺　21 浄久寺　22 徳雲寺　23 千手寺　24 龍雲寺
25 永聖寺　26 岩屋寺　27 十輪院　28 龍蔵寺　29 観音寺　30 長尾寺
31 寒水寺　32 福盛寺　33 医王院観音堂（中興寺薬師堂）

◯備後准西国三十三所

現行なし。前記に同じか。

□福山西国三十三所　【別称】福山三十三所

大正15年（1926）開創。ご詠歌あり。現行なし。福山市。

1 明王院　2 法音寺　3 日光寺　4 法然寺　5 圓照寺　6 韜光寺
7 延命堂　8 慈照庵（院）　9 巌山観音堂（一如庵）　10 長尾寺　11 光明院
12 三密院（白業庵）　13 薬師寺　14 専故寺（大念寺）　15 寶承山子安堂
16 賢忠寺　17 一心寺　18 大念寺　19 洞林寺　20 永雲寺　21 安楽寺
22 寶珠院　23 泉龍寺　24 龍渕寺　25 能満寺　26 松林寺　27 定福寺

28 龍興寺　29 観音寺　30 胎蔵寺　31 弘宗寺　32 櫻馬場大師堂
33 龍華寺(高野山別院)

○引野西国三十三所

宝暦・明和年間(1751-71)創設。現行なし。福山市。石像めぐり。
1 皿山岩谷　33 医王寺

□津田西国三十三所

享保17年(1732)開設。現行なし。石像めぐり。
1 観松庵　2 辰巳屋上ノ堂　3 地蔵屋堂　4 能仁寺　5 地蔵堂
6 観福寺　7 須弥堂　8 深谷ノ堂　9 御冠堂　10 御堂ケ岡　11 松林庵
12 上ノ岩屋　13 下ノ岩屋　14 大池之巌窟　15 吉祥寺　16 鋳物屋堂
17 墓原ノ堂　18 中　堂　19 観福寺前堂　20 峠之堂　21 釈迦堂
22 鳶之子堂　23 小林前ノ堂　24 桜間堂　25 宗綱堂　26 稲荷山窟
27 竜王社窟　28 修善庵　29 諏訪明神窟　30 大池堂　31 荒神社
32 神役堂　33 吉祥寺

□備後恵蘇郡三十三所　【別称】恵蘇郡三十三所

江戸期。ご詠歌あり。廃寺あり、現行なし。全行程32里19町。
1 円通寺　2 永明寺　3 正法寺　4 常円庵　5 長楽寺　6 観音寺
7 宝住院　8 長徳寺　9 松岳院　10 海雲寺　11 法林寺　12 瑞泉寺
13 三教寺　14 観音寺　15 安楽寺　16 慈眼寺　17 慶雲寺　18 観音寺
19 正福寺　20 梅香庵　21 城福寺　22 永昌寺　23 東明寺　24 正音寺
25 長福寺　26 敬林庵　27 萬蔵寺　28 慈眼寺　29 深石堂　30 求善寺
31 明福寺　32 実相寺　33 功徳寺

●尾路三十三所　【別称】備後尾路三十三所、准西国尾路三十三所

建武3年(1336)、足利尊氏が「1 浄土寺」に宿陣の時、三十三首の和歌を三十三寺に配付した伝承がある。実際の開設は、元禄6年(1693)、御調郡大町村神谷如泉の再興、同年の札所写あり。古来のものとは札番に相違ありという。ご詠歌あり。現行可。尾道市。
1 浄土寺　2 浄土寺子安堂　3 海徳寺　4 満福寺　5 水野庵

6 永福寺　7 毘沙門寺　8 西江寺　9 正念寺　10 地蔵院　11 極楽寺
12 徳海寺　13 常称寺　14 持善院　15 金剛院　16 西国寺　17 般若院
18 常福院　19 大山寺　20 善勝寺　21 千光寺　22 天寧寺　23 念仏院
24 信行庵　25 寶　寺　26 松源院　27 光明寺　28 持光寺　29 海福寺
30 成福寺　31 吉祥寺　32 慈観寺　33 正授院

□三原地西国三十三所　【別称】三原三十三所

江戸期。現行なし。三原市。

1 釜山寺　2 香積寺　3 山中村観音堂　4 松壽寺　5 一株寺
6 観音寺　7 善昌寺　8 西福寺　9 生田寺　10 東漸寺　11 中台院
12 観音寺　13 瑞光寺　14 大徳寺　15 金剛寺　16 神宮寺　17 宗光寺
18 東米田地蔵堂　19 法常寺　20 平坂寺　21 成就寺　22 奥蔵院
23 西野畑山鐘撞堂　24 糸崎観音堂　25 極楽寺　26 吉祥寺　27 恵日寺
28 壽雲庵　29 法泉庵　30 正法寺　31 東光寺　32 万福寺　33 大善寺

○西備准西国三十三所

品治郡吉備津宮神宮孝徳院観音堂（医王院）があるというが、詳細不明。現行なし。

□安芸国三十三所〈江戸期〉　【別称】安芸三十三所

天正16年（1588）開創。正徳2年（1712）。ご詠歌あり。現行なし。（　）は別記または異動。二日市市・広島市・府中市周辺。

1 厳島滝観音　2 夏道寺（大聖院）　3 極楽寺　4 薬師寺（高瀬観音）
5 西倉寺（中山観音堂）　6 松笠観音　7 岩屋（谷）寺　8 道明寺
9 長楽寺　10 観音寺　11 すぐら観音（上都倉観音堂）　12 ころび石観音
13 光平寺　14 白土堂（白土観音堂）　15 音林寺　16 満願寺（清住寺）
17 滝観音（円浄寺）　18 鎌倉寺　19 よみ寺　20 東並滝寺　21 福城寺
22 香満寺　23 西光寺　24 高宝山　25 栖真寺　26 仏通寺　27 滝泉寺
28 海□寺　29 光正寺　30 岩屋観音　31 見正院　32 石水寺　33 蓮華寺

□安芸国三十三所〈昭和期〉　【別称】安芸巡礼三十三所、安芸西国

三十三所

近代の創設か。前記との関連はない。ご詠歌あり。現行なし。安芸国南部。

1 大願寺　2 大聖院　3 洞雲寺　4 極楽寺　5 圓明寺　6 海蔵寺
7 観音院　8 福寿院　9 安楽院　10 傳福院　11 慈仙寺　12 普門寺
13 國泰寺　14 戒善寺　15 妙慶院　16 聖光寺　17 金龍寺　18 常林寺
19 多聞院　20 明星院　21 正観寺　22 不動院　23 福王寺　24 竹林寺
25 佛通寺　26 向上寺　27 光明坊　28 龍光寺　29 西方寺　30 福壽院
31 神應院　32 照明寺　33 観音院（萬願寺）

□廣島郷三十三所　【別称】芸州廣島郷三十三所、御領内三十三所

元禄10年（1697）「33普門寺」知恩の開創、御詠歌発行。廃仏毀釈で廃絶。ご詠歌あり。現行なし。（　）はのちの移動。広島市～宮島町周辺。

1 日通寺　2 松笠観音堂　3 可部町　4 福王寺　5 燈明寺　6 善應寺
7 観音新開観音堂　8 海蔵寺　9 極楽寺　10 地御前観音堂
11 厳島本地堂（大聖院）　12 白糸瀧観音　13 求聞持堂　14 峯観音堂
15 朝日観音　16 夕日観音　17 寶厳寺（三瀧寺）　18 興勝寺　19 清岸寺
20 慈仙寺　21 正観寺　22 大日寺（明星院）　23 瑞泉寺　24 岩谷山（岩谷寺）
25 観音寺　26 勝楽寺　27 歓喜寺（安養院）　28 西光寺　29 常林寺
30 興徳寺　31 海雲寺　32 来迎寺　33 普門寺

□広島三十三所　【別称】広島区内新西国三十三所

明治13年（1880）、「33普門寺」18世原田大鳳が前記「御領内」を改遍再興。ご詠歌（「西国」利用）あり。現行なし。広島市。

1 清岸寺　2 寶厳寺（三瀧寺）　3 興勝寺　4 誓願寺　5 傳福寺
6 浄國寺　7 養徳院　8 善應寺　9 清住寺　10 慈仙寺　11 西蓮寺
12 洞門寺　13 心行寺　14 興禅寺　15 正観寺　16 明長寺　17 禿翁寺
18 大日寺（明星院）　19 持寶寺（源光院）　20 浄念寺　21 千日寺（長性院）
22 興禅寺　23 禅昌寺　24 常林寺　25 興徳寺　26 海雲寺　27 金龍寺
28 禅林寺　29 聖光寺　30 戒善寺　31 来迎寺　32 国泰寺　33 普門寺

○藝備両國三十三所

詳細不明。現行なし。

30 岩切観音（旧・岩尾山正法寺）

□三上郡三十三所　【別称】備後三上郡三十三所

江戸期。ご詠歌あり。現行なし。庄原市周辺。

1 龍福寺　2 観音寺　3 岳音寺　4 おっけ堂　5 月貞寺　6 上河内堂
7 時貞寺　8 霧尾堂　9 仲蔵寺　10 東光坊　11 瞋蔵坊　12 徳重寺
13 辻ケ丸堂　14 地光院　15 見越堂　16 永専庵　17 永正寺　18 西光寺
19 萬福寺　20 成善寺　21 大久庵　22 常林寺　23 寺迫堂　24 大御堂
25 慶楽寺　26 世尊寺　27 横目堂　28 平等寺　29 観音寺　30 香面堂
31 庄源庵　32 西明寺　33 雲龍寺

□奴可郡三十三所

元禄～宝永(1688-1711)頃と推定。ご詠歌あり。現行なし。行程30里13丁。

1 熊野山奥の院　2 安養寺　3 観音寺　4 胎蔵寺　5 神宮寺
6 全政寺　7 千手院　8 光普院　9 浄久寺　10 能楽寺　11 極楽寺
12 高松庵　13 見性寺　14 雲龍寺　15 萬松寺　16 徳雲寺　17 吉祥寺
18 医王寺　19 妙楽寺　20 正泉寺　21 妙音寺　22 観音寺　23 大奥寺
24 法恩寺　25 太山寺　26 千手寺　27 正安寺　28 西方寺　29 学恩寺
30 能楽寺　31 圓福寺　32 廣國院　33 永明寺

□三谿郡三十三所　【別称】三谷郡三十三所

正徳5年(1715)、本誉浄清の順礼歌本がある。ご詠歌あり。現行なし(廃寺多し)。三次市・吉舎町・三良坂町周辺、旧三谿郡は現双三郡。

1 大慈寺　2 善逝寺　3 吉祥院　4 吉　寺　5 西明寺　6 安海寺
7 黄梅院　8 玉泉庵　9 円通寺　10 曽　堂　11 白鷺寺(放光院)
12 福善寺　13 福応寺　14 安楽寺　15 岩屋堂(寺)　16 慶藤庵　17 滝見堂
18 志幸観音堂　19 神宮寺　20 問名堂　21 福智院　22 海渡観音堂(観音寺)
23 祇園寺(法瀧堂)　24 頂門寺(長円寺)　25 一休庵　26 永林堂(庵)
27 清瀧堂　28 大楽寺　29 高松寺　30 善常寺　31 正興寺　32 藤坂観音堂
33 岩崎庵

山口県

山口県の概要：県域は山口市や岩国市の周防国、下関市・萩市の長門国に分かれていた。それぞれにミニ巡礼路が設けられいるが、中国路のなかではその数は最も少ないと地域といえる。

□周防三十三所〈室町期〉 【別称】周防国三十三所、當國三十三所

弘安元年（1278）、周防・長門の守護職大内家24代弘世が「西国巡礼」模して開創というが年代が合わない。宝永２年（1705）開創の「長門三十三所」と同時期開創ともいわれる。ご詠歌あり。現行なし。

1 二井寺　2 長寶寺　3 松尾寺　4 普門寺　5 普慶寺　6 般若寺
7 野　寺　8 蓮池寺　9 長徳寺　10 安国寺　11 蓮臺寺　12 禅定寺
13 日面寺　14 福田寺　15 蓮宅寺　16 岩屋寺　17 浄宝寺　18 万福寺
19 法蓮寺　20 龍国寺　21 大光寺　22 雲観寺　23 光明寺　24 満福寺
25 法雲寺　26 観音寺　27 岩谷寺　28 清水寺　29 初瀬寺　30 大通院
31 普門寺　32 岩屋寺　33 龍蔵寺

■周防三十三所〈昭和期〉

昭和55年（1980）、前期の復興。ご詠歌あり。現行可、および管掌寺。全行程260キロ。

1 極楽寺　2 長宝寺　3 松尾寺　4 帯石観音堂　5 普慶寺　6 般若寺
7 福楽寺　8 蓮池寺　9 長徳寺　10 安国寺　11 多聞院
12 閼伽井坊（長宝寺）　13 日天寺　14 福田寺　15 岩屋寺　16 岩屋寺
17 建咲院　18 川崎観音堂（建咲院）　19 普春寺　20 滝谷寺
21 木部観音堂（極楽寺）　22 極楽寺　23 光明寺　24 満願寺　25 天徳寺
26 観音寺　27 顕孝院　28 神福寺　29 神福寺　30 洞春寺　31 普門寺
32 大林寺　33 龍蔵寺

□和田当国三十三所 【別称】徳地三十三所

延宝元年（1673）、「21三汲寺」高瀬殿明創始。旧佐波郡６か村を得地（徳地）と称した（山口市）。辻堂・庵が中心。現行なし。石像めぐり。

1 八籾の庵　2 八籾の辻堂　3 平木の山下　4 垰畑の庵　5 垰畑の庵

6 野広上の辻堂　7 野広上の辻堂　8 神頭谷の辻堂　9 神頭谷の辻堂
10 伝福寺　11 上村の庵　12 夏切の辻堂　13 古屋敷の辻堂
14 古屋敷社内　15 山の河内の庵　16 山の河内の庵　17 桝谷上の辻堂
18 桝谷中の辻堂　19 桝谷下の辻堂　20 萩の堂　21 三汲寺
22 秋字明の庵　23 西迫の庵　24 大原の辻堂　25 小原の庵
26 中村上滝の堂　27 中村上の落合　28 林の下　29 林の上
30 中村下滝の堂　31 和田の庵　32 寿高寺　33 寿高寺

□山代庄内三十三所〈Ⅰ〉【別称】岩国領山代三十三所

江戸期。「玖珂郡志」享和2年(1802)に出る。岩国領藤谷組を含む狭い範囲か。時代によりかなりの変動があった。小域と広域の札所巡りがあったようだ「25香積庵」「28宝珠院」は、それぞれ江戸末期には「26」「33」、その他、松月庵　観音堂・西林寺・楊瀧庵観音堂・法昌庵観音堂あり。また次項との設定の分岐点が不明。現行なし。

1 岩倉寺　2 称名院　3 亮現院　4-21 不　明　22 善福寺　23 長谷寺
24 宝光院(寺崎観音堂)　25 香積庵　26 慶正(桂昌)庵　27 千手院
28 宝珠院　29(永徳庵)日光寺　30 江月庵　31 清松庵(盛正庵)　32 雲相庵
33 養徳院(28～33「美和町史」による推測)

□山代庄内三十三所〈Ⅱ〉【別称】玖珂郡山代庄内三十三所、山代西国三十三所

文政頃(1818-30)。「防長地下上申」享保12年(1727)—宝暦3年(1753)に出る。一部は仮定の札所。1～3は本郷村、13～19は岩国領、これ以外は山代10か村(山代全域にわたる)。前記の江戸末期頃の改正札所か。現行なし。一部推測を加え記載したが詳細は不明のところが多い。。

1 善福寺　2 成君寺　3 満願寺(広大寺)　4 追原観音堂　5 法正庵
6 普門庵　7 深福寺(深龍寺)　8 長徳庵　9 喜源庵(長栄寺)
10 善寿庵(善舎庵)　11 善(禅)正寺(五葉庵)　12 慈眼庵
13 積蔵院(湯迫観音堂)　14 妙音院　15 善珠院　16 福寿庵
17 龍紫庵(東蓮寺)　18 大輪(林)寺　19 源正庵　20-21 不　明　22 善福寺
23 長谷寺　24 宝光院(長谷観音堂)　25 香積庵(滑川村観音堂)

26 滑川村の観音堂（香積庵）　27 瀬戸内の観音堂　28 宝珠庵　29 不　明
30 耕雲庵　31 普門院　32 浄林寺　33 玉蔵院

■長門三十三所〈新　修〉【別称】長国門三十三所、昭和長門新修三十三所（再興後）

宝永２年（1705）「７太用寺」２世大極竜道禅師他２名発願。「周防国三十三所」と同時期開創といわれるが不明確。昭和初期復興。ご詠歌あり。現行あり。（　）内は移動等。萩市～萩市。

1 南明寺　2 龍蔵寺　3 音声寺（海潮寺）　4 大覚寺　5 興昌寺
6 紹孝寺　7 太用寺　8 本光院　9 松音庵（禅林寺）　10 龍松院（龍昌寺）
11 宗源寺（大源寺）　12 瑞雲院（桂光院）　13 徳蔵寺（禅昌院）　14 大照院
15 西来寺　16 法然寺（法香院）　17 難波羅寺（南原寺）　18 瑞松庵（興福寺）
19 浄明（名）寺　20 広福寺　21 岩崎寺　22 正法寺　23 神上寺　24 功山寺
25 永福寺　26 三恵寺　27 修禅寺　28 恩徳寺　29 長拝寺（海翁寺）
30 昌泉寺　31 観音寺（長安寺）　32 圓融寺（圓究寺）　33 大願寺（観音院）

□長門三十三所〈当　国〉【別称】長門当国三十三所、當国三十三所

寛政３年（1791）「９東光坊」の記あり。ご詠歌あり。現行なし。下関市安岡。川棚以南、下関、長府を含めての三十三所。

1 狗留孫山（修禅寺）　2 三恵寺　3 明青寺（妙青寺）　4 石印寺
5 観音寺　6 明（妙）音寺　7 観音寺　8 観音寺（阿弥陀院）　9 東光坊
10 西光寺　11 慈光寺　12 流水院（庵）　13 萬福寺　14 龍華庵（岩谷寺）
15 竹生寺　16 観察院　17 覚苑寺　18 真福寺（新福寺）　19 青林庵（新福寺）
20 大雄寺　21 海安寺（海晏寺）　22 光東寺　23 圓通寺　24 中山寺
25 永福寺　26 法花寺　27 法福寺　28 才福寺（引接寺）　29 法光寺
30 園田大師堂　31 天翁寺　32 國分寺　33 功山寺

□豊浦三十三所　現行なし。下関市・豊浦郡・厚狭郡。

1 観音寺　2 正法寺　3 洞玄寺　4 蓮台寺　5 常関寺　6 湯谷観音堂
7 北足河内観音堂　8 深土観音堂　9 瑞応庵　10 慈光寺　11 神上寺
12 俵山観音堂　13 海翁寺　14 昌泉寺　15 思徳寺　16 修禅寺　17 三恵寺
18 石印寺　19 阿弥陀寺　20 裏木観音堂　21 立石観音堂　22 百間観音堂

23 観音寺　24 観音寺　25 功徳院　26 永福寺　27 法福禅寺　28 海門寺
29 円陵寺　30 慈雲寺　31 功山寺　32 笑山寺　33 覚苑寺

○周南三十三所　【別称】大島廻り三十三所、大島郡三十三所

明治24年（1891）「18龍心寺」18世大村玄英発願勧請。
1 屋　代　2-17 不　明　18 龍心寺　19-20 不　明　21 松尾寺
22-25 不　明　26 浄西寺　27-29 不　明　30 元正寺　31 普門寺
32-33 不　明

○吉敷郡三十三所　江戸期。詳細不明。

3 見性院　33 洞源院

巡礼閑話　「もうで」と「めぐり」

「もうで（詣で）」「めぐり（巡り）」は宗教的な行動からはじまったといえる。西洋では、古代ローマにおけるゼウスやジュピターなどを祀る神殿「もうで」、中世以降発展したキリスト教の聖地「めぐり」などがあげられる。わが国では、平安期以降の「熊野詣で」や中世以降の「伊勢参宮」は「もうで」の淵源であり、身近に「初詣で」もある。
「もうで」「めぐり」についての明確な解釈は難しいが、「もうで」は主として1か所、または熊野詣でのようにいくつかに分かれた聖地に詣でる形態をいい、「めぐり」は一定の霊仏、霊場を順序に従ってめぐる形態で、観音菩薩・阿弥陀如来などの諸仏への「本尊巡礼」と特定の高僧や宗祖ゆかりの地を巡拝する「祖師巡礼」がある。「西国三十三所」巡礼や「八十八所」遍路が代表的なものである。これら「もうで」「めぐり」の発展は、宗教的行動目的だけではなく、参詣の道中の物見遊山や遊楽といった観光的行動目的があった（『観光・旅の文化』2002）。

四国地方

四国地方の概要：四国は、阿波国・讃岐国・土佐国・伊予国の４国からなる。この四国地方の巡礼路は、一般的には江戸期に発展した四国遍路の八十八所巡りが有名である。しかし、交通路の厳しかったこの地方にも各地に三十三所巡礼路が設定されている。しかし、四国遍路のように四国４県を巡る三十三所巡礼路は最近までなかった。

■四国三十三所　【別称】四国ぼけ封じ三十三所

平成２年（1990）設立。ご詠歌あり。現行。四国４県（1-8：徳島県、9-14：高知県、15-26：愛媛県、27-33：香川県）。

1 正興寺　2 西光寺　3 蓮光寺　4 神宮寺　5 大日寺　6 神応寺
7 隆禅寺　8 観音寺　9 正覚寺　10 高照寺　11 金剛寺　12 大徳寺
13 高野寺　14 大善寺　15 臨江寺　16 永昌寺　17 法通寺　18 出石寺
19 圓福寺　20 大師寺　21 儀光寺　22 今治別院　23 無量寺　24 寶蓮寺
25 西福寺　26 吉祥院　27 延命寺　28 箸蔵寺　29 嶋田寺　30 正覚院
31 清道寺　32 薬師院　33 香西寺

徳島県

徳島県の概要：四国三郎といわれる大河吉野川の流域を中心とした交通至便の地域を主に三十三所巡礼路がいくつか設定されている。県域は、四国遍路のスタートにあたる最も重要な遍路「発心の道場」といわれる地域にもあたり、三十三所巡礼はお遍路さんの姿を見ていた地域の人たちの非日常の交流の場であったかも知れない。

■阿波西国三十三所〈Ⅰ〉【別称】阿州三十三所、阿波国三十三所

宝永７年（1710）、または享保３年（1718）「７東光寺」観音講元藍園村普門軒三木円通居士発願、栄義上人とともに巡拝したのが初。昭和47年（1972）復興。ご詠歌あり。現行。（　）は現寺院。阿波北東部５郡。行程23里。

1 観音寺　2 持明院（善福寺）　3 福蔵寺　4 光徳寺

5 徳命梅坊（千光寺）　6 観音寺（観音院）　7 東光寺　8 法音寺

9 見性寺　10 福成寺　11 天光寺　12 恵勝寺　13 正因寺　14 長谷寺

15 光徳寺　16 斎田寺　17 法勝寺　18 昌住寺　19 普光寺

20 観音寺（勧薬寺）　21 極楽寺　22 妙楽寺　23 金泉寺　24 地蔵寺

25 大山寺　26 和泉寺　27 熊谷寺　28 切幡寺　29 報恩寺　30 玉林寺

31 徳蔵寺　32 観音寺　33 井戸寺

□阿波西国三十三所〈Ⅱ〉【別称】美馬三好西国三十三所、阿波三十三所

延宝年間（1673-81）の開創。ご詠歌あり。現行なし。前記とは別。吉野川両岸の美馬郡・三好郡（雲辺寺）。

1 寶生寺　2 享保寺　3 観音寺　4 光泉寺　5 本楽寺　6 萬福寺

7 真光寺　8 神宮寺　9 舞　寺　10 林下寺　11 長善寺　12 極楽寺

13 福性寺　14 興聖寺　15 地福寺　16 長楽寺　17 不動院　18 蓮華寺

19 八幡寺　20 青色寺　21 雲辺寺　22 密厳院　23 箸蔵寺　24 願成寺

25 瑠璃光寺　26 長好寺　27 来迎寺　28 青蓮寺　29 瀧　寺　30 願勝寺

31 金剛寺　32 真楽寺　33 最明寺

□阿波秩父三十四所　【別称】阿波国秩父三十四所

文化３年（1806）、徳島城下亀吉の開創。阿波西国・坂東に続き秩父の復

興と伝えられるが坂東は発見できない。(　)は現況。ご詠歌あり。現行なし。

1 如意輪寺　2 青蓮寺(院)　3 観音坊　4 慈眼寺　5 長福寺
6 妙音寺　7 星谷寺・仏石庵(2 寺)　8 観音寺　9 観正寺　10 太瀧寺
11 太瀧寺奥の院補蛇洛山　12 北地観音庵　13 氷柱観音庵　14 荘厳寺
15 梅谷寺　16 隆禅寺　17 蜜蔵院　18 寶蔵院　19 地蔵寺　20 観音庵
21 桂林寺　22 堀越寺(寶蔵寺)　23 子安観音庵　24 丈六寺　25 慈光寺
26 観音寺(津田寺)　27 松見庵　28 東照寺　29 萬福寺　30 妙福寺
31 清水寺　32 光仙寺　33 圓福寺　34 竹林院(永明寺)

□那賀郡坂東三十三所

文化3年(1806)の縁起あり、それ以前の開創。安政3年(1856)再興。明治29年(1896)再々興、明治40年(1907)再々再興。ご詠歌(当初「坂東」利用、明治39年再興時に新作)あり。(　)は再々再興時。行程18里。那賀郡。

1 いやたに観音庵　2 真光寺　3 観音庵　4 善修寺　5 梅元庵
6 観音庵　7 福満庵　8 蓮光寺　9 万福寺　10 こうげん寺(桂国寺)
11 明谷寺・西福寺　12 げんりう院(八鉾寺)　13 吉祥寺　14 櫛渕観音堂
15 景岩寺　16 挙正寺　17 大師庵　18 神宮寺　19 宝満寺　20 観音寺
21 浄土寺　22 正福寺　23 観音庵(庚申庵)　24 光明寺　25 普賢寺
26 真福寺　27 千福寺　28 しんじゃう院(地蔵寺)　29 光明寺　30 光明寺
31 華蔵寺　32 功徳殿　33 福蔵寺(松林寺)

□神山西国三十三所

現行なし。名西郡神領村・神山村(神山町)域。

1 神宮寺大師堂　2 十一面観音　3 善覚寺　4 中津庵(船頭町観音堂)
5 下番観音堂　6 筏津堂　7 中山堂　8 妙見堂　9 地蔵庵(寄井辻堂)
10 長倉薬師堂　11 長満寺　12 石堂庵　13 悲願寺　14 下合庵　15 東ノ堂
16 西光寺　17 長宝(法)寺　18 満福寺(銀杏庵)　19 峯地蔵庵　20 杜司峠庵
21 西ノ堂　22 奥谷庵　23 阿呆坂堂　24 馬場堂　25 いれこ堂　26 明王寺
27 左右山の堂　28 神光寺　29 東ノ庵　30 中津川庵　31 中内庵
32 元山庵　33 七郎庵

香川県

香川県の概要：四国遍路の活況から見ると、三十三所巡礼路の地域分布はほとんど確認できない。県内には「さぬきの金毘羅さん」で古来から有名な金刀比羅宮（象頭山）や善通寺など社寺の名所があるが、瀬戸内海の海岸沿いの平坦部が多い地域にもかかわらず三十三所巡礼路の設定は少ないが、今後の調査に期待できるかもしれない。

○豊島三十三所

天保年間（1830-1844）、甲生の片山重左衛門発起。天保４年（1833）片山成庶、妙見山中に33体を安置、大正８年（1919）頃辻村長島内各所に配置して再編。現行なし。石像めぐり。５里のコース。

○小豆島三十三所

天保年中（1830-44）。現行なし。

●庵礼西国三十三所 【別称】庵礼三十三所、庵治牟礼西国三十三所

大正５年（1916）開創。現行可。石像めぐり。木田郡庵治町・牟礼町。

1 八栗寺	2 落　合	3 高　柳	4 総　門	5 須崎寺	6 砂　子
7 久　通	8 丸　山	9 新　開	10 湯　谷	11 薬師庵	12 宮　東
13 願成寺	14 大仙山	15 大師寺	16 江の浜	17 観音崎	18 鎌　野
19 篠　尾	20 鞍　谷	21 北高尻	22 滝の水	23 老石谷	24 こまし越
25 役　戸	26 川　西	27 川　東	28 愛染寺	29 不　明	30 開法寺
31 六万寺	32 田井庵	33 西林寺			

○讃岐三十三所〈室町期〉 【別称】讃岐一国三十三所

天文18年（1549）、讃岐にキリスト教が伝来した年に後奈良天皇の勅命で復興。明和５年（1768）開創とも。現行なし。

●讃岐三十三所〈昭和期〉

明治ころまで盛んであったものを昭和53年（1978）再編。すべて真言宗寺院。

ご詠歌あり。現行可。番外に善通寺。

1 東福寺　2 洲崎寺　3 圓通寺　4 長福寺　5 釈王寺　6 観音寺
7 萬生寺　8 宝蔵院(極楽寺)　9 圓光寺　10 霊芝寺　11 浄願院
12 長法寺　13 萬福寺　14 伊舎那院　15 宗運寺　16 極楽寺　17 満願寺
18 宝積院　19 覚城院　20 寶林寺　21 柞原寺　22 威徳院　23 地蔵寺
24 萬福寺　25 観智院　26 三谷寺　27 宝光寺　28 真光寺　29 聖徳院
30 圓通寺　31 聖通寺　32 龍光院　33 西光寺

巡礼閑話　讃岐観音霊場と巨木

霊場札所には不思議と巨木·古木などの霊木が多い。「讃岐観音霊場」には「大銀杏、大松、大ソテツ、大楠など、県の保存木や天然記念物に指定された樹木が数本ある。どの樹木も千秋不壊の霊妙なる古木で寺の歴史を偲ばせている。中でも総本山善通寺(番外札所)の大楠は弘法大師御誕生以前からの霊木で寺が火災にあった際に仏像、什宝類よりもこの大楠を守ったという話が残る(『さぬき三十三観音霊場』昭和54)。

□本島三十三所

現行なし。

1 長徳寺　2 おみや堂　3 阿弥陀堂　4 薬師堂　5 専称寺
6 恵比寿社　7 東光寺　8 惣光寺　9 大師堂　10 宝性寺　11 稲荷堂
12 毘沙門堂　13 大師堂　14 来迎寺　15 地蔵堂　16 阿弥陀寺　17 不動堂
18 ゆるぎ岩観音　19 南観音堂　20 常福寺　21 北観音堂　22 惣持寺
23 長命寺　24 浜大師堂　25 宝泉寺　26 丘大師堂　27 阿弥陀堂
28 薬師堂　29 持宝寺　30 大師堂　31 大師堂　32 水不動　33 正覚院

□三野郡三十三所

明治初期開創。ご詠歌あり。現行なし。三豊市周辺。

1 宝宮寺　2 妙楽寺　3 弥谷寺　4 菩提寺　5 地蔵寺　6 歓喜院
7 平勝寺　8 薬師寺　9 善能寺　10 柳谷寺　11 福施寺　12 よこう寺
13 大法寺　14 観音寺　15 高正寺　16 上組庵　17 満福寺　18 龍光寺
19 密蔵寺　20 伊舎那院　21 いづみ寺　22 西福寺　23 宗運寺　24 延命院
25 本山寺　26 観音院　27 灌頂寺　28 延寿寺　29 威徳院　30 柞原寺
31 蓮台寺　32 徳成寺　33 岩谷寺

愛媛県

愛媛県の概要：四国の最高峰である石鎚山は古代から霊峰としても有名で、信仰の対象になっていた。伊予国は湯の国といわれ、人々の信心を豊かに育てたのか、この地方は四国では最も巡礼路が開かれていた地域である。

□弓削島西国三十三所

天保15年（1844）、下弓削村はなや俊松が勧請。石像安置のため、設置場所が変わったところが多い。現行なし。越知郡上島町。

1 定光寺山門　2 土生薬師堂　3 土　生　4 旧佐島渡し場
5 太田の堂　6 フカサコ池堂前　7 山王山地内　8 山王山地内
9 浜村宅　10 ツヅミの上観音堂　11 明神の寺六地蔵　12 村上宅
13 引野弁天堂　14 惣観寺大師堂　15 願成寺　16 願成寺　17 願成寺
18 願成寺　19 浄貞新開　20 浄貞新開　21 沢津の堂　22 久司浦地蔵堂
23 東泉寺　24 自性寺地蔵堂　25 サヤン堂　26 上狩尾の堂
27 下狩尾六地蔵　28 下弓削ホタケ　29 潮音寺登口
30 下弓削ワキ山根屋敷　31 自性寺地蔵堂　32 自性寺　33 自性寺

○大三島三十三所

詳細不明。現行なし。今治市。

24 向雲寺

□西条西国三十三所　【別称】伊予西條新西国三十三所

大正12年（1923）頃真言宗10か寺（西条結衆）を中心にその末寺末庵を入れて開創。現行なし。

1 宝蓮寺　2 吉祥密寺　3 地蔵堂　4 西福寺　5 大師寺（西出水大師堂）
6 延命庵　7 徳見堂　8 正福寺　9 秋都庵　10 坂元観音堂
11 明神木観音堂　12 誓願寺　13 金剛院　14 大町観音堂　15 誓願寺
16 大福寺　17 坂中観音堂　18 極楽寺　19 極楽寺別院　20 光昌寺
21 吉祥寺　22 切川寺　23 岡林寺　24 王至森寺　25 清水時（阿弥陀寺）
26 補陀洛寺　27 前神寺　28 明運庵　29 萬頃寺　30 常楽庵　31 禎祥寺

32 正慶庵　33 善誓寺

□府中西国三十三所　【別称】伊予三十三所、伊予府中三十三所

寛保年間(1741-44)頃開創。「1 海禅寺」8世久山智良設定。現行なし。( )は異記。「府中」は今治地方をいう。今治市周辺。

1 海禅寺　2 観音寺　3 城慶寺(釈迦庵)　4 神供寺(城慶寺)
5 隆慶寺(圓光寺)　6 正法寺　7 圓光寺(大雄寺)　8 大雄寺(隆慶寺)
9 来迎寺(大仙寺)　10 南光坊　11 高野山別院　12 東禅　13 廣紹寺
14 實法寺　15 明積寺　16 真光寺　17 国分寺　18 歓喜寺(不動院)
19 町谷観音堂(高市観音堂)　20 朝倉中村観音堂　21 山口観音堂
22 竹林寺(清水庵)　23 吉祥寺　24 作禮山　25 浄寂寺　26 佛城寺
27 栄福寺(西念寺)　28 常明寺(長願寺)　29 高橋観音堂　30 別名観音堂
31 大熊寺　32 泰山寺(小泉薬師堂)　33 安養寺(天祐寺)

□風早西国三十三所〈江戸期〉　【別称】風早三十三所、予州風早郡三十三所

宝暦元年(1751)、または宝暦3年(1753)開創。諸国回国の後遍照庵、現在の「1 木食庵」を再建した木喰佛海上人の発願。西国を模した観音像が祀られた。ご詠歌あり。現行なし。北条市。

1 来迎寺(高縄寺)　2 吉性寺　3 佛性寺　4 栄福寺　5 真福寺
6 流泉寺　7 蓮臺寺　8 雲門寺　9 観音寺　10 慶光寺　11 薬師寺
12 常光寺　13 永福寺　14 善應寺　15 善光寺　16 阿弥陀寺　17 地蔵寺
18 医王寺　19 法然寺　20 大通寺　21 東禅寺　22 西明寺　23 十輪寺
24 宗昌寺　25 光徳寺　26 願成寺　27 正寿寺　28 法然(善)坊　29 遍照庵
30 海蔵寺　31 金蓮坊　32 静空庵　33 蓮生寺

□風早西国三十三所〈明治期〉　【別称】風早三十三所、予州風早郡三十三所

明治初期前記の再興。ご詠歌あり。現行なし。北条市。

1 木食庵　2 吉性寺　3 仏生寺　4 小川観音堂　5 和田上観音堂
6 流仙(泉)庵　7 常竹観音堂　8 雲門寺　9 苞木観音堂　10 夏目観音堂
11 中須賀薬師堂　12 常光庵　13 蓮福寺　14 善応寺
15 善弘庵(別府阿弥陀堂)　16 中西外観音堂　17 中西地蔵堂

18 上辻薬師堂　19 法然寺　20 大通寺　21 東禅寺　22 最明寺　23 十輪寺
24 宗昌寺　25 光徳院　26 願成寺　27 正寿寺　28 法然（善）坊
29 瀧本観音堂　30 海蔵寺　31 金蓮寺　32 坊田観音堂　33 蓮性寺

□松山三十三所〈江戸期〉

江戸期。現行なし。

1 雲祥寺　2 豫城寺　3 興正寺　4 三寶寺　5 中之坊　6 森田寺
7 天徳寺　8 千秋寺　9 天然寺　10 圓盛寺　11 智泉寺　12 常信寺
13 上鷺寺　14 林迎庵　15 義安寺　16 石手寺　17 世津堂　18 正圓寺
19 得能寺　20 西光寺　21 多聞院　22 大音寺　23 興禅寺　24 和合院
25 観音寺　26 圓蔵寺　27 常楽寺　28 長圓寺　29 地福院　30 正宗寺
31 福正寺　32 長福寺　33 久徳寺

□松山三十三所〈大正期〉　【別称】松山西国三十三所

大正11年（1922）、明治以降途絶えていた前記「松山三十三所」を三島諦壽がその廃寺を改めて復興「松山西国」と改称。現行なし。

1 雲祥寺　2 龍泰寺　3 真光寺　4 三寶寺　5 歓喜寺　6 不論院
7 天徳寺　8 弘願寺　9 圓整寺　10 千秋寺　11 常信寺　12 圓満寺
13 寶厳寺　14 義安寺　15 石手寺　16 清水庵　17 正圓寺　18 大福寺
19 行願寺　20 西光寺　21 多聞院　22 大音寺　23 圓福寺　24 観音寺
25 正法寺　26 常楽寺　27 加納院　28 法龍寺　29 寶林寺　30 正宗寺
31 福正寺　32 長正寺　33 久徳寺

○東温泉郡三十三所

記録あるも詳細不明。現行なし。

□久米郡三十三所

天明4年（1784）開創。大和出身の僧泰延と当地大野の文六が発願。現行なし。松山・東温市域。

1 正観寺　2 大尺寺町観音堂　3 法寿院　4 慈光寺　5 大蓮寺
6 山の内地蔵堂　7 大興寺　8 観音院岡之坊　9 医王寺　10 上福寺
11 応観寺　12 安国寺　13 善願寺　14 南昌寺　15 香積寺　16 道音寺
17 西光寺　18 西林寺　19 覚王寺　20 道安寺　21 長隆寺　22 弥勒寺

23 長善寺　24 如来院　25 浄土寺　26 圓満坊　27 極楽寺　28 宗見寺
29 千福寺　30 円隆寺　31 長命寺　32 松の木庵　33 梅元寺

●川内西国三十三所　【別称】川内町内西国三十三所

明治14年(1881)、琴道妙友尼発願、翌年安国寺山裏山に開基。これを昭和31年(1956)河之内に勧請、町内全域に広げ、昭和39年(1964)に開眼。現行。石像めぐり。東温市域。

1 白猪滝　2 奥問屋　3 黒　岩　4 日　浦　5 金比羅寺　6 雨　滝
7 徳　吉　8 中　組　9 土谷札場　10 落　出　11 田　桑　12 弥助成
13 海　上　14 下仲屋　15 奥松瀬川　16 三軒屋　17 鳥ノ子　18 西　組
19 匡王寺　20 大興寺　21 西中村　22 茶　堂　23 曲　里　24 長泉寺
25 南昌寺　26 中山寺　27 応観寺　28 安国寺　29 鎌倉堂　30 吹上池
31 和田丸　32 庄屋元　33 善城寺

□野村西国三十三所　【別称】野村組三十三番

寛延２年(1749)、「２成竜寺」恵実等発願。昭和25年(1950)「17安穏寺」住職島津鶴城復興。西予市周辺。ご詠歌あり。現行なし。

1 那智庵　2 成龍寺　3 千眼寺　4 高安寺　5 保岸軒　6 松の窪堂
7 萬福寺　8 滝の堂　9 黄金堂　10 西岸寺　11 盛正寺　12 川井滝
13 月心庵　14 正護庵　15 安養寺　16 称竜寺　17 安穏寺　18 権現庵
19 安楽寺　20 神宮寺　21 大泉寺　22 駄場の堂　23 法性院　24 瑞照寺
25 西明寺　26 福徳寺　27 書写堂　28 寂光庵　29 旭観音滝　30 極楽寺
31 金光寺　32 長谷寺　33 萬昌(松)庵

□三間郷地西国三十三所　【別称】三間郷三十三所

明治12年(1879)開創。大正６年の納経帳あり。ご詠歌(「西国」利用)あり。現行なし。三間郷は宇和郡４郷の一(宇和島市、北宇和郡鬼北町)。

1 黒井地大師堂　2 宗光寺　3 能寿寺　4 曽根薬師堂　5 仏木寺
6 和合寺　7 沖の駄馬地蔵堂　8 安養寺　9 成福寺弥陀堂　10 正法寺
11 龍光寺　12 白業寺　13 勝福寺　14 妙光寺　15 龍穏寺
16 古藤田観音堂　17 智覚寺　18 威徳院　19 黒川地蔵堂　20 萬泉堂
21 保福寺　22 五穀寺　23 千願寺　24 宝樹寺　25 吉蔵寺　26 成杖寺
27 等善寺　28 西仲大師堂　29 仏音寺　30 成願寺　31 増田大師堂
32 龍泉寺　33 妙覚寺

高知県

高知県の概要：南国高知は長大な土佐湾沿岸の海岸線を持つが、遍路の発展に比べて三十三所巡礼路は土佐西国が見られるのみである。

□土佐西国三十三所〈江戸期〉【別称】當国三十三所

天和年間(1681-84)、藩主山内豊昌の母堂光善院の発願、本西国の土を土佐に移し高知城下の周囲に配置、山崎洋光・甲原道閑両人が順禮33番を定め、元文年中(1736-41)再び法灯、霊像を顕わす。ご詠歌あり。現行なし。

1 常通寺(安祥寺)　2 泰泉寺(楽水寺)　3 弘法寺(三谷寺)　4 静林寺
5 福寿院　6 西山寺　7 蒔　寺　8 西之寺　9 西生寺　10 國分寺
11 永源寺　12 弁財天　13 多寶坊　14 細勝寺　15 観音寺　16 五福寺
17 磯の堂　18 禅師峯寺　19 頂本寺　20 慈恩寺　21 十方寺　22 観音寺
23 種徳寺(妙喜寺)　24 池田寺　25 池浦寺　26 用石寺(妙福寺)　27 高殿堂
28 色法寺(吉峯寺)　29 金蓮寺　30 千光寺　31 神前堂　32 大通寺
33 加納院

□土佐西国三十三所〈明治期〉

明治初期廃仏毀釈等ののち、前記を再編成。ご詠歌あり。現行なし。

1 竹林寺　2 真如寺　3 弘法寺　4 龍乗院　5 福寿院　6 西山寺
7 蒔　寺　8 山西寺　9 西生寺　10 國分寺　11 永源寺　12 瑞松寺
13 関の堂　14 細勝寺　15 観音寺里の堂　16 妙念堂　17 磯の堂
18 禅師峯寺　19 観音寺　20 雪渓寺　21 中谷堂　22 柏尾山堂
23 妙喜寺　24 池田寺　25 池浦寺　26 塚地堂　27 高殿堂　28 良峯寺
29 金蓮寺　30 寺家堂　31 三仏堂　32 大通寺　33 團子堂(観音堂)

九州地方

九州地方の概要：江戸時代の諸国でいえば九州（筑前・筑後・豊前・豊後・肥前・肥後・日向・大隅・薩摩）、壱岐・対馬・琉球が含まれる。大和の長谷寺徳道上人により開創された現在の西国観音霊場は、養老2年（718）といわれるが、九州ではこの5年前の和銅6年（713）に法蓮上人と仁聞菩薩により観音巡礼がはじまっていたとする伝説がある。現在の九州西国の創始は日本最古の観音巡礼ということにもなる。ただし異論もあり、三十三所巡礼であったかどうかは疑わしい。いわゆる社寺でいう縁起というものであろう。しかし、現在の「九州西国」（福岡・佐賀・長崎・熊本・大分の各県）や国東半島の六郷満山（熊野修験）、英彦山（彦山修験）などの古来からの信仰対象が存在する北・東部地方には広域にわたり三十三所巡礼が普及していたと考えられる。廃仏毀釈の大きな影響を受けた南部（特に鹿児島県周辺）では、寺院の廃棄が多く状況がよくわからない。またキリスト教伝来のあった西部（長崎県）方面では記録が少なく、沖縄賢などの南西諸島では本土で見られるような観音巡礼の催行が見られない。福岡県や大分県では近世以降、ミニ四国（新四国）設立の過程でその縮小版ともいえるミニ西国（新西国）がたくさん見られるのと対照的である。近代以降ミニ四国めぐりのなかで旧西国の復興を意図するものや、ミニ四国札所と兼用でミニ西国も同時に結成して両札所をめぐる形態が多く見られるのが特徴的である。

■九州西国三十三所　【別称】筑紫三十三所、筑紫西国三十三所、九州一円三十三所、北九州西国三十三所

元明天皇の和銅6年（713）、豊前国彦山の座主法蓮上人と仁聞菩薩が弟子を伴い同行4人で18か所を回った。のち霊亀2年（716）、熊野権現の霊尊を得て15か所を増やしたのが九州西国の端緒といわれている。「筑紫三十三所」宝暦2年（1752）の記録があり、実際はこの頃の創始ではないか。江戸期「西国」と区別するため「九州西国」を「筑紫」と呼ぶ場合も存在する。「筑紫三十三所」としては、「順礼歌」天明7年（1787）恵旭筆があり、また「日本最初西国三十三番詠歌」安政2年（1855）、「西国順礼独案内」嘉永5年（1852）などがある。現行は昭和55年（1980）再編。ご詠歌あり。（　）は現行。

1 霊泉寺　2 長谷寺　3 清水寺　4 大楽寺　5 天念寺　6 両子寺
7 宝満寺　8 霊山寺　9 吉祥院・観音院　10 圓通寺　11 蓮城寺
12 青龍寺　13 西巌殿寺　14 雲巌寺　15 普光寺　16 清水寺　17 永興寺

18 観興寺　19 観音寺　20 地蔵院　21 宝地院　22 観世音寺　23 和銅寺
24 観音寺　25 清水寺　26 観音寺　27 清岩寺　28 常安寺
29 千如寺大悲王院　30 正覚寺　31 鎮国寺　32 龍宮寺　33 観世音寺

■九州三十三所　【別称】九州三十三観音、ぼけ封じ観音三十三所

昭和62年(1987)開創。1-3福岡、4佐賀、5-7福岡、8-15大分、16-22熊本、23-25長崎、26-27佐賀、28-30長崎、31佐賀、32-33福岡。ご詠歌あり。現行。

1 鎮国寺　2 海心寺　3 阿弥陀院　4 大興善寺　5 如意輪寺
6 不動寺　7 本覚寺　8 宝積寺　9 佛生寺　10 弘法寺　11 三明院
12 善通寺椿大堂　13 光明院　14 大光院　15 興禅院　16 満願寺
17 含蔵禅寺　18 興福寺　19 金剛密寺　20 大徳寺　21 向陽寺　22 芳證寺
23 満明寺　24 延命寺　25 大定寺　26 高野寺　27 宝光院　28 西光寺
29 御橋観音寺　30 最教寺奥之院　31 鶴林寺　32 法蔵院　33 明石寺

福岡県

福岡県の概要：古い伝承を持つ九州西国の巡礼地がある北部九州（福岡・佐賀・長崎・熊本・大分の各県）の核として、福岡県内では旧城下や郡域ごとの郡札が見られ、全国的に見ても多くの三十三所巡礼の順路が設定され、観音巡礼が大変盛況であった県である。古記録等には見られるものの現状で確認できる巡礼路が少ないのは淋しい。かっては観音霊場の巡礼路とともに、ミニ四国（新四国）の遍路路も多く設けられており、これとの組み合わせの中で共存している地域が実に多い。この地方が非日常生活圏における札所めぐりが活況であったことを知ることができる。

□筑前西国三十三所　【別称】筑前御国三十三所、筑前国中三十三所、筑前国中三十三所

元禄10年（1697）、臨昌院慈善等発起。ご詠歌あり。現行なし。（　）はのちの移動。旧筑前全域。

1 大乗寺（鎮国寺）　2 龍宮寺　3 妙圓寺　4 慈眼院（恵光院）
5 妙音寺（成就院）　6 観音寺　7 金寿院（東林禅寺）　8 吉祥院（入定寺）
9 長宮院（鎮国寺）　10 泉福寺（正覚寺）　11 千如寺（大悲王院）
12 平等寺（真清水観音堂）　13 光明寺　14 香音寺　15 東漸寺　16 善福寺
17 長谷寺　18 不焼寺（宗生寺）　19 鎮国寺　20 承福寺　21 海蔵寺
22 観音寺　23 聖福寺　24 高蔵寺（鴨生田観音堂）　25 清水寺　26 太養院
27 安国寺　28 龍宮寺（圓通寺）　29 音聲寺（鳴渡観音堂）　30 普門院
31 清岩（岸）寺　32 安楽寺（光明寺）　33 清水山（観世音寺）

□城辺三十三所

江戸期。「筑陽記一・博多二」寛延4年（1751）にあるが多くが廃寺。前記を縮小したもの。福岡市内。

1 大乗寺（鎮国寺）　2 龍宮寺　3 東長寺　4 天福寺　5 日水庵
6 承天寺　7 圓覚寺　8 聖福寺　9 聖福寺　10 西堅粕　11 妙圓寺
12 興宗寺　13 海蔵寺　14 鷲尾山　15 感応院　16 延命院　17 成道寺
18 般若院　19 長宮院　20 浄念寺　21 少林寺　22 安国寺
23 吉祥院（入定寺）　24 観音院　25 北之坊金壽院（東林寺）　26 行願寺

27 妙音寺　28 報光寺　29 観音寺　30 仙光院　31 箱　崎　32 勝楽寺
33 慈眼院

○小倉藩三十三所

江戸期。記録にあるが詳細不明。

○小倉三谷三十三所

明治42年(1909)、悪疫祈願のため修験金龍院(菅王寺)の託宣により創設。のち「三谷新八十八所」に発展して消滅。旧東谷村・中谷村・西谷村の三谷地域(北九州市小倉南区)。

○御国三十三所

「京都郡誌」に掲載。詳細不明。
18 象田寺

○企救郡中三十三所

記録に郡中祈願所真光寺、また聖應寺ありとあり札所か。

□北九州西国三十三所

昭和前期。現行なし。北九州市門司区～戸畑区。
1 平山観音(観音院)　2 横山観音(慈明院)　3 圓応寺
4 瀧野観音(観音寺)　5 賀善寺　6 延命寺　7 金剛閣　8 円通寺
9 常徳寺　10 不　明　11 清水寺　12 大満寺　13 観世音寺　14 円通庵
15 大師寺　16 観音寺　17 観音寺　18 金剛山寺　19 馬塚寺　20 舎月庵
21 大願寺　22 光明寺　23 水上観音寺　24 観音寺　25 宮　丸
26 小石観音寺　27 如意輪寺　28 長覚寺　29 光明寺(観音寺)　30 全通寺
31 東光寺　32 大悲院　33 松源寺

□島郷西国三十三所　【別称】島郷三十三所

江戸期。筑前小竹村(北九州市若松区)庄屋香山弥次郎が四国遍路遍歴後の安永5年(1776)に「島郷八十八所」を開創、この頃西国三十三所も発願か。

現行なし。

1 吉祥寺　2 地蔵堂　3 虚空蔵堂　4 高野山別院説教所　5 百合野堂
6 本村観音堂　7 川勺観音堂　8 徳雲寺　9 片山観音堂
10 野田観音堂　11 禅覚寺　12 穴倉観音堂　13 真方寺　14 自行庵
15 中枕崎観音堂　16 妙泉寺　17 慈眼寺　18 善慶寺　19 法輪寺
20 洞山庵　21 薬王寺　22 渡　瀬　23 新屋敷　24 岩屋観音堂　25 称名寺
26 福寿庵　27 安養寺　28 阿弥陀堂　29 大池寺　30 薬師堂　31 永龍寺
32 溝口庵　33 聖徳寺

□遠賀郡西国三十三所　【別称】遠賀西国三十三所、遠賀郡内三十三所、遠賀郡中三十三所

江戸期か。明治36年(1903)、新四国八十八所霊場設立で消滅。ご詠歌あり。現行なし。水巻町・遠賀町・中間市周辺。

1 吉祥寺　2 長覚寺　3 戸田寺(小石観音寺)　4 至心庵　5 福寿庵
6 禅覚寺　7 舎月庵　8 徳照寺　9 禅(善)慶寺　10 法輪寺　11 観音寺
12 禅寿寺　13 栄宗寺　14 隆守院　15 龍昌寺　16 観音庵(寺)　17 香林庵
18 宝珠庵　19 慈雲庵　20 川端観音(清流庵)　21 中光寺　22 江龍庵
23 金光寺　24 西海寺　25 安楽寺　26 聖福寺　27 釈王寺　28 無量寺
29 弘(高)祖寺　30 海蔵庵　31 宣教寺　32 善光寺　33 東光寺

□遠賀川西西国三十三所　【別称】遠賀川西新西国三十三所、川西新西国三十三所

明治36年(1903)開創。日露戦争の戦勝祈願、また炭坑の坑夫と地元農家との融和を図るために創設ともいわれる。当時は三十三所・八十八所霊場巡り(千人参り)が同時に行われた。ご詠歌あり。現行なし。遠賀町・中間市・岡垣町・芦屋町周辺。

1 慶順坊　2 嶋　津(慈現寺)　3 行徳院(鬼津観音堂)　4 垣　生
5 阿弥陀寺　6 正覚寺　7 常　定　8 中　村　9 富　永(西光寺)
10 長楽寺(川端観音清流庵)　11 尾　倉(銀杏庵)　12 高　屋(大谷観音堂)
13 庚申堂(木守古観音堂)　14 別　府　15 戸　切　16 寶壽院　17 観音院
18 上　畑　19 龍昌寺　20 野　間　21 三福寺　22 洞源寺　23 手　野
24 長源寺　25 新松原　26 安楽院　27 西光寺　28 尾崎観音堂(涼照院)

29 小鳥掛観音堂（慈雲院）　30 粟屋観音堂　31 阿弥陀寺　32 海雲寺
33 高浜大師堂

巡礼閑話　千人参り

札所を参拝する人と札所で接待する人が仏縁で結ばれる、その数が千人を超えることからこう呼ばれる。多くは春秋２回行われることが多い。

□宗像郡西国三十三所〈江戸期〉【別称】宗像郡三十三所、宗像郡中西国三十三所

慶応４年（1868）開創。ご詠歌あり。現行なし。

1 不焼寺　2 岩清水　3 勝宝寺　4 大　森　5 吉　原　6 梅谷寺
7 通り堂　8 長谷寺　9 福間辻堂　10 草場寺　11 善福寺　12 観行院
13 庵　14 正麦庵　15 寿福庵　16 圓福寺　17 山　添　18 塩　浜
19 泉福寺　20 承福寺　21 鎮国寺　22 万福寺　23 観音山　24 高樹山
25 養福寺　26 長福寺　27 下谷一ぱい堂　28 秀圓寺　29 延寿寺
30 中山寺　31 上谷原寺　32 来迎寺　33 孔大寺

□宗像郡西国三十三所〈大正期〉【別称】宗像郡三十三所、宗像郡中西国三十三所

大正３年（1914）前記を再興。ご詠歌あり。現行なし。

1 不焼寺　2 岩清水　3 勝宝寺　4 泰平寺　5 吉　原　6 梅谷寺
7 津　丸　8 長谷寺　9 観音山　10 草場庵　11 観行院　12 正麦庵
13 寿福庵　14 圓福寺　15 山　添　16 隣船寺　17 泉福寺　18 承福寺
19 孔大寺　20 鎮国寺　21 秀圓寺　22 向手森　23 東郷裏町　24 万福寺
25 来迎寺　26 観音山　27 高樹山　28 松　崎　29 法然寺　30 長福寺
31 上谷原寺　32 延寿寺　33 中山寺

●六ケ嶽西国三十三所

明治32年（1899）、普賢院（宮田町）開山の春田弘道和尚と父平助、弟長重が協力して開創。三十三所・八十八所霊場巡り（千人参り）が同時に行われる。現行可。直方市・鞍手町・宮田町周辺。

1 長谷観音堂　2 上新入鴨生田　3 大寶院　4 新　町　5 法華寺

6 立 林　7 梨 山　8 稲 葉　9 島　10 泉 水　11 七ケ谷
12 心 吉　13 大広木　14 極楽寺　15 下新入別田　16 神 崎
17 松 尾　18 板 敷　19 掛津下　20 種善寺　21 圓宗寺　22 辻
23 圓清寺　24 隠 谷　25 上木月　26 小 路　27 上大隅観音堂
28 松 隈　29 梅寿谷　30 神 崎　31 中 町　32 村ノ下　33 田 頭

□石城三十三所

江戸期か。沙門梵成等の発願。「石城」は「博多津」の異称。現行なし。福岡市博多区周辺。

1 大乗寺　2 遍照院　3 地蔵堂　4 華（寿）福院　5 天福寺　6 龍宮寺
7 東長寺　8 六角堂　9 東林寺　10 日水庵　11 承天寺　12 乳峯寺
13 妙楽寺　14 圓覚寺　15 聖福寺　16 護聖院　17 西光寺　18 入定寺
19 善導寺　20 海元寺　21 正定寺　22 明光寺　23 榮昌庵　24 多福庵
25 行願寺　26 閑松院　27 阿弥陀堂　28 西方寺　29 観音寺　30 輪照院
31 光西寺　32 報光寺　33 妙音寺

□鞍手郡三十三所　【別称】鞍手郡中三十三所

慶応3年（1867）、四郎丸村威徳庵不老和尚、入江伝十郎・六郎七等発起。その後明治10年（1877）、入江六郎七等が発起人となり四郎丸村等5ケ村に「新四国」を開創。これにより廃れたか。ご詠歌（「西国」利用）あり。現行なし。（　）は別記。北九州・直方各市、鞍手・宮田・小竹・若宮各町。

1 長谷寺　2 極楽寺　3 岩山観世音　4 岩野寺　5 長寿庵　6 西方寺
7 慈眼庵　8 西福寺　9 威徳庵　10 龍屋寺　11 了玄庵　12 圓宗寺
13 清泉寺　14 尾上観世音　15 圓福寺　16 龍泉寺　17 平等寺　18 独楽庵
19 光明寺　20 神宮寺　21 円通院　22 観音寺　23 光明寺　24 大宝院
25 阿迦寺（清水寺）　26 立林寺　27 永源寺　28 円通閣　29 長楽寺
30 種善寺　31 長徳寺　32 観音寺　33 如来田観音（瑞石寺）

●田川西国三十三所〈東部〉　【別称】赤池三十三所

明治40年（1907）、朝日寺10世熊谷正照創設。朝日寺を本部「田川新観音霊場」設立、彦山川を挟み東部と西部に分かれる。現行可。石像めぐり。

1 大日寺（春）・彦 山（秋）　2 光願寺　3 東 町　4 伊方後谷

5 上高野　6 宮　尾　7 採鋼所前　8 下高野新道　9 殿　町

10 後　山　11 下高野薬師堂　12 四王子　13 花古屋　14 金辺峠

15 宮浦観音堂　16 採鋼所観音　17 中　組　18 不　明　19 殿　町

20 畑　21 柿下大坂　22 山ノ内　23 後　谷　24 上赤合屋

25 伊方後谷　26 三本松　27 定禅寺　28 野　路　29 小内田　30 寶光寺

31 柿　原　32 小　柳　33 不　明

●田川西国三十三所〈西部〉

明治32年(1899)、十輪院(大任町)藤本僧正等の八十八所設定に併せて開創。現行可。石仏めぐり。

1 大日寺(春)・彦　山(秋)　2 六角堂　3 栄恵町　4 下弓削田

5 花　見　6 三井寺　7 第一松原宮町　8 不　明

9 大熊御御堂(宮森山観音堂)　10 不　明　11 地蔵寺　12 神　崎

13 上赤池大師堂　14 伏原観音堂　15 梨　畑　16 光林寺　17 人　見

18 福丸観音堂　19 神　崎　20 上糸田観音堂　21 上糸田観音堂

22 濡落瀧の観音　23 不　明　24 田原観音堂　25 上弓削田　26 太光寺

27 定林寺　28 森　安　29 原御大御堂　30 田原大師堂　31 古房観音堂

32-33 不　明

巡礼閑話　札所の誕生③

明治32年(1899)十輪院(大任町)22世藤木孝棟和尚開創、彦山川を挟んで4/1、10/1に1年毎に1週間かけてめぐっていた。川の東(東部：春7日間)・川の西(西部：秋7日間)開帳。観音講・西国三十三所と両方の札番を持つお堂があり、大師(新四国)本部は十輪院(寺村)、観音講(西国)本部は朝日寺(赤村)。四国·西国の組み合わせは、四国(東部)・西国(西部)、四国(西部)・西国(東部)がセットとなる。

□糟屋郡三十三所　【別称】粕屋郡内三十三所、表粕屋郡中三十三所

江戸末期。(　)内は別記。ご詠歌あり。現行なし。福岡市·志免町·宇美町·粕屋町・篠栗町・久山町周辺。

1 石泉寺　2 頭光寺(久原寺)　3 建(蓮)正寺　4 西(正)福寺　5 清谷寺

6 見性寺・萬浄(満成)寺　7 龍蔵寺　8 東照寺　9 辻ノ堂　10 慈眼堂

11 観音寺　12 天祐寺　13 御手水　14 長谷寺　15 極楽寺　16 清水寺

17 海蔵寺（多米寺）　18 西念寺（倉胡寺）　19 林松寺（栄泉寺）
20 長泉寺（密蔵寺）　21 森江寺（覚応寺）　22 泉　寺　23 久徳寺　24 遍照院
25 珠林寺　26 部　木　27 東圓寺（山本院）　28 正覚寺　29 土井観音堂
30 普門寺　31 寺　蔵（地蔵寺）　32 法長寺　33 湖音寺

■嘉麻郡三十三所　【別称】筑前嘉摩郡郡中三十三所、嘉穂郡三十三所

江戸期か。「嘉麻郡」は明治29年（1896）「穂波郡」と合併「嘉穂郡」となる。現行あり。山田市・稲場町・庄内町・飯塚市・嘉穂町・碓井町周辺。

1 安国寺　2 平辻観音堂　3 観音山　4 高倉観音堂　5 赤坂観音堂
6 正安寺　7 正安寺　8 光安寺（大門観音堂）　9 泉福寺
10 福寿寺（泉山観音堂）　11 晴雲寺（浄善寺）　12 国安寺　13 無量寺
14 大音寺　15 鶴三緒　16 神（高）山　17 香安寺
18 福聚庵・大王寺（二か所）　19 下　田　20 大悲庵　21 上　西
22 具　割（島）　23 円通寺　24 岩根寺　25 小野谷　26 足　白
27 千手寺　28 圓通寺（宝泉寺）　29 西　野　30 西方田　31 長谷寺
32 鬼　塚　33 永泉寺

□上妻三十三所

江戸期。大正8年（1919）の記録には女性を中心に盛んであった。ご詠歌あり。現行なし。福岡県南部、八女・筑後各市・黒木・広川周辺。

1 宮野町　2 正観寺　3 大釈寺　4 馬場村本地堂　5 宗岳寺
6 光明寺　7 浄福寺　8 無量寿院　9 清水寺　10 大応寺
11 吉常村観音堂　12 萬導寺本地堂　13 前古賀観音堂　14 放光寺
15 國松寺　16 鵜池村観音堂　17 普門寺（富重観音堂）　18 長福寺
19 水田天満宮内本地堂　20 柳島村杉来堂　21 浄福寺　22 立山村観音堂
23 真如寺　24 法尺寺　25 幸福寺　26 正通寺　27 北長田天満宮内本地堂
28 大正寺　29 大光寺　30 円通寺　31 光明寺　32 東泉寺　33 新荘観音堂

□上座郡三十三所　【別称】上座郡中三十三所

江戸期。旧上座郡の札所。ご詠歌あり。現行なし。「上座郡」「下座郡」「夜須郡」の3郡は明治29年（1896）「朝倉郡」となる。朝倉町・把木町・宝珠山村・小石原村・甘木市周辺。

1 普門院　2 円清寺　3 若　市　4 久喜宮小鐘堂　5 古賀上野
6 寒　水　7 池　田　8 林　田　9 穂　坂　10 白木御宮
11 星　丸　12 松　末(迫観音堂)　13 赤　谷　14 福　井　15 宝珠山
16 小石原御寺　17 佐　田　18 黒　川　19 須　川　20 比良松　21 宮　野
22 鳥集院　23 入　地　24 余名寺　25 石　成　26 下大庭　27 座禅寺
28 上　寺　29 田　中　30 多々連　31 古　毛　32 菱　野　33 山　田

□下座郡三十三所　【別称】下座郡中三十三所

江戸期。旧下座郡の札所。ご詠歌あり。現行なし。甘木市周辺。
1 清岩(岸)寺　2 庄屋村　3 鬼　丸　4 段　5 万(萬)願寺
6 久保鳥　7 小(古)熊　8 城　村　9 帝釈寺　10 荷原村寺内
11 角枝観音堂　12 矢野竹村(道現寺 - 廃寺)　13 田代村　14 山見村
15 屋形原村　16 岩渕山板屋　17 柳原村　18 堤　村　19 古賀村
20 頓田村　21 一木村　22 小田村　23 小隅村(堂屋敷観音堂)
24 平塚村　25 長田村　26 坂井村　27 屋永村　28 池　上
29 桑原村　30 中島田村(一宮観音堂)　31 相窪村　32 牛鶴村
33 古江村(飛松天満宮観音堂)

□夜須郡三十三所　【別称】郡中三十三所

江戸期。ご詠歌あり。現行なし。甘木市・三輪町・夜須町周辺。
1 長谷山村　2 長谷山庵　3 西福寺　4 鳴門山　5 野鳥村
6 野添観音堂　7 日向石　8 千手村　9 下渕村　10 大塚村　11 持丸村
12 甘木七日町(観音寺)　13 法泉寺　14 浄土寺　15 上浦釈師　16 馬田村
17 高田代々　18 隅江村　19 弥永村　20 宮崎観音堂　21 塚本観音堂
22 寺家観音堂　23 谷観音堂　24 松林観音堂　25 畑島村
26 高田林観音堂　27 勝山観音堂　28 三牟田村　29 長者町　30 篠隅村
31 四三島村　32 東山田村　33 中牟田村

○久留米御城下三十三所　【別称】御城下観音三十三所

宝暦元年(1751)創始。現行なし。次記「筑後西国」と同じか。

■筑後西国三十三所　【別称】郡中三十三所、筑後三十三所、當筑後州三十三所、國順礼三十三所、御井郡三十三所、三井郡三十三所

宝暦２年(1752)、高良山座主寂信発起。また安永７年(1778)、７代藩主有馬頼僮のころに設定。行程46里33町半(約188キロ)。(　)は廃寺を改定。ご詠歌あり。現行(春秋の彼岸の日に八十八所巡拝と併せて催行)。

1 高良山本地堂(福聚寺)　2 観興寺　3 観音寺　4 清水寺　5 法音寺
6 慶雲寺　7 霊鷲寺　8 如意輪寺　9 福聚庵　10 普済寺　11 国分寺
12 圓通寺　13 千徳寺　14 圓勝寺　15 安國寺　16 圓通寺(医王寺)
17 少林寺　18 正善寺(無量寺)　19 観音寺(日輪寺)　20 朝日寺　21 寛元寺
22 坂東寺(大聖寺)　23 光明寺　24 普光寺　25 恵日寺　26 帝釈寺
27 甲山寺　28 清水寺　29 永興寺　30 浄福寺　31 大光寺　32 圓通寺
33 霊厳寺

□折地組三十三所　【別称】折地組中三十三所

前記「筑後西国三十三所」が細分化されたもの。安永８年(1779)の記録あり。現行なし。

1 正観寺　2 地光寺　3 浄楽寺　4 下妻中観音堂　5 下妻下観音堂
6 川口観音堂　7 極前観音堂　8 井口観音堂　9 中牟田観音堂
10 下牟田下観音堂　11 下牟田中観音堂　12 下牟田上観音堂
13 井上観音堂　14 北牟田観音堂　15 南島観音堂　16 堂島観音堂
17 中島観音堂　18 古島東組観音堂　19 古島西組観音堂　20 常念寺
21 水田下町観音堂　22 下北島観音堂　23 放光寺　24 水田天満宮本地堂
25 光雲院　26 来迎寺　27 篠島観音堂　28 園松寺　29 上北島東観音堂
30 上北島子安観音堂　31 久郎原観音堂　32 今寺観音堂　33 発勝寺

□水田三十三所　【別称】水田村西国三十三所

前記「筑後西国三十三所」が細分化されたもの。安永８年(1779)の記録あり。昭和24年(1949)、「１正観寺」住職のご詠歌。前記の改正か。現行なし。

1 正観寺　2 北向観音(地光寺)　3 浄楽寺　4 富安観音堂　5 正源寺
6 西光寺　7 浄光寺　8 フダラク山　9 作　出　10 北牟田観音堂
11 四ケ所観音堂　12 金剛寺　13 観音寺　14 下富久　15 般若院
16 普門寺　17 坂ノ下　18 長崎宮前観音　19 庄島宮前観音
20 上富久雷神社前　21 中島大悲堂　22 常念寺　23 松林寺　24 放光寺
25 圓松寺　26 野町穴観音　27 尾島一之塚　28 船小屋薬師堂

29 志村観音堂　30 津島観音堂　31 光明寺　32 発勝寺　33 来迎寺

□福岡三十三所　【別称】福岡県三十三所

34番まである。現行なし。大牟田・久留米・筑後の各市、三井・浮羽・八女・山門郡周辺。

1 恵日寺　2 帝釈寺　3 普光寺　4 観興寺　5 福聚寺　6 国分寺
7 医王寺　8 小林寺　9 無量寺　10 日輪寺　11 安国寺　12 円通寺
13 坂東寺　14 光聖寺　15 寛元寺　16 観音寺　17 清水寺　18 法音寺
19 慶雲寺　20 霊鷲寺　21 福鷲寺　22 如意輪寺　23 普済寺　24 千徳寺
25 圓勝寺　26 清水寺　27 永興寺　28 甲山寺　29 朝日寺　30 大聖寺
31 円通寺　32 霊厳寺　33 大光寺　34 浄福寺

□両矢部三十三所

嘉永年間(1848-1854)の霊場札所案内板あり。明治期「矢部新四国八十八所」に組み替えたか。現行なし。県南東部八女郡矢部村周辺。

1 宮野尾観音堂　2 不　明　3 福取観音堂　4 稲村観音堂
5 中間観音堂　6 柴庵観音堂　7 虎伏木観音堂　8 八知山観音堂
9 栗原観音堂　10 古野観音堂　11 臼ノ払観音堂　12 飯干観音堂
13 柏木観音堂　14 椎葉観音堂　15 笹又観音堂　16 桑ノ平観音堂
17 論地畑観音堂　18 蕨原観音堂　19 桑取藪観音堂　20 日出観音堂
21 秋伐観音堂　22 枳殻観音堂　23 堤観音堂　24 六本松観音堂
25 上御側観音堂　26 下御側観音堂　27 女鹿野観音堂　28 殊正寺
29 大園観音堂　30 中村観音堂　31 飛観音堂　32 土井間観音堂
33 石川内観音堂

●御笠郡三十三所　【別称】御笠郡西国三十三所、三笠郡三十三所、御笠札

江戸期。ご詠歌あり。現行可。春彼岸の「筑前三十三所」めぐりのあと4月ころ行われる。石像めぐり。太宰府・大野城・筑紫野周辺。

1 向佐野観音　13 三条聖観音堂　17 乙金観音堂　22 京ノ尾観音堂
23 吉松観音堂

なお、札番不明ながら、以下の地域に札所がある。

下大り・上大り・山　田(24 石　仏)・畑　洗(庵)・仲　村・

乙　金（17 乙金観音堂）・水　城・　国　分（薬師）・大佐の（1 向佐野観音）・二日市・俗明院・立明寺・井手古賀・山　口・平等寺・原　田・筑　紫（観世山）・天　山・山　家（円通院）・山　家（円通瀧）・阿志岐・吉　本・原・大　石・どんくら坊・本道寺・油須原・愛嶽山・内　山・宰　府（萬浄院）・宰　府（蓮　池）・観　世・吉　松（23 吉松観音堂）

□竹野郡三十三所

宝暦６年（1756）「１法音寺」廓本和尚発起。田主丸町（久留米市）の観音札所。現行なし。

1 法音寺　2 水源寺　3 菅八幡宮本地堂　4 末次村観音堂
5 今泉村観音堂　6 大円寺　7 光安寺　8 大悲庵　9 正法寺
10 吉田村観音堂　11 文殊院　12 法林寺　13 宝圓寺　14 恵利村観音堂
15 三本木観音堂　16 早田村観音堂　17 竹松村観音堂　18 唐嶋村観音堂
19 鹿狩村観音村　20 筒井村観音堂　21 牧幡宮本地堂　22 灰塚村観音堂
23 今村観音堂　24 自在丸村観音堂　25 指出村観音堂　26 隅村観音堂
27 三明寺村観音堂　28 大慶寺村観音堂　29 森山村観音堂
30 麦生八幡宮本地堂　31 石垣内山奥之院　32 清水寺　33 観音寺

□生葉郡内三十三所　【別称】浮羽郡内三十三所

創設期不明。ご詠歌あり。旧生葉郡内（うきは市域）。１泊（「18大生寺」泊）２泊の行程。昭和末期までは継承されていた。吉井・浮羽町周辺。

1 川　前　2 橋本町　3 若　宮　4 清　瀬　5 若　宮　6 土　取
7 宮　田　8 西小江　9 溝　口　10 太　田　11 富　光　12 庄　園
13 今　竹　14 島　15 屋　形　16 安　富　17 延寿寺
18 屋　部（大生寺）　19 勝楽寺　20 小　坂　21 椿　山　22 西光寺
23 朝田原お東　24 泉　堂　25 東長野　26 糸　丸　27 祇園町　28 西高見
29 三春原口　30 保　木　31 袋野諌山　32 国　本（京　塚）　33 清水寺

○那珂郡三十三所

記録にあるも詳細不明。現行なし。

24 上の山観音堂　25 艮岳院
他に吉水観音堂

佐賀県

佐賀県の概要：長崎県とともに肥前国の一部をなし玄界灘から有明海に広がる県域である。西九州地区では長崎県とともに堂めぐりの三十三所巡礼路があまり見あたらず、本県でも石像による霊場巡礼については本文にあげた以外にも小規模なものは多く見られる。戦国期以来貿易港長崎と中央の陸路交通路の要所に当たっており、各地との交流路が開けており、このことが地域の仏教文化であった巡礼路の活況を見いだせなかったのかも知れない。県北の唐津地方は八十八所遍路が盛んで肥前国中三十三所もその八十八所の札所かとも考えられる。

□肥前国中三十三所　【別称】肥前国三十三所・唐津藩内三十三所・松浦三十三所

永和元年(1375)、また永正9年(1512)の創設という。「肥前国中」は唐津藩をいう。現行なし。

5 竹崎山(観世音寺)　22 医王寺　29 金泰寺　33 垂　玉(常安禅寺)
他に、雲上寺(吹揚観音)

□肥前州三十三所

江戸期。元禄9年(1696)刊の霊場案内あり。現行なし。札番は記載の順による仮番。

1 瀧観音　2 和銅寺　3 太良嶽大権現宮(金泉寺)　4 平井坊　5 巌谷山
6 木庭観音堂　7 信福寺　8 日吉坊　9 圓應寺　10 報恩寺　11 圓通寺
12 勇猛寺　13 安福寺　14 福泉寺　15 馬観音　16 妙覚寺
17 垂井山(金泉寺)　18 巨福寺　19 牛尾山　20 圓通護国禅寺
21 清水山(宝地院)　22 水上山　23 河上山　24 新清水(寺)　25 慈音院
26 仁比山(地蔵院)　27 菩提寺　28 経嶋寺　29 慈教院　30 観音寺
31 本庄宮(本荘院)　32 輿賀大明神堂　33 龍造寺(高　寺)

□背振三十三所　【別称】脊振村三十三所

江戸中期の「札所揃」を参考。現行なし。石像めぐり。

1 政所小原　2 岩間観世音　3 東鹿路眼鏡端　4 鷹取山　5 滝の下
6 東鹿路安産観世音　7 大　楮　8 鹿路本村　9 今古賀　10 越　道

11 鹿下篷原　12 鳥羽院下佐古八手観世音　13 鳥羽院古釜　14 鳥羽院大畠
15 鳥羽院松平　16 入道淵　17 下赤佐古　18 下赤佐古　19 龍　作
20 牟田石　21 一　谷　22 伊　福　23 不　明　24 田　中　25 脊振山
26 古賀尾　27 大井谷　28 アミダ山　29 今屋敷　30 勝　陣　31 松林寺
32 山　神　33 倉　谷

□基肄養父三十三所

江戸末期。ご詠歌（「西国」利用）あり。現行なし。石像めぐり。

1 大谷観音　2 四阿屋　3 万才（萬歳）寺　4 大興禅寺　5 宮浦南谷
6 天台寺　7 おか寺　8 柚比町　9 安生寺　10 松本やつ　11 東　院
12 古賀町　13 牛原町　14 蔵上町　15 養父町　16 門戸口　17 杉のもと
18 北古賀　19 北小路　20 酒井西町　21 北　浦　22 今泉町　23 若林成山
24 波　迫　25 園部清水　26 東福寺　27 奈良田　28 飯田町　29 幡多崎町
30 宮浦一井木　31 園部しの林　32 西清寺　33 安生寺

□神埼郡上東郷三十四所

宝暦12年（1762）、願主宮地利兵衛・山口嘉平次。現行なし。

1 大権現本地　2 西往寺　3 弁天河原　4 行満坊　5 大曲邑
6 目達原　7 鳥　隅　8 諌里邑　9 苔野宿　10 金剛院　11 下中杖邑
12 曽根邑　13 東光寺　14 東光寺　15 燈明寺　16 妙法寺　17 箭立邑
18 辛上邑　19 満善寺　20 西光寺　21 佛性寺　22 下石動浮戸　23 妙楽寺
24 佛願寺　25 上石動天神社　26 上石動天神社　27 上石動寺山
28 坂本邑権現社　29 永山社　30 安禅寺　31 松隅邑所宮　32 願成寺
33 常住寺　34 祇園社

○肥前佐賀藩三十三所

記録にあるも詳細不明。

□朝日西国三十三所

昭和3年（1928）創設。現行なし。伊万里市周辺。石像めぐり。

1 高峰寺　2 光明寺　3 光明寺　4 南上瀧堂　5 高橋天満宮
6 北上瀧太子堂　7 甘久焔魔王峠　8 太蛇古観音堂　9 松隈太子堂

10 金剛院　11－15 中野太子堂　16 万徳寺　17 万徳寺　18 薬師堂
19 戸坂観音堂　20 川　上　21 成鎮寺　22 草野御前堂　23－31 八幡山
32－33 高峰寺

□多久邑内三十三所

文政5年(1822)、多久領多久氏の儒官深江順房の撰、圓通寺(小城町)津岩和尚巡礼ノ序を建てる。現行なし。

1 若宮八幡社内本地堂　2 専称寺　3 山手観音堂　4 大古場観音堂
5 天徳庵(天徳観音堂)　6 天徳寺　7 平野観音堂　8 正善寺
9 二重観音堂　10 船山観音堂　11 中ノ観音堂(河内瀧観音)
12 小侍観音堂　13 岸川観音堂　14 多久原観音堂　15 通玄院
16 高野社観音堂　17 大梅寺　18 桐野山観音堂　19 笆原観音
20 石原観音　21 羽佐間観音　22 渋木観音堂　23 松瀬観音　24 常應寺
25 砥川観音　26 花祭観音　27 龍澤寺　28 焼米観音　29 糀嶋観音堂
30 歓喜寺　31 志久西袋観音　32 志久村観音
33 北方観音(萬福寺跡観音堂)

巡礼閑話　「三十三所」・「八十八所」

「三十三所」の「三十三」は、『観音経』に説かれている観音菩薩の応現身にちなみ、三十三種の功徳をいう。観音菩薩はこれを受けて三十三身に化身して衆生を救うというもので、これにちなんで「三十三所」の観音霊場を巡礼することが始まった。「西国巡礼」がその淵源である。「八十八所」の「八十八」は人間の煩悩の数が八十八あるところから、八十八所をめぐることで、その煩悩を一つずつ打ち消していくことに由来する。四国にある弘法大師の霊蹟をめぐる「八十八所」巡礼を「四国遍路」という。

長崎県

長崎県の概要：県域は、佐賀県と二分する肥前国と、玄界灘の壱岐国、朝鮮半島に近い対馬国にまで及ぶ。戦国期のキリスト教の伝来が深く影響をもたらしている地域であるので、個々の寺院の信仰以外には寺々を巡礼するような跡地を忍ぶことができない地域である。

□壱岐国三十三所 【別称】壱陽三十三所

室町末期、波多帯刀宗圓（唐津岸嶽城主波多三河守の叔父）発願、三十三体の観音像を造像して各村々の信者三十三人に1体ずつ与えて安置。ご詠歌（「西国」使用）あり。現行なし。（　）は移動。壱岐島内。

1 龍造寺　2 福寿庵（諸吉の堂）　3 華光寺　4 長泉禅寺（川北の堂）
5 円光寺（玉種庵）　6 金蔵寺　7 清瀧観音堂（穂徳院）
8 玉泉寺（高峰密寺）　9 長栄寺（龍造寺）　10 円光寺　11 西福寺
12 龍峰院　13 玉泉寺　14 華光寺　15 同　所（宝樹庵）　16 観世音寺
17 西来軒（観世音寺）　18 医王院（湯ノ山の堂）　19 観世音寺（寿慶庵）
20 安寧寺（観世音寺）　21 穴太寺（忍松庵）　22 華光寺
23 太平寺（子持観音堂）　24 龍養寺　25 祥雲寺　26 泥打堂　27 高源寺
28 華光寺　29 高源寺（金谷寺）　30 金谷寺　31 長栄寺　32 観音寺（天徳庵）
33 美濃谷観音堂

○長崎三十三所

昭和初期地元紙に連載されたが、詳細不明。平戸・佐世保・諫早周辺。

1 マリア観音

以下21までは判明するとする

□城下巡礼三十三所（仮称）

詳細不明ながら前記と同じか。現行なし。平戸市周辺。

20 安満岳西禅寺　28 瑞巌寺

○西国三十三所

詳細不明。記録に下記あるが現行なし。前記に同じか。

33 林松寺

■島原半島三十三所 【別称】領内三十三所

寛永年間(1624-44)、高力摂津守忠房、半島領内33村に33体を祀る観音堂を建立。ご詠歌あり。現行。半島一周120キロ。

1 江東寺　2 晴雲寺　3 快光院　4 崇台寺　5 高島回向堂
6 崩山観音堂　7 櫻井寺　8 出ノ川観音堂　9 飯野観音　10 円通寺
11 野田観音　12 堂山観世音　13 永昌寺円通庵　14 尾崎観音堂
15 龍泉寺　16 竹ノ谷観音神社　17 江川谷観音堂　18 浦田観音堂
19 大泊観音山　20 巌吼庵　21 一乗院　22 山畑観音堂　23 清水神社
24 岩屋観音　25 牛口神社　26 温泉神社　27 岩戸神社　28 烏兎神社
29 河原田観世堂　30 清水神社　31 生松寺　32 中原神社　33 江里神社

□諫早三十三所

享和2年(1802)、諫早十一代藩主鍋島茂図公発願、石像建立開眼供養。現行なし。所在地は開創当時、(　)は現状。諫早市内。石像めぐり。

1-6 天祐寺　7 大学院(天祐寺)　8 四面宮社(宇都墓地)　9 岩屋山
10 浦　山(正応寺)　11 浦　山(正応寺)　12 正応寺　13 長慶院(正応寺)
14 蓮光寺　15 慶巌寺　16 薬　師(慶巌寺)
17 金谷町稲荷社(金谷久保稲荷社)　18 雲龍軒(清泉寺若松社)
19 本清寺(大乗院)　20 善根ノ辻　21 竹ノ下弁財天　22 仲沖観音堂
23 明学院　24 性空寺　25 八幡宮(平仙寺)　26 福聚坊(松尾方)
27 徳養軒(徳養寺)　28 広福寺　29 不　明　30 願成坊　31 石坂山
32 茶臼山　33 平仙寺

巡礼閑話　札所の誕生④

江戸後期、「諫早三十三所」を設けた藩主の『諫早日記』には地域巡礼への祈念が伝わる。ここには「家々長久繁栄、私領内安全、諸事運協い子孫連続を願い、次には親類家老をはじめ私領中の人民が安全に家職にありつける」と記されている。藩領の発展をかいま見た大名の郷土への文化交流意識が導入されたことが伺える。

熊本県

熊本県の概要：豊肥本線の車窓から阿蘇五岳（高岳・中岳・烏帽子岳・根子岳・杵島岳）を遠望すると釈迦如来の寝姿になる。三十三所巡礼は近世以降、福岡・大分県と同様に広く行われていたと見られる。

□肥後国三十三所　【別称】肥後（国中）三十三所、肥陽国中三十三所

天保6年（1835）、願主富田右衛門。ご詠歌あり。現行なし。（　）は現所在。

1 阿蘇山本堂（西巌殿寺）　2 満願寺　3 福王寺　4 福城寺　5 釈迦院
6 常楽寺　7 興善（禅）寺（明言院）　8 高嶋寺　9 正閣寺（永国寺）
10 平等寺（杉本院）　11 東向寺　12 染岳観音院　13 観音寺（西安寺）
14 杉島観音寺　15 大慈禅寺　16 蓮台寺　17 長谷寺　18 池辺寺
19 聖徳寺　20 雲巌禅寺　21 聖徳寺　22 遍照金剛寺　23 康平寺
24 正法寺（広福寺）　25 大慈山（善光寺）　26 日輪寺
27 能満寺（米野観音堂）　28 鞍　嶽（円満寺）　29 安国寺　30 碧巌寺
31 東福寺　32 正観寺　33 相良寺

□肥後三十三所

開創期不明、大正時代の頃まで盛ん。現行なし。熊本市内。

1 円通巌観音堂（円通禅寺）　2 報恩禅寺　3 流長院　4 流長院
5 心光寺　6 三宮観音堂　7 五丁目観音堂　8 富尾観音堂　9 法城寺
10 常福寺　11 威徳寺　12 岳林寺　13 石神社観音堂　14 瑞岸寺
15 禅定寺　16 本覚寺　17 安国寺　18 法蓮寺　19 高観音堂　20 清水寺
21 春日寺　22 長谷寺（清水寺）　23 天福寺　24 常寺観音堂　25 延命寺
26 蓮台寺　27 無漏寺　28 尋常院（妙恵寺）　29 浄国寺　30 海龍観音堂
31 正法院　32 松林寺（不動院）　33 峰霊院

□小国三十三所　【別称】阿蘇小国三十三所

創設期不明。ご詠歌あり。現行なし。阿蘇郡小国町周辺。

1 瑞龍寺　2 林泉寺（霊泉寺）　3 下城川崎　4 護心寺
5 秋原大御堂（白林寺）　6 秋原小御堂（圓林寺）　7 千蔵庵　8 徳安寺
9 正法寺　10 圓通庵　11 赤水水の手観音　12 宗福寺　13 西村高水

14 童子院　15 萬成寺　16 正福寺　17 阿弥陀寺　18 大道寺
19 田の原舟の熊　20 黒川立岩　21 極楽院　22 千光寺　23 市原鬼山
24 長福寺　25 恵日庵　26 法琳（珠）寺　27 福壽庵　28 大竹原筒堂
29 珠恩寺　30 妙泉寺　31 玉泉寺　32 慈聚庵（四種庵）　33 神護寺

■阿蘇西国三十三所　【別称】阿蘇三十三所、西国阿蘇三十三所

室町末～江戸初期。昭和30年ころ「1 西巌殿寺」鷲岡慶昭住職等の再興。ご詠歌あり。現行。1-17は阿蘇谷、18-33は南郷谷。阿蘇市域。

1 西巌殿寺　2 善應寺　3 観音寺　4 清應（瀧）寺　5 満年（念）寺
6 今山寺　7 徳林寺　8 長福寺　9 中福寺　10 慈光寺　11 瀧水寺
12 青龍寺　13 千徳（福）寺　14 福寿寺　15 普門寺　16 円通寺　17 浄土寺
18 安楽寺　19 含蔵寺　20 長福寺　21 清水寺　22 夕照寺　23 光専寺
24 西安寺　25 妙音寺　26 片山寺　27 光照寺　28 正通寺　29 堂山寺
30 通泉寺　31 観音寺　32 垂玉寺　33 栃木寺

□南関西国三十三所

創設期不明。現行なし。玉名郡南関町周辺。

1 安国寺　2 悟真司　3 栄　町　4 小原中尾　5 石井大師堂
6 北原大師堂　7 小原の前　8 善光寺　9 清東寺　10 馬　立
11 馬立宮　12 平原観音堂　13 肥猪町観音堂　14 小　原　15 小原徳丸
16 道上堂　17 金　丸　18 津留観音堂　19 津　留　20 笛鹿観音堂
21 瓦屋敷　22 福　山　23 丹　保　24 仲間阿弥陀堂　25 藤ジョ尾観音堂
26 坊　田　27 下　原　28 下　原　29 萩　谷　30 立　山
31 中　尾　32 湯　谷　33 岩　灌

□上益城郡三十三所　【別称】矢部三十三所

寛延4年（1750）、板屋弥吉創始。ご詠歌あり。現行可。山都町周辺。

1 正福寺　2 岩尾山（妙景寺）　3 妙宗寺　4 照明寺　5 慈光寺
6 法蓮寺　7 光厳寺　8 恵良観世音　9 大圓寺　10 一の瀬観世音
11 後迫観世音　12 仙福寺　13 宮中寺　14 御所小川観世音　15 金福寺
16 成君観世音　17 横野観世音　18 横野観世音　19 横野観世音
20 圓通寺　21 延通寺　22 田吉観世音　23 小原観世音　24 愛藤寺

25 圓福寺　26 不門寺　27 杉木観世音　28 長田観世音　29 無量寺
30 島木観世音　31 布施観音堂　32 栃木観世音　33 大通寺

■山鹿郡三十三所　【別称】山鹿三十三所

享保年中(1716)、桶屋安之丞発願。ご詠歌あり。現行。山鹿市、鹿本郡。

1 紫雲寺　2 楊柳寺(川辺寺)　3 子安寺　4 観福寺　5 智徳寺
6 宝性寺　7 集林寺　8 東向寺　9 圓通寺　10 千福寺　11 安養寺
12 柳井寺　13 法華寺　14 志徳寺　15 紫方(周法)寺　16 光明寺
17 観念寺　18 長源寺　19 雲閑寺　20 蓮生寺　21 行(京)通寺
22 凡通(導)寺　23 閑林寺(岩隣寺)　24 日済寺(実西寺)　25 祈直庵(中正寺)
26 坂東寺　27 圓福寺　28 平原寺　29 光明寺　30 玉泉寺　31 長谷寺
32 鎮護寺(尋居寺)　33 相良寺

○鹿本郡三十三所

文化年中(1804-1818)に創設。詳細不明。

○城北三十三所

文化年中(1804-1818)に創設。詳細不明。

□菊池郡三十三所〈江戸期〉　【別称】肥後菊池三十三所、菊池三十三所

文政4年(1821)「肥後菊池三十三所」として創設。ご詠歌あり。現行なし。

1 東福寺　2 大柿観音堂　3 興福寺　4 茂藤里観音堂　5 雪野観音堂
6 道園観音堂　7 永禅寺　8 柴原観音堂　9 圓通寺　10 伊萩観音堂
11 妙見観音堂　12 千頭観音堂(赤星観音堂)　13 出田観音堂
14 観音寺(霊鷲山観音堂)　15 深川観音堂(延命山観音堂)　16 西寺観音堂
17 山崎観音堂　18 北福寺　19 玉祥寺　20 光九寺　21 正観寺
22 宝壽寺(木庭観音堂)　23 大圓寺　24 峯泉寺　25 長園寺(下河原観音堂)
26 今村観音堂　27 北宮観音堂　28 光善寺　29 大琳寺　30 北原観音堂
31 汐塚観音堂　32 下横道観音堂　33 蔵六庵

□菊池郡三十三所〈再　興〉　菊池三十三所

近代以降前記5か所、札番も大幅入れ替え再興。ご詠歌あり。現行なし。

1 東福寺　2 正観寺　3 光善寺　4 妙音寺　5 妙見観音堂　6 圓通寺
7 長園寺　8 峯泉寺　9 宝壽寺　10 大柿観音堂　11 茂藤里観音堂
12 永禅寺　13 道園観音堂　14 雪野観音堂　15 大圓寺　16 市野瀬観音堂
17 光九寺　18 玉祥寺　19 山崎観音堂　20 吉祥寺観音堂　21 高田観音堂
22 高島観音堂　23 菰入観音堂　24 西寺観音堂　25 延命山観音堂
26 霊鷲山観音堂　27 出田観音堂　28 北宮観音堂　29 大琳寺　30 長福寺
31 塩塚観音堂　32 道場寺観音堂　33 蔵六庵

□合志郡三十三所 【別称】合志三十三所

江戸期。ご詠歌あり。現行なし。旧合志郡（明治29年（1896）菊池郡）。
1 観音寺（円満寺）　2 上野仏供石　3 平村観音堂
4 観音寺（小原村観音堂）　5 妙巣庵　6 天応寺　7 永村観音堂
8 善福寺　9 観音寺　10 滞留庵（尾足村観音堂）　11 片俣観音堂
12 西福寺（馬場観音堂）　13 水月庵　14 安養寺（瀬田観音堂）
15 玉岡寺（上陣内観音堂）　16 円通庵　17 古閑原村宮内観音堂
18 新町宮内観音堂　19 鉄砲小路観音堂　20 添木観音堂　21 医音寺
22 油古閑観音堂　23 二子村観音堂　24 乙丸観音堂　25 長福寺
26 国泰寺　27 中林村観音堂　28 川辺村観音堂　29 徳蓮寺
30 円通院（久米村観音堂）　31 妙蓮寺　32 梶迫観音堂　33 橋田寺

□城北三十三所

記録にあるも詳細不明。
24 中正寺（地蔵堂）25 大光寺（薬師堂）

□肥後熊本三十三所

江戸期とされ、大正の頃まで盛ん。熊本市内の巡礼。現行なし。
1 圓通寺　2 報恩禅寺　3 広徳寺流長院　4 広徳寺流長院　5 心光寺
6 三宮観音　7 石　仏　8 富尾観音堂　9 法城寺　10 常福寺
11 威徳寺　12 岳林寺　13 石神社（千葉観音）　14 瑞岸寺　15 禅定寺
16 本覚寺　17 泰平安国寺　18 法蓮寺　19 高観音　20 清水寺　21 春日寺
22 長谷寺　23 天福寺　24 常　寺　25 延命寺　26 蓮台寺　27 無漏寺
28 妙恵寺　29 浄国寺　30 盲観音　31 正法院　32 松林寺不動院

九州地方

33 峰雲院

□松橋三十三所（仮称）

安政5年（1858）創設。現行なし。旧松橋町周辺。石像めぐり。

1 正願寺　2 新堤堤防　3 古堤堤防　4 歌里出町　5 河崎邸
6 築切堤防　7 不　明　8 坂崎邸　9-10 不　明　11 鳥越堤防
12 築切堤防　13 南田西入口　14 宇賀岳中の山　15 不　明
16 宗賀岳西面　17 不　明　18 宇賀岳丸丘　19 不　明　20 宇賀岳頂上
21-22 不　明　23 正願寺庵　24 御領古墳　25 御領古墳　26 不　明
27 御領古墳　28 柏原古墳　29 宇賀岳山頂　30 不　明　31 御領一本杉
32 円能寺川端　33 不　明

■相良三十三所　【別称】人吉領三十三所、人吉・球磨・相良三十三所

創設は延宝8年（1680）以降。ご詠歌は寛政6年（1794）井口武親詠作。現行（所在地は移動あり）。創設時札所の多くは衰退、多くは観音堂。（　）は現所在。

1 清水観音（願成寺）　2 中尾観音（清明寺）　3 増運寺（矢瀬が津留観音）
4 不　詳（三日原観音）　5 渡舟渡観音（鵜ノ口観音堂）
6 普門院（嵯峨里観音堂）　7 石室観音（石水寺）　8 湯楽寺（湯の元観音）
9 村山観音（観蓮寺）　10 瀬原観音（観音院）　11 芦原観音（聖泉院）
12 勝之峯観音堂（合戦嶺観音）　13 観音寺　14 安養寺（十島観音）
15 鐘林寺（蓑毛観音堂）　16 慈雲庵（長命寺観音）　17 上園観音
18 長楽寺（廻り観音）　19 福田寺（内山観音堂）　20 慈眼庵（植深田観音堂）
21 万福寺（永峰観音）　22 永峰観音（上手観音）　23 栖山寺
24 南朝寺（龍泉寺・生善院：2 寺あり）　25 普門寺観音堂　26 上里観音堂
27 宝陀寺観音堂　28 中山寺（中山観音）　29 龍泉寺（宮原観音堂）
30 珠寶寺（秋時観音）　31 一乗寺（士屋観音堂）　32 新宮寺
33 天真寺（赤池観音堂）

○川尻三十三所

詳細不明。現行なし。旧飽託郡周辺。

25 本田観音堂（善福寺）

□天草三十三所

現行なし。天草・上天草両市周辺。

1 金慶寺　2 慈眼院　3 明徳寺　4 観音寺　5 東向寺　6 迦葉寺
7 隣湯寺　8 隣峰寺　9 国照寺　10 円通寺　11 瑞林寺　12 観音院
13 天真寺　14 東雲寺　15 潮音寺　16 芳証寺　17 専福庵　18 阿弥陀寺
19 渓林庵　20 松林庵　21 渓月庵　22 宗心寺　23 霊岑庵　24 明栄寺
25 海潮寺　26 高雲寺　27 大光寺　28 正覚寺　29 向陽寺　30 金性寺
31 延命寺　32 無畏庵　33 染岳観音院

□宇土三十三所

明治中期が最盛期。現行なし。

1 西光院　2 宝性院（観音寺）　3 修月庵　4 築籠観音堂　5 江部観音堂
6 西安寺　7 岩熊観音堂　8 布古閑観音堂　9 妙見宮　10 如来寺
11 曽畑観音堂　12 古保里観音堂　13 立岡観音堂　14 境目八幡宮
15 松山観音堂　16 下松山観音堂　17 柏原観音堂　18 小曽部板碑
19 伊無田御堂　20 栗崎子安観音　21 極楽寺　22 観音寺　23 光園寺
24 宮ノ庄　25 和田観音堂　26 飯塚観音堂　27 恵里御堂　28 鶴見塚
29 西光院　30 海蔵寺　31 笠岩弁天宮　32 辺田観音　33 笹原観音堂

□葦（芦）北三十三所

文化15年（1818）設定。「33来迎寺」16世妙道選定詠歌。現行なし。

1 平等寺　2 東泉寺　3 計石観音堂　4 白岩観音堂　5 清水観音堂
6 法雲寺　7 大木場観音堂　8 法雲寺（牧山観音堂）　9 大河内観音堂
10 大尼田観音堂　11 松生観音堂　12 上白木観音堂　13 下白木観音堂
14 長澤観音堂　15 漆河内観音堂　16 桑澤美観音堂　17 大野松生観音堂
18 葛俣観音堂　19 市野瀬観音堂　20 鹽浸観音堂　21 山尼田観音堂
22 内野観音堂　23 桙観音堂　24 山川観音堂　25 山中観音堂
26 高峯観音堂　27 西福寺（善樹院）　28 古閑観音堂　29 南福寺
30 深川観音堂　31 伊良迫観音堂　32 葛渡観音堂　33 来迎寺

大分県

大分県の概要：奈良〜平安時代にかけて成立した六郷（安岐・武蔵・國前・伊美・田染・来縄）満山の仏教文化に支えられ、国東半島を中心に観音巡礼が盛んな地域で、三十三所巡礼については「大分縣下に於ける郷土西國」に往時の県内の資料が紹介されている。旧藩（中津・岡・臼杵・杵築・日出・府内・佐伯・森）ごとに、また旧城下や郡域、村郷の領域ごと県内全域に多くの寺堂巡りの設定があった。かっては密教系の寺院および禅宗系寺院が大半を占めていたが、明治維新以後、これらの寺院の多くが廃絶されて浄土系寺院が半数近くを占め、現在密教系寺院は2割を大きく割り込み、札所の状況にも大きな変化が見られる。

□速見郡三十三所

江戸期。元正天皇（715-724）の時代の養老２年（718）、仁聞という有徳の僧が豊後速見国見２郡の内にて180か所の札所をたて、また下毛宇佐２郡で188か所の札所をたてたという伝説がある。詳細不詳。現行なし。

□中津西国三十三所

記録にあるが詳細不明。現行なし。中津市周辺。

16 圓応寺　17or27 圓龍寺　30 松厳寺

（10 福島大師堂：西国10 番の記録があるがこの札所か）

□立石三十三所

享保期（1716-36）創設か。寛保２年（1742）写（山分村豊田只右衛門）のご詠歌あり。現行なし。立石は都築市の一部。

1 五徳寺庵　2 興禅庵　3 徳隣庵　4 水泉寺　5 善和寺（西畑堂）
6 大圓寺　7 幸合庵　8 水月庵　9 大玉庵　10 瑞松庵　11 宮川寺
12 水泉寺　13 光継庵　14 浄土寺　15 善和寺　16 高　峯　17 平山寺
18 通光庵　19 稲富堂　20 懸　堂　21 延命庵　22 山の内　23 山ノ口堂
24 大　堂　25 松林庵　26 能満寺　27 東生庵　28 不月庵　29 佛ケ迫堂
30 池ケ迫堂　31 龍音庵　32 水ケ迫宮　33 長流寺奥の院

□豊前國三十三所　【別称】豊前三十三所、豊前西国三十三所

元正天皇（680-748）のころ、国東六郷満山を開創、筑紫（九州西国）三十三所を始めた仁聞菩薩が豊前国の三十三所に観世音を安置し、聖主萬々歳武運

長久、国家安泰二世安楽を祈ったといわれ、詠歌は英彦山第2世の祖師法蓮の作との伝説があるが、江戸期の創設。ご詠歌あり。現行なし（廃寺多い）。

1-24福岡県・25-33大分県。

1 大楽寺　2 西山寺　3 鷹　栖（國分寺）　4 清水寺　5 仙岩寺（仙岩山）
6 椎谷瀧　7 岩屋寺　8 岩洞山（久福寺）　9 岩屋堂　10 長谷寺
11 岩城山（朝日寺）　12 観音寺　13 岩屋寺　14 如法寺　15 五個岩屋
16 日　峰（日峰山）　17 観音院（観音寺）　18 井守寺　19 筏瀬寺（簗瀬寺）
20 古川（河）寺　21 寶山寺　22 国分寺　23 観通寺　24 大吉寺
25 図子（師）寺　26 法正寺　27 東学寺（等覚寺）　28 椚　寺　29 長野寺
30 瀧　寺　31 四王寺　32 香蔵寺（高座石寺）　33 鳥尾寺

□川筋三十三所　【別称】豊前川筋三十三所

江戸期（18世紀後半）、旧乙女村「30長安寺」住職発願。ご詠歌あり。現行なし。（　）は現所在。宇佐市周辺。

1 大楽寺　2 西　山　3 祈皇寺（雲栖寺）　4 楠観音　5 六観音
6 岩屋山　7 矢部観音堂　8 国分寺　9 正興寺　10 興禅寺　11 真応寺
12 浄福寺（眞見寺）　13 永福寺　14 正覚寺　15 源昌院　16 花松軒（光明寺）
17 観音寺　18 長福寺　19 宗悦庵　20 菊厳寺　21 華蔵寺　22 明本庵
23 林東寺　24 法泉寺（無動寺）　25 無動寺　26 光鏡寺　27 福泉寺
28 慈眼庵　29 香林寺　30 長安寺　31 長安寺　32 伊呂利堂（寺）
33 観音寺

■豊後西国三十三所　【別称】豊後一国三十三所、南豊西国三十三所

文久2年（1862）「1生慶寺」観音坊圓壽法印が往年の巡礼旧跡を再興、序に往年の旧跡有りといえども中絶順路もなし。ご詠歌あり。近年、再々興、現行あり。（　）は昭和7年時の移動。豊後一国であるが直入・日田の2郡には設定されていない。

1 生慶寺（吉祥院・観音院）　2 福壽寺　3 長勝寺　4 龍興寺　5 圓通寺
6 延命寺　7 正願寺　8 福正寺　9 正念寺　10 多福寺　11 解脱闇寺
12 龍護寺　13 永壽庵（瑞祥寺）　14 蓮城寺　15 浄水寺　16 神角寺
17 浄水寺　18 報恩寺　19 龍門寺　20 西明寺　21 胎蔵寺　22 天念寺
23 両子寺　24 宝命寺　25 観音寺　26 覚雲寺　27 松屋寺　28 圓通寺
29 宝満寺　30 石城寺　31 国分寺　32 霊山寺　33 圓寿寺

●熊毛三十三所

江戸期創設、昭和63年（1988）再興。現行なし。石像めぐり。

1 常光寺観音堂　2 金比羅鼻　3 金比羅鼻　4 内迫村道左　5 地蔵堂

6 島田雀橋　7 竜潜寺　8 平尾邸横観音堂　9 竜潜寺

10 栗本邸（元高原屋敷）　11 常光寺観音堂　12 田北邸　13 藤原邸下

14 次郎丸邸　15 鶴本邸裏　16 鶴本邸宝珠石殿　17 井上邸上

18 小熊毛桜井断切通　19 次郎丸邸　20 大日堂　21 土谷邸前

22 元トンネル辻　23 大師堂　24 古庄邸　25 河井邸前　26 谷口邸上

27 元花木邸　28 竜潜寺　29 福田邸裏　30 河井の前道　31 常光寺観音堂

32 鶴本邸　33 古池の内

□戸次西国三十三所

江戸期。ご詠歌あり。現行なし。

1 川原山観音堂　2 上尾観音堂　3 大道寺　4 普門堂　5 南の坊

6 慈眼堂　7 成大寺　8 吉祥寺（成大寺）　9 中山寺　10 宗生寺

11 慈王殿　12 安養堂　13 白龍山　14 妙応堂　15 遍照院　16 全積寺

17 東園寺　18 正覚院　19 大内観音堂　20 福聚殿　21 法音寺　22 象王閣

23 東光寺　24 無畏庵　25 潮音寺　26 専念寺　27 願行寺　28 般若寺

29 園城寺　30 古洞寺　31 宗園寺　32 祥通院　33 生善寺

□鶴崎西国三十三所　【別称】鶴崎三十三所

安政6年（1859）、不及生作の「鶴崎観音詣詠歌」。ご詠歌あり。現行なし。旧肥後領（鶴崎～佐賀関）を領域。

1 龍興寺　2 大音寺　3 東岸院（東巖寺）　4 補陀寺　5 永珠庵

6 西海寺　7 慈眼庵　8 能仁寺　9 興聖寺　10 瑞雲庵　11 臨川庵

12 大機庵　13 極楽寺　14 常楽寺　15 石壽庵　16 萬弘寺　17 林泉庵

18 永昌庵　19 浄光寺　20 延命寺　21 養福庵（法然寺）　22 眞造庵

23 慧知（智）庵　24 海岸寺　25 正徳（願）寺　26 慈雲軒　27 圓通堂

28 定恵庵　29 福正寺　30 錦江寺　31 地蔵寺　32 正念寺

33 東林（隣）院（庵）

○安岐郷西国三十三所　【別称】安岐郷三十三所、郷三十三所

記録では、旧1月17日に有志が集まり、馬場の大儀寺より出発して1日で33か所の観音堂を巡り御詠歌を詠進したという。ご詠歌あり。現行なし。安岐町周辺。

1　大儀寺

□日出西国三十三所　【別称】御領西国三十三所、御領内三十三所、日出領内西国三十三所、日出　御國三十三所、日出領三十三所

江戸期。ご詠歌あり。現行なし。旧日出領内。（　）は移動。石像もある。

1　松屋寺　2　西明寺（願成寺）　3　龍泉寺（願成寺）　4　如意庵（龍泉寺）
5　覚雲寺（建福寺）　6　密乗院（覚雲寺）　7　原観音堂（竹光観音堂）
8　宗龍寺（潮音寺）　9　竹光観音堂（宗龍寺）　10　成田尾観音堂
11　寶壽庵（智徳院）　12　瀬戸寺　13　瀬戸観音堂（寶專寺）
14　深江北堂（辰巳観音堂）　15　浦波堂　16　如意庵（正專寺）
17　建福寺（光月寺）　18　寶積寺（栗林堂）　19　清水庵　20　今畑迫堂
21　嘉久禮堂　22　猪ノ迫堂　23　東明善坊　24　西明善坊（瑞倉寺）
25　高平堂　26　妙楽寺　27　竺源寺　28　妙徳寺　29　善満寺　30　最大（太）寺
31　神ノ木社大師堂（西明寺）　32　水東寺　33　通正寺

□杵筑藩領分西国三十三所　【別称】杵筑西国三十三所

江戸期か。ご詠歌あり。現行なし。

1　観音寺（安住寺）　2　安住寺　3　正覚寺　4　朝日寺　5　千光寺
6　宝陀寺　7　護聖寺　8　西白寺　9　桂徳寺　10　走り水　11　阿弥陀寺
12　千灯寺　13　清浄光寺　14　大光寺　15　慈雲寺　16　永明寺　17　胎蔵寺
18　海岸寺　19　姫島八幡宮　20　浄（常）光寺　21　岩戸寺　22　万弘寺
23　西林寺　24　玉林寺　25　神宮寺　26　浄土寺　27　安国寺　28　保福寺
29　経蔵寺　30　寶命寺　31　大儀寺　32　東光寺　33　報恩寺

□杵筑市西国三十三所

昭和61年（1986）「10寶福寺」岩男純勝住職創始。ご詠歌あり。現行なし。

1　千光寺　2　大儀寺　3　生桑寺　4　中村観音堂　5　大竜寺　6　宝積寺
7　光明寺　8　永福寺　9　溝井観音　10　寶福寺　11　医福寺　12　轟地蔵
13　宗玄寺　14　迎接寺　15　護保寺　16　東泉寺　17　養徳寺　18　安住寺
19　光明寺　20　城内観音堂　21　菩提樹観音　22　密伝寺　23　立岩観音
24　東大内山観音　25　観音崎観音　26　大聖寺（潮音寺）　27　鍋倉観音堂
28　狩宿西観音堂　29　狩宿東観音堂　30　塔ノ尾観音　31　東光寺
32　水子観音　33　報恩寺

□真玉西国三十三所〈江戸期〉　【別称】真玉・香々地西国三十三所

享保8年（1723）三十三ケ村（真玉：21か寺・香々地：12か寺）の大庄屋真

玉氏中興の祖眞玉與次兵衛幸茂（俳名江鴻軒里木）が１カ村１体の観音を安置して開基。ご詠歌はすべて「ふだらくや」を使用。現行なし。

1 真玉寺　2 金谷（屋）観音堂　3 神宮寺　4 三井寺　5 観音寺
6 西白寺　7 松行堂　8 安養寺　9 延命寺　10 清台寺　11 窟　岳
12 多宝院　13 無動寺　14 礫　堂　15 本松坊　16 岩中寺　17 古椎堂
18 霊仙寺　19 大力坊　20 梅松寺　21 龍子院　22 花（鼻）の堂　23 二尊院
24 二尊院　25 妙音寺　26 長谷寺　27 達磨堂　28 福田寺　29 吉祥庵
30 神宮寺　31 中山堂　32 早田観音堂　33 施恩寺

□真玉西国三十三所〈昭和期〉

昭和７年（1932）、前記の移動。現行なし。

1 大村観音堂　2 金谷（屋）観音堂　3 濱観音堂　4 三井寺
5 恵良観音堂　6 西泊寺　7 徳六観音堂　8 安養寺　9 延命寺
10 清台寺　11 応暦寺　12 有寺観音堂　13 無動寺　14 足駄木観音堂
15 黒土観音堂　16 岩中寺　17 狩場観音堂　18 霊仙寺　19 長小野観音堂
20 梅松寺　21 龍子院　22 花の堂　23 二尊院　24 二尊院　25 二尊院
26 堅来観音堂　27 達磨堂　28 福田寺　29 樋ノ口観音堂
30 神宮寺観音堂　31 中山堂　32 早田観音堂　33 施恩寺

■国東六郷満山三十三所（参考）【別称】国東三十三所

「六郷満山」とは、宇佐神宮に関係する国東半島にある安岐・武蔵・国前・伊美・田染・来縄の六郷をいうが、実際には九郷ある。観音菩薩以外の諸仏めぐり。現行。

1 報恩寺　2 富貴寺　3 岩脇寺　4 伝乗寺　5 胎蔵寺　6 智恩寺
7 妙覚寺　8 長安寺　9 天念寺　10 無動寺　11 応暦寺　12 弥靭寺
13 両子寺　14 瑠璃光寺　15 護聖寺　16 丸小野寺　17 報恩寺　18 宝命寺
19 福昌寺　20 霊仙寺　21 実相院　22 清浄光寺　23 千燈寺　24 平等寺
25 文殊仙寺　26 岩戸寺　27 長慶寺　28 大聖寺　29 成仏寺　30 神宮寺
31 行入寺　32 泉福寺　33 願成就寺

□日田西国三十三所【別称】日田三十三所

文化～文政年中（1804-1830）。文化文政（1804-30）のころ創設、２寺ある札所あり。ご詠歌あり。現行なし。日田郡高瀬村以北の村々。（　）は異記。日田市。

1 永興寺　2 清岸寺　3 興泉寺（如意輪堂）　4 才田観音（山田観音）
5 山田観音（福田寺）　6 福田寺（清岸寺）　7 清岸寺（中宮観世音）
8 長楽寺（東見寺）　9 東見寺（成道寺）　10 成道寺（常楽寺）
11 常楽寺（観世音寺）　12 大覚寺（中山寺）　13 鬼田観音（観世音寺）
14 中山寺（観音寺）　15 林観音（中宮観音）　16 観音寺（石水寺）
17 中宮観音（永楽寺）　18 石水寺・永楽寺（護國寺）　19 護國寺（岡本観音）
20 岡本観音（長命寺）　21 長命寺（極楽寺）　22 池辺観音
23 本宮観音（求来里観音）　24 上井手観音　25 下井手観音　26 横屋観音
27 普門寺　28 鬼ケ城　29 越原観音（月廃庵）　30（日）清水観音
31 十二丁観音　32 今泉観音　33 永福寺（吹上山）

□玖珠郡三十三所　【別称】玖珠三十三所

天保10年（1839）、玖珠川で子供を失った北山田魚返の庄屋が発願、石工に彫らせた観音像を玖珠川の両岸に安置した。現行なし。石像めぐり。玖珠町：24か所、九重町：9か所。

1 滝の原（元半組）　2 平川観音堂　3 河　野（元西音寺）　4 野田観音堂
5 四日市（東光寺門前）　6 四日市　7 帆　足　8 大畑観音堂
9 岩屋観音堂　10 書曲観音堂　11 恵良観音堂　12 下旦観音堂
13 野上観音堂　14 鉾神社観音堂　15 見　留　16 子安観音　17 滝見観音
18 岩の上観音堂　19 大隅観音堂　20 大隅観音堂　21 岩　室
22 中島観音堂　23 長　野　24 長　野　25 千人石　26 田　中　27 田　中
28 門井手観音堂　29 火ぶせ観音　30 中山田観音堂（陽照寺内）　31 竹の下
32 中　泊　33 泊

□挾間西国三十三所

詳細不明。現行なし。由布市域。

1 龍祥寺　2 智鏡山観音堂　3 北方観音堂　4 妙蓮寺　5 願成就寺
6 慈眼寺　7 鶴田観音堂　8 向ノ原観音堂　9 定圓寺　10 定圓寺
11 西福寺　12 不動院　13 酒泉寺　14 如意庵　15 遍照山　16 慶林寺
17 慈航寺　18 慶福寺　19 椿ノ木観音　20 中村観音堂　21 福寿庵
22 瀬戸観世音　23 善徳寺　24 梶原観音堂　25 臥龍庵　26 東行観世音
27 赤野観音　28 下来鉢大師堂　29 来鉢辻観音堂　30 芦松観世音
31 七蔵司観音堂　32 山口米山観音堂　33 惟福寺

○別府横灘三十三所

記録にあるが詳細不明。戦前までは正月17日の行事。

□別府西国三十三所　【別称】別府三十三所

昭和21年（1946）。前記の再編か。定例巡礼毎年３、９月に行われていた。ご詠歌あり。現行なし。

1 修福寺　2 崇福寺　3 黒岩山不動の瀧　4 長寶山地蔵堂　5 松音寺
6 千壽寺　7 宝満寺　8 長松寺　9 浄光寺　10 大光院　11 毘沙聞寺
12 観海寺　13 海雲寺　14 吉祥庵　15 中浜地蔵堂　16 高野堂
17 御西方公園　18 永福寺　19 長泉寺　20 安龍院　21 薬師寺　22 信行寺
23 観音寺　24 大師堂　25 圓通院　26 曹源寺　27 護生院教会　28 寶泉寺
29 清涼山（萬松寺）　30 寶持寺　31 新善光寺　32 海門寺　33 金剛頂寺

■南西国三十三所　【別称】南三十三所、南新西国三十三所

昭和３年（1928）開設。大師信仰が中心となって現行（９／20～24）。昭和28年（1953）「南新西国」として再興。大分市（旧野津原町原村）周辺。

1 福聚寺　2 日方上　3 羽原越所　4 岡倉庵　5 長寿寺庵
6 宝泉寺庵　7 竹ノ内堀割　8 中城組上　9 聖観寺　10 記念碑堂
11 瀬場村下　12 畑観音堂　13 上組庵　14 荷小野尾迫　15 下詰広戸
16 廻栖庵　17 芝　尾・本村上　18 栗灰八十八ケ所　19 本村庵
20 袋観音堂　21 大蔵寺　22 功徳院　23 龍ノ穴　24 瑞仙寺　25 道照山
26 西福寺・不動院　27 大日堂　28 村中庵　29 三国堺寺　30 下組庵
31 慈雲寺　32 太田地蔵堂　33 山ノ寺

□大分西国三十三所〈Ⅰ〉　【別称】大分郡西国三十三所

文化年間（1804-18）の札所。文化10年（1813）再調の御詠歌額。ご詠歌あり。現行なし。廃寺後に個人宅などで祭祀が多い。旧大分郡域。

1 永慶寺　2 玄徳庵　3 慈眼庵　4 大寶庵　5 曹蓮寺　6 長泉寺
7 醍醐寺　8 曹源寺　9 普門寺　10 瑞善寺　11 頓清庵　12 如意庵
13 妙音寺　14 寺床庵　15 善福寺　16 福田寺　17 酒泉寺　18 藤城寺
19 宝積寺　20 慶林寺　21 慈航寺　22 慶福寺　23 松林寺　24 西福寺
25 定円寺　26 慈眼寺　27 正法寺　28 龍祥寺　29 極楽寺　30 國分寺
31 萬寿寺　32 大山寺　33 石城寺

□大分西国三十三所〈Ⅱ〉

文久２年（1862）開板。前記とは別。ご詠歌あり。現行なし。大分市域。

1 生慶寺　2 西光寺　3 圓寿寺　4 岩聖庵　5 三福寺　6 佛光寺
7 清水寺　8 大圓寺　9 勝音寺　10 奥小路観音　11 聖養寺　12 悟慎寺
13 上宗方観音堂　14 大楽寺　15 大念寺　16 霊山寺　17 常楽寺
18 佛道寺　19 國分寺　20 善応寺　21 天福寺　22 西岸寺　23 惟福寺
24 神宮寺　25 大山寺　26 霊雲寺　27 浄土寺　28 良福寺　29 龍祥寺（院）
30 江雲寺　31 大智寺　32 萬壽寺　33 来迎寺

□三重郷西国三十三所〈江戸期〉

江戸期。現行なし。大野郡三重郷を範域。

23 百枝村西原

□三重郷西国三十三所〈明治期〉

明治17、18年（1884、85）ころ「14丈六寺」東山長老・「21 普現寺」千岩和尚設定。現行なし。前記とは別。旧大野郡における臼杵領内。

1 蓮城寺　2 浄運寺　3 寶珠庵　4 慈雲庵　5 西蓮寺　6 圓通庵（寺）
7 釈迦堂　8 山田観音堂　9 仙壽院　10 福壽庵　11 壽法院
12 法仙庵観音堂　13 普門庵　14 丈六堂（寺）　15 寶光寺　16 神宮寺
17 無禮嶽山　18 回春庵　19 智福庵　20 廣原観音堂　21 普現寺
22 筒井観音堂　23 相木観音堂　24 芝尾観音堂　25 千光寺　26 極楽庵
27 慈雲堂　28 瑠璃光庵　29 多水庵　30 臨川庵　31 入北観音堂
32 寶圓寺　33 水の戸山

□緒方郷西国三十三所

江戸期。昭和２年（1927）再興。現行なし。大半が小堂。旧緒方郷を領域。

1 西白寺　2 柚　木　3 七寺堂　4 松尾観音堂　5 尾　迫　6 宗福寺
7 大徳院　8 長　福　9 桑原観音堂　10 龍寶院　11 吉祥寺
12 小野観音　13 大福寺　14 金剛院　15 宮迫西磨崖佛　16 原尻阿弥陀
17 久土地南観音　18 威応院（阿羅平羅）　19 三代先祖堂　20 布施寺
21 天徳寺　22 炭焼観音　23 天徳寺（大久保観音）　24 威應院（位寶院）
25 壱本松　26 上自在観音　27 下自在観音　28 馬場観音堂
29 馬場公園地　30 金剛院　31 普門寺（大福寺）　32 瑞光庵
33 吉祥寺（西福寺）

□井田郷西国三十三所

明治17、18年(1884、5)ころ「32 寶福寺」の住職設定。現行なし。( )は異記(旧札所か)。大野郡旧井田郷(岡領)大野郷(大野市)を領域。

1 沈堕石社　2 善安寺　3 久保ン堂(光福寺)　4 法乗寺(浄水寺)
5 普門寺(妙音寺)　6 普光寺(吉祥寺)　7 大恩寺(東光寺)
8 法輪寺(善應寺)　9 龍音寺(正福寺)　10 大悲寺(東光寺)　11 醍醐寺
12 神角寺(松巌寺)　13 浄水寺(妙覚寺)　14 妙勝庵(無量寺)
15 勝光寺(大恩寺)　16 常忠寺(瀧音庵)　17 延命寺(法輪寺)　18 吉祥寺
19 直指軒(瑞龍庵)　20 善納寺(神角寺)　21 東光寺(普光寺)
22 松岩寺(新光寺)　23 勝福寺(大恩寺)　24 大聖寺(寶福寺)
25 無量寺(法乗寺)　26 妙覚寺(普門寺)　27 妙音寺(直指軒)　28 清中寺
29 新福寺(清中寺)　30 南光堂(勝光寺)　31 瑞龍庵(延命寺)
32 寶福寺(妙勝庵)　33 妙智庵

□竹田西国三十三所 【別称】豊後岡三十三所、岡藩三十三所、岡三十三所

江戸期。ご詠歌あり。現行なし(ほとんどが廃寺)。竹田市。旧岡領内。

1 観音寺　2 大勝院　3 延命寺　4 泉福寺　5 厭欣堂　6 安静寺
7 保全寺　8 経岩寺(矢原観音堂)　9 大仲寺　10 初瀬寺(平原観音堂)
11 明禅寺　12 玉林寺　13 放光寺　14 鶴林寺　15 満願寺　16 空然山
17 龍泉寺　18 松尾寺　19 蓮乗寺　20 大勝山(寺)　21 妙音寺　22 観音寺
23 慈眼庵　24 龍巻山大師堂　25 蓮花寺　26 不動院　27 大安寺
28 善福寺　29 神角寺　30 大恩寺　31 普光寺　32 瑞泉寺　33 正覚寺

□佐伯西国三十三所〈江戸期〉

御詠歌(享保・延享期)あり。「20天徳寺」資料。ご詠歌あり。現行なし。

1 大日寺　2 聖光庵　3 吉祥寺　4 正禅庵　5 福壽庵　6 西生庵
7 澄月寺　8 普門院　9 明智院　10 興昌庵　11 清水寺　12 長命庵
13 東光寺　14 慈眼院　15 妙智庵　16 圓通庵　17 常楽寺　18 妙光庵
19 江國寺　20 天徳寺　21 観音寺　22 龍護寺　23 正覚寺　24 養徳庵
25 燈明寺　26 如意輪堂　27 妙光庵　28 千眼堂　29 浄聖庵　30 本行寺
31 普海院　32 大教(休)庵　33 三光院

□佐伯西国三十三所〈大正期〉 【別称】佐伯新西国三十三所

大正6年(1917)、前記を再興。多くの旧札所を踏襲している。ご詠歌あり。

現行なし。

1 地蔵庵　2 常光庵　3 阿弥陀庵　4 普門庵　5 潮月寺　6 東林庵
7 松樹寺　8 福厳寺　9 江国寺　10 常楽寺　11 延命庵　12 臨泉庵
13 東光庵　14 妙智庵　15 円通庵　16 天徳寺　17 仙台庵　18 東禅寺
19 龍護寺　20 海福寺　21 洞明寺　22 心光庵　23 正定寺　24 瑞祥寺
25 臨川庵　26 地蔵庵　27 仙床寺　28 萬休院　29 願成寺　30 海福庵
31 千眼院　32 寶寿院　33 養賢寺

□臼杵西国三十三所　【別称】臼杵三十三所、臼杵城下近辺観音三十三番札所、海部郡三十三所

享保４年(1719)「16月桂寺」篁谷・「17多福寺」西江両和尚設定。ご詠歌(西国使用)あり。現行なし。旧臼杵城下付近(大分・北海部郡)。

1 小出観音堂　2 妙音寺　3 光音寺　4 芝尾観音堂　5 福聚院(寺)
6 竹尾観音堂　7 成願寺　8 心源寺　9 雲台寺　10 海蔵寺
11 門前観音堂　12 普門閣　13 山　庵　14 清(青)原寺　15 千陽寺
16 月桂寺　17 多福寺　18 見星寺　19 大橋寺　20 荒田観音堂
21 宗森観音堂　22 深田観音堂　23 掻懐観音堂　24 慈航庵　25 越崎庵
26 龍昌(高)寺　27 半三観音堂　28 延福寺　29 中泉(仙)寺
30 久木小野観音堂　31 成道寺　32 光照庵　33 長林寺

□臼杵西国三十三所〈大正期〉　【別称】海部郡三十三所

大正５年(1916)ころ前記を「臼杵西国」として復興した。「海部郡三十三所」「臼杵札所」の異名。ご詠歌(西国利用)あり。現行なし。

1 小出観音堂　2 平原観音堂　3 三重野観音堂　4 芝尾観音堂
5 福聚院(寺)　6 末広観音堂　7 江無田観音堂　8 一乗院
9 香林寺　10 海蔵寺　11 円福寺山内般若院　12 慈眼寺　13 山　庵
14 清原寺　15 泉入寺　16 月桂寺　17 多福寺　18 見星寺　19 大橋寺
20 荒田観音堂　21 宗森観音堂　22 深田観音堂　23 掻懐観音堂
24 慈航庵　25 紹禅庵　26 龍高寺　27 善住寺　28 板川野観音堂
29 中泉(仙)寺　30 久木小野観音堂　31 馬〆観音堂　32 奥馬〆観音堂
33 長林寺

宮崎県

宮崎県の概要：日向灘の海岸部から九州中央部の山岳地まで、現在の鹿児島県の一部を取り込んでいるが日向国は、わが国誕生の神話・伝説の地として知られている。後世には中央から遠隔地である故か、巡礼路巡礼路などの発展が余り見られない。また、廃仏毀釈の影響が大きかった影響を受けて消滅したと考えられる。現状では調査の最も困難な地域の一つでもある。

○島野浦三十三所

天保12年（1841）、庄屋長野助左衛門発願、台雲寺20世退全和尚開眼。島内を巡る。

1 島野浦境内　33 福寿寺

□日向西国三十三所〈旧札所〉【別称】日向旧三十三所

創設期不明。札番は仮番。現行なし。宮崎・北諸県・西諸県・児湯・東臼杵各郡周辺。

1 伊満福寺　2 朝倉寺　3 松崎寺　4 圓南寺　5 観音寺　6 黒坂観音
7 久峰観音　8 瓜生野観音　9 観音寺　10 走湯寺　11-16 白鳥六観音
17 昌明寺　18 御池観音　19-24 鵜戸六観音　25 清水寺　26 麟祥院
27 平等寺　28 東泉寺　29 長谷寺　30 竹尾寺　31 黒貫寺　32 木　寺
33 観音寺

□日向西国三十三所〈新札所〉【別称】日向新三十三所

創設期不明。札番は仮番。現行なし。宮崎・北諸県・西諸県・児湯・東臼杵各郡周辺。

1 伊満福寺　2 朝倉寺　3 松崎寺　4 圓南寺　5 観音寺　6 黒坂観音
7 久峰観音　8 瓜生野観音　9 平等寺　10 大光寺　11 中野観音
12 田野観音　13 鵜戸六観音　14 走湯観音　15 御池観音　16 昌明寺
17 白鳥六観音　18 清水寺　19 麟祥院　20 東泉寺　21 黒貫寺　22 長谷寺
23 平郡観音　24 竹屋寺　25 木寺観音　26 庵川観音　27 可愛観音
28 吉祥寺　29 観音寺　30 如意輪寺　31 城影寺　32 城影寺　33 法明寺

□佐土原近郷三十三所 【別称】佐土原三十三所

江戸期。自得禅寺古月禅師詠歌「佐土原三十三ケ寺巡拝御詠歌」(元禄期(1688-1703)ころ)あり。ご詠歌あり。現行なし(廃仏毀釈で完全消滅)。31寺(禅宗21、真言宗6、浄土宗4)と2御堂。佐土原(宮崎市)周辺。

1 松巖寺　2 曼陀羅寺　3 誓念寺　4 金柏寺　5 深俣寺　6 慶梅庵
7 多楽院　8 自得寺　9 新山寺　10 天昌寺　11 城山寺　12 正龍寺
13 那珂観音堂　14 松月寺　15 平等寺　16 称名寺　17 蓮臺寺　18 寶泉寺
19 富蔵寺　20 久峰寺　21 広瀬本地堂　22 傳宗寺　23 柏樹寺
24 常(長)楽寺　25 得昌寺　26 東禅寺　27 法光寺　28 田中寺　29 瑞光院
30 天福寺　31 大光寺　32 祖航庵　33 妙珠庵

□都城領内三十三所 【別称】都城三十三所、中郷三十三所

宝暦年間(1751-63)のころより都城領内の巡礼札所が設けられて仏詣が盛んとなったと(明和8年(1772)の文書)、寛政10年(1798)ころ「庄内地理志」に記載。ご詠歌あり。現行なし(廃仏毀釈で完全消滅、観音像も全て不明)。

1 本地院　2 天清寺　3 三辻堂　4 光明寺　5 龍泉寺
6 三重町観音堂　7 溪徳庵　8 菅付観音堂　9 圓通庵
10 外芋田観音堂　11 内芋田観音堂　12 正福寺　13 辻　堂　14 慈園庵
15 観音堂　16 和光寺　17 早水神社本地堂　18 角　園　19 観音堂
20 栄仁寺　21 北田部馬頭観音堂　22 内山正観音堂　23 満善寺
24 長谷観音堂　25 正応寺　26 亀川正観音堂　27 俊叟庵
28 大薗地主権現　29 貴船寺　30 経峯寺　31 豊丸観音堂
32 虎山軒観音堂　33 天長寺(龍峯寺)

巡礼閑話　廃仏毀釈と札所

明治期まで、寺院では鎮守と称して神を祀り、神社では境内地に神宮寺(【秋田県の項参照】)・別当寺などに社僧がいた。幕末〜明治に神仏混淆仏法を廃し釈迦の教えを棄却する廃仏毀釈が運動が起こった。薩摩藩では、大小寺院1066、堂宇4286、僧侶2964人あったものが、総ての寺院を廃し僧侶は還俗させられた。この結果巡礼札所の多くが消滅した。

鹿児島県

鹿児島県の概要：薩摩国、薩摩藩に統治されていた大隅国、日向国の一部が県域にあり、気候温暖で、中国や琉球国との交流で江戸期の鎖国体制の中でも異文化交流の地域で、多くの寺院や独自文化が栄えた地域である。ところが薩摩藩では、江戸初期から島津家菩提寺、または祈願寺以外は廃寺に追い込まれ、江戸末期廃仏毀釈のなかでは、慶應元年（1865）に大小寺院の数1066寺、堂宇総数4286棟あったものが、明治２年（1869）までにこれらの寺院は直ちに廃され、僧侶は還俗させられた。現在存在する寺院の多くはのちに新しく配されたものが多い。現在、地域のあちこちに旧寺院跡や旧寺院の墓地が点在している。このことから巡礼路の記録や寺院における巡礼の痕跡を求めるのは非常に難しい。

□志布志三十三所

享保20年（1735）、小畑長兵衛・浜田三左衛門・中山安左衛門発願、「33 大慈寺」方山圓和尚、「1 宝満寺」習秀、「16 大性院」盛岸、「3 永泰寺」法雪、「22 海徳寺」龍渕ら黒衣の僧百有余人相集まり開創されたが、ほとんどが廃絶されている。現行なし。

1 宝満寺如意輪堂　2 同所地蔵堂　3 永泰寺　4 岩本坊　5 波上権現
6 溝江窟　7 夏井観音崎　8 夏井浜ノ堂　9 夏井水ノ上
10 夏井弁財天　11 外ノ牧　12 益　倉　13 別　府　14 菖蒲山
15 前田善長院　16 大性院　17 九品寺　18 明星院　19 方丈川　20 諏訪社
21 三福寺薬師堂　22 海徳寺　23 大護院　24 安楽山口宮　25 安楽千手院
26 安楽岩戸　27 同所百堂穴　28 同所真福寺　29 安楽寺山　30 安楽木迫
31 巨山寺　32 仏心院　33 大慈寺

○薩摩半島一円三十三所

記録にあるも詳細不明。現行なし。

天竜寺あり

○伊集院準西国三十三所

元文５年（1740）札所創始。現行なし。

1 東観音

□垂水三十三所（仮称）

明和4年（1767）、成就院15世政意発起、観世音不足の処は自ら安置、施主して巡礼。現行なし（廃仏毀釈で完全消滅）。

1 成就院　2 永吉坊　3 感応寺　4 普門院　5 大光院　6 玉林坊

7 心翁寺　8 水　上　9 田　神　10 岩　戸　11 龍福院　12 築　地

13 上之宮　14 井　川　15 龍門軒　16 高　城　17 久　保　18 福寿寺

19 湊　20 金龍寺　21 俣　江　22 華厳寺　23 堂　脇　24 龍　河

25 新　田　26 瀬　角　27 西福寺　28 納　涼　29 宗福寺　30 飛　岡

31 松岳寺　32 臨海庵　33 比志里崎

○出水（郷）三十三所

江戸期。現行なし。

1 松尾観音（東光寺）　13 木牟礼観音

札番不明：尾野島観音（海楽寺）、初瀬之観音）

沖縄県

沖縄県の概要：首里城を中心に発展していた琉球王朝は、江戸期に薩摩藩（鹿児島））の支配を受けるに至った。また、朝鮮通信使の来朝と同じように琉球王使の江戸参府があった。沖縄本島には、13世紀後半に日本僧禅鑑による本格的な仏教の伝来があったが、三十三所巡礼のような地域社会間の交流活動は見あたらない。強いてあげれば「首里十二か所霊場（十二支めぐり）」が見受けられるくらいである。これは首里城下の慈眼院（首里観音堂）、安国寺、西来院（達磨寺）、盛光寺、万松院を巡るものであったが、1991年に万松院が霊場を廃止し、文殊菩薩（卯）は西来院へ、普賢菩薩（辰・巳）は慈眼院へ移った。

宮古島には仏教伝来の痕跡として1699年の観音堂経塚が存在するが堂めぐりはない。

その他

●台湾三十三所

平成９年（1997）発足。台湾には観音霊場の巡礼はないが、永昌禅寺（岐阜県）東海亮道師等の呼びかけで発足。台北～高雄。

1 臨済寺　2 十普寺　3 霊泉禅寺　4 金龍寺　5 凌雲禅寺　6 慈悟寺
7 報恩寺　8 照明寺　9 大覚院　10 宝覚寺　11 慈明寺　12 妙祥寺
13 仏教会館　14 萬仏寺　15 善光寺　16 広修寺　17 真厳寺　18 蓮光寺
19 修徳禅寺　20 開元寺　21 法華寺　22 竹渓寺　23 浄修禅院　24 超峯寺
25 蓮峯寺　26 龍湖庵　27 龍泉寺　28 龍泉寺　29 朝元寺　30 宝蓮寺
31 瑠璃寺　32 東山寺　33 光徳寺

●韓国三十三所

昭和59年（1984）誕生。韓国には観音霊場の巡礼はないが、楊谷寺（京都府）日下悌宏住職が京都海印寺・韓国海印寺の関係調査の過程で韓国曹渓宗寺院への呼びかけで発足。

1 曹渓寺　2 道詵寺　3 泰恩寺　4 普門寺　5 伝燈寺　6 神靭寺
7 龍珠寺　8 法住寺　9 修徳寺　10 麻谷寺　11 皐蘭寺　12 無量寺
13 灌燭寺　14 甲　寺　15 東鶴寺　16 内蔵寺　17 大興寺　18 興国寺
19 松広寺　20 華厳寺　21 雙磎寺　22 海印寺　23 直指寺　24 把渓寺
25 桐華寺　26 石窟庵　27 芬皇寺　28 通度寺　29 梵魚寺　30 観音寺
31 月精寺　32 洛山寺　33 神興寺

□韓の国三十三所

平成20年（2008）発足。韓国観光公社が企画、日本の旅行社に提案したもの。

1 普門寺　2 曹渓寺　3 龍珠寺　4 修徳寺　5 麻谷寺　6 法住寺
7 金山寺　8 来蘇寺　9 禅雲寺　10 白羊寺　11 大興寺　12 向日寺
13 松廣寺　14 華厳寺　15 双磎寺　16 菩提庵　17 桐華寺　18 銀海寺
19 海印寺　20 直指寺　21 孤雲寺　22 祇林寺　23 佛国寺　24 通度寺
25 梵魚寺　26 新興寺　27 洛山寺　28 月精寺　29 法興寺　30 亀龍寺
31 神靭寺　32 泰恩寺　33 道詵寺

百　観　音

■「百観音霊場」の誕生

現在の「秩父三十四所」が札所を33から34としたのは「西国三十三所」「坂東三十三所」を加えることによる「百観音」巡礼の形態を創設したことによる。「百観音」巡礼の背景には、『今昔物語』（巻十六第十五話）にある毎月18日に百の観音堂詣でをしていた話や、熊野詣でに関する「百熊野」説に見られる「百」が関係するといわれる。「日本百観音（西国・坂東・秩父）」巡礼は、これらを背景に成立された考えられる。「秩父三十四所」の最古の記録『長享番付』（「秩父観音巡礼札所番付」長享二年（1488）に播磨国書写山円教寺性空が「第一番秩父巡禮二番坂東三番西國」を定めたというのは伝承としても、この頃「百観音」巡礼は成立していた。秩父巡礼「30法雲寺」の納札（天文５年（1536）に西国・坂東・秩父百霊場巡礼が記録されている。その後「三十三所」巡礼の地方への伝播、ミニ霊場の盛栄とともに百観音霊場のネットワークが各地域、特に「三十三所」巡礼が盛んな東日本地域に多くが誕生している。ここでは紙面の関係上、各地域の記録に出てくる名称のみを掲げておきたい。

■（日本）百観音（西国三十三所・坂東三十三所・秩父三十四所）

南部百観音：糠部郡・盛岡・和賀に「北上観世音」を加える

仙北百観音：仙北西国・仙北坂東・仙北秩父

奥の細道百か所札所：みちのく路・越後北陸路・関東路に「伊勢神宮」

庄内百観音（山形百観音）：山形・最上・東山

最上百観音：江戸後期、前記か。

荘内平和百観音：昭和32年（1957）開創

出羽百観音（山形百観音）：庄内・最上・置賜

信達百番：信達西国・信達坂東・信達秩父

三春領百観音：「百観音巡礼記」弘化３年（1846）あり

岩城百観音：「磐城三十三所」を３回巡礼、最後に「馬玉観音」

西茨城郡新百番観音：西茨城郡新西国・西茨城郡新坂東・西茨城郡新秩父

真壁郡百番観音：真壁郡新西国・真壁郡新坂東・真壁郡新秩父
常総百観音：下妻西国・下妻坂東・下妻秩父
茨城鹿島（郡）百観音：鹿島郡西国・鹿島郡坂東・鹿島郡秩父
陸奥下野百観音（重貞百観音）：陸奥下野西・陸奥下野南・陸奥下野東
芳賀百観音：芳賀西国・芳賀坂東・芳賀秩父
佐野百観音：佐野西国・佐野坂東・佐野秩父
下野百観音（下野一国百観音）：下野西国・下野坂東・下野秩父）。
西上州百観音：群馬郡・上野三郡坂東・上野
武蔵一国百番：埼玉郡新西国・足立坂東・秩父
武蔵野国百観音：狭山・武蔵野・秩父
忍領百観音：埼玉郡新西国（忍領西国）・足立坂東・忍秩父
武州埼玉郡百観音（埼玉百観音）：埼玉郡新西国・埼玉郡新坂東・埼玉郡新秩父
武蔵足立郡百観音：足立西国・足立坂東・足立秩父。
足立百番：埼玉郡新西国・足立坂東・足立新秩父
川越領百観音：川越新西国・川越新坂東・川越新秩父
上総百観音：上総・下総・房州か
房総百観音：下総新西国（下総）・上総・安房（房州）
武州葛飾郡百観音：武州葛飾西国（新西国）・武州葛飾坂東（新坂東）・武州葛飾秩父（新秩父）
葛飾百観音：下総新西国・新坂東・新秩父
東葛飾百観音：上総・新坂東・新秩父
朝夷郡百観音：朝夷郡西国・朝夷郡坂東・朝夷郡秩父
大東京百観音：都区部を回るが寺院の移動が激し
玉川百観音（玉川北百観音）：玉川西組・玉川東組・玉川北組
鎌倉百観音（神奈川百観音）：鎌倉郡・三浦郡・金澤
上杉百観音：小机領周辺
三浦百観音：昭和52年（1977）創設
北巨摩（郡）百観音：武川筋・逸見筋・塩川筋
甲斐百観音：甲斐横道（万力筋）・甲斐北山筋・甲斐府内

信濃百観音：信濃西国（撰）・信濃坂東（悟）・信濃秩父（府）
信濃一国百観音：前記と同一か
信濃（駒込）百観音：信濃（駒込）西国・信濃（駒込）坂東・信濃（駒込）秩父）。
松本（信府・安筑）百観音：松本・仁科・川西
諏訪百観音：諏訪東・諏訪西・諏訪中
伊那百観音（飯伊百観音）：伊那西国（飯伊）・伊那坂東（飯伊）・伊那秩父（飯伊））
南魚沼郡三札（参考）：上田札・寺尾札・思川札
妻在百三十三番順禮（参考）：美佐島・倉俣・大井平・吉田
湯沢百観音：石像
佐渡百番巡礼：相川巡礼・古仏巡礼・灰仏巡礼
金沢（城下）百観音：金沢西国・金沢坂東・金沢秩父
三河（国）百観音：三河西国・三河坂東・三河秩父
東海百観音：三河・尾張・美濃
静岡梅花百観音：平成６年（1994）創設（曹洞宗）
名古屋百観音：「名古屋百観音順拝」あり
知多百観音：
三重百観音：
三重梅花百観音：昭和48年（1973）創設（曹洞宗）
加古郡百観音：加古郡西国・加古郡坂東・加古郡秩父
淡路百番観音：淡路西国・淡路坂東・淡路秩父
児島（小嶋）百観音：児島西国・児島坂東・児島秩父
阿波一国百観音：阿波西国・阿波国坂東・阿波国秩父

参考資料

文学作品に見る観音巡礼

「観音信仰」を取り上げた著作など（参考：『桜井市史上巻』昭和54）。熱烈な観音信仰は人の心を動かし和歌・連歌・俳句・歌謡などに詠まれている。

物　語：「源氏物語」

日　記：「更級日記」（菅原孝標の女）・「蜻蛉日記」（藤原道綱の母）

紀行文：「菅笠日記」（本居宣長）

随　筆：「枕草子」（清少納言）

史　書：「栄華物語」・「大鏡」・「平家物語」

説話集：「今昔物語」・「宇治拾遺物語」

落　語：三代目笑福亭松鶴「西国三十三所・女房小言」

その他：お伽草子・小説・芸能・漢詩の中に信仰と霊場が語られた。

「西国巡礼」関係資料

江戸期には三十三所巡礼に関する資料が多く刊行されている。ここでは、書誌蒐集の同人達が、昭和６年５月、京都において文献を持ち寄って小展観を開催したときの目録（『西國三十三所巡禮に関する目録』田中緑紅編）、および知見の西国巡礼資料（江戸期）をあげておく（旧字は改め）。

Ⅰ　西国三十三所「霊場記」：

西国三十三所順礼ゑん記　横１冊　天和３年（1683）刊

三十三身　七観音霊験鼓吹　大８冊　浄土比丘必夢著　元禄８年（1695）刊

西国三十三所　観音霊験記真抄　５冊　松誉巌的著　宝永２年（1705）刊

西国順礼ゑんぎ　横小１冊　享保８年(1723)刊

西国三十三所観音霊場記　大10冊　厚誉春鶯編　享保11年(1726)刊

西国順礼三十三所普陀洛記　大10冊　圓通庵夢斎記　寛延２年(1749)刊

西国三十三所札所巡礼ゑんぎ　小１冊　享和２年(1802)刊

西国三十三所略縁記　大２冊　天保３年(1803)刊

じゅんれいゑんぎ　横小１冊　文化４年(1807)刊

観世音三十三所霊場記　写１冊　継飯亭書　天保２年(1831)刊

観音霊験記　５冊　松誉編　文化11年(1814)　皇都　菱屋治兵衛他

西国三十三所図会　筆写大本１冊　南海英歓　天保３年(1832)刊

観音霊験記図会　大２冊　天保12年(1841)刊

西国三十三所観音霊場記図会　大５冊　厚誉春鶯述　弘化２年(1845)刊

西国三十三所名所図会　大10冊　暁鐘成編　嘉永６年(1853)刊

観世音霊験記　大４冊　福井香澤　安政２年(1855)刊

観音霊験記　大１冊　万亭応賀誌　広重・豊国(３代)画

観音霊験記　５冊　松誉編

西国三十三番順礼縁記　写横２冊

西国三十三所由来記　写大３冊

Ⅱ　西国巡礼「案内記」:

三十三所西国道しるべ　横１冊　養流軒一箪子著　元禄３年(1690)刊

新版六部西国順礼導見記　宝暦13年(1763)

西国順礼道知る辺　横１冊　養流軒一箪子作　明和８年(1771)改正

順礼道知る辺　横１冊　元禄３年開板　安永３年(1774)再刻

西国順礼手引草　横１冊　安永４年(1775)刊

西国順礼記　横１冊　安永７年(1778)刊

西国順礼細見記　横１冊　下河辺拾水子著　寛政３年(1791)刊

順礼道中記　横小１冊　寛政３年(1791)刊

西国順礼細見大全　横１冊　俣野通尚　文政８年（1825）刊

西国順礼略打大全　横小１冊　暁鐘成補閲　文政11年（1828）刊

西国順礼旅すゞめ　横１冊　天保７年（1836）再刻

天保新増西国順礼道中細見大全　横１冊　俣野通尚　天保11年（1840）刊

西国順礼旅すゞめ　横小１冊　嘉永２年（1849）三刻

西国順礼道中記　横１冊

新板増補　西国道中記　横１冊

改正　西国道中鏡　横１冊

西国順礼道しるべ　横長１冊

Ⅲ　西国巡礼「道中絵図」：

西国順礼道中図　大１枚　享保19年（1734）　紀州名手郷　野田知義作

西国順礼道中図　１枚　安永９年（1780）　南都　ゑづ屋庄八板

西国順礼道中図　大１枚　寛政７年（1795）改　小西屋輿惣次板

西国順礼独案内図両面図　文化元年（1804）改正新板　京都　菊屋喜兵衛板

増補改正西国順礼道中図　中１枚　文化２年（1805）　京都　竹原好兵衛板

西国順礼道中図　１枚　嘉永２年（1849）改　南都　ゑづ屋庄八板

西国順礼道中図　再板１枚　大阪　しほ屋平助他

西国順礼図　１枚　美濃国谷汲山　大口松壽

西国三十三所順逆　絵図道中記　１枚　紀州粉川　大坂屋長三郎版元

西国順礼図（道中記）　再版　京都　平野屋茂兵衛板

西国順礼道中図　１枚　播州　小西屋輿惣次板

Ⅳ　西国巡礼「ご詠歌集」：

西国順礼歌諺注　１冊　厚誉春鶯著　享保11年（1726）　大坂柏原屋板

西国三十三所順礼歌要解大２冊　悠誉知寛　宝暦11年（1761）　須原屋板

西国じゅんれい歌　小１冊　長秀画　天明６年（1786）　京都　吉野屋版元

西国順礼歌要解　大２冊　悠誉知寛識　安永８年（1779）　大坂野村長兵衛

西国じゅんれいうた　１冊　寛政11年（1799）　京都　吉野屋勘兵衛版元

西国じゅんれいうた　折小１冊　文化８年（1812）再版　京都　吉野屋版元

西国じゅんれいうた　１冊　文化10年（1813）　京都　吉野屋勘兵衛版元

観音経和談抄図会　大３冊　平田止水遺稿　天保４年（1833）　堺屋版元

観音経御詠歌略注　１冊　山田意斎述　嘉永２年（1849）　大坂秋田屋版元

西国巡礼和讃　１冊　松荷庵泰法撰　慶應３年（1867）　綿屋善四郎他

その他に、西国各札所寺院の縁起記、各寺本尊御影、各寺境内図、納経帳、板木、各地の諸霊場順礼記など

参　考　文　献　（五十音順）

【あ】

「あさくみ郷土史考」昭和31、「阿賀路・第八集」昭和48、「阿智村誌・下巻」昭和59、「阿見の民俗」昭和56、「阿波国写し霊場巡拝記」昭和54、「阿波國秩父三拾四ケ所道中記」昭和49、「阿波国秩父道中記」明治37、「阿波西国33ケ所霊場めぐり」、「阿波西国三十三ケ所」昭和55、「阿波西国三十三ケ所」昭和48、「阿波西国参拾参か所順礼記」享保３年（1718）、「安積三十三霊所物語」平成１、「安達三十三観音御詠歌」昭和63、「安曇川町史」昭和59、「安房三十四カ所」昭和55、「安房の国札」昭和62、「安昌寺史」昭和59、「吾妻郡誌」昭和45、「吾妻順禮中興縁起」元禄３年（1690）、「吾妻の巡礼」平成14、「会見郡三十三番御歌」、「会見郡三拾三ケ所霊　場順礼諷　全」、「会津鑑・巻之十二、巻之十四」、「会津三十三所観音記　全」昭和29、「会津三十三所観音御詠歌」昭和53、「会津三十三所観音ご詠歌」平成４、「愛知学泉大学　研究論集24」平成１、「愛知県史　別編民俗３」平成17、「愛知県幡豆郡誌」昭和33、「赤池町史」昭和52、「赤屋史」昭和47、「秋川三十四番札打順路記」、「秋田県史・第三巻・近世編下」、「秋田三十三観音霊場めぐり」平成10、「秋田六郡三十三観音順礼記」享保年間（1716-36）、「明石名勝古事談．第五本」大正15、「明石西国順礼案内記」昭和61、「明野町史」昭和60、「浅川家文書」、「朝倉郡誌・原稿第九」、「朝倉村誌」昭和61、「旭区郷土史」昭和54、「旭町誌」昭和52、「葦北郡誌」大正15= 昭和61、「庵治町史」昭和49、「梓川村誌」平成６、「東三十三番観音札所御詠歌」、「足立新秩父観音御詠歌」、「足立新秩父順礼三十四ケ所」、「足立坂東観音霊場記」、「足立坂東順礼歌」天保５年、「足利坂東三十三所」宝永６年（1709）、「厚木郷土史・第三巻」昭和30、「尼崎志・第一篇」、「天田郡西国観音霊場」昭和63、「天田郡志資料・上巻」昭和47、「天田郡内順礼」、「網干町史」、「綾部西国巡拝案内」昭和59、「嵐山町誌」昭和58、「有家町郷土誌」昭和56、「有馬郡西國三十三所」大正元年（1912）、「有馬郡誌・上巻」、「淡路国名所図絵・巻二」、「淡路通記」元禄４年（1691。

【い】

「いわてのお寺さん・花巻とその周辺」昭和51、「井尻村史」昭和47、「井田村誌」昭和８、「井原市史Ⅵ」平成13、「井原市内四国西国案内図」1976、「井原市内四国八十八ケ所巡り案内書」昭和51、「井原の辻堂」昭和57、「伊具三十三観世音順礼御札所」宮城県立図書館史料、「伊水温故」、「伊豆の横道」昭和53、「伊豆横道巡礼」昭和55、「伊豆横道巡礼」昭和55、「伊勢西国三十三所案内記」昭和57、「伊勢榊原温泉のあれこれ」昭和56、「伊勢崎佐波観音霊場めぐり」1988、「伊勢順礼案内記」寛保元年（1741、「伊勢道中記」、「伊那　425号」1963、「伊那　500号」1970、「伊那　608号」1979、「伊那順礼」、「伊那谷の巡礼」昭和54、「伊勢西国三十三所案内記」昭和57、「伊南順礼縁起」、「伊平史話と伝説」平成４、「池田町史」昭和52、「行方坂東順拝記」慶應４年（1868）、「石岡郷土誌　第四号」昭和57、「石川県の研究・三・宗教編」、「石川三十三所御詠歌」昭和16、「石川三十三所の古寺と観音」平成13、「石川日記」、「石城郡誌」大正11= 昭和62、「石鳥谷町史・下巻」昭和56、「石和町誌：第二巻」平成３、「石城三十三所御真影」昭和47、「石巻の歴史」平成１、「石原家記・下巻」、「一関市史・第三巻」昭和52、「壱岐国続風土記」寛保２年（1742）、「壱岐名勝図絵」文久元年（1861）、「壱国八十八所順礼御詠歌」昭和８、「猪名川の民俗」、「斑鳩町史」、「諫早日記」、「出水の地名」平成１、「出水記」、「出水風土誌」昭和51、「出雲今市町誌」平成５、「出雲郡札所案内」、「出雲市の寺々（下）」平成５、「出雲の霊場三十三番札所めぐり」昭和52、「泉大津風土記・近世編」昭和60、「板野郡誌・下巻」昭和47、「糸田町史」昭和64、「因幡誌」寛政７年（1795）、「因幡國三拾三処順禮詠歌」嘉永４年（1851）、「引佐町史　上」平成３、「引佐町史料・第六集」昭和50、「稲武町史　民俗資料編」平成11、「稲葉町誌」昭和34、「稲美町史」昭和57、「犬上郡誌･高宮町史」昭和61、「茨城県大百科事典」1981、「茨城の民俗７」昭和43、「茨城の民俗16」昭和52、「茨城の民俗21」昭和57、「入江文書」昭和47、「岩木三所観音霊場」昭和55、「岩手県史・第四巻・近世編」昭和38、「岩手県内観音霊場御詠歌集」昭和２、「岩手のお寺さん１・３」昭和51、「岩城の寺院と絵馬」1999、「岩瀬市史　通史」昭和60、「磐城三十三所観音霊場」昭和62、「磐城誌料・歳時民俗記」、「磐田の民俗」昭和59、「隠州島前三十三ケ所順礼札直し歌」元禄７年（1694）、「員弁史談・補編」昭和56、「石見の札所」、「石見の札所めぐり・石見曼荼羅観音霊場」昭和53、「忌部村誌」昭和２＝昭和56。

【う】

「宇賀の宮里」1985､「宇治市史･三」昭和51､「宇土市史研究」昭和53年､「浮羽町史･下巻」昭和63､「上田三十三番縁起集」昭和55、「上野原町誌」昭和30、「上野村誌」昭和29、「臼杵誌談・第一巻」昭和53、「内原町史　民俗編」平成９、「浦和市史研究・第６号」平成３、「雲州能義郡三十三番観音札所御詠歌」、「雲陽誌・上」明治43、「雲陽大数録」。

【え】

「江差町史･第六巻」昭和58、「江刺市史･第四巻」平成２、「江戸・東京札所事典」平成１、「江戸・東京の三十三所」平成15、「江戸三十三所観音めぐり」平成４、「江戸時代の松本三十三番札所めぐり」昭和50、「江戸砂子・前編」享保年間（1716-36）、「江戸砂子拾遺」享保20年（1735）、「江戸時代信仰の風俗誌」昭和55､「江戸時代の長江邑」平成６､「江戸時代の南山城三十三所を訪ねて」平成８、「江戸東京名数集誌」昭和52、「恵那三三観音霊場」平成３、「恵那市史・通史編」平成１、「恵那市史･通史編･第三号」平成３、「遠州の古寺」1989、「遠州三十三観音霊場ガイドブック」昭和61、「遠州三十三所観音巡り」1993、「遠州天龍川西三十三所御詠歌」、「遠淡地理志」天保５年（1834）、「越後国魚沼郡妻有郷下条村三十三番札所御詠歌」慶應４年（1868）､「越後三十三観音縁起集」昭和10､「越後三十三観音札所巡礼の旅」昭和63、「越後巡礼三十三観音札所」昭和57、「越後妻在百三十三番順禮縁起処付歌誦」元禄五年（1692）、「越後名寄」宝暦６年（1756）、「越後野志・上巻」昭和49、「越後横道／札所」享和２年（1802）､「越後霊場へんろ道」1991､「越前若狭地誌叢書･下巻」昭和48､「越中一國観音霊場巡礼のしおり」､「越中旧事記」昭和７、「円通山実相庵観音記」。

【お】

「おおたかね物語」昭和58､「小国三十三番御詠歌」､「小国の信仰」平成６､「小國郷史」昭和35､「小高史談会誌・創刊号」昭和61、「小谷城跡絵図」、「小手風土記」、「小野田町史」昭和49、「小野のふるさと」、「牡鹿三十三所巡礼詠歌」明和５年（1768）、「雄物川町郷土史料集」昭和55、「尾張三十三カ所」昭和62、「尾張三三所名古屋三三所並四観音六地蔵之記」（写）元文五年（1740）、「尾張名所図会付録・巻三」、「隠岐郷土研究３号」1975、「隠岐の民俗」、「近江西国観音巡礼」昭和56、「近江三十三カ所巡礼」昭和52、「近江33カ所」昭和57、「近江栗太郡志･五」、「近江新西国三十三所」、「近江輿地志略」文化11年（1814）、「相知町史・付巻」昭和53、「邑楽郡誌」、「大井川町史・下巻」平成４、「大飯町誌」平成１、「大泉村誌・下巻」平成１、「大分縣下に於ける郷土西国」昭和７、「大分県日出藩史料」、「大分市史・中」昭和62、「大江誌」昭和63、「大江町誌・通史編上」昭和58、「大越町史第一巻通史編」平成13、「大垣藩地方雑記」、「大阪三拾三所観音巡り」明治９年（1876）、「大坂三十三所観音めぐり」1992（復活十周年記念誌）、「大迫町史」、「大郷の伝承」昭和51、「大谷山観音案内」平成３、「大館市史・第二巻」昭和53、「大館村誌」昭和34＝昭和57、「大津町史」昭和63、「大野城市史・民俗編」平成２、「大原町史・通史編」平成５、「大町市史・第五巻民俗・観光」昭和59、「大豆生田村の三百年」平成４、「太田市史・史料編・近世２」昭和52、「太田市史・資料編・近世２」昭和54、「太田庄奥三十三処順礼和歌」、「岡三拾三所観音尊巡拝所」、「岡谷市史・上巻」昭和48、「岡崎市史・第七巻」昭和４、「岡山県後月郡誌・全」昭和47、「岡山市史・第五」昭和13-昭和50、「置賜の庶民生活（二）」昭和60、「奥の細道みちのく路三三ケ所めぐり」昭和63、「奥びわ湖三十三所観音順礼順拝納経帳」、「奥出雲第56号」昭和54、「奥羽の三十三所」平成14年、「奥州三十三観音の旅」2001、「奥州順礼記」宝暦13年（1763）、「奥州南部糟部順禮次第　全」昭和７、「奥州名所図絵・巻之四」、「忍野の古文書」昭和51、「遠賀川西四国八十八ケ所西国三十三所発起世話人連名簿」、「遠賀川西新西国」明治36、「遠賀町誌」昭和61。

【か】

「ガイドブックくしろ」'93年版、「かなざわの霊場めぐり」昭和62、「上総国札と伊南順礼」、「上総巡礼記」享保16年（1731）、「可児郡新西国三十三所道案内」、「可児町史・通史編」昭和55、「可知郷土史」昭和48、「甲斐国誌」、「甲斐・信濃路の三十三所」平成12、「甲斐三十三観音順礼記」昭和50、「甲斐路」第６号、「加古郡西國巡拝略図」大正11、「加古川市誌・第一巻四」昭和28、「加佐郡三十三所御詠歌」昭和２年＝平成８年、「加西郡誌」昭和４年（1929）、「加茂町史　第二巻　近世編」平成３、「加茂町史　本編」平成５、「加茂町誌」昭和59、「加茂霊場起源」岡山中央図書館資料、「香々地町誌」昭和54、「香春町史・下巻」平成13、「花洛羽津根二」文久３年（1863）、「嘉穂町誌」昭和８、「鹿角郡観世音三十三所和歌序説」明和５年（1768）、「鹿角市史・第二巻下」昭和62、「改元紀行」、「穎田町史」昭和59、「改訂姫路考略記」昭和52、「海草遺編」、「開創記念新西国三十三所観音霊場巡拝手引」昭和11、「柿木村誌・第一巻」昭和61、「柿誌」昭和55、「掛合村誌」大正15、「掛合町誌」昭和59、「掛川市誌」昭和43、「掛川風俗史稿」昭和60、「春日居町誌」昭和63、「春日市史・下・教育文化民俗」平成６、「粕屋要録」昭和43、「勝田郡公文村誌」昭和53、「勝央町誌」昭和59、「葛飾誌」寛延２年（1749）、「金ケ崎町史・近現代遍」平成３、「金熊三十三所讃佛和歌」栗林文書、「金沢三十三所と花山法皇」平成３、「金澤三十三カ所巡拝栞」昭和63、「金城町誌（第三巻）」平成11、「金田町誌」平成11、「鎌倉観音霊場研究序説」1977、「鎌倉郡三十三か所札所の観音を尋ねて」昭和49、「鎌倉郡三拾三所順礼歌」安永４年（1775）書写、「鎌倉三十三所」昭和62、「蒲生郡三十三所順禮和歌」、「上片桐村誌」昭和40、「上富田町史・史料編下」平成４、「上津村誌」昭和31、「上山見聞随筆・上巻」、「上山市史・別篇下巻」昭和50、「賀茂の民俗」昭和39、「鴨方町誌」昭和39、「鴨方町史・民俗編」昭和60、「亀嵩村誌」昭和42、「軽米町誌」昭和50、「川内町新誌」平成４、「川上村史・通史編」平成１、「川上村三十三番絵巻」文政11年（1828）、「川上町史・資料編」昭和59、「川口市史・通史編上」昭和63、「川崎市史・資料編・二」平成１、「川崎町史　下巻」平成13、「川西町史・下巻」昭和58、「川俣町史資料・第三集」昭和40、「川俣史談・第六号」昭和54、「川津郷土誌」昭和57、「川東霊場圓通講」、「川本町史・通史編」平成１、「川辺西国観世音霊場三十三所詠歌巡拝記」昭和48再版、「河内西国三拾三所観音めぐり」昭和61、「河内西国三十三所観世音順礼詠歌」明治20年（1887）、「河内一州三十三所順礼道中記」文化９年（1821）、「河内一州三十三所霊場案内」明治前中期、「河内西国巡礼案内記」、

「河内西国順拝コース」昭和初期、「河内西国巡礼と松原」平成19、「河内新西国三十三霊場巡拝のしほり」昭和５年（1930）、「河内の里」昭和51、「河内文化20」昭和47、「河南町誌」昭和43、「河東秩父観音霊場」平成８、「河北町・上巻」、「河村郡中観世音三拾三所歌」、「神崎郡西国三十三所写御霊場順拝者道案内」大正14年、「関東の三十三所」平成14年、「観世音御開扉報告書」平成２、「観世音・三十三ケ所うためぐり」、「観音のしるべ」昭和43、「観音・巻二ノ五」昭和３、「観音・巻三ノ一」昭和９、「観音・巻五ノ二」昭和10、「観音・巻五ノ四」昭和11、「観音・巻五ノ六」昭和11、「観音・巻六ノ一」昭和12、「観音・巻六ノ二」昭和11、「観音・巻六ノ五」昭和11、「観音・巻七ノ三」昭和11、「観音・巻七ノ五」昭和12、「観音・巻八ノ五」昭和９、「観音・巻九ノ四」昭和13、「観音・巻九ノ五」昭和13、「観音・巻十ノ六」、「観音経　読み解事典」2000、「観音巡礼」平成５、「観音巡拝案内」、「観音信仰」昭和45、「観音信仰とみくりや横道三十三所」昭和50、「観音　新庄地廻巡礼記」、「観音札所ぶらり旅」平成13、「観音廻り道さとし覚」寛政６年（1794）写、「観音霊場巡り」1989、「韓国　観音の旅」1987、「蒲原三十三観音様に参詣して」昭和53。

【き】

「木次町誌」昭和47、「吉備群書集成・二」、「吉備町誌・下巻」昭和55、「吉良町史　近世編」平成11、「吉舎町史・下巻」平成３、「桔梗通信・３」昭和60、「気賀の民俗」平成１、「企救郡誌」昭和６、「騎西町史　近世資料編」昭和60、「岐阜県史・通史編　近世下」昭和47、「岐阜市新西国三十三所霊場巡拝」明治39年（1906）、「紀伊国名所図絵」文化８年、「紀伊西国御納経帖」、「紀伊半島の三十三所」平成16、「杵築市三十三観音霊場奉賛歌」、「杵筑市誌」昭和43、「菊地郡誌」大正７-昭和48、「菊池三十三ケ所札所番順観音堂」、「菊池市史・下巻」昭和61、「北方町史・中巻」昭和61、「北上市史・第10巻・近世（８）」昭和59、「北関東の三十三所」平成16、「北九州市史・民俗編」平成１.、「北巨摩百番観音霊場御詠歌集」観音寺資料、「北中部の民間信仰」昭和48、「北波多郷土誌」昭和18、「岸本町誌」昭和58、「君津町史　後編」昭和48、「九州の三十三所・上」平成20、「九州の三十三所・下」平成16、「九州・沖縄の民間療法」昭和51、「九州西国観音巡礼」1996、「九州西国霊場巡礼の旅」昭和58、「九州西国霊場の秘宝」昭和58、「九州三十三観音めぐり」平成４、「旧楯縫三十三番観音御霊場巡禮の御詠歌」、「旧三上郡三十三カ所霊場探訪記」、「牛涎・巻十三」、「京都観音めぐり」2006、「京都図」享保８年（1723）、「京都坊目誌」大正４年（1915）、「京羽二重　巻二」、「京童」明暦４年（1658）、「享保増補・村記」平成１、「行徳三十三所札所案内」平成９、「郷土における観音信仰」昭和60、「郷土の文化財」昭和56、「郷土の昔」昭和31、「郷土北浦・第三号」訂正再販　昭和46、「郷土研究資料第三集　ふるさと豊田（改訂版）」昭和52、「郷土誌三の宮」昭和51、「郷土志・第十八号」昭和27、「桐沢史」昭和58、「近畿の三十三所（一）・（二）・（三）」平成19、「近畿地方における地域的巡礼地」1986、「近畿楽寿観音三十三ケ所霊場」、「近西国三十三ケ所巡拝御詠歌並ニ集印帳」昭和56。

【く】

「久喜市史・資料編」平成２、「久波奈名所図会・中巻」江戸期＝昭和52、「久御山町史・二」平成１、「久米郷土誌」平成４、「久米町史・下巻」昭和59、「久留米市史・第二巻」昭和57、「久留米市史・第五巻」昭和61、「玖珠のまもり・玖珠三十三番の観音仏」、「頚城の祭りと民俗信仰」、「国東六郷満山霊場めぐり」平成２、「国見物語第九集」昭和63、「窪中島誌」平成２、「熊谷市史　前遍」昭和38、「熊谷市史　全」昭和44、「熊野西国三十三ケ所御納経」、「熊本県阿蘇郡小国郷土史」昭和

35、「熊本県の地名」1985、「倉石村史・下巻」平成１、「倉吉市史」昭和48、「倉敷市史・第十冊」昭和49、「倉吉市誌」昭和31、「鞍手郡誌」昭和９、「黒川三十三所」昭和63、「桑名市史・本編」昭和34、「桑名の民俗」昭和62、「郡西国三十三所御詠歌」弘化３年（1864）、「郡内研究」創刊号昭和62、「郡内三十三番観音霊場巡礼記」昭和51、「群馬県群馬郡誌」大正14、「群馬県史・資料編九」昭和52、「群馬県の地名」1987、「群馬歴史散歩」1975。

【け】

「気仙三十三観音札所」根来功範史料、「下呂町誌　全」昭和29、「京北町誌」昭和50、「芸濃三拾三箇所観音霊場記」宝永７年（1710）、「芸濃　巡礼紀行詠草」宝永７年（1710）、「芸濃町史・下巻」昭和61、「玄海町誌」昭和54。

【こ】

「こうだに誌」昭和61、「こころのふるさと和知西国霊場案内」昭和60、「こころを癒す巡礼・参拝用語辞典」2000、「小海町誌」昭和48、「小坂井町誌」昭和51、「小牧叢書六・小牧の三十三所観音信仰」昭和53、「小松藩・会所日記」、「古河市史　民俗編」昭和58、「古今御用抜書」延宝～延享３年（1673-1746）、「古寺巡礼辞典」昭和48、「江左三郡録巻之一～三」彦根市立図書館蔵、「江州伊香三十三所順礼順拝記」、「江州湖辺三十三ケ所之略」宝永４年（1707）、「児玉三十三霊場めぐり」、「合志町誌」昭和63、「桑折町史・三」平成１、「御郡中観音堂三十三所順礼之次第並和歌」寛政６年（1794）、「御城下三十三所御詠歌」、「上野の札所」昭和51、「上野坂東三郡順礼詠歌」明和６年（1769）、「甲賀郡志・下」、「甲賀巡礼」昭和59、「甲州巡礼ひとり旅」昭和61、「甲州脇往還史話」昭和40、「甲府市史・別編一民俗」昭和63、「高志路・第220号」昭和45、「高志路・第221巻」昭和45、「高野口町誌・下巻」昭和43、「湖北観音順礼観音の里」昭和54、「湖陵町誌」昭和45、「校訂筑後志巻之三」明治40、「校補但馬考」昭和48、「広報かわかみ」昭和57～58、「神戸平原地方郷土史・後編」昭和13、「港北区史」昭和61、「稿本金澤市史・風俗編二」昭和48、「稿本越の下草」安永４年（1775）、「国花万葉記・二」元禄10年（1697）、「国東町誌」昭和48、「国富郷土誌」平成９、「郷内三十三所　観音巡礼和讃を尋ねて」昭和62、「越の国三十三番札所案内」昭和49、「今昔宮原の里余録」平成６。

【さ】

「さぬき三十三観音霊場」昭和54、「佐伯霊場道知るべ（八十八所資料）」大正13、「佐賀県金立町郷土資料」昭和31、「佐久三十三所詠歌」、「佐土原三十三ケ寺巡拝御詠歌」、「佐渡相川史」昭和43、「佐渡惣順礼日記」、「佐野西国秩父坂東百箇所巡拝記」、「佐野百番順礼堂記」天保15年（1844）、「相模の札所めぐり」昭和48、「相良三十三観音めぐり」昭和52、「西国稲毛三十三所巡礼歌」、「西国三十三ケ所御詠歌武生地西国霊場」、「西国三拾三番巡礼歌」、「西国巡礼並因縁記」、「西国順礼独案内」嘉永５年（1852）、「西国・坂東・秩父百観音」昭和54、「西国洛陽三十三所観音霊験記」貞享４年（1687、「西摂大観・下巻」昭和40、「西備名区・巻24」、「西備名区・巻48」、「西備名区・巻77」、「埼玉史談・第一巻・第六号」昭和５、「埼玉叢書・第三」昭和45、「埼玉史談・第四巻・第五号」昭和８、「埼玉史談・第六巻・第一号」昭和５、「埼玉史談・第六巻・第二号」昭和９、「埼玉史料辞典」昭和43、「堺市史・第四巻」昭和48、「堺市史・本編第三・第三巻」昭和５、「坂部三十三番札所」昭和59、「作札御詠歌」文化９、「篠栗町誌・歴史編」昭和57、「幸手市史　近世資料編Ⅰ」平成８、「澤尻　観音別当文書」寛政10、「三十三所南山城巡礼記」天保６、「三十三ケ所番在村名松代堂宇御詠歌」

嘉永１、「三拾三番観世音巡礼之次第」、「三田市史・上巻」昭和39、「三陸三十三観音めぐり」平成３、「三和町史・資料編・近世」平成４、「山陰の三十三所」平成18、「山州名跡志」。「山南町誌」昭和63。

【し】

「しもつまの野仏」平成３、「七ケ浜町誌」昭和42、「四国の三十三所」平成16、「四国西国霊場南総周准郡中江移図」天保13、「四国三十三観音霊場案内」1992、「史跡遠江三十三所観音霊場」昭和62、「市史編さんの参考資料二十五」平成５、「史蹟名勝天然紀念物調査報告書第十輯」昭和７、「史談いばら・第三号」昭和50、「史談いばら・第四号」昭和51、「志布志旧記上巻」明治12＝昭和27写、「志布志町誌・上巻」昭和47、「志免町史」平成１、「志免町誌」昭和44、「寺門高僧記」、「寺門伝記補録」、「資母村誌」昭和９、「清水市史第一巻」昭和51、「信濃三十三札所めぐり」1991、「信濃三十三番観世音奉納経」昭和54、「信濃三十三番観音札所めぐり」昭和51、「泗水小史抄と合志三十三ケ所観音記」昭和53、「紫波郡誌」大正12＝昭和62、「紫波町史・第一巻」昭和47、「塩尻組神社仏閣帳」、「塩尻市誌第二巻歴史下」昭和45、「静岡県の三十三所」平成12、「静岡県史・史料編23　民俗一」平成１、「静岡県史・資料編24　民俗二」平成５、「静岡県史・資料編25　民俗三」平成３、「静岡県史料・四」、「信太郷土史」昭和62、「信夫の里　札所めぐり」昭和60、「島根の寺院・第一巻」昭和63、「島根縣石見國那賀郡曹洞宗寺門史」、「島根新聞」昭和46、「下麻生町誌」昭和60、「下伊那郡案内道中記」嘉永四年（1851）、「下北半島三十三カ所観音霊場巡り」平成10、「下館の石佛石塔」昭和56、「下妻市史　別編民俗」平成６、「下之一色町中之割観音堂由来記」昭和40、「下野一国三十三所歌」江戸期、「下野三十三観音札所としもつけ民話四十八」平成10、「下野三十三所霊場」昭和44、「下野三十三札所巡りと小さな旅」平成４、「下野史談・第八巻第六号」昭和６年、「下総国札」1983、「下総相馬三十三番札所」小松原文書、「下部町誌」昭和56、「社寺奮記・巻之十二」文化10年（1813）、「若越郷土研究・第25巻五〜六」昭和55〜56、「周南風土記」昭和61、「拾遺上州の観音札所」昭和60、「週刊熊本」昭和40、「重修浜名史論上下完」、「出東村誌」昭和３、「準西国稲毛三十三所観音霊場札所めぐり」昭和53、「巡礼」平成７、「巡拝の手引き」平成10、「巡礼と遍路」1979、「巡礼・参拝用語辞典」1994、「巡礼用語辞典」1994、「巡礼・遍路がわかる事典」2004、「順礼拝礼記」安永７年（1778）、「諸御手頭控」、「庄内順礼歌」、「庄内地理誌・巻十記載、寛政10年（1798）、「庄内札所三十三霊場巡り」、「庄和の巡礼」1993、「上州吾妻順礼縁起」永禄７年（1564）「上州順礼縁起」元禄14年（1701）、「上州の観音札所」、「上州の札所めぐり」昭和58、「上州の馬頭観世音」昭和49、「上毛佐波郡三十四箇所観音霊場詠歌記」、「昭和新修観音霊場長門三十三ケ所」昭和40、「昭和新撰江戸三十三観音札所案内」平成12、「昭和村誌」昭和33、「昭和町誌」平成２、「城陽市史・二」昭和54、「白石町史」昭和49、「白木村誌」昭和32、「白浜町誌・資料編」、「信仰風土記　南阿蘇高森」昭和57、「信州佐久郡三十三ケ所順礼歌並道法付」文化５年（1808）、「信州史事典　㈰松本藩編」昭和57、「信州筑摩三十三カ所観音霊場案内」平成６、「信州の仏教寺院Ⅰ」昭和61、「信達百番巡禮簿全」文化４年（1807）、「新上総国三十三観音巡礼」平成９、「新上総国三十三所」1997、「新京都坊目誌　我が町の歴史と町名の由来」1979、「新稿社寺参詣の経済史的研究」昭和57、「新西国観音霊場豊橋三十三所奉納経」、「新西国三十三所観音霊場参拝案内」昭和12、「新西国坂東秩父順礼記」天保９年（1838）、「新修大津市史・四」、「新修亀岡市史　本文編第二巻」平成16、「新修七尾市史13　民俗編」、「新庄市史　第三巻　近世下（上）」平成６、「新庄地廻観音巡り」昭和57、「新庄地巡り三十三観世音菩薩御詠歌」文化11年（1814）、「新庄村史・前編」昭和41、「新撰京都叢書第一巻」昭和60、「新撰高崎三十三観音」昭和55、「新撰美濃志」明治33、「新伊達郡三十四所御詠歌」明治12年（1879）、「新秩父三十四箇所観世音めぐり」平成２、「新訂越前国名蹟考」文化12年（1815）- 昭和55、「新訂・増補　霊場聖地めぐり」2004、「新訂大宇陀町史」平成４、「新得町史」平成２、「新南陽市の生活と祈り」昭和51、「新編岡崎市史・近世」平成４、「新編鎌倉志」貞享１年（1684）、「新編埼玉県史・通史編四」平成１、「新編桑下漫録４」昭和56、「新編津軽三十三霊場」昭和48、「新編武蔵国風土記稿」文政８年（1825）、「新編武蔵国風土記稿入間郡之十二」、「新本誌」昭和47、「新武蔵三十三所」。

【す】

「珠洲市史・第二巻資料編」昭和53、「図跡考」寛政９年（1797）、「図説東蒲原郡史　阿賀の里・上巻」、「周防三十観音霊場」昭和56、「諏訪郡霊場百番札所」昭和50、「諏訪市史・中巻」昭和63、「水原町編年史・第一巻」昭和53、「随筆石見物語」昭和57、「杉戸町史調査報告書第五集　寺院神社（寺院編）」平成８、「裾野市史第三巻　資料編近世」平成８、「準伊賀西国三十三観音霊場」、「駿河一国駿豆両国三十三所御詠歌と路巡」昭和34、「駿河三十三所観音巡り」平成１、「駿河秩父順礼　御詠歌（秩父利用）」、「駿国雑志」天保13年（1843）、「駿州御厨三筋道三十三所順礼歌」享保17年（1732）。

【せ】

「せきもとの石仏」平成１、「清和村誌」昭和51、「脊振村史」平成６、「背振路」昭和40、「瀬戸内の三十三所」平成19、「瀬戸内三十三観音巡り」昭和61、「勢国見聞集・巻七」、「勢国見聞集・巻八」、「勢国見聞集・巻九」、「勢州一志郡西国道中案内」、「勢陽雑記」明暦元年（1655）、「関金町誌」昭和56、「石炭研究資料叢書 NO.8」1987、「摂津国三十三所順礼道中記」元文４年（1739）、「摂津三十三所順拝道中記」安政５年（1858）、「摂津志」享保20年（1735）、「摂北三十三所霊場納経帖」昭和11、「摂陽奇観・巻二十」、「摂陽群談」元禄14年（1701）、「仙台郷土研究九ノ二」昭和14、「仙台叢書・第四巻」大正12、「仙台郷土研究九ノ四」昭和14、「仙台の三十三観音　改訂版」平成３、「仙道三十三観音めぐり」昭和60、「仙道三十三観音札所」平成６、「仙北三十三観音」1986、「泉州記」、「泉州志補遺」、「泉州史料・二巻」、「泉南西国三拾三ケ所控」大正13-1924、「全国三十三所観音霊場および八十八所霊場資料集」2006、「全国三十三所集録・上」平成20、「全国三十三所集録・下」平成20、「全国「三十三所巡礼」総覧（全）」1995、「全国寺院大鑑　上・下・別巻」平成３、「全国寺院名鑑・全四巻」昭和48、「全国神社名鑑　上・下」昭和52、「全国霊場巡拝事典」平成17、「全国霊場大事典」2006、「扇面道中記」明治23年。

【そ】

「壮瞥町史」昭和54、「相馬郷土文化志」昭和25= 昭和51、「相馬市史４　資料編１」昭和44、「増訂印南郡誌前後編」大正５= 昭和48、「増補藍住町史」昭和40= 昭和62、「増補改訂版岡垣小史」昭和59、「増補七美郡誌稿全」明治39= 昭和48、「総合仏教大辞典　上・下」1988、「総社市史・民俗編」昭和60、「雑花錦語集」巻一二七、「添田町史・下巻」平成４、「続大宇佐郡史論」昭和18、「続川内町誌」平成43、「続矢島町史・上巻」昭和58、「園部探訪」1987、「袖ヶ浦町史・通史編・下」平成２。

【た】

「太子の石仏」平成10、「太宰府市史・民俗資料編」平成５、「伊達秩父三十四観音巡拝」平成17、「田浦町誌」昭和３、「田名部海邊三十三順禮札所」、「田主丸町の歴史と文化財」昭和56、「田沼町史・第四巻」昭和58、「田原本町史・本文編」昭和61、「多賀町史・下巻」平成３、「多紀郷土史考・上巻」

昭和33、「多紀興亜三十三所」、「多胡郡内三十三番札所詠歌記」、「多治見市史・通史遍上」昭和55、「多田庄巡礼三十三所略縁起」元禄八年（1695）、「多根令己資料」平成７、「多摩川寺めぐり」1993、「丹邱邑誌」平成５、「丹邱邑誌・巻之四」弘化４年（1847）、「大神門札三十三番観音霊場」昭和30年代、「大東市史」昭和48、「大東町誌」昭和46、「大日本寺院総覧」大正５、「大日本寺院総覧・全２巻」1996、「大平村誌」昭和61、「大山町誌」昭和55、「台湾三十三観音巡拝」2004、「当麻町史」昭和50、「第三期秋田叢書（一）（二）」、「高岡三十三所御詠歌」昭和３、「高岡三十三所御詠歌」昭和56、「高岡新西国三十三所観音霊場」昭和56、「高砂の歴史」昭和59、「高城松島絵図」文政６年（1823）、「高須の民俗」平成２、「高田郡史・民俗編」昭和54、「高田郡史・資料編」昭和56、「高津町誌」昭和13、「高根町誌　下巻」平成１、「高松村誌」昭和16、「高宮町史」昭和33、「喬木村誌・上巻」昭和54、「滝川市史」昭和37、「滝根町誌　２巻資料編」平成１、「武川村誌　下巻」昭和61、「但馬西国三十三霊場」昭和54、「館山と文化財20」昭和62、「館山市史」昭和56、「玉の石」元禄15、「玉川村史」昭和55、「玉島の歴史」平成１、「玉島の景観と文化」昭和52、「垂水市史料集（二）」昭和53、「丹波志・氷上郡巻之七下」、「丹後旧語集」享保20年（1735）、「丹後一国三十三所巡禮記」元文４年（1739）、「丹波国桑田郡　庄内割云伝覚書」延宝８年（1680）、「丹波国船井郡・西国順禮歌」、「丹波西国三十六所道中記」文化４年（1807）、「丹波西国三十七所道中記」嘉永５年（1852）、「丹波志」寛政６年（1794）、「丹波志・何鹿郡寺院之部七巻之内」、「丹波志　何鹿郡之部」昭和61、「丹波志・氷上郡巻之七上」寛政６年（1794）、「丹後・与謝霊場三十三札所納経帖」昭和61、「淡海記巻十一」、「淡海録」、「淡国通記」延享元年（1744）＝昭和52、「淡州順礼道志るべ」文久３年（1863）。

【ち】

「千鳥巣・35～37号」、「千葉県の歴史35」昭和63、「知夫村誌」昭和35、「地域的巡礼のデータベース作成に関する基礎研究」平成14、筑後古島郷土史」昭和60、「筑後西国三十三カ所案内御詠歌」、「筑後市史・第三巻」平成10、「筑前芦屋旧跡巡り」昭和57、「筑前国中三十三ケ所道中案内地図」大正10＝昭和45、「筑前國続風土記拾遺・巻之二十一」、「筑前國続風土記拾遺・巻之二十三・巻之二十四」、「筑前國続風土記拾遺・巻之二十五」、「筑前三十三所道しるべ」天保２年（1831）、「筑前若松郷土誌」、「筑後河北誌」昭和54、「筑後市史・第三巻」平成10、「筑陽記一・博多二」寛延４年（1751）、「秩父三十四札所考」、「中国の民間信仰」、「中国・四国の民間療法」、「中国楽寿観音三十三ケ所めぐり」平成５、「張州雑誌・巻五十七」、「張州年中行事鈔」。

【つ】

「つじどう周防・長門の辻堂の習俗」昭和62、「つちくれかゝみ」宝永三年（1706）、「都賀町史・民俗編」平成１、「都築文化３」1983、都留市の古文書・近世編第二集」昭和50、「津内巡礼詠歌集」元治元年（1864）、「津金寺誌」昭和51、「津軽三拾三所順礼」寛延４年（1751）、「津久井郡文化財・石像編・寺院編・神社編」昭和58-62、「津久井郡文化財・民俗編」平成５、「津久井三十三ケ所観音霊場御詠歌（旧）」、「月館町の民俗」昭和62、「椿温泉郷」昭和40、「妻在百三十三番順禮縁起」元禄４年、「連嶋町史」昭和31、「鶴崎観音詣詠歌」.

【て】

「出羽国風土略記」宝暦期、「出羽州最上郡三十三度順礼」、「天台寺」昭和62、「天台寺の研究（一）」昭和59、「天台寺の研究（二）」昭和59、「天童織田藩史余話」昭和62、「天童三十三処御詠歌巡礼」

大正７年写、「天明村誌」昭和36、「天領日田・第３号」昭和58、「伝説小川原湖物語」昭和53。

【と】

「土岐三拾三所御詠歌」、「土岐市史（二）」昭和46、「土佐西国三十三ケ所」平成２、「土佐西国三十三番霊場由来霊記」、「土庄町誌」昭和46、「戸田市史・通史編」昭和58、「戸塚の寺院誌」平成２、「利根郡誌・全」昭和５、「十日町市史　通史編３　近世二」平成８、「十日町市博物館蔵」、「同行二人」1976、「東海の三十三所」平成15、「東海の百観音」1996、「東海白寿観音三十三ケ所めぐり」平成５、「東海百観音霊場めぐり」昭和54、「東京都立中央図書館加賀文庫」、「東郷町誌」昭和62、「東作誌」、「東都歳事記」天保９年（1838）、「東都歳事記・付録」、「東濃土岐西国順拝記」、「東北寺院便覧」昭和62、「洞爺湖畔三十三観世音」昭和59、「洞爺湖畔三十三観音」昭和56、「当国庄内札所観世音菩薩御詠歌」、「当國三十三所　和賀稗貫紫波観世音」平成２、「当国中順禮」文政２年（1819）、「當国三三処七箇所道中乎控帖」文久２年、「當國三十三所御法歌」昭和２＝昭和７、「當國順礼記」明治11、「當国順禮札所御詠歌」明治２、「當國順禮所附」天明７年（1787）、「道後温泉」昭和49、「徳山市史史料下」昭和43、「所沢市史・地誌」昭和55、「栃木県史・第十一巻」昭和13、「鳥取県史・五　近世」昭和57、「鳥取県日野町寺院巡り」昭和62、「鳥取民俗」昭和63、「富谷町誌」昭和42、「富河村」昭和11、「豊中町誌」昭和54、「豊根村誌　別巻」平成５、「豊富村郷土散歩」昭和55、「豊富村誌　下」平成12、「豊田町誌　別編Ⅰ」平成11、「豊田町誌　別編Ⅱ」平成13、「豊橋市史・第二巻」昭和50。

【な】

「名古屋三十三所」、「名古屋城下三十三所」、「名古屋叢書・三編第八巻」昭和57、「名古屋叢書・第七巻」昭和35、「名取市史」昭和52、「何鹿往来」昭和５、「何鹿郡誌」大正15= 昭和47、「奈良市史・社寺編」昭和60、「奈良県宇陀郡史料」大正６、「奈良新聞」1990、「那賀郡史」昭和15= 昭和45= 昭和51、「那賀郡坂東縁起　全」安政３年（1856）、「那賀郡坂東三十三か所詠歌」明治40、「那須三十三所観音霊場」、「那須拾遺記・巻之十五」享保18年（1733）、「玖珂郡山代本郷村誌」明治23、「玖珂郡志」享和２年（1802）- 昭和50、「中伊豆町誌資料・民俗教育編」平成１、「中魚沼郡誌・上巻」昭和48、「中郡西国道しるべ」、「中郷之歴史・古蹟」昭和60、「中仙町郷土資料　第８集」昭和53、「中間市史・下巻」平成13、「中松家文書」、「中山町史・中巻」平成15、「長井市史・第二巻」昭和57、「長尾町誌」昭和26、「長岡三十三観音札所御詠歌」昭和58、「長狭三十三観音巡礼ガイド」平成10、「長門三十三観音霊場」昭和58、「長門三十三ケ所」昭和40、「長野県史　東信地方二ノ二」、「長野　第43号」昭和47、「長野　第59号」昭和50、「長野　第60号」昭和50、「長野　第165号」平成４、「南部叢書・第５冊」昭和59、「南部大和西国三十三霊所御詠歌」昭和57、「南部倭西国三十三霊所案内記」大正13、「南都年中行事」昭和54、「南毛霊場三十三観音」昭和58。

【に】

「仁科三十三番詠歌」麻屋政忠板、「仁科三十三番札所双六」大町市観光協会、「仁科三十三番札所めぐり」2005、「仁多郡札霊場詠歌」明治３年、「日刊紀州新報・近西国三十三カ所霊場」昭和62-63、「日本最初西国三十三番詠歌」安政２年（1855、「日本祭礼地図　５」1980、「日本寺院名鑑」昭和５、「日本全国三十三所・札所集覧」1999、「日本全国三十三所八十八所集覧」昭和56、および「追録」昭和63、「日本談義・NO.293」昭和50、「日本佛教語辞典」1988、「日本仏教の北限」昭和41、「日本名刹大事典」平成４、「日本民衆教育史研究」1978、「新潟県郷土叢書（五）」昭和52、「新潟県大百科事典」、「新潟県史資料編23・民俗文化財２・民俗編Ⅱ」昭和59、「西尾町史・下巻」昭和63、「西久保観世音の信仰と歴史」昭和54、「西上州の百観音」昭和53、「西根村史談」昭和27、「西宮町誌」大正15= 昭和20、「西三河西国・准坂東観音霊場奉納経」平成16、「西美濃を訪れて」昭和62、「西美濃三十三霊場奉納経」、「新田・山田・邑楽準西国開帳記事」、「韮崎市誌・下巻」昭和54。

【ぬ】

「沼津市誌・下」昭和33。

【ね】

「根波郷土誌」昭和52。

【の】

「野村郷土誌」昭和39、「能生町史」昭和61、「能義郡山中三十三番札所巡礼和歌」正徳３年（1713）、「能代市史　特別編　民俗」、「能勢の昔と今」1990、「能勢町史・第四巻」昭和56、「能登名跡志」安永９年（1780、「能登国観音三十三所巡禮札所」平成１、「納経集印帖　霊場案内図」、「濃飛両国通史・下巻」大正13= 昭和44。

【は】

「はるかな遍路の旅」昭和63、「八丈實記・第四巻」、「羽黒町史・上巻」平成３、「羽茂町誌第四巻」平成10、「馬頭町文化財・五集」、「杷木町誌」昭和50、「芳賀町史　通史編」平成14、「芳賀町の文化財　第十六集」、「伯太町誌（下）」平成13、「箱舘戦争当時の町並みと兵員配置図」、「挟間町誌」昭和59、「畑野町史・信仰編」昭和60、「秦野市史・別巻　民俗編」昭和62、「八王子三十三観音霊場」平成５、「八王子市史・下巻」、「花泉町史・通史」昭和59、「花巻史談　第26号」平成13、「浜北市史・通史上巻」平成１、「浜名史論下」昭和28、「浜松手引観世音御詠歌」明治44、「濱田三拾三所順禮詠歌」天明元年（1781、「濱名湖新西国納経」昭和15、「原村小史」平成５、「播磨61号」昭和40、「播磨鑑」明和２年（1765、「播磨郷土史の研究」昭和47、「播磨西国三十三カ寺巡礼」昭和59、「播磨西国三十三所霊場めぐり」昭和55、「播磨西国三十三ケ寺観音霊場・巡礼道」昭和60、「半田のお寺」昭和57、「飯伊百観音」昭和54、「飯能郷土史」昭和19、「播州赤穂郡参拾参ケ所順拝」平成１、「播州美嚢郡西国三十三所　並道中記」慶応（1865-68）版本、「播陽万宝智恵袋下巻」宝暦10年（1760）= 昭和63、「磐越の三十三所」平成13。

【ひ】

「ひらけゆくふるさと矢部」平成４、「火祭りの里・城屋」平成４、「氷上郡西国札所案内記」昭和51、「氷見市史」昭和38、「氷室村三大師の文化財」1981、「比和の自然と歴史・第十集」昭和52、「日向郷土志　資料第十五」昭和10、「日野郡溝口町誌」昭和48、「日野郡史・前編」大正15= 昭和47、「日野観音霊場御詠歌・全」、「日吉津村誌・下巻」昭和61、「日出御國三十三所御詠歌」、「尾三文化」昭和61、「尾陽雑記」昭和37= 昭和52、「尾陽雑記」昭和７、「飛騨三十三観音霊場札所」、「美星町史・通説編」昭和51、「稗原郷土史」昭和61、「斐川町町史」昭和47、「簸川西国三十三番霊場誌」、「瓶原古今志」寛保２年（1742）、「肥後讀史總覧・下」昭和58、「備前の霊場めぐり」平成３、「東茨城郡誌・上巻」昭和48、「東川町史」昭和50、「東三十三所観世音菩薩御詠歌　全」、「東上州の観音札所」昭和57、「東上州三十三番」、「東上州三十三観音札所めぐり」平成17、「東背振村史」昭和59、「東地区における観音堂などの調査研究」平成２、「東筑摩郡・松本市・塩尻市誌　第二巻歴史下」昭和43、「東通村史・歴史編Ｉ」、「東根市史・通史編上巻」平成７、「東根市史・別巻上」平成１、「東三河坂東三十三所観音霊場　奉納経帳」平成13、「東村史・下巻」昭和51、「東山参拾参所御詠歌」安政５年（1858）＝明治35写、「東山梨郡誌　全」大正５-昭和52、「東由利町史」平成１、「光と風と観音様と」平成15、「彦根近辺三拾三所御詠歌」、「久居市史・上巻」昭和47、「常陸西国御詠歌案内」、「備中の霊場めぐり」平成５、「備中浅口西国三十三観音霊場一覧」昭和期、「備中記・上」明治36=昭和37、「備中西国三十三所観音霊場めぐり」、「備中西国三十三所観音霊場めぐり」昭和54、「備中西国三十三所観音霊場」昭和62、「備中西國三十三所観音霊場めぐり」昭和54、「備中集成志」昭和18-昭和51、「備中集成志」宝暦７年（1757）＝昭和18-昭和51、「備中巡礼略記」（附録「備中西国巡道図」）、「備中村鑑　上下」文久元年（1861）、「人吉文化・46号」大正７、「人吉球磨相良三十三観音巡り」、「姫路西国観音三十三霊場」昭和60、「備後三十三所御詠歌集」、「備後西国三十三カ所巡拝案内記」昭和54年、「備後西国三十三ケ寺」平成４、「備後叢書（四）」、「備後叢書（五）」昭和45、「百観音順礼記」天和３年（1683）、「兵庫名所記・下」、「平塚市史12・別編民俗」平成５、「平戸郷土誌」大正６年（1917）、「広川町誌・下巻」、「広瀬町史・下巻」昭和44、「広見町誌」昭和60、「廣島市史・社寺編」大正11-昭和47、「比和の自然と歴史・第14集」昭和56。

【ふ】

「ふるさとあらかわ」、「ふるさとの神々とみ仏」平成４、「ふるさとの観音信仰と巡礼」昭和54、「ふるさとの古寺三十三カ寺めぐり」2007、「ふるさとの寺と仏像」昭和52、「ふるさとの札所めぐり」平成３、「ふるさとの文化遺産・第三巻」昭和61、「ふるさと郡山歴史事典」昭和62、「ふるさと千歳」昭和62、「ふるさと展望」昭和53、「ふるさと豊橋」平成54、「ふるさと野上」平成11、「ふるさと真壁の清風」平成11、「ふる里福島路～巡礼～」平成７、「富士見村誌・続編」昭和54、「富士吉田市史　民俗編　第２巻」平成８、「富士吉田市史　歴史編　第２巻」平成８、「武州葛飾郡埼玉郡百観音」平成９、「武相観音めぐり」1999、「豊前志・一之巻総論」、「豊前地方誌」1981、「封内風土記・巻五」明治26、「深谷市史・上巻」昭和59、「福井市寺院名簿」昭和42、「福岡県史・民俗資料編・ムラの生活・上」昭和59、「福岡県筑前国遠賀川西四国八十八ケ所西国三十三ケ所霊場記序」明治36、「福島県史」昭和42、「福島市寺院名鑑」昭和59、「福島市の文化財」昭和40、「福知山市史・第三巻」昭和59、「福原三十三処観音大士詠歌」文政９年（1826）、「福原西国巡拝記」昭和２、「福原西国三十三所観音霊場案内」、「福屋三三所順礼詠歌」、「福山西国三十三ケ所巡り」、「福山市引野町誌」昭和61、「伏見観世音巡拝」天保12年（1841）、「藤枝市史・下巻」昭和41、「藤岡市史・資料編・近世」平成２、「藤根村郷土史」昭和42、「藤原村史・上」昭和26、「藤原村史・下」昭和49、「仏教巡礼集」昭和50、「仏教辞林」大正３、「仏教大辞典」昭和５、「仏教文化事典」平成１、「仏教民俗辞典」昭和61、「復刻江刺三十三所御詠歌」昭和63、「舟引町史・民俗編」昭和57、「豊後西国」昭和７、「豊後西國順禮歌」、「豊後西国順礼手引案内」、「豊後立石史談」大正12=昭和52、「豊後鶴崎町史」昭和12。

【へ】

「別府西国三十三ケ所御詠歌集」、「別府市誌」昭和60、「弁財天霊蹟誌」安永９年（1780）。

【ほ】

「ぼけ封じ関東三十三観音霊場案内」平成１、「ぼけ封じ三十三観音霊場」昭和59、「ぼだい」昭和63、「保土ヶ谷区郷土史」昭和50、「北条市誌」昭和56、「伯耆の三十三所観音霊場」昭和52、「伯耆の札所を訪ねて」昭和56、「伯耆国汗入郡三三番観世音札所之和歌」、「伯耆國三十三所順禮縁記」古写、「伯耆三十三札所」平成８、「伯耆日野郡三十三番札所詠歌」、「房州順礼縁起」延宝４年（1676）、「房総の郷土史・第15号」、「房総三十三所」平成12、「房総志料続編」天保３、「奉模盛岡三十三所御詠歌」昭和２＝昭和７、「防長風土記注進案・第三巻」天保13年（1842）、「防長寺社由来」享保年間（1716-36）、「防長地下上申」享保12年（1727）－宝暦３年（1753）、「坊目拙解」享保20年（1735）、「法吉村誌」昭和63、「奉順禮御國三拾三処巡番控」安政６年（1859）、「北越風土記節解」、「北海道縁起物語」1992、「北海道三十三観音よみがえった霊場」1988、「北海道三十六不動尊霊場」1992、「北海道巡礼の旅」1998、「北海道仏教史の諸研究・第二巻」昭和41、「北陸の三十三所」平成12、「北陸三十三カ所観音霊場案内」昭和57、「本郷村史・第一巻」、「本匠村史」昭和56。

【ま】

「まいづる　第15号」平成10、「真玉巡礼三三か所御詠歌集」大正期、「真玉町誌」昭和53、「毎日新聞島根版」昭和51、「舞阪町史・上巻」平成１、「前沢町史・下巻二」昭和63、「松浦叢書第二巻」昭和49、「松江市誌」昭和48、「松江札霊場順礼案内記」昭和11-昭和47、「松江余談」平成１、「松山西国三十三所巡拝道中案内記」大正11、「松尾頂水糟部郡三十三所御詠歌奉納額」明治18、「松阪市史・第八巻・史料編」1979、「松島町の郷土史話」1995、「松平文庫・越前国古今　名蹟考・巻六」、「松之山町史」平成３、「松橋町史」昭和54、「松本三十三番御詠歌」、「松元町郷土史（第一輯）」昭和38、「松山叢談附録・第五」。

【み】

「三浦の三十三観音」昭和53、「三浦観音札所巡り」1997、「三浦古文化」昭和42、「三浦古文化」昭和46、「三木郡一郡順礼札所」、「三河国准秩父三十四御詠歌」弘化５年（1848）、「三河国准秩父三十四所御詠歌」文政４年（1821）、「三河国准坂東三十三所御詠歌」文政２年（1819）、「三河三十三所順禮詠歌」明和６年（1769）、「三河誌」、「三河名数」昭和50、「三河之国三十三観音　式内二十六社」昭和53、「三河文献集成・近世編上」昭和38、「三郷市史・第三巻」平成３、「三郷市史・第九巻」、「三郷市史調査報告書・第６集」、「三島市誌・増補」昭和62、「三隅町史」昭和16、「三岳村誌・下巻」昭和63、「三刀屋町誌」昭和57、「三野町誌」昭和55、「三原郡史」昭和54、「三原志稿前編・巻之七」、「三間郷地西国三十三カ所納経所」、「三間郷地西国納経所名」大正５、「三芳村史」昭和59、「三良坂町誌」昭和48、「水戸三十三観音札所」平成６、「水戸三十三番をゆく」昭和61、「水戸市史・中巻」昭和44、「参河国名所図絵・上巻」昭和８＝昭和47、「参河志第参拾六巻」、「美嚢郡西国三十三カ所詠歌について」昭和35、「美作の霊場めぐり」平成９、「美作西国三十三所観音霊場」平成１、「美祢市史」昭和57、「美濃瑞浪霊場めぐり」昭和59、「美濃西国巡礼手引記」平成１、「美濃国三三所観音順礼記」享保１年（1727）、「美濃民俗・第56号」昭和46、「美文会報」昭和58-９、「美山仏教誌」昭和56、「美和町史」昭和60、「御像入旧濱田領三十三所詠歌本（全）」昭和５、「御蔵入三十三観世音」昭和51、「御嵩町史・民俗編」昭和60、「瑞浪市史・史料編」昭和47、「溝口町誌」昭和48、「南魚沼郡誌・続編下巻」昭和46、「南関東の三十三所」平成12、「南知多三十三観音めぐり」平成２、「南知多町誌　本文編」平成３、「南中部の民間信仰」昭和48「南山城三十三所観音巡礼」、「水原区誌」、「水巻町誌・全」

昭和37、「京都郡誌」大正８＝昭和50、「都路村史」昭和60、「都順礼ひとりあんない」、「宮城の観音巡礼」1992、「宮城の観音信仰」1992、「宮城学院女子大学研究論文文集」1979、「宮城県黒川郡誌」大正13= 昭和61、「宮崎町史」昭和48、「宮城名数」昭和38、「宮崎県総合博物館研究資料第六集・離島調査報告書」昭和49、「宮田町誌・下巻」平成２、「民間信仰辞典」昭和55。

【む】
「牟礼町史」平成５、「六日市町史・第二巻」昭和63、「武芸川町史」昭和54、「武蔵の国三十三所」平成12、「武蔵三十三所観音巡礼縁起」文政５年(1822)、「武蔵野観音」昭和45、「武蔵野狭山観世音順禮記」文化２年」1805、陸奥三十三観音巡礼札所名称」、「陸奥盛府三十三番御詠歌」嘉永元年(1848)、「陸奥国東山道三十三所順礼案内」正徳６年(1716)、「陸奥國東山道三十三所順禮案内」正徳６年(1716)、「村田町史」昭和52、「村松町史・上巻」昭和58、「村山市史・近世編」平成６。

【め】
「名所古跡を訪ねて」昭和60。

【も】
「もろかた(諸県)第33号」平成11、「母里領内観音三十三番御詠歌」元文４年(1739)、「最上三十三観音順礼記」昭和56、「最上三十三観音　順礼始め」昭和62、「最上三十三所観音霊験記」安政３年(1856)、「最上新西国三十三観音霊場巡礼道路案内略図」昭和58、「最上町文化財資料・第九集・小國西国三十三観音と最上町の風土」昭和50、「持田村誌」昭和28、「物語虻田町史・第５巻」昭和58、「守山市史・上」、「盛岡三十三観音巡礼記」所婦和58、「文殊の里・昔むかし」平成６。

【や】
「やすおか史誌」平成２、「やすらぎの古里河内西国巡礼こころの散策ガイド」平成15、「やまがたのお寺さん・第五集」昭和60、「八木町寺院誌」昭和58、「八坂村誌・歴史編」、「八潮の民俗資料一」昭和55、「八潮市史・史料編・近世２」昭和59、「八千代町史　通史編」昭和62、「八女市史・下巻」平成４、「矢掛町史・民俗編」昭和54、「矢部村誌」、「大和国三拾三所観音順禮記」嘉永２年(1849)、「大和国三拾三所順礼観世音御詠歌」嘉永４年(1851)、「大和市史２・通史編・近世」昭和58、「大和村史余稿」平成８、「安来・能義の寺々」平成１、「安田誌」昭和41、「山家史誌」昭和62、「山香町誌」昭和57、「山鹿市史・下巻」昭和60、「山形川西参拾三所ご詠歌」昭和60、「山形県大百科事典」、「山形県地理名勝史蹟集成」、「山形三十三観音霊場巡礼道路案内略図」昭和58、「山形市史・上巻」昭和48、「山形市史資料・第64号」昭和48、「山形市高瀬の伝承」昭和53、「山口市史」昭和57、「山口市史・各説篇」昭和46、「山梨市史　文化・社寺編」平成17、「山田郷土誌・第二篇」昭和54、「山田郡誌」昭和14= 昭和48。

【ゆ】
「弓削町誌」昭和61、「湯沢町誌」昭和53、「温泉津物語」昭和56、「結城市史　第五巻　近世通史編」昭和55、「豊村」昭和35。

【よ】

「よみがえる元禄の順礼」平成６、「与謝郡三十三札所巡り」昭和57、「与野市史・文化財編」昭和58、「余川誌」平成２、「陽府温故集」、「雍州府志・第四」寛文５年（1665）、「撮攘集・巻上」享徳３年（1454）、「横田町誌」昭和43、「横野村誌」昭和31、「横浜市史稿・風俗編」昭和７＝昭和60、「横浜市史稿・佛寺編」昭和６＝昭和61、「横道三十三観世音菩薩霊場御詠歌並に参拝順路案内誌」平成２、「吉川町誌」昭和45、「吉永町史・民俗編」昭和59、「吉賀記」昭和51、「吉賀三十三所御詠」、「淀江町誌」昭和60、「米沢市史・民俗編」平成２、「寄島町誌」昭和42。

【ら】

「楽苦我記抄」昭和56、「楽寿観音霊場巡拝図」、「洛西の観音さん」昭和62、「洛西嵯峨名所案内記」嘉永５年（1852）、「洛西嵯峨名所案内記」嘉永５年（1852、「洛西三十三カ所」昭和62、「落中絵図」寛永14年（1637）、「洛陽観音廻り」寛政元年（1789）藪田板、「洛陽観音霊験記真砂」天保３年（1832）、「洛陽三十三所観音巡礼」平成17年、「洛陽三十三所観音めぐり」2006、「洛陽三十三所観音霊験記真鈔」天保３年（1832）。

【り】

「陸羽の三十三所」平成14、「龍王町史」昭和51、「両矢部三十三番霊場案内」。

【る】

「類聚名物考」、「累年覚書集要　壱之巻」。

【れ】

「霊場の事典」1997、「霊場源流考」昭和58、「霊場巡拝案内図」昭和52、「霊場肥後33カ所」平成５、「歴史を歩く　埼玉の札所を歩く」平成９。

【ろ】

「六郡順礼記」享保14年（1729）、「六戸町史」平成５。

【わ】

「わかさ美浜町誌　第二巻」2006、「わだち」10周年記念号、「和賀郡誌」大正８＝昭和61、「和賀郡・稗貫郡・紫波郡順礼御詠歌」旧新戸部文庫蔵書、「和歌山西国三十三ケ所観音霊場巡拝案内図」昭和後期、「和歌山西国順拝案内略図」昭和初期、「和州郡山観音三十三所詠歌」寛政12年（1800）、「和知西国霊場案内」、「和知町誌　第一巻」平成７、「若狭観音霊場案内記」昭和57、「若狭郡県志　巻五」延宝年間（1673-81）、「若狭　第33号」昭和59、「若松市史」昭和12、「若松市史」昭和49。

巡礼索引　（五十音順）

【あ】

【い】

龍西）（長野）・伊那秩父三十四所（龍西）（長野）・伊那秩父三十四所（飯伊）〈江戸期〉（長野）・伊那秩父三十四所（飯伊）〈昭和期〉（長野）・伊那秩父龍東三十四所（長野）・伊那坂東三十三所（龍西）（長野）・伊予（府中）三十三所（愛媛）・伊勢原三十四所（神奈川）・伊南三十三所（千葉）・伊南荘三十三所（千葉）・伊予西條新西国三十三所（愛媛）・和泉（西）国三十三所（大阪）・和泉西国三十三所〈昭和期〉（大阪）・和泉西国新三十三所（大阪）・和泉西国三十三所〈江戸期〉（大阪）・和泉国西国三十三所（大阪）・戌亥三十三所（京都）・猪苗代三十三所（福島）・飯石三十三所（島根）・揖保郡三十三所〈江戸期〉（兵庫）・揖保郡三十三所〈昭和期〉（兵庫）・揖保郡西国三十三所（兵庫）・斑鳩三十三所（奈良）・何鹿郡（西国）三十三所（京都）・池田（西国）三十三所（福井）・池田地西国三十三所（福井）・石狩国西国三十三所（北海道）・石川（郡）三十三所（大阪）・石巻牡鹿三十三所（宮城）・諫早三十三所（長崎）・出石郡三十三所（兵庫）・出石西国三十三所（兵庫）・出部西国三十三所（岡山）・出水（郷）三十三所（鹿児島）・出雲三十三所〈古来の札所〉（島根）・出雲三十三所〈現行の札所〉（島根）・出雲浦札三十三所（島根）・出雲郡三十三所（島根）・出雲札（島根）・一国巡礼（大阪）・一志郡三十三所（三重）・壱岐国三十三所（長崎）・壱陽三十三所（長崎）・市原郡三十三所（千葉）・市原郡賀茂村三十三所（千葉）・引佐（七郷）三十三所（静岡）・因幡三十三所（鳥取）・因幡三十三所〈創設期〉（鳥取）・因幡三十三所〈再興期〉（鳥取）・因幡国三十三所（鳥取）・因幡国西国三十三所〈旧因幡西国〉（鳥取）・因幡国西国三十三所〈新因幡西国〉（鳥取）・乾三十三所（京都）・今西国三十三所（愛知）・今立西国三十三所（福井）・入比坂東三十三所（埼玉）・入間秩父三十四所（埼玉）・入間比企三十三所（埼玉）・石城三十三所（福岡）・石見（西国）三十三所（島根）・石城三十三所（福島）・石見國三十三所（島根）・石見国迩摩郡三十三所（島根）・石見曼陀羅三十三所（島根）・「岩井」御城下三十三所（青森・岩手）・岩城三十三所（福島）・岩国領山代三十三所（山口）・岩瀬新西国三十三所（茨城）・岩手三十三所（岩手）・岩間新秩父三十四所（茨城）・岩見札所（島根）・磐城三十三所（福島）・磐田郡三十三所（静岡）・印西三十三所（千葉）・印南（郡）三十三所（兵庫）・印南（郡）西国三十三所（兵庫）・忌部三十三所（島根）・隠州島前三十三所（島根）。

【う】

宇多郷三十三所（福島）・宇陀西国三十三所（奈良）・宇土三十三所（熊本）・羽州最上巡礼（山形）・羽州米沢三十三所（山形）・上北郡三十三所（青森・岩手）・上田三十三所（新潟）・上田札（新潟）・上野より王子駒込辺西国写三十三所（東京）・魚沼三十三所（新潟）・生葉郡内三十三所（福岡）・浮羽郡内三十三所（福岡）・臼杵（西国）三十三所（大分）・臼杵西国三十三所〈大正期〉（大分）・臼杵城下近辺観音三十三番札所（大分）・内蔵組三十三所（新潟）・海上郡三十三所（千葉）・裏越後三十三所（新潟）・雲州順礼（島根）・雲州神門郡札所（島根）・雲州能義郡三十三所（島根）・雲洞札（新潟）・雲陽三十三所（島根）。

【え】

江差三十三所（北海道）・江刺（郡）三十三所（岩手）・江戸三十三所〈浅草辺〉（東京）・江戸三十三所〈古来の札所〉（東京）・江戸三十三所〈近世〉（東京）・江戸三十三所〈観音参〉（東京）・江戸三十三所〈昭和新撰〉（東京）・江戸西方三十三所（東京）・江戸西国三十三所（上野より王子駒込辺）（東京）・江戸三十三所（浅草辺）（東京）・江戸三十三所〈弁財天〉（東京）・江戸東方三十三所（東京）・江戸三十三所弁財天（東京）・江戸北方三十三所（東京）・江戸山之手三十三所（東京）・恵蘇郡三十三所（広島）・恵那西国三十三所〈江戸期〉（岐阜）・恵那西国三十三所〈明治期〉（岐阜）・恵那三十三所〈昭和期〉（岐阜）・越後（国）三十三所（新潟）・越前三十三所（福井）・越前国西国三十三所（福井）・越中一國三十三所〈明治期〉（富山）・越後蒲原三十三所（新潟）・越後（国）横道三十三所（新潟）・越

中三十三所（富山）・越中一國三十五所〈江戸期〉（富山）・越中氷見三十三所（富山）・遠近三十三所（和歌山）・遠州（西国）三十三所（静岡）・遠州坂口谷三十三所（静岡）・遠州天龍川西三十三所（静岡）。

【お】

お家三十三観音（山形）・小国三十三所〈最上〉（山形）・小国三十三所〈小国〉（山形）・小国（谷）三十三所（新潟）・小国三十三所（熊本）・小国郷三十三所（山形）・小国西国三十三所（山形）・小田急沿線武相三十三所（東京・神奈川）・小田急沿線武相三十三所（東京・神奈川）・邑久郡三十三所（岡山）・牡鹿（郡）三十三所（宮城）・尾路三十三所（広島）・尾花沢三十三所（山形）・尾花沢大石田新西国三十三所（山形）・尾張三十三所（愛知）・尾張國三十三所（愛知）・尾張西国三十三所〈江戸期〉（愛知）・尾張西国三十三所〈昭和期〉（愛知）・尾張城東西国三十三所（愛知）・尾張准西国三十三所（愛知）・尾張府下三十三所（愛知）・渡島国三十三所（北海道）・意宇郡三十三所（島根）・御郡中郡三十三所（福岡）・御国三十三所（青森）・御国三十三所（青森・岩手）・御国三十三所（岩手）・御国三十三所（福島）・御国三十三所（福岡）・緒方郷西国三十三所（大分）・雄勝郡三十三所（秋田）・男鹿三十三所（秋田）・隠岐三十三所〈江戸期〉（島根）・隠岐三十三所〈明治期以降〉（島根）・大井平三十三所（新潟）・大飯坂東三十三所（福井）・大飯秩父三十三所（福井）・大分郡西国三十三所（大分）・大分西国三十三所〈Ⅰ〉（大分）・大分西国三十三所〈Ⅱ〉（大分）・大江稲倉秩父三十四所（岡山）・大江西国三十三所（岡山）・大神門札（島根）・大垣近郷三十三所（岐阜）・大垣並近郊西国三十三所（岐阜）・大阪三十三所（大阪）・大郷三十三所（山形）・大島郡三十三所（山口）・大島廻り三十三所（山口）・大谷西国三十三所（岡山）・大津三十三所（滋賀）・大野三十三所（福井）・大野（地）西国三十三所（福井）・大町三十三所（長野）・大三島三十三所（愛媛）・近江西国三十三所（滋賀）・近江新西国三十三所（滋賀）・近江地廻り西国三十三所（滋賀）・岡（藩）三十三所（大分）・岡崎三十三所〈旧札所〉（愛知）・岡崎三十三所〈新札所〉（愛知）・岡崎三十三所〈昭和期〉（愛知）・岡崎在旧三十三所（愛知）・岡崎在新三十三所（愛知）・岡山三十三所（岡山）・置賜三十三所（山形）・置賜三郡三十三所（山形）・置賜東三十三所（山形）・奥三十三所（青森・岩手・宮城）・奥会津三十三所（福島）・奥州会津郡御料三十三所（福島）・奥羽三十三所〈奥州古札〉（青森・岩手・宮城）・奥州三十三所〈御府内札〉（岩手・宮城・福島）・奥州三十三所〈奥州霊仏〉（岩手・宮城・福島）・奥州奥通三十三所（青森・岩手）・奥州糠部三十三所（青森・岩手）・奥州（南部）糠部三十三所（青森・岩手）・奥州古三十三所（青森・岩手・宮城）・奥州西国三十三所（青森・岩手・宮城）・奥州南部三十三所（青森・岩手）・奥州南部糠部三十三所（青森・岩手）・奥州霊仏三十三所（岩手・宮城・福島）・奥相（奥州相馬）三十三所（福島）・奥の細道越後北陸路三十三所（山形・新潟・富山・石川・福井・岐阜・三重）・奥の細道関東路三十三所（東京・埼玉・栃木）・奥の細道みちのく路三十三所（岩手・宮城・山形・秋田・福島）・奥日野三十三所（鳥取）・奥びわ湖三十三所（滋賀）・奥三河今西国三十三所（愛知）・石裂坂東三十三所（栃木）・忍三十四所（埼玉）・忍新三十三所（埼玉）・忍秩父三十四所（埼玉）・忍坂東三十四所（埼玉）・忍領三十三所（埼玉）・忍領西国三十三所（埼玉）・忍新西国三十三所（埼玉）・乙島西国三十三所（岡山）・帯江西国三十三所（岡山）・思川三十三所（新潟）・思川札（新潟）・表粕屋郡中三十三所（福岡）・折地（組（中）三十三所（福岡）・遠賀（郡）西国三十三所（福岡）・遠賀郡中三十三所（福岡）・遠賀郡内三十三所（福岡）・遠賀川西西国三十三所（福岡）・遠賀川西新西国三十三所（福岡）。

【か】

可知三十三所（岡山）・加古郡一郡三十三所（兵庫）・加古郡西国三十三所〈旧札所〉（兵庫）・加古郡秩父三十三所〈新札所〉（兵庫）・加西（郡）西国三十三所（兵庫）・加古郡坂東三十三所（兵庫）・加佐郡三十三所（京都）・加佐郡西国三十三所〈江戸期〉（京都）・加佐郡西国三十三所〈明治期〉（京都）・

【き】

玉)・北伊豆中道三十三所(静岡)・北河内三十三所(大阪)・北神門札(島根)・北神門郡三十三所(島根)・北桑田郡三十三所〈江戸期〉(京都)・北桑田郡三十三所〈昭和期〉(京都)・北桑田(郡)西国三十三所(京都)・北郷巡拝(京都)・北設楽郡西国三十四所(愛知)・北通り三十三所(山形)・北豊島三十三所(東京)・北方巡拝(京都)・北山筋三十三所(山梨)・九州三十三所(福岡・佐賀・大分・熊本・長崎)・九州三十三観音(福岡・佐賀・大分・熊本・長崎)・九州一円三十三所(福岡・大分・熊本・佐賀・長崎)・北九州西国三十三所(福岡)・北九州西国三十三所(福岡・大分・熊本・佐賀・長崎)・九州西国三十三所(福岡・大分・熊本・佐賀・長崎)・旧加古郡西国三十三所(兵庫)・旧亀田領三十三所(秋田)・旧鎌倉三十三所(神奈川)・旧小机領三十三所(神奈川)・旧楯縫三十三所(島根)・旧津和野領内三十三所(島根)・旧中郡三十三所(神奈川)・旧那須順礼三十三所(栃木)・旧仁多札(島根)・旧三河三十三所(愛知)・旧八木郷邑三十三所(仮称)(埼玉)・清川三十三所(山梨)・行徳(領内)三十三所(千葉)・行徳浦安三十三所(千葉)・京極通三十三所(京都)・享保撰三十三所(愛知)・享保撰三河国三十三所(愛知)・「恭岑」御城下三十三所(青森・岩手)・近畿楽寿観音三十三所(兵庫・京都・滋賀)・近郷西国三十三所(和歌山)・近郷(仮)(島上郡)三十三所(大阪)・近郷巡礼(京都)・近西国三十三所(和歌山)・近世安濃津三十三所(三重)・近世江戸三十三所(東京)・近世神門郡中札所(島根)・近辺観音札所三十四所(茨城)・近辺巡礼(京都)・金熊三十三所(長野)・銀山領三十三所(島根)。

【く】

久遠から北見宗谷にいたる三十三所(北海道)・久米郡三十三所(愛媛)・久米郡三十三所(鳥取)・久保田(城下)三十三所(秋田)・久留米御城下三十三所(福岡)・玖珂郡山代庄内三十三所(山口)・玖珠(郡)三十三所(大分)・釘ケ浦浜三十三所(静岡)・頚城三十三所(新潟)・群馬(郡)三十三所(群馬)・釧路新西国三十三所(北海道)・国東(六郷満山)三十三所(大分)・国中札所(島根)・熊毛三十三所(大分)・熊野三十三所(三重)・熊野三十三所(和歌山)・熊野西国三十三所(三重)・熊野曼荼羅三十三所(和歌山)・鞍手郡(中)三十三所(福岡)・倉俣三十三所(新潟)・黒川三十三所(宮城)・黒川(郡)三十四所(宮城)・桑名三十三所(三重)・桑田船井郡西国三十三所(京都)・桑名西国三十三所(三重)・郡中三十三所(島根)・郡内三十三所(山梨)・郡内三十三所(兵庫)・郡新西国三十三所(三重)・郡内新坂東三十三所(福井)・郡内新秩父三十四所(福井)・群馬坂東三十三所(群馬)。

【け】

下座郡(中)三十三所(福岡)・気仙(郡)三十三所(岩手)・気仙巡礼三十三所(岩手)・芸州廣島郷三十三所(広島)・芸濃三十三所(三重)・芸濃西国三十三所(三重)・芸濃新西国三十三所(三重)・藝備両國三十三所(広島)・巨摩郡三十四所(山梨)・巨摩郡西河内三十三領所(山梨)。

【こ】

小川庄三十三所(福島・新潟)・小磯付近三十三所(神奈川)・小糸作札観音札所(千葉)・小倉三谷三十三所(福岡)・小倉藩三十三所(福岡)・小鶴庄三十三所(山形)・小手(庄)三十三所(福島)・小手郷三十三所(福島)・小手地蔵詣三十三所(福島)・小櫃三十五所(千葉)・小櫃作札三十三所(千葉)・小櫃作札観音札所(千葉)・小札(島根)・五カ村西国三十三所(岡山)・五条市内西国三十三所(奈良)・古仏巡礼三十三所(新潟)・古来の洛西三十三所(京都)・児島(郡)西国三十三所(岡山)・児島秩父三十四所(岡山)・児島阪東三十三所(岡山)・児玉(郡)三十三所(埼玉)・御城下三十三所〈江戸期〉(青森・岩手)・御城下三十三所〈明治期〉(青森・岩手)・御城下観音三十三所(福岡)・御府内三十三所(岩手・宮城・福島)・御府内三十三所(福島)・御領西国三十三所(大分)・御領内三十三所(広島)・御

領内三十三所（大分）・湖周三十三所（北海道）・湖東三十三所（滋賀）・湖南三十三所（滋賀）・湖南新西国三十三所（静岡）・湖北三十三所（滋賀）・湖北三十三所（仮称）（滋賀）・高麗（坂東）三十三所（埼玉）・高座郡（南部観音）三十三所（神奈川）・上野三郡（坂東）三十三所（群馬）・上野（國）三十四所（群馬）・江州三十三所（滋賀）・江州伊香三十三所（滋賀）・江州湖辺三十三所（滋賀）・江都三十三所（東京）・甲州三十三所（山梨）・甲賀（郡）西国三十三所（滋賀）・甲陽三十三所（山梨）・合志郡三十三所（熊本）・合志三十三所（熊本）・郷三十三所（大分）・郷地三十三所（山梨）・郷邑三十三所（福島）・郷内三十三所（静岡）・郡西国三十三所（京都）・郡西国（和歌山）・郡山三十三所（福島）・郡山観音三十三所（奈良）・国札順礼（山梨）・越の国三十三所〈江戸期〉（福井）・国中三十三所（福井）・越の国三十三所〈昭和期〉（福井）・昆陽野三十三所（大阪・兵庫）・金毘羅大権現巡拝三十三所（愛知）。

【さ】

左界三十三所（大阪）・佐伯西国三十三所〈江戸期〉（大分）・佐伯西国三十三所〈大正期〉（大分）・佐伯新西国三十三所（大分）・佐香郷西国三十三所（島根）・佐久三十三所（長野）・佐土原三十三所（宮崎）・佐土原（近郷）三十三所（宮崎）・佐渡西国三十三所〈江戸期〉（新潟）・佐渡三十三所（新潟）・佐渡相川三十三所（新潟）・佐渡古仏三十三所（新潟）・佐渡国三十三所（新潟）・佐渡国東三十三所（新潟）・佐渡西国三十三所〈明治期〉（新潟）・佐渡西国三十三所〈昭和期〉（新潟）・佐渡線仏三十三所（新潟）・佐渡東三十四所（新潟）・佐野西国三十三所（栃木）・佐野秩父三十四所（栃木）・佐野坂東三十三所（栃木）・佐原三十三所（千葉）・佐用郡西国三十三所（兵庫）・佐波三十三所（群馬）・相模（西国）三十三所（神奈川）・相模国三十三所（神奈川）・相模新西国三十三所（神奈川）・相模中郡三十三所（神奈川）・狭山三十三所（埼玉）・猿島（坂東）三十三所（茨城・千葉）・猿島郡三十三所（茨城・千葉）・寒河江（西根長岡）三十三所（山形）・讃岐三十三所〈江戸期〉（香川）・讃岐（一国）三十三所（香川）・讃岐三十三所〈昭和期〉（香川）・嵯峨三十三所（京都）・坂井三十三所（新潟）・坂内西国三十三所（兵庫）・坂内（準）坂東三十三所（群馬）・坂田郡三十三所（滋賀）・坂部三十三所（静岡）・堺三十三所（大阪）・堺南北三十三所（大阪）・西条吉良三十四所（愛知）・西条西国三十三所（愛媛）・（西国）三十三所〈行尊伝〉（和歌山・大阪・奈良・京都・滋賀・兵庫・岐阜）・（西国）三十三所〈覚忠伝〉（和歌山・大阪・奈良・京都・滋賀・兵庫・岐阜）・（西国）三十三所〈長谷僧正〉（和歌山・大阪・奈良・京都・滋賀・兵庫・岐阜）・西国三十三所〈現行〉（和歌山・大阪・奈良・京都・滋賀・兵庫・岐阜）・西国三十三所（長崎）・西国三十三所（岡山）・西国阿蘇三十三所（熊本）・西国移両野三十三所（群馬）・西国写江戸三十三所（東京）・西国写郡内三十三所（山梨）・西國洛陽三十三所（京都）・再恵那西国三十三所（岐阜）・埼玉郡新西国三十三所（埼玉）・埼玉郡新秩父三十四所（埼玉）・埼玉郡新坂東三十三所（埼玉）・薩摩半島一円三十三所（鹿児島）・三郡坂東三十三所（群馬）・三十三所観音霊所（京都・滋賀・和歌山・大阪・奈良・兵庫）・三戸郡内三十三所（青森）・三陸三十三所（岩手・宮城）・山中領西国三十三所（群馬）。

【し】

四国三十三所（徳島・高知・愛媛・香川）・四国ぼけ封じ三十三所（徳島・高知・愛媛・香川）・志太郡新西国三十三所（静岡）・志布志三十三所（鹿児島）・志摩山三十三所（福井）・地下札（島根）・滋賀郡三十三所（滋賀）・滋賀郡（新）西国三十三所（滋賀）・後月小田浅口三郡西国三十三所（岡山）・塩川筋三十四所（山梨）・塩川通三十三所（山梨）・塩澤三十三所（新潟）・飾磨郡西国三十三所（兵庫）・静岡新西国三十三所（静岡）・七戸南部三十三所（青森・岩手）・七味郡西国三十三所（兵庫）・科野三十三所（長野）・信濃（悟）三十三所（長野）・信濃（駒込）西国三十三所（長野）・信濃（駒込）秩父三十四所（長野）・信濃（駒込）坂東三十三所（長野）・信濃（撰）三十三所〈旧札所〉（長野）・信

濃（撰）三十三所〈新札所〉（長野）・信濃（府）三十四所（長野）・信濃川西三十三所（長野）・信濃国三十三所（長野）・信濃小県郡三十三所（長野）・信夫三十三所〈江戸期〉（福島）・信夫三十三所〈昭和期〉（福島）・信夫安達三十三所（福島）・信夫郡西国三十三所（福島）・信夫准西国三十三所（福島）・信夫準坂東三十三所（福島）・信夫伊達（両郡）三十三所（福島）・柴田郡三十三所（宮城）・島根札（島根）・島郷（西国）三十三所（福岡）・島西国三十三所（岡山）・島根郡三十三所（島根）・島野浦三十三所（宮崎）・島原半島三十三所（長崎）・下足立坂東三十三所（埼玉）・下伊那坂東三十三所（長野）・下北（半島）三十三所（青森）・下妻（新）西国三十三所（茨城）・下妻（新）秩父三十四所（茨城）・下妻（新）坂東三十三所（茨城）・下野（一国）三十三所（栃木）・下条郷三十三所（新潟）・下野西国三十三所（栃木）・下野秩父三十四所（栃木）・下野坂東三十三所（栃木）・下総三十四所（茨城・栃木）・下総（新西国）三十三所（千葉）・下総国札（千葉）・下総国猿島坂東三十三所（茨城・千葉）・下総相馬三十三所（茨城）・下総坂東三十三所（茨城・栃木）・下日野札所（鳥取）・下谷浅草三十三所（東京）・周南三十三所（山口）・准西国尾路三十三所（広島）・准秩父三十四所（神奈川）・準西国稲毛三十三所（神奈川）・駿陽三十三所（静岡）・小豆島三十三所（香川）・上座郡（中）三十三所（福岡）・上州吾妻郡三十三所（群馬）・上毛佐波郡三十四所（群馬）・庄内三十三所〈江戸期〉（山形）・庄内三十三所〈昭和期〉（山形）・庄内平和三十三所（山形）・庄内平和観音三十三所（山形）・庄内領新西国三十三所（埼玉）・庄内領新坂東三十三所（埼玉）・昭和三十三所（岩手）・昭和新撰江戸三十三所（東京）・城下巡礼三十三所（仮称）（長崎）・城東西国三十三所（愛知）・城南近在三十三所（京都）・城南西国三十三所（京都）・城辺三十三所（福岡）・城北三十三所（熊本）・湘南札所三十三所（神奈川）・常陽三十三所（茨城）・信後三十三所（長野）・信州三十三所（長野）・信州佐久郡三十三所（長野）・信州筑摩三十三所（長野）・信州松本三十三所（長野）・信前三十三所（長野）・信達（郡）三十三所（福島）・信達（新）西国三十三所（福島）・信達準西国三十三所〈Ⅰ〉（福島）・信達準西国三十三所〈Ⅱ〉（福島）・信達（準）坂東三十三所（福島）・信達（準）秩父三十六所（福島）・信達新準西国三十三所（福島）・信達新準坂東三十三所（福島）・信府三十三所（長野）・神野新田三十三観音（愛知）・新三十三所（岩手）・新三十三所（京都）・新秋田三十三所（秋田）・新和泉三十三所（大阪）・新石見三十三所（島根）・新葛西三十三所（東京）・新上総（西）国三十三所（千葉）・新郡観音三十三所（京都）・新郡西国三十三所（京都）・新西国三十三所（茨城）・新西国三十三所（群馬）・新西国三十三所（埼玉）・新西国三十三所（千葉）・新西国三十三所（静岡）・新西国三十三所（大阪・和歌山・奈良・京都・滋賀・兵庫）・新西国三十三所（奈良）・新西国刈田三十三所（宮城）・新西国豊橋三十三所（愛知）・新西国中通り三十三所（山形）・新西国武相三十三所（東京・神奈川）・新西国村山三十三所（山形）・新佐白坂東三十三所（茨城）・新宍戸秩父三十四所（茨城）・新下野三十三所〈明治期〉（栃木）・新下野三十三所〈昭和期〉（栃木）・新志太三十三所（静岡）・新信夫三十三所（福島）・新庄（地廻）三十三所（山形）・新庄内三十三所（山形）・新庄八ケ村三十三所（岡山）・新上州三十三所（群馬）・新城三十三所（愛知）・新撰江戸三十三所（東京）・新撰高崎三十三所（群馬）・新伊達郡三十四所（福島）・新秩父三十四所（茨城）・新秩父三十四所（千葉）・新秩父三十四所（埼玉）・新田西国観音三十三所（愛知）・新田秩父三十四所（群馬）・新田山田準西国三十三所（群馬）・新田山田邑楽準西国三十三所（群馬）・新地寅十郎沢札所（北海道）・新羽黒西国三十三所（茨城）・新坂東三十三所（茨城）・新坂東三十三所（茨城・栃木）・新坂東三十三所（茨城・千葉）・新坂東三十三所（千葉）・新坂東三十三所（埼玉）・新坂東三十三所（東京）・新佛巡礼三十三所（新潟）・新撰府辺三十三所（静岡）・新本西国三十三所（岡山）・新三浦三十三所（神奈川）・新三河三十三所（愛知）・新美濃西国三十三所（岐阜）・新武蔵三十三所（埼玉）・新武州三十三所（埼玉）・震災物故者慰霊三十三所（福井）。

【す】

豆国三十三所(静岡)・豆駿横道順礼(静岡)・周防三十三所〈昭和期〉(山口)・周防三十三所〈室町期〉(山口)・周防国三十三所(山口)・周准西国三十三所(千葉)・周准秩父三十四所(千葉)・諏訪三十三所(長野)・諏訪西三十三所(長野)・諏訪中三十四所(長野)・諏訪東三十三所(長野)・菅名(荘)三十三所(新潟)・駿河三十三所(静岡)・駿河一国駿豆両国三十三所(静岡)・駿河伊豆両国三十三所(静岡)・駿河伊豆三十三所(静岡)・駿河伊豆両国横道三十三所(静岡)・駿河秩父三十四所(静岡)・駿河国府辺三十三所(静岡)・駿河国(中)三十三所(静岡)・駿河国山西三十三所(静岡)・駿豆横道三十三所(静岡)・駿豆両国三十三所(静岡)。

【せ】

世田谷(区内)三十三所(東京)・脊振(村)三十三所(佐賀)・瀬戸内三十三所(兵庫・岡山・広島)・膳所(崎)三十三所(滋賀)・膳所城下三十三所(滋賀)・勢多郡三十三所(群馬)・勢多郡西部三十三所(群馬)・勢多郡東部三十三所(群馬)・勢国三十三所(三重)・勢州三十三所(三重)・勢州一志郡西国三十三所(三重)・勢陽巡礼(三重)・西濃三十三所〈西国〉(岐阜)・西濃三十三所〈新西国〉(岐阜)・西濃新西国三十三所(岐阜)・西備准西国三十三所(広島)・西方三十三所〈江戸期〉(東京)・西方三十三所〈明治期〉(東京)・石州札所(島根)・石州福屋三十三所(島根)・石陽三十三所(島根)・摂州山田西国三十三所(兵庫)・摂津堺中三十三所(大阪)・摂泉堺三十三所(大阪)・摂北三十三所〈江戸期〉(大阪・兵庫)・摂北三十三所〈昭和期〉(大阪・兵庫)・摂津(西国)三十三所(大阪・兵庫)・摂津(一)国三十三所(大阪・兵庫)・摂津堺津三十三所(大阪)・摂津国八部郡福原西国三十三所(兵庫)・摂州多田庄三十三所(大阪・兵庫)・仙台三十三所(宮城)・仙東三十三所(福島)・仙道(郡)三十三所(福島)・仙府三十三所(宮城)・仙北(西国)三十三所(秋田)・仙北秩父三十三所(秋田)・仙北坂東三十三所(秋田)・泉州三十三所(大阪)・泉南西国三十三所(大阪)・善応寺三十三所(岡山)・線佛巡礼三十三所(新潟)・禅林三十三所(青森)。

【そ】

相州鎌倉郡三十三所(神奈川)・相馬(領内)三十三所(福島)・相馬新西国三十三所(茨城)・匝瑳郡三十三所(千葉)・袖ケ浦三十三所(静岡)。

【た】

田川西国三十三所〈西部〉(福岡)・田川西国三十三所〈東部〉(福岡)・田名部海岸三十三所(青森)・田名部海辺三十三所(青森)・田名部通三十三所(青森)・田原郷三十三所(京都)・田村三十三所〈田村円通〉(福島)・田村三十三所〈田村姓司〉(福島)・太田庄内奥三十三所(兵庫)・但馬(西国)三十三所(兵庫)・伊達三十三所(福島)・伊達郡小手庄三十三所(福島)・伊達準秩父三十四所(福島)・伊達秩父三十四所(福島)・多紀(郡)三十三所(兵庫)・多紀郡西国三十三所〈江戸期〉(兵庫)・多紀郡西国三十三所〈昭和期〉(兵庫)・多紀郡新西国三十三所(兵庫)・多紀興亜三十三所(兵庫)・多紀昭和三十三所(兵庫)・多久邑内三十三所(佐賀)・多胡郡内三十三所(群馬)・多田院三十三所(大阪・兵庫)・多田荘三十三所(大阪・兵庫)・多田庄内三十三所(大阪・兵庫)・多野藤岡三十三所(群馬)・多摩川三十三所(東京・神奈川)・多摩川三十四所(東京・神奈川)・大山領内三十三所(鳥取)・大東三十三所(島根)・大姫路西国観音三十三所(兵庫)・台湾三十三所(台湾)・高岡三十三所(富山)・高岡新西国三十三所(富山)・高窪三十三所(島根)・高倉庄三十三所(岡山)・高崎三十三所(群馬)・高島郡(西国)三十三所(滋賀)・高瀬三十三所(山形)・竹田西国三十三所(大分)・竹野郡三十三所(福岡)・武生三十三所(福井)・武生(地)西国三十三所(福井)・橘樹都築三十三所(神

奈川）・立石三十三所（大分）・達南小手三十三所（福島）・楯縫郡三十三所（島根）・玉川北組三十四所（東京）・玉川南北三十三所（東京・神奈川）・玉川西組三十三所（東京）・玉川東組三十三所（東京）・垂水三十三所（仮称）（鹿児島）・丹後一国三十三所（京都）・丹後加佐郡三十三所（京都）・丹後国中三十三所（京都）・丹後西国三十三所〈江戸初期〉（京都）・丹後西国三十三所〈江戸中期〉（京都）・丹後横道三十三所（京都）・丹後与謝三十三所（京都）・丹波（国）三十三所（京都）・丹波西国三十三所（京都）・丹波船井郡西国三十三所（京都）・淡州三十三所（兵庫）・淡州西国三十三所（兵庫）・淡州秩父三十四所（兵庫）・淡州坂東三十三所（兵庫）。

【ち】

地廻り三十三所（山形）・知多郡三十三所〈創成期〉（愛知）・智多郡三十三所（愛知）・知多郡三十三所〈改正期〉（愛知）・知多西国三十三所（愛知）・知多秩父三十四所（愛知）・知多坂東三十三所（愛知）・秩父三十三所（埼玉）・秩父三十四所（埼玉）・秩父（横道）三十四所（山梨）・秩父写山ノ手三十四所（東京）・秩父移信達三十六所（福島）・筑後三十三所（福岡）・筑紫（西国）三十三所（福岡・大分・熊本・佐賀・長崎）・筑前西国三十三所（福岡）・筑前嘉摩郡郡中三十三所（福岡）・筑前国中三十三所（福岡）・筑前御国三十三所（福岡）・中郡筋三十三所（山梨）・中国三十三所（京都）・中国三十三所（岡山・広島・山口・島根・鳥取）・中国楽寿観音三十三所（岡山・広島・山口・島根・鳥取）・中世吾妻三十三所（群馬）・中道三十三所（静岡）・中部三十三所（山梨）・中部三十三所（静岡・愛知・長野・岐阜・三重）・中部新西国三十三所（静岡・愛知・長野・岐阜・三重）・長節湖三十三所（北海道）。

【つ】

津軽三十三所〈御国〉（青森）・津軽三十三所〈Ⅰ〉（青森）・津軽三十三所〈Ⅱ〉（青森）・津軽領三十三所（青森）・津久井三十三所（津久井観音霊場）（神奈川）・津田西国三十三所（広島）・津内三十三所（滋賀）・津の国西国三十三所（大阪・兵庫）・都賀郡三十三所（栃木）・都賀三十三所〈観音〉（栃木）・都賀三十三所〈薬師〉（栃木）・都賀三十三所薬師霊場（栃木）・
筑摩三十三所（長野）・筑摩郡三十三所（長野）・筑波加波新坂東三十三所（茨城）・槻屋三十三所（番）（島根）・妻有郷下条村三十三所（新潟）・連島西国三十三所（岡山）・鶴岡三十三所（山形）・鶴崎（西国）三十三所（大分）。

【て】

豊島三十三所（香川）・出羽国最上郡中順礼（山形）・出羽国由利郡三十三所（秋田）・出羽国米沢三十三所（山形）・出羽国六郡三十三所（秋田）・寺尾三十三所（新潟）・寺尾札（新潟）・天竜川西三十三所（静岡）・天童三十三所（山形）。

【と】

十勝国西国三十三所（北海道）・土岐三十三所（岐阜）・土岐郡三十三所（岐阜）・土佐西国三十三所〈江戸期〉（高知）・土佐西国三十三所〈明治期〉（高知）・利根（郡）三十三所（群馬）・利根（郡内）新坂東三十三所（群馬）・富並三十三所（山形）・富山壱国三十三所（富山）・富山新西国三十三所（富山）・富山地廻り西国三十三所（富山）・当国三十三所（岩手）・当国三十三所（山形）・当国三十三所（群馬）・当国三十三所（長野）・当国三十三所（新潟）・当国三十三所（愛知）・当国三十三所（京都）・当国三十三所（岡山）・当国三十三所（大分）・当国湖辺三十三所（滋賀）・当国新札所（神奈川）・当国中順禮三十三所（京都）・当国府辺三十三所（静岡）・当所三十三所（長野）・當州筑後三十三所（福岡）・當国三十三所（山梨）・當國三十三所（石川）・當國三十三所（鳥取）・當国三十三所（山口）・當

国三十三所（高知）・東越三十三所（富山）・東海三十三所（東京・神奈川）・東海観音札所三十三所（愛知・岐阜・三重）・東海圏三十三所（愛知・岐阜・三重）・東海圏新西国三十三所（愛知・岐阜・三重）・東海西国三十三所（愛知・岐阜・三重）・東海新西国三十三所（静岡・愛知・長野・岐阜・三重）・東海白寿三十三所（愛知・岐阜・三重・和歌山）・東京三十三所（東京）・東京市内三十三所（東京）・東京坂東三十三所（東京）・東国三十三所（岩手）・東国三十三所（茨城）・東条吉良三十三所（愛知）・東都北部三十三所（東京）・東濃土岐西国三十三所（岐阜）・東武三十三所（埼玉）・東方三十三所〈新坂東〉（東京）・東方三十三所〈西国写〉（東京）・洞爺湖畔三十三所（北海道）・遠江三十三所（静岡）・遠江国三十三所（静岡）・遠江西国三十三所（静岡）・遠江天竜川西三十三所（静岡）・徳地三十三所（山口）・豊浦三十三所（山口）・豊田（郡）三十三所（静岡）・豊橋西国三十三所（愛知）。

【な】

名古屋西国三十三所（愛知）・名古屋城下三十三所（愛知）・名取（郡）三十三所（宮城）・奈良順礼三十三所（奈良）・那珂郡三十三所（福岡）・那賀郡坂東三十三所（徳島）・那須三十三所〈江戸期〉（栃木）・那須中三十三所（栃木）・那須三十三所〈昭和期〉（栃木）・中郡西国三十三所（京都）・中郷三十三所（宮崎）・長狭三十三所（千葉）・中筋西国三十三所（京都）・中津西国三十三所（大分）・中通り三十三所（山形）・中山西国三十三所（岡山）・中山城三十三所（京都）・長岡三十三所（山形）・長崎三十三所（長崎）・長門三十三所〈当国〉（山口）・長門三十三所〈新修〉（山口）・長門国三十三所（山口）・長門新修三十三所（再興後）（山口）・長門当国三十三所（山口）・灘三十三所（兵庫）・流三十三所（岩手）・七尾（石仏）三十三所（石川）・行方坂東三十四所（茨城）・南関西国三十三所（熊本）・南紀西国三十三所（和歌山）・南豆横道三十三所（静岡）・南都（西国）三十三所（奈良）・南都新西国三十三所（奈良）・南備三十三所（岡山）・南部三十三所（青森・岩手）・南部藩三十三所（岩手）・南部藩南三十三所（岩手）・南部大和西国三十三所（奈良）・南部倭西国三十三所（奈良）・南豊西国三十三所（大分）・南毛霊場三十三所（群馬）・難波三十三所（大阪）。

【に】

二郡三十三所（山形）・二部札三十三所（鳥取）・仁賀村西国三十三所（岡山）・仁科三十三所（長野）・仁多郡（三ケ村）三十三所（島根）・日本霊跡三十三所・新治郡三十三所（茨城）・西三十三所（山形）・西会津三十三所（福島・新潟）・西吾妻三十四所（群馬）・西茨城郡新西国三十三所（茨城）・西茨城郡新秩父三十四所（茨城）・西茨城郡新坂東三十三所（茨城）・西磐井（郡）三十三所（岩手）・西岩井（西国）三十三所（岩手）・西上総三十三所（千葉）・西河内三十三所（山梨）・西三十三観音（栃木）・西郡三十三所（山梨）・西茂森町三十三所（青森）・西上州三十四所（群馬）・西勢多三十三所（群馬）・西日本ぼけ封じ三十三所（近畿・中国・九州）・西ノ岡三十三所（京都）・西福島三十三所（福島）・西札（島根）・西三河西国准坂東三十三所（愛知）・西美濃三十三所（岐阜）・西望陀三十三所（千葉）。

【ぬ】

奴可郡三十三所（広島）・糠部郡三十三所〈室町期〉（青森・岩手）・糠部郡三十三所〈江戸期〉（青森・岩手）・糟部郡三十三所〈明治期〉（青森・岩手）・沼田横道三十三所（群馬）・沼田横堂三十三所（群馬）・沼田坂東三十三所（群馬）。

【の】

野村組三十三番（愛媛）・野村西国三十三所（愛媛）・能義郡（山中）三十三所（島根）・能代三十三所（秋田）・能勢旧西能勢西国三十三所（大阪）・能勢郷西国三十三所（大阪）・能勢西枳称庄三十三所（大阪）・

能登（国）三十三所（石川）・能登諸橋三十三所（石川）。

【は】

芳賀西国三十三所（栃木）・芳賀秩父三十四所（栃木）・芳賀坂東三十三所（栃木）・挟間西国三十三所（大分）・馬頭町西三十三所（栃木）・馬頭町東三十四所（栃木）・馬頭町南三十三所（栃木）・幡豆郡三十三所（愛知）・灰佛巡礼三十四所（新潟）・函館山三十三所（北海道）・八王子三十三所（東京）・八戸御城下三十三所（青森・岩手）・八戸在三十三所（青森・岩手）・浜巡礼地蔵所（静岡）・浜田領三十三所〈江戸期〉（島根）・浜田領三十三所〈昭和期〉（島根）・浜名西国三十三所（静岡）・濱名湖新西国三十三所（静岡）・浜松（手引観音）三十三所（静岡）・速見郡三十三所（大分）・播磨国三十三所（兵庫）・播磨西国三十三所（兵庫）・坂東三十三所（神奈川・東京・埼玉・群馬・栃木・茨城・千葉）・坂東三十三所（岡山）・坂東移信達三十三所（福島）・坂東写江戸三十三所（東京）・坂東写東都三十三所（東京）・藩定観音札（島根）・阪和（新）西国三十三所（大阪）・番割観音三十三所（愛知）・播州赤穂郡三十三所（兵庫）・播州赤穂坂内西国三十三所（兵庫）・播州西国三十三所（兵庫）。

【ひ】

比企西国三十三所（埼玉）・比内三十三所（秋田）・氷上郡三十三所〈江戸期〉（兵庫）・氷上郡三十三所〈明治期〉（兵庫）・氷上郡西国三十三所（兵庫）・氷上郡新三十三所（兵庫）・氷上郡内三十三所（兵庫）・氷見三十三所（富山）・日出西国三十三所（大分）・日出御國三十三所（大分）・日出領（内西国）三十三所（大分）・日田（西国）三十三所（大分）・日野三十三所（滋賀）・日野郡三十三所（鳥取）・日野札（鳥取）・日向旧三十三所（宮崎）・日向西国三十三所〈旧札所〉（宮崎）・日向西国三十三所〈新札所〉（宮崎）・日向新三十三所（宮崎）・肥後三十三所（熊本）・肥後菊池三十三所（熊本）・肥後熊本三十三所（熊本）・肥後国中三十三所（熊本）・肥前国（中）三十三所（佐賀）・肥前佐賀藩三十三所（佐賀）・肥前州三十三所（佐賀）・肥陽国中三十三所（熊本）・尾州三十三所（愛知）・尾陽知多郡三十三所（愛知）・備前三十三所（岡山）・備中賀陽郡山北西国三十三所（岡山）・備中国三十三所（岡山）・備中國浅口郡西国三十三所（岡山）・備中浅口西国三十三所（岡山）・備中西国三十三所（岡山）・備後三十三所（広島）・備後恵蘇郡三十三所（広島）・備後尾路三十三所（広島）・備後西国三十三所（広島）・備後准西国三十三所（広島）・備後三上郡三十三所（広島）・飛騨三十三所（岐阜）・簸川西国三十三所（島根）・簸川町三十三所（島根）・簸川八束等五郡三十三所（島根）・稗貫和賀二郡三十四所（岩手）・東三十三所（山形）・東足立坂東三十三所（埼玉）・東温泉郡三十三所（愛媛）・東加茂郡准西国三十四所（愛知）・東河内（領）三十四所（山梨）・東佐渡三十四所（新潟）・東上州三十三所（群馬）・東上州三郡三十三所（群馬）・東上州新田秩父三十四所（群馬）・東筑摩郡三十三所（長野）・東通り三十三所〈西〉（山形）・東通り三十三所〈東〉（山形）・東三河坂東三十三所（愛知）・東武蔵三十三所（埼玉）・東望陀郡西国三十三所（千葉）・東八代郡内三十三所（山梨）・東山三十三所〈江戸期〉（山形）・東山三十三所〈昭和期〉（山形）・東山三十四所（山形）・東山三十三所（仮）（京都）・東山中新西国三十三所（奈良）・東山梨郡三十三所（山梨）・東澤三十四所（山形）・引野西国三十三所（広島）・彦根近辺三十三所〈遠廻り〉（滋賀）・彦根近辺三十三所〈近廻り〉（滋賀）・彦根地廻り三十三所（滋賀）・常陸（国）三十三所（茨城）・常陸西国三十三所（茨城）・常陸国新治郡庄内三十三所（茨城）・人吉球磨相良三十三所（熊本）・人吉領三十三所（熊本）・姫路三十三所（兵庫）・姫路西国三十三所（兵庫）・広島三十三所（広島）・広島区内新西国三十三所（広島）・廣島郷三十三所（広島）。

【ふ】

ふるさとの古寺三十三カ寺めぐり（兵庫）・布佐村三十三所（千葉）・布佐三十三所（千葉）・府下

【へ】

【ほ】

【ま】

【み】

三浦半島三十三所（神奈川）・三重三十三所（三重）・三重郷西国三十三所〈江戸期〉（大分）・三重郷西国三十三所〈明治期〉（大分）・三笠郡三十三所（福岡）・三方（地西国）三十三所（福井）・三上郡三十三所（広島）・三河三十三所〈本三河〉（愛知）・三河三十三所〈旧三河〉（愛知）・三河三十三所〈享保三河〉（愛知）・三河三十三所〈新三河〉（愛知）・三河国三十三所（愛知）・三河西国三十三所（愛知）・三河国准秩父三十四所（愛知）・三河国准坂東三十三所（愛知）・三河秩父三十四所（愛知）・三河東条三十三所（愛知）・三河坂東三十三所（愛知）・三木郡一郡順礼三十三所（兵庫）・三木郡西国三十三所（兵庫）・三木西国三十三所（兵庫）・三国秩父三十四所（栃木・群馬・埼玉か）・三国坂東三十三所（栃木・群馬・埼玉）・三谷郡三十三所（広島）・三谿郡三十三所（広島）・三野郡三十三所（香川）・三原三十三所（広島）・三原三十四所（群馬）・三原郷三十四所（群馬）・三原地西国三十三所（広島）・三間郷（地西国）三十三所（愛媛）・参河国龍城下西国三十三所（愛知）・美佐島三十四所（新潟）・美濃三十三所（岐阜）・美濃国三十三所（岐阜）・美濃西国三十三所〈江戸期〉（岐阜）・美濃西国三十三所〈昭和期〉（岐阜）・美濃郡新西国三十三所（島根）・美濃新西国三十三所（岐阜）・美濃瑞三十三所（岐阜）・美嚢郡西国三十三所（兵庫）・御井郡（中）三十三所（福岡）・御笠郡（西国）三十三所（福岡）・御笠札（福岡）・御蔵入三十三所（福島）・御厨三十三所（静岡）・御厨横道（三筋道）三十三所（静岡）・美馬三好西国三十三所（徳島）・美作（西国）三十三所（岡山）美作坂東三十三所（岡山）・南三十三観音（栃木）・南（西国）三十三所（大分）・南巨摩郡三十三所（山梨）・南設楽郡三十三所（愛知）・南知多三十三所（愛知）・南都留郡内三十三所〈Ⅰ〉（山梨）・南都留郡内三十三所〈Ⅱ〉（山梨）・南部階上郡三十三所（青森・岩手）・南山城三十三所（京都）・南山城西国三十三所・南山御蔵入三十三所（福島）・水戸三十三所（茨城）・水戸藩（領）三十三所（茨城）・水砂三十三所（岡山）・水田（村西国）三十三所（福岡）・宮城（郡）三十三所（宮城）・宮口三十三所（静岡）・箕蚊屋三十三所（鳥取）・都城三十三所（宮崎）・都城（領内）三十三所（宮崎）。

【む】

六ケ嶽西国三十三所（福岡）・牟婁西国三十三所（和歌山）・武川筋三十三所（山梨）・武庫郡西国三十三所（兵庫）・武蔵三十三所（埼玉）・武蔵足立三十三所（埼玉）・武蔵郡狭山三十三所（埼玉）・武蔵国三十三所（埼玉）・武蔵西国三十三所（埼玉）・武蔵新西国三十三所（埼玉）・武蔵新坂東三十三所（埼玉）・武蔵野（新）三十三所（埼玉）・武蔵野狭山三十三所（埼玉）・武蔵坂東三十三所（埼玉）・武蔵西国三十三所（埼玉）・陸奥三十三所（岩手・宮城・山形・秋田・福島）・陸奥国東山道三十三所（福島）・陸奥盛府三十三所（岩手）・陸奥下野西三十三所（栃木）・陸奥下野南三十三所（栃木）・陸奥下野東三十四所（栃木）・宗像郡三十三所（福岡）・宗像郡西国三十三所〈江戸期〉（福岡）・宗像郡西国三十三所〈大正期〉（福岡）・宗像郡中西国三十三所（福岡）。

【め】

名府西国三十三所（愛知）。

【も】

最上三十三所（山形）・最上三十四所（山形）・最上新西国三十三所（山形）・最上地廻三十三所（山形）・母里領内三十三所（島根）・母里藩三十三番札所（島根）・盛岡三十三所（岩手）。

【や】

矢掛西国三十三所（仮称）（岡山）・矢島領当国三十三所（秋田）・矢島領内三十三所（秋田）・矢部三十三所（熊本）・夜須郡（中）三十三所（福岡）・谷地三十三所〈江戸期〉（山形）・谷地三十四所（山

形）・谷地郷三十三所（山形）・谷地三十三所〈昭和期〉（山形）・野洲栗本三十三所（滋賀）・野洲郡西国三十三所（滋賀）・屋代（郷）三十三所（山形）・安田三十三所（島根）・八百吉西国三十三所（岡山）・八代郡東河内三十四所（山梨）・八橋郡三十三所（鳥取）・山鹿（郡）三十三所（熊本）・山形（城下町）三十三所（山形）・山形川西三十三所（山形）・山城国三十三所（京都）・山代西国三十三所（山口）・山代庄内三十三所〈Ⅰ〉（山口）・山代庄内三十三所〈Ⅱ〉（山口）・山城西国三十三所（京都）・山城順礼三十三所（京都）・山田三十三所〈江戸期〉（三重）・山田三十三所〈明治期〉（三重）・山田西国三十三所（兵庫）・山田順禮（三重）・山田順礼（三重）・山田荘三十三所（兵庫）・山田地方三十三所（三重）・山梨郡三十三所（山梨）・山之手三十三所〈江戸期〉（東京）・山之手三十三所〈明治期〉（東京）・山ノ手三十四所〈秩父写〉（東京）・大和国三十三所〈大和北東部〉（奈良）・大和国三十三所〈大和北西部〉（奈良）・大和国三十三所〈大和中部〉（奈良）倭西国三十三所（奈良）。

【ゆ】

湯澤内蔵組三十四所（新潟）・湯川三十三所（北海道）・弓削島西国三十三所（愛媛）・結城（新坂東）三十三所（茨城・栃木）。

【よ】

予州風早郡三十三所（愛媛）・与謝郡（西国）三十三所（京都）・養老川三十三所（千葉）・横田札三十三所（島根）・横浜（市内）三十三所（神奈川）・横道三十三所（静岡）・吉賀三十三所（島根）・吉敷郡三十三所（山口）・吉田三十三所（新潟）・米沢三十三所（山形）・寄神三十三所（茨城）・四郡三十三所（長野）。

【ら】

洛陽南廻り三十三所（京都）・洛西三十三所〈江戸期〉（京都）・洛陽三十三所〈江戸期〉（京都）・洛北三十三所（京都）・洛陽三十三所〈明治期〉（京都）・洛陽三十三所〈平成期〉（京都）・洛中洛外三十三所（京都）・洛西三十三所〈昭和期〉（京都）・洛西新三十三所（京都）・洛東三十三所（京都）・楽寿観音富士見三十三所（神奈川）。

【り】

陸中三十三所（岩手）・龍東秩父三十四所（長野）・両丹西国三十三所（京都）・両毛三十四所（群馬）・両野三十三所（群馬）・両矢部三十三所（福岡）・領内三十三所（長崎）。

【ろ】

鷺陽西国三十三所（兵庫）。

【わ】

和賀三十三所（岩手）・和賀郡稗貫郡紫波郡三十三所（岩手）・和歌山（西国）三十三所（和歌山）・和州郡山観音三十三所（奈良）・和田当国三十三所（山口）・和知西国三十三所（京都）・若狭三十三所〈戦国期〉（福井）・若狭三十三所〈昭和期〉（福井）・若狭国三十三所〈近世後期〉（福井）・若狭國中順礼三十三所（福井）・若狭西国三十三所〈明治期〉（福井）・若松城下西国三十三所（福島）・渡良瀬三十三所（群馬）。

あとがき（わがめぐりにかえて）

家伝：私の家は中世において地方の小領主（代々「三河守」を名乗った）であった。江戸期は彦根藩士となりその末期、高祖父要太は23才の時に赴いた京都警護の際、二条家華道月泉流宗匠梅寿斎一松（２代）の門人となり、同流の皆伝を受けて春寿斎一歓と号した。しかし33才のおり、藩の江戸屋敷勤めとなり、当時江戸市中で大盛況であった華道遠州流家元本松斎一得（２代）の門をたたき精進、同流の免許皆伝を受ける。また『遠州流挿花秘伝書三巻』を伝授されると、江戸および、ふるさと彦根の地において華道「新遠州流」を創設し、流祖家元（梅翁斎一戯）となる。この流派はおおいに受けて梅翁斎の門人は生涯３千有余人（『門人録』）に及び、没後門人による顕彰碑が大信寺（彦根）に建立された。

また祖父茂は、京都大徳寺弧蓬庵13世大観宗長老師に師事し、茶道遠州流の免許皆伝を受け「真遠州流」家元（梅鶯斎一馨）となった。

高祖父は江戸より「華道」をもたらし、祖父は京都より「茶道」のほか、晩年には中国大同雲崗の地より木槿の新種を持ち帰り、わが国の植物図鑑によりその名を知られることとなった。

幼少期：私はこれらの先祖からめぐりめぐる世界観を伝授されたようである。ただ受け継いだものは、非日常社会を満喫するという術そのもののみであった。一度訪れた遠方の知人宅を延々と歩いて訪ね、迷うことなく帰宅した。行方不明の捜査願いを出されそうになったのも一度や二度ではなかったと後世まわりから聞いた。

少年期：小説『人生劇場』の著者尾崎士郎（1898-1964）がわが家に来訪、彼が尊敬していた石田三成の居城址である佐和山城趾登山の道案内をし、山頂でユキノシタの採取を手伝った。高齢であった作家は大いに感激し、この経緯を自身の『関ヶ原紀行』に著してくれた。このころはこの奇縁により小説家に憧れた時期でもあった。

また山田無文老師（のち京都臨済宗妙心寺管長）に就いて得度したが、この記念に目前で墨書され拝受した「一以貫之」の墨跡は家宝となっている。

老師からはのち古代中国の五台山（文殊菩薩）、峨眉山（普賢菩薩）、補陀羅山（観音菩薩）の三霊山や龍門、天台山などへの巡礼、遣唐使で唐へ渡った空海（弘法大師）や最澄（伝教大師）などの聖地巡礼の法話を聞く機会があった。このことが「巡礼」を知る端緒である。

青年期：大学で「広報宣伝マーケティング」を学ぶ。京都三大祭（葵祭・祇園祭・時代祭）など京都の祭礼に多数出場、高山祭（岐阜）でNHK － TV取材を受け出演、また旅行ガイドブックシリーズ『京都と奈良』初版（昭和37年・日本交通公社刊）のグラビアに自身の時代祭出場写真が掲載される。また放浪癖が顕著となり奨学金を得るや全国津々浦々を周遊、当時人気のあった旅行誌『青少年旅行』（運輸省刊）などにたびたび旅行紀行文を掲載、また各地に三十三所めぐりが存在することを知る。以後その調査研究が今日までのライフワークとなる。

成人期：社会人のスタートは、学生時代に出演したテレビCM（日本毛織：「ニッケの学生服」CM）が発端となり広告業界（総合広告代理店）に入る。「グランスパー」（長島温泉）に機縁し、「ボニード」（名鉄百貨店オリジナル紳士服）、「マイクック」（クラレ割烹着）など各社のブランド、ネーミングを創作、コピーライターを目指す。主に観光事業関連（有馬温泉・びわこバレイなど）のCM制作に関係したことから幼少期の夢が湧き上がり、国連による「国際観光年」（昭和42年）を機に転身を決意、その後文部省（現文部科学省）所管財団法人（宿泊業・第一種旅行業）に入り（副参事）、また大阪成蹊女子短期大学（現大阪成蹊短期大学）観光学科では創設時以降「観光学」に関わり非常勤・常勤30有余年、観光学の教育・研究に関わることになった。

壮年期：人生の転身は生涯に及ぶこととなり、大阪成蹊女子短期大学観光学科（教授）、流通科学大学商学部サービス産業学科（教授）、同サービス産業学部観光・生活文化事業学科（教授）の道を歩むこととなる。

多岐亡羊：振り返ってみれば無文老師、のちには高田好胤（奈良薬師寺管長）・稲葉心田（富山国泰寺管長）両老師からも霊場巡礼の徳を直に授かり、叱咤激励されたことが、この調査研究、周遊観光旅行の淵源としての「巡礼」研究につながっていったといえる。それぞれの老師に感化されたことはその後も忘れがたく、自身の自然放浪性と合致し、学生時代には海外旅行や沖縄への旅はかなわない時代ではあったが、かえって全国各地を漫遊することとなり、その課程で知った三十三所札所巡礼の足跡がその後ライフワークとなったが、未だ道遠く「学」成り難たし。

忙中有閑：この間、NHK－TVの帯番組『ひるのプレゼント～「観光学入門」～』(平成3年)に1週間出演(「観光学」タイトルを提案、NHKで最初の「観光学」タイトル番組となる)、またマスコミ用語に「ホスピタリティ」用語の初試行(神戸新聞コラム)、観光談義(京都新聞全2面)など観光関連用語の認識や普及にも多くの話題を提供した。

海外遍歴：後記の公的渡航を含め40数か国、近年は古代遺跡や世界遺産を主に巡歴中。年齢と同数の諸国・地域をめぐりたいと未だ見ぬ世界の名所旧跡を夢見中。

本書刊行：前書『全国「三十三所巡礼総覧　全」(付：全国八十八所一覧)』(1995年、流通科学大学教育研究協力会刊、「大学賞」受賞)を底本に調査不備を補うことや、新たな発見も多くなったので版を改め、永年の調査研究のまとめとしたいと願ったからである。

謝辞：本書を刊行するまでに、全国各地から協力や助言をいただき、励ましをいただいた。その数は計り知れず、改めてこれらの方々へのお礼としたいと思う。また、かって「一以貫之」のを拝受した無文老師はじめ今は亡き各老師には、この書をもって一つの「道」を後世に残すことができたことで、精神的な面からのご恩に感謝を込めてご報告したい。

■著者略歴

北川　宗忠（きたがわ　むねただ）

滋賀県彦根市生まれ、同志社大学文学部社会学科卒業。

現　　職：流通科学大学サービス産業学部観光・生活文化事業学科教授。
近畿大学商経学部・経営学部・経済学部、神戸国際大学経済学部、平安女学院大学国際コミュニケーション学部、大阪商業大学総合経営学部、神戸海星女子学院大学現代人間学部、大阪成蹊女子短期大学（現大阪成蹊短期大学）観光学科などの常勤・非常勤講師として「観光学」各論を講義。
日本観光学会理事、日本ホスピタリティマネジメント学会常任理事・副会長などを歴任、日本ホスピタリティマネジメント学会理事。
「創」観光文化研究所主宰。（現住所　〒525-0032　草津市大路1-7-1-1403）
「絵雙六」研究家。
新遠州流宗家五世・梅湖斎一陽（湖陽）。
滋賀県観光事業審議会会長　ほか

公的渡航：主な公的派遣事業は、文部省（現文部科学省、以下同）所管法人欧州視察派遣（1973年：5か国）、総理府（総務省）青年の船派遣事業（1976年：班長・5か国）、文部省所管法人滋賀県派遣事業（1976年：韓国）、文部省日独青少年指導者交流事業派遣（1979年：班長・独）、文部省所管法人滋賀県派遣（1983年：タイ）、滋賀県リゾート整備欧州調査団視察事業派遣（1987年3か国）、韓国観光公社招待現地視察調査（1990年：韓国慶州・済州島）、日本青年国際交流機構滋賀県支部中国派遣事業（1991年：団長・中国）など

主　　著：共著：『道・わき道・まわり道～歩く旅人の道しるべ～』1980年
編著：『大輿の四季』1982年
共著：『観光学概論』1988年
著書：『観光文化財概説』1989年
著書：『観光史学概説』1990年
著書：『観光入門』1993年
著書：『余暇時代の観光資源』1993年
共著：『新・観光学概論』1994年
編著：『全国「三十三所巡礼」総覧（全）』1995年
共著：『観光と地域開発』1996年
共著：『観光学辞典』1997年
著書：『観光と社会　ツーリズムへのみち』1998年
著書：『観光資源と環境　地域資源の活用と観光振興』1999年
編著：『観光事業論』2001年
著書：『観光・旅の文化』2002年
共著：『観光学がわかる』AERA MOOK シリーズ 2002年
著書：『「観光」交流・新時代』2003年
編著：『観光文化論』2004年
著書：『「観光」交流・新時代　改訂新版』2008年
編著：『観光・旅行用語辞典』2008年
編著：『現代観光事業論』2009年
新聞・雑誌等の掲載のものは省略

研究論文：略

全国ふるさと三十三所巡礼辞典
〜記録にみる古今・全国三十三所巡礼の集大成〜

2009年3月31日　発行

編著者　北川宗忠

発　行　サンライズ出版株式会社
〒522-0004 滋賀県彦根市鳥居本町655-1
電話 0749-22-0627

印刷・製本　P-NET 信州

ISBN978-4-88325-385-2　Printed in Japan　定価はカバーに表示しています。
乱丁・落丁本はお取り替えいたします。